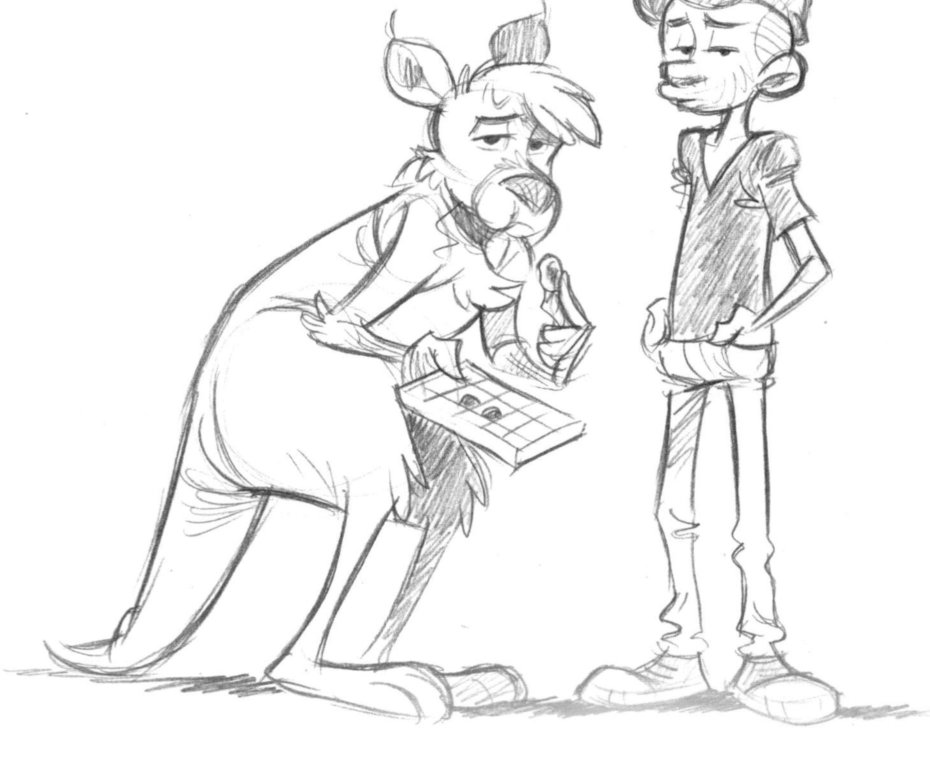

MARC-UWE KLING

BERND KISSEL

DIE KÄNGURU-COMICS

ALSO ICH KÖNNTE DAS BESSER

Ullstein

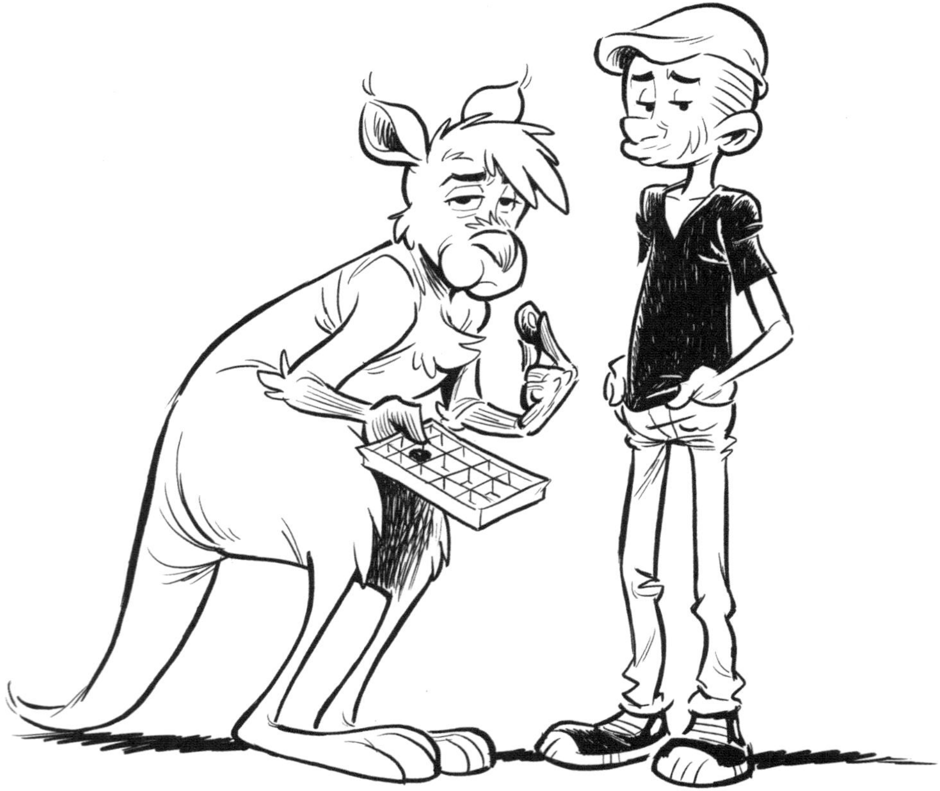

Für

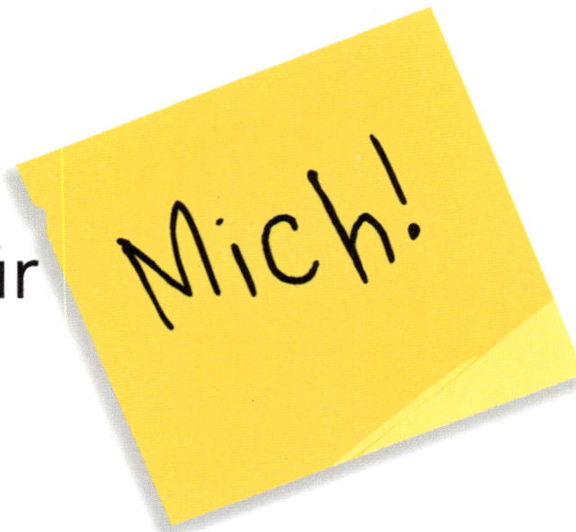

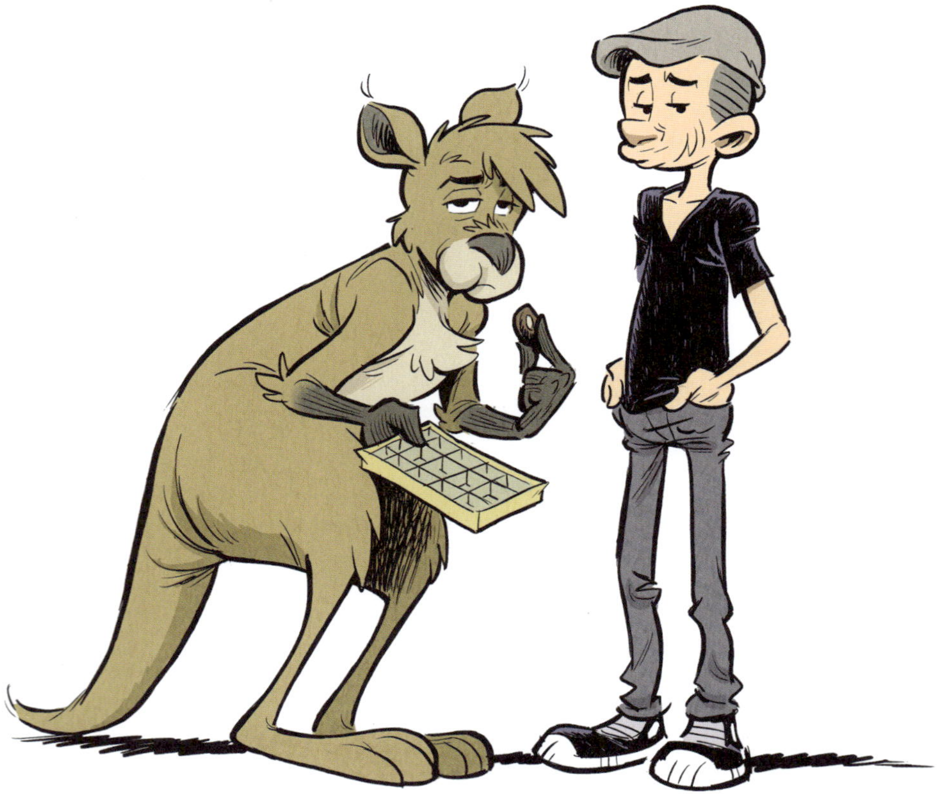

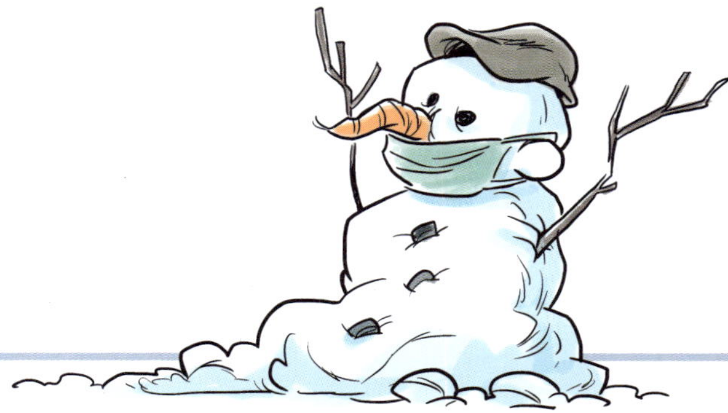

DEZEMBER 2020

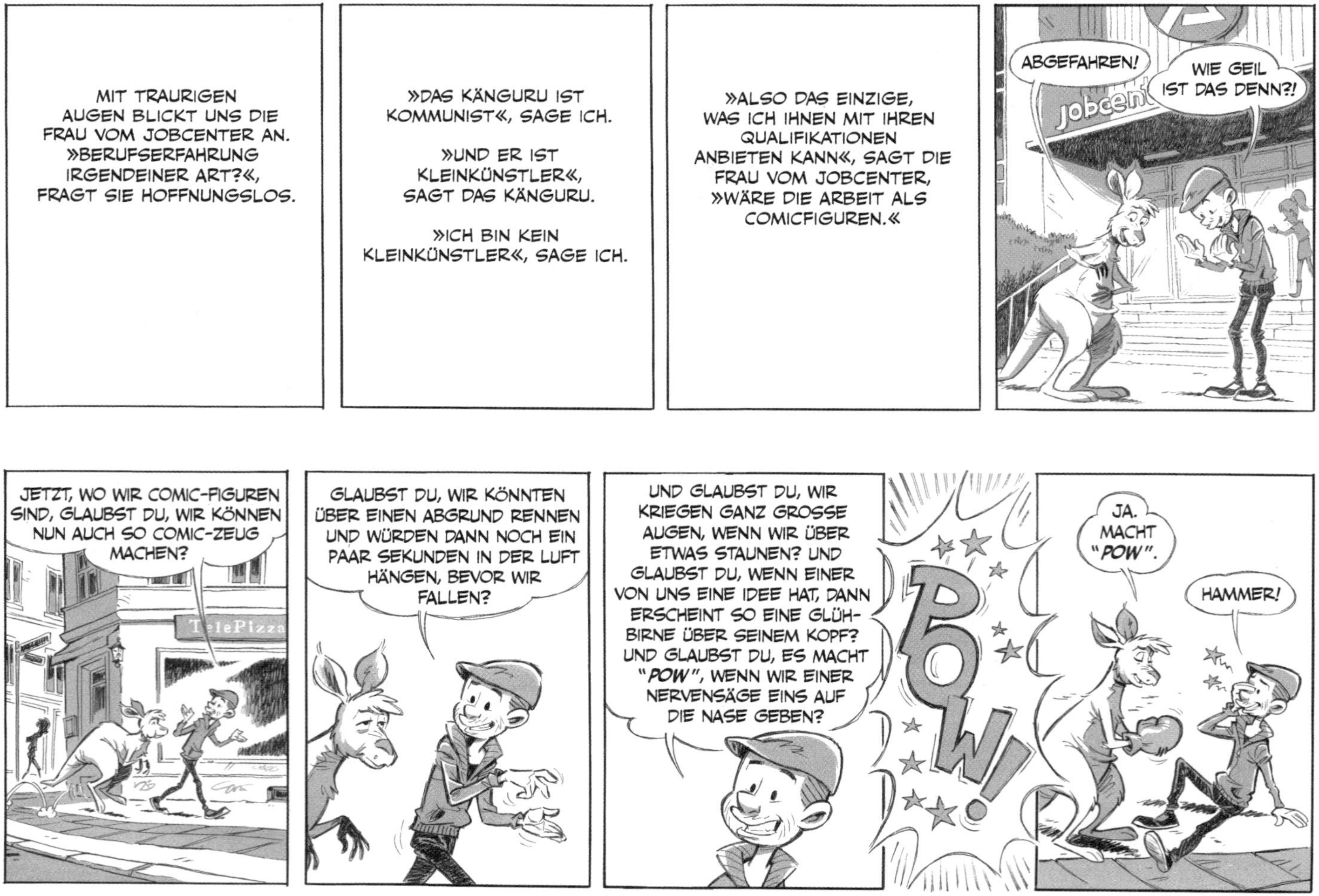
MIT TRAURIGEN AUGEN BLICKT UNS DIE FRAU VOM JOBCENTER AN. »BERUFSERFAHRUNG IRGENDEINER ART?«, FRAGT SIE HOFFNUNGSLOS.
»DAS KÄNGURU IST KOMMUNIST«, SAGE ICH.
»UND ER IST KLEINKÜNSTLER«, SAGT DAS KÄNGURU.
»ICH BIN KEIN KLEINKÜNSTLER«, SAGE ICH.
»ALSO DAS EINZIGE, WAS ICH IHNEN MIT IHREN QUALIFIKATIONEN ANBIETEN KANN«, SAGT DIE FRAU VOM JOBCENTER, »WÄRE DIE ARBEIT ALS COMICFIGUREN.«
ABGEFAHREN!
WIE GEIL IST DAS DENN?!
Jobcent
JETZT, WO WIR COMIC-FIGUREN SIND, GLAUBST DU, WIR KÖNNEN NUN AUCH SO COMIC-ZEUG MACHEN?
TelePizza
GLAUBST DU, WIR KÖNNTEN ÜBER EINEN ABGRUND RENNEN UND WÜRDEN DANN NOCH EIN PAAR SEKUNDEN IN DER LUFT HÄNGEN, BEVOR WIR FALLEN?
UND GLAUBST DU, WIR KRIEGEN GANZ GROSSE AUGEN, WENN WIR ÜBER ETWAS STAUNEN? UND GLAUBST DU, WENN EINER VON UNS EINE IDEE HAT, DANN ERSCHEINT SO EINE GLÜHBIRNE ÜBER SEINEM KOPF? UND GLAUBST DU, ES MACHT "POW", WENN WIR EINER NERVENSÄGE EINS AUF DIE NASE GEBEN?
POW!
JA. MACHT "POW".
HAMMER!

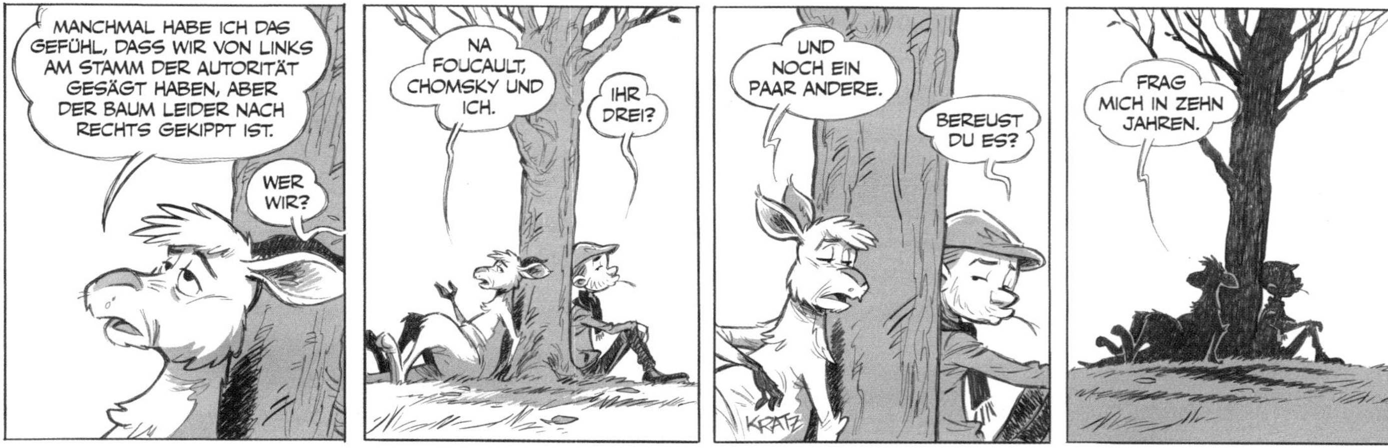
MANCHMAL HABE ICH DAS GEFÜHL, DASS WIR VON LINKS AM STAMM DER AUTORITÄT GESÄGT HABEN, ABER DER BAUM LEIDER NACH RECHTS GEKIPPT IST.
WER WIR?
NA FOUCAULT, CHOMSKY UND ICH.
IHR DREI?
UND NOCH EIN PAAR ANDERE.
BEREUST DU ES?
KRATZ
FRAG MICH IN ZEHN JAHREN.

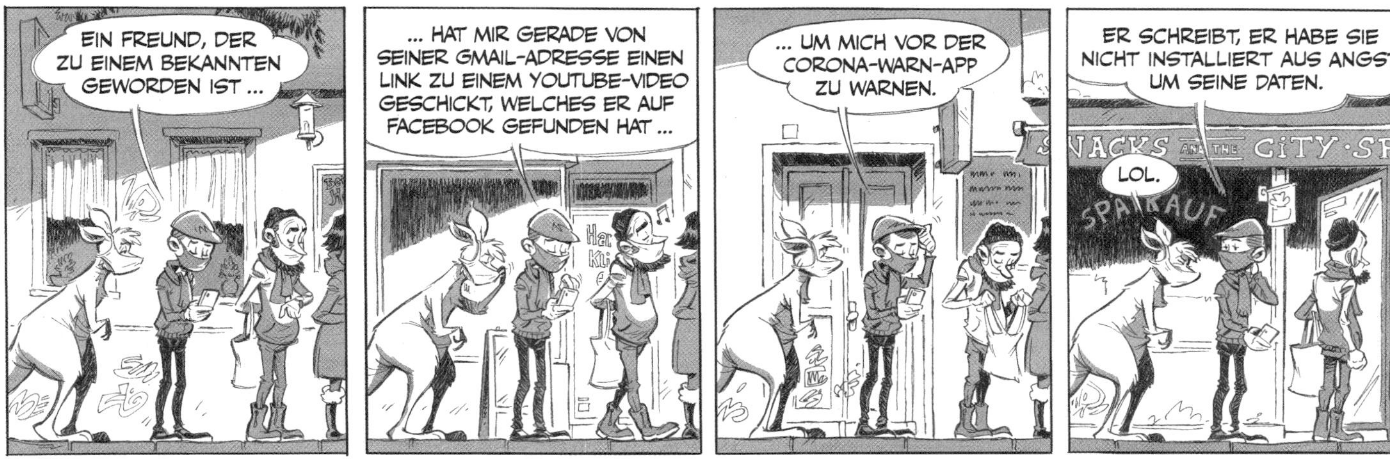
EIN FREUND, DER ZU EINEM BEKANNTEN GEWORDEN IST …
… HAT MIR GERADE VON SEINER GMAIL-ADRESSE EINEN LINK ZU EINEM YOUTUBE-VIDEO GESCHICKT, WELCHES ER AUF FACEBOOK GEFUNDEN HAT …
… UM MICH VOR DER CORONA-WARN-APP ZU WARNEN.
ER SCHREIBT, ER HABE SIE NICHT INSTALLIERT AUS ANGST UM SEINE DATEN.
LOL.

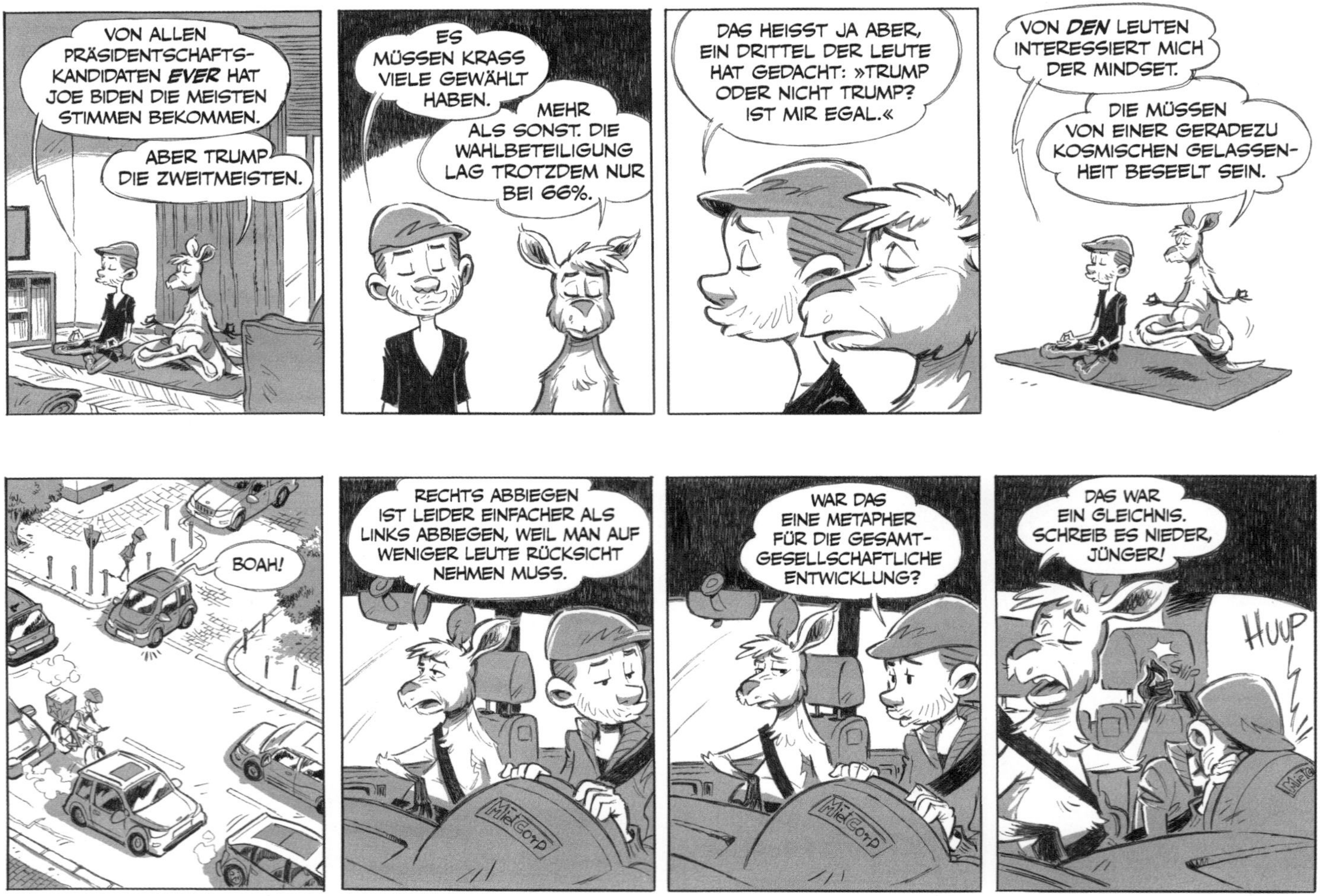
VON ALLEN PRÄSIDENTSCHAFTS-KANDIDATEN *EVER* HAT JOE BIDEN DIE MEISTEN STIMMEN BEKOMMEN.
ABER TRUMP DIE ZWEITMEISTEN.
ES MÜSSEN KRASS VIELE GEWÄHLT HABEN.
MEHR ALS SONST. DIE WAHLBETEILIGUNG LAG TROTZDEM NUR BEI 66%.
DAS HEISST JA ABER, EIN DRITTEL DER LEUTE HAT GEDACHT: »TRUMP ODER NICHT TRUMP? IST MIR EGAL.«
VON *DEN* LEUTEN INTERESSIERT MICH DER MINDSET.
DIE MÜSSEN VON EINER GERADEZU KOSMISCHEN GELASSEN-HEIT BESEELT SEIN.
BOAH!
RECHTS ABBIEGEN IST LEIDER EINFACHER ALS LINKS ABBIEGEN, WEIL MAN AUF WENIGER LEUTE RÜCKSICHT NEHMEN MUSS.
WAR DAS EINE METAPHER FÜR DIE GESAMT-GESELLSCHAFTLICHE ENTWICKLUNG?
DAS WAR EIN GLEICHNIS. SCHREIB ES NIEDER, JÜNGER!
HUUP

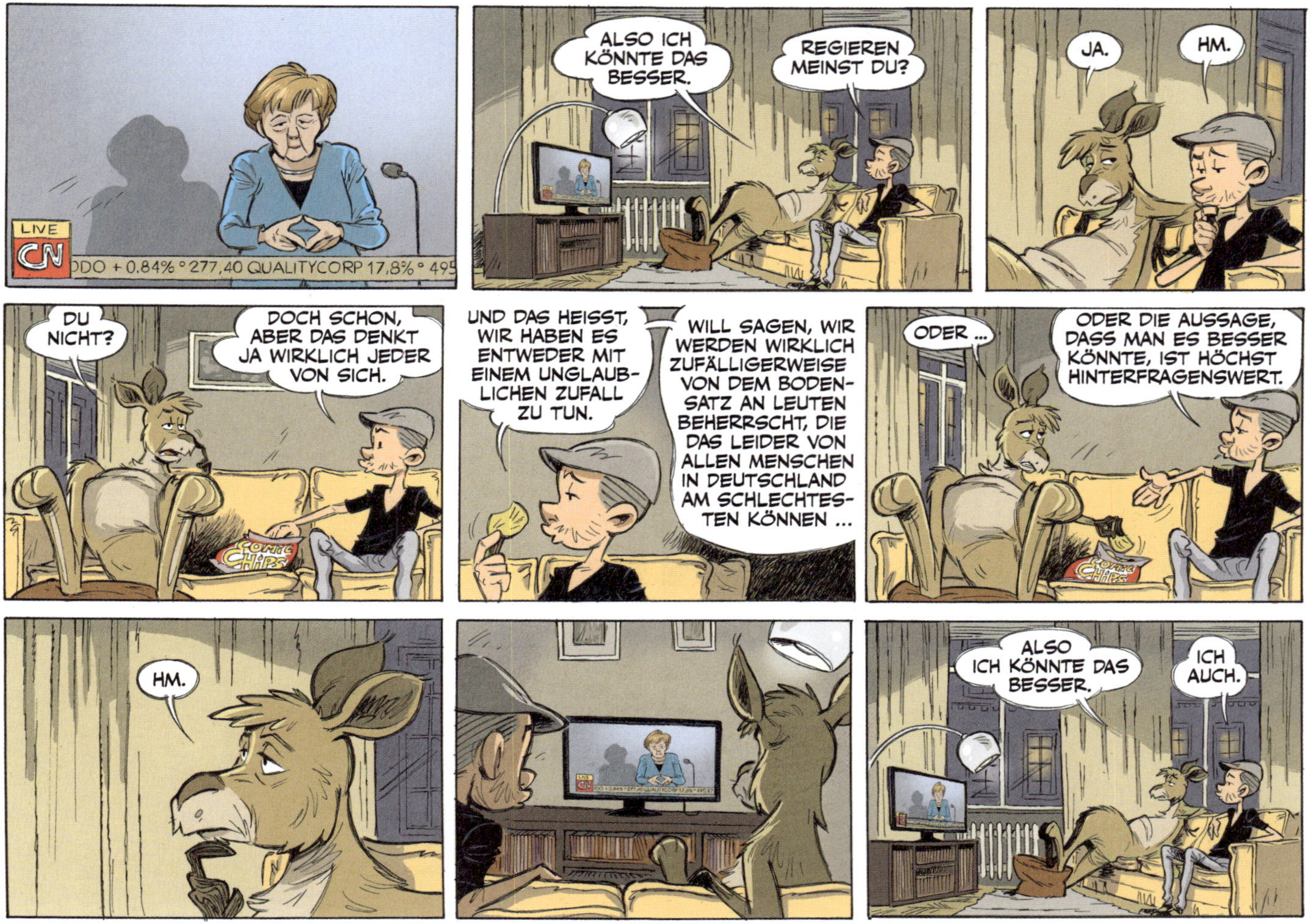
LIVE
CN
ODO + 0.84% ° 277,40 QUALITYCORP 17,8% ° 495
ALSO ICH KÖNNTE DAS BESSER.
REGIEREN MEINST DU?
JA.
HM.
DU NICHT?
DOCH SCHON, ABER DAS DENKT JA WIRKLICH JEDER VON SICH.
COMIC CHIPS
UND DAS HEISST, WIR HABEN ES ENTWEDER MIT EINEM UNGLAUBLICHEN ZUFALL ZU TUN.
WILL SAGEN, WIR WERDEN WIRKLICH ZUFÄLLIGERWEISE VON DEM BODENSATZ AN LEUTEN BEHERRSCHT, DIE DAS LEIDER VON ALLEN MENSCHEN IN DEUTSCHLAND AM SCHLECHTESTEN KÖNNEN …
ODER …
ODER DIE AUSSAGE, DASS MAN ES BESSER KÖNNTE, IST HÖCHST HINTERFRAGENSWERT.
COMIC CHIPS
HM.
ALSO ICH KÖNNTE DAS BESSER.
ICH AUCH.

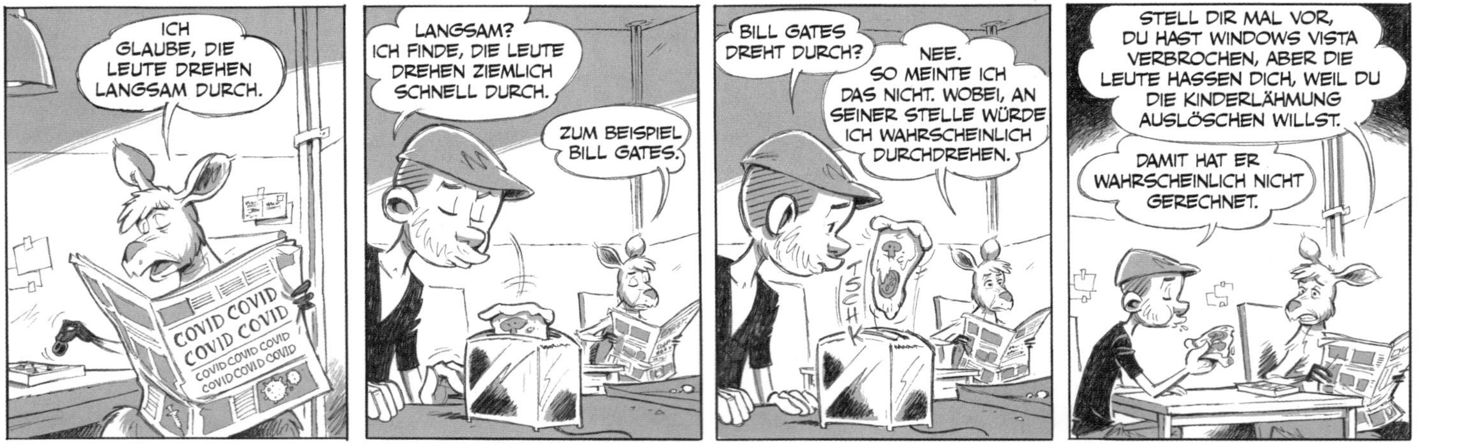
ICH GLAUBE, DIE LEUTE DREHEN LANGSAM DURCH.
COVID COVID COVID COVID
COVID COVID COVID COVID COVID COVID
LANGSAM? ICH FINDE, DIE LEUTE DREHEN ZIEMLICH SCHNELL DURCH.
ZUM BEISPIEL BILL GATES.
BILL GATES DREHT DURCH?
NEE. SO MEINTE ICH DAS NICHT. WOBEI, AN SEINER STELLE WÜRDE ICH WAHRSCHEINLICH DURCHDREHEN.
TSCHK
STELL DIR MAL VOR, DU HAST WINDOWS VISTA VERBROCHEN, ABER DIE LEUTE HASSEN DICH, WEIL DU DIE KINDERLÄHMUNG AUSLÖSCHEN WILLST.
DAMIT HAT ER WAHRSCHEINLICH NICHT GERECHNET.

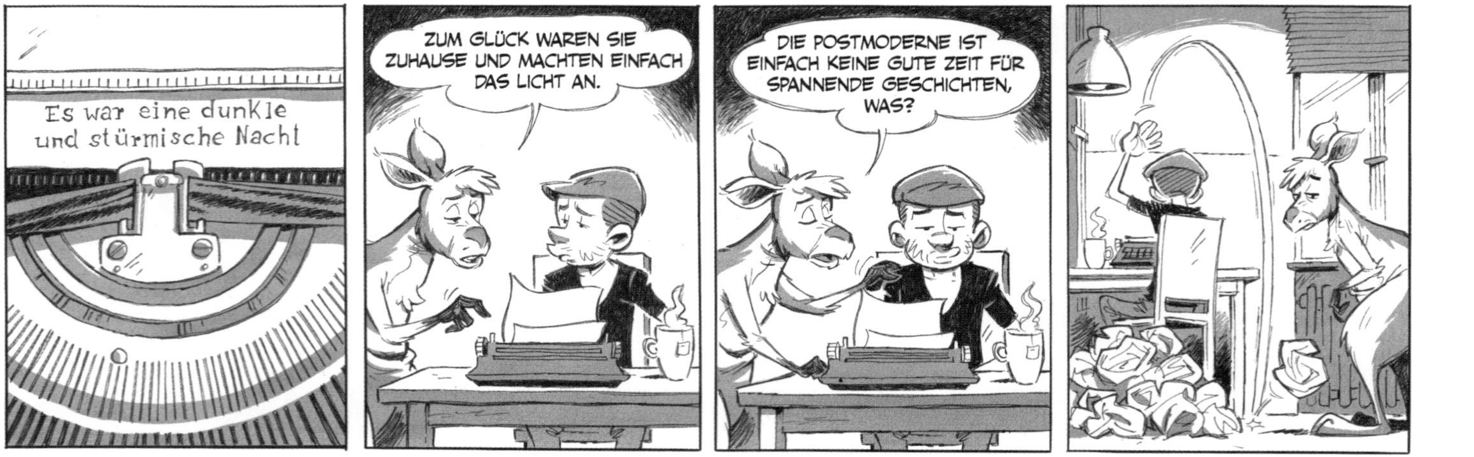
Es war eine dunkle und stürmische Nacht
ZUM GLÜCK WAREN SIE ZUHAUSE UND MACHTEN EINFACH DAS LICHT AN.
DIE POSTMODERNE IST EINFACH KEINE GUTE ZEIT FÜR SPANNENDE GESCHICHTEN, WAS?

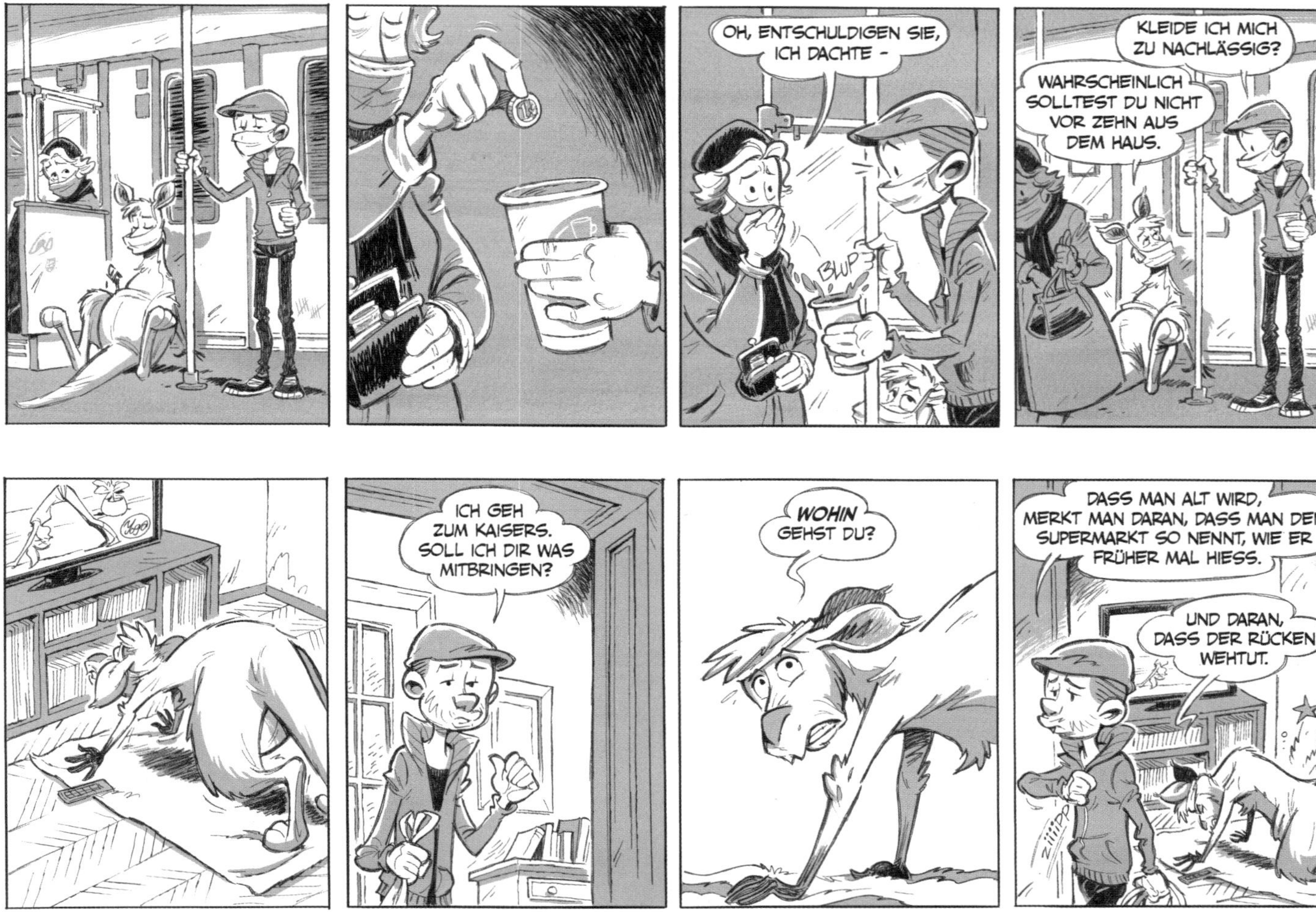
OH, ENTSCHULDIGEN SIE, ICH DACHTE -
BLUP
KLEIDE ICH MICH ZU NACHLÄSSIG?
WAHRSCHEINLICH SOLLTEST DU NICHT VOR ZEHN AUS DEM HAUS.
ICH GEH ZUM KAISERS. SOLL ICH DIR WAS MITBRINGEN?
WOHIN GEHST DU?
DASS MAN ALT WIRD, MERKT MAN DARAN, DASS MAN DEN SUPERMARKT SO NENNT, WIE ER FRÜHER MAL HIESS.
UND DARAN, DASS DER RÜCKEN WEHTUT.

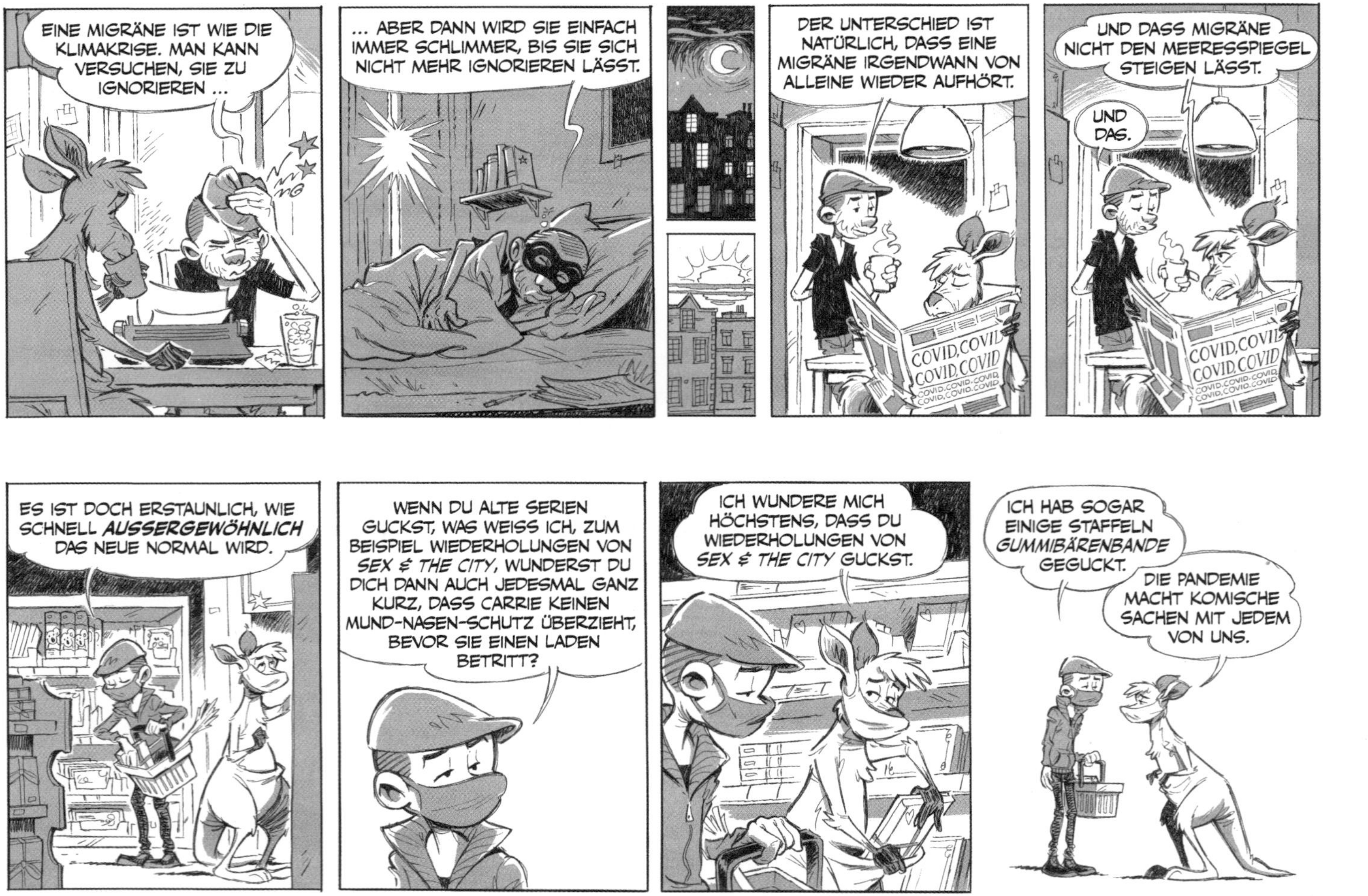

EINE MIGRÄNE IST WIE DIE KLIMAKRISE. MAN KANN VERSUCHEN, SIE ZU IGNORIEREN …
… ABER DANN WIRD SIE EINFACH IMMER SCHLIMMER, BIS SIE SICH NICHT MEHR IGNORIEREN LÄSST.
DER UNTERSCHIED IST NATÜRLICH, DASS EINE MIGRÄNE IRGENDWANN VON ALLEINE WIEDER AUFHÖRT.
COVID, COVID COVID, COVID
COVID, COVID, COVID, COVID, COVID, COVID
UND DASS MIGRÄNE NICHT DEN MEERESSPIEGEL STEIGEN LÄSST.
UND DAS.
COVID, COVID COVID, COVID
COVID, COVID, COVID, COVID, COVID, COVID
ES IST DOCH ERSTAUNLICH, WIE SCHNELL *AUSSERGEWÖHNLICH* DAS NEUE NORMAL WIRD.
WENN DU ALTE SERIEN GUCKST, WAS WEISS ICH, ZUM BEISPIEL WIEDERHOLUNGEN VON *SEX & THE CITY*, WUNDERST DU DICH DANN AUCH JEDESMAL GANZ KURZ, DASS CARRIE KEINEN MUND-NASEN-SCHUTZ ÜBERZIEHT, BEVOR SIE EINEN LADEN BETRITT?
ICH WUNDERE MICH HÖCHSTENS, DASS DU WIEDERHOLUNGEN VON *SEX & THE CITY* GUCKST.
ICH HAB SOGAR EINIGE STAFFELN *GUMMIBÄRENBANDE* GEGUCKT.
DIE PANDEMIE MACHT KOMISCHE SACHEN MIT JEDEM VON UNS.

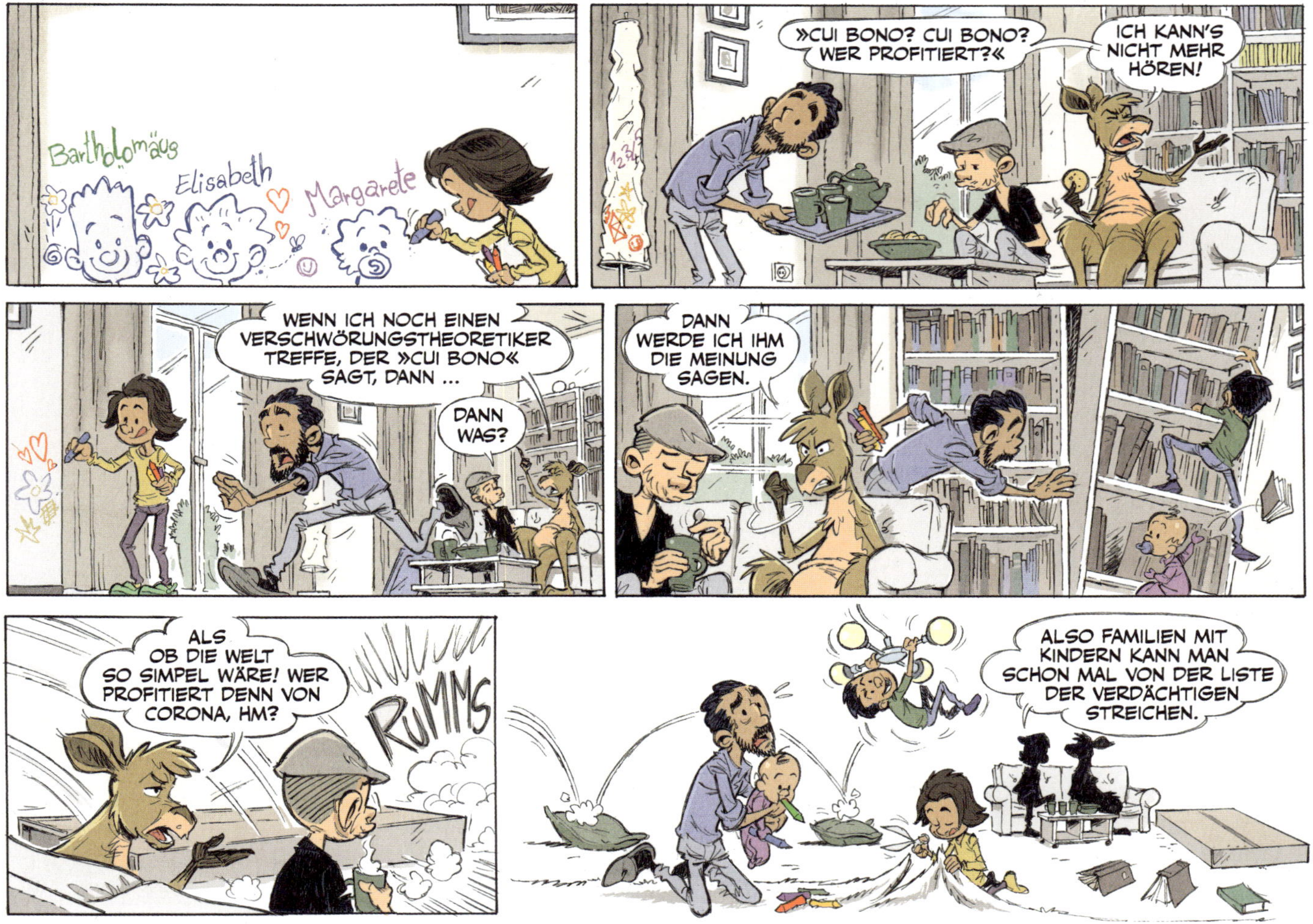
Bartholomäus
Elisabeth
Margarete
»CUI BONO? CUI BONO? WER PROFITIERT?«
ICH KANN'S NICHT MEHR HÖREN!
WENN ICH NOCH EINEN VERSCHWÖRUNGSTHEORETIKER TREFFE, DER »CUI BONO« SAGT, DANN …
DANN WAS?
DANN WERDE ICH IHM DIE MEINUNG SAGEN.
ALS OB DIE WELT SO SIMPEL WÄRE! WER PROFITIERT DENN VON CORONA, HM?
RUMMS
ALSO FAMILIEN MIT KINDERN KANN MAN SCHON MAL VON DER LISTE DER VERDÄCHTIGEN STREICHEN.

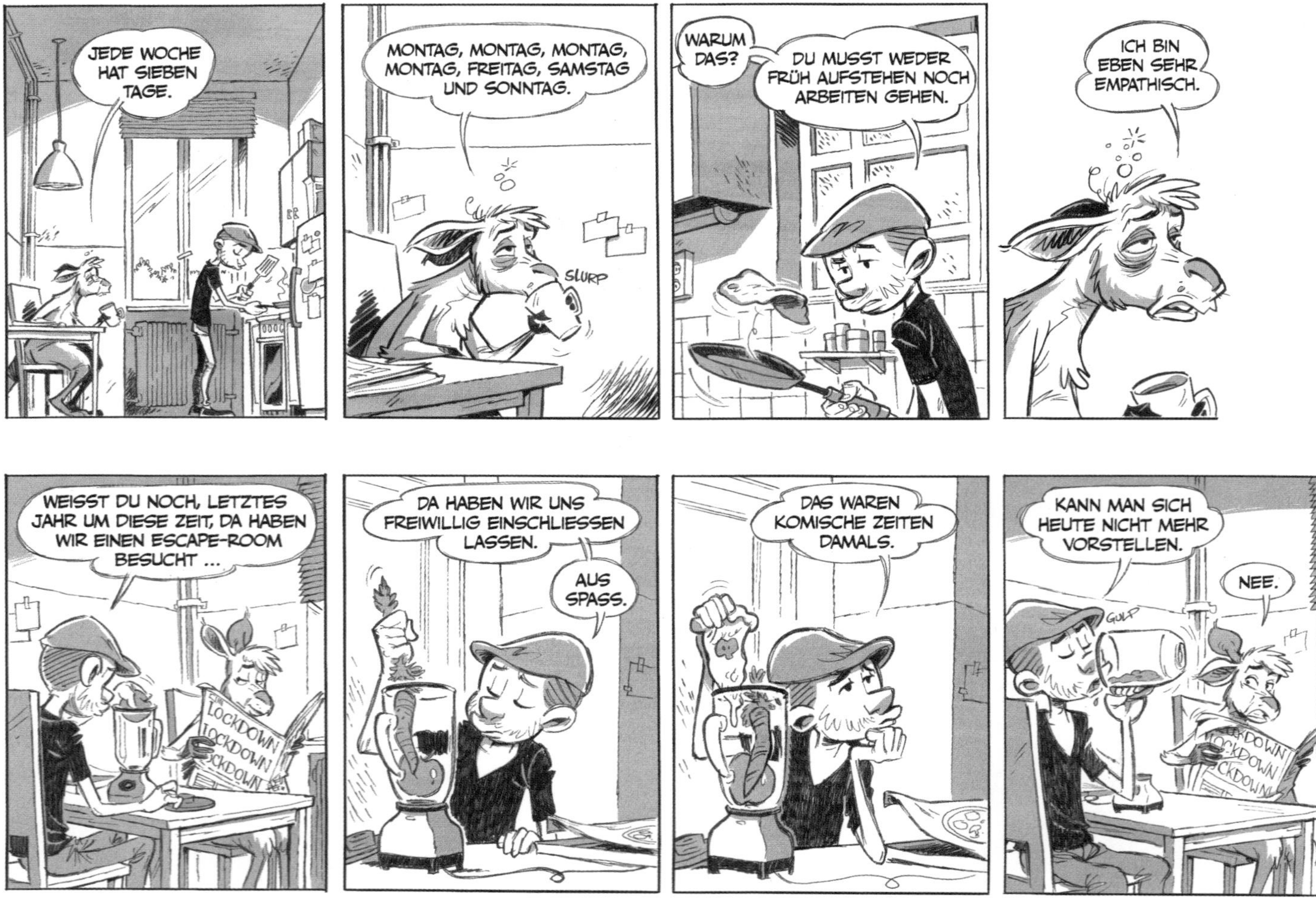
JEDE WOCHE HAT SIEBEN TAGE.
MONTAG, MONTAG, MONTAG, MONTAG, FREITAG, SAMSTAG UND SONNTAG.
SLURP
WARUM DAS?
DU MUSST WEDER FRÜH AUFSTEHEN NOCH ARBEITEN GEHEN.
ICH BIN EBEN SEHR EMPATHISCH.
WEISST DU NOCH, LETZTES JAHR UM DIESE ZEIT, DA HABEN WIR EINEN ESCAPE-ROOM BESUCHT ...
LOCKDOWN
LOCKDOWN
DA HABEN WIR UNS FREIWILLIG EINSCHLIESSEN LASSEN.
AUS SPASS.
DAS WAREN KOMISCHE ZEITEN DAMALS.
KANN MAN SICH HEUTE NICHT MEHR VORSTELLEN.
GULP
NEE.
LOCKDOWN

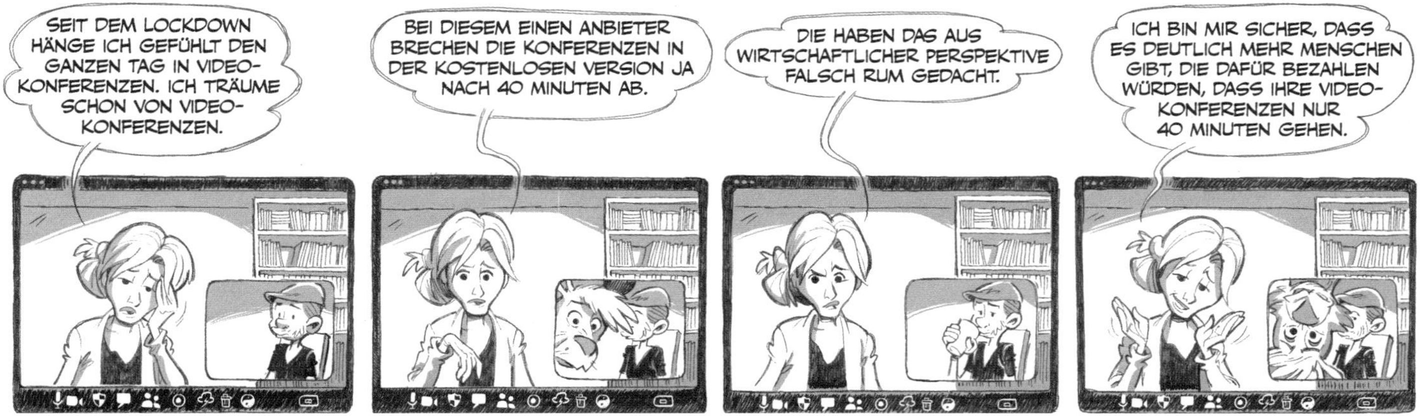
SEIT DEM LOCKDOWN HÄNGE ICH GEFÜHLT DEN GANZEN TAG IN VIDEO-KONFERENZEN. ICH TRÄUME SCHON VON VIDEO-KONFERENZEN.
BEI DIESEM EINEN ANBIETER BRECHEN DIE KONFERENZEN IN DER KOSTENLOSEN VERSION JA NACH 40 MINUTEN AB.
DIE HABEN DAS AUS WIRTSCHAFTLICHER PERSPEKTIVE FALSCH RUM GEDACHT.
ICH BIN MIR SICHER, DASS ES DEUTLICH MEHR MENSCHEN GIBT, DIE DAFÜR BEZAHLEN WÜRDEN, DASS IHRE VIDEO-KONFERENZEN NUR 40 MINUTEN GEHEN.

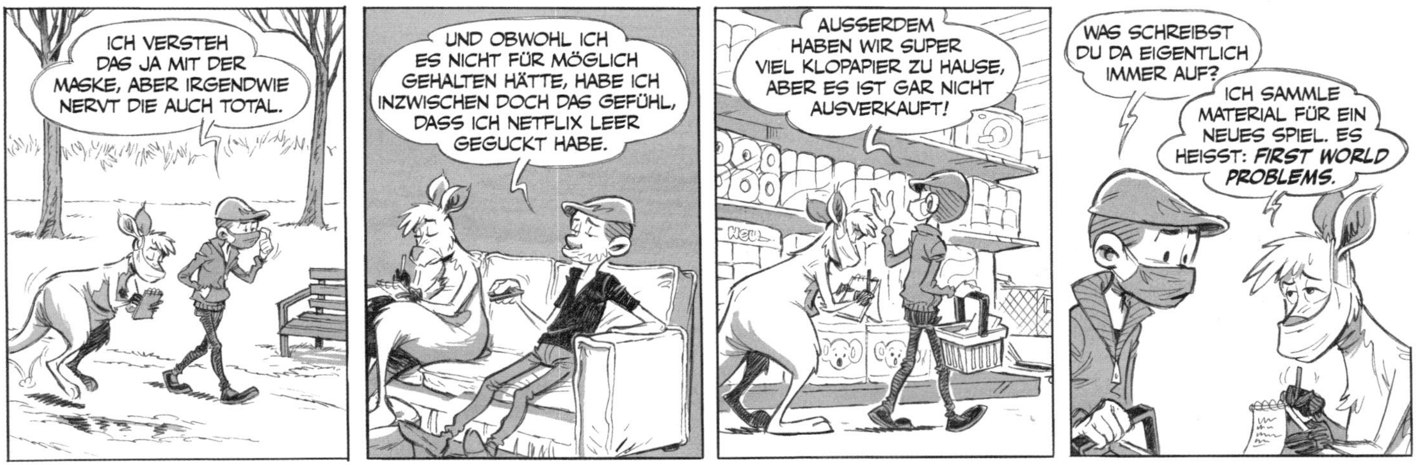
ICH VERSTEH DAS JA MIT DER MASKE, ABER IRGENDWIE NERVT DIE AUCH TOTAL.
UND OBWOHL ICH ES NICHT FÜR MÖGLICH GEHALTEN HÄTTE, HABE ICH INZWISCHEN DOCH DAS GEFÜHL, DASS ICH NETFLIX LEER GEGUCKT HABE.
AUSSERDEM HABEN WIR SUPER VIEL KLOPAPIER ZU HAUSE, ABER ES IST GAR NICHT AUSVERKAUFT!
WAS SCHREIBST DU DA EIGENTLICH IMMER AUF?
ICH SAMMLE MATERIAL FÜR EIN NEUES SPIEL. ES HEISST: FIRST WORLD PROBLEMS.

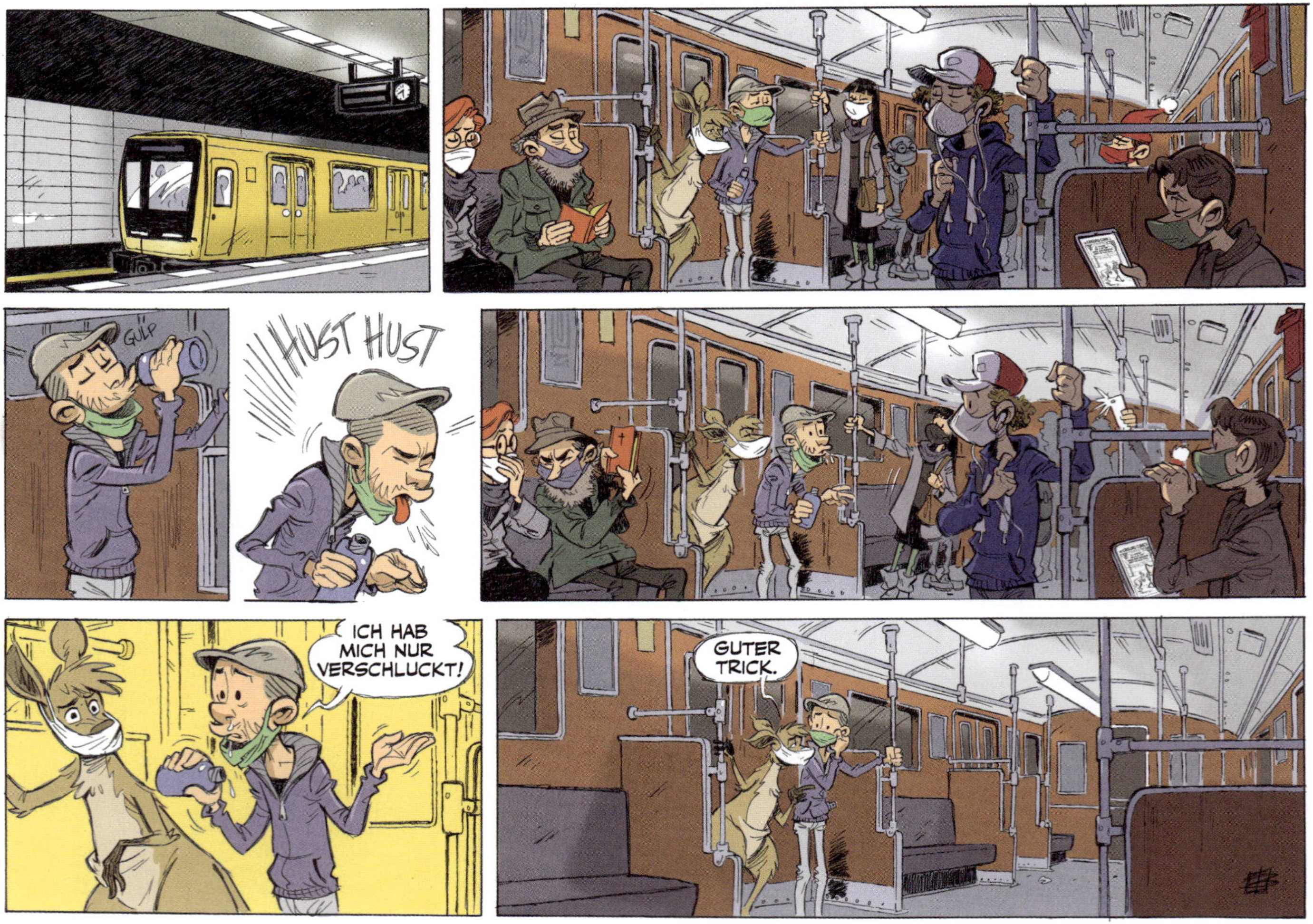
GULP
HUST HUST
ICH HAB MICH NUR VERSCHLUCKT!
GUTER TRICK.

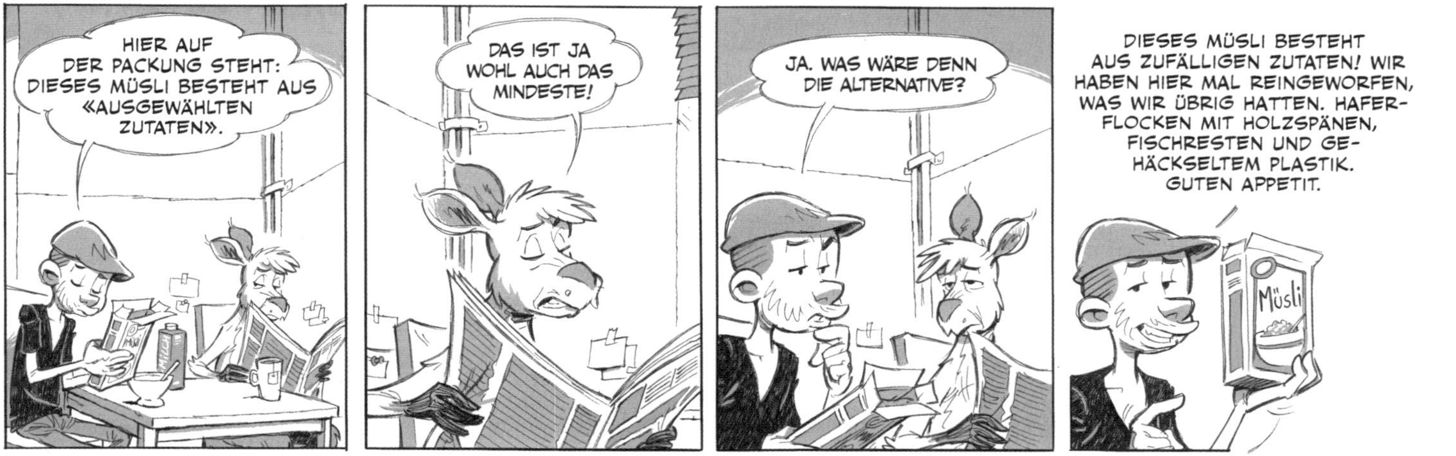
HIER AUF DER PACKUNG STEHT: DIESES MÜSLI BESTEHT AUS «AUSGEWÄHLTEN ZUTATEN».
DAS IST JA WOHL AUCH DAS MINDESTE!
JA. WAS WÄRE DENN DIE ALTERNATIVE?
DIESES MÜSLI BESTEHT AUS ZUFÄLLIGEN ZUTATEN! WIR HABEN HIER MAL REINGEWORFEN, WAS WIR ÜBRIG HATTEN. HAFER-FLOCKEN MIT HOLZSPÄNEN, FISCHRESTEN UND GE-HÄCKSELTEM PLASTIK. GUTEN APPETIT.
Müsli

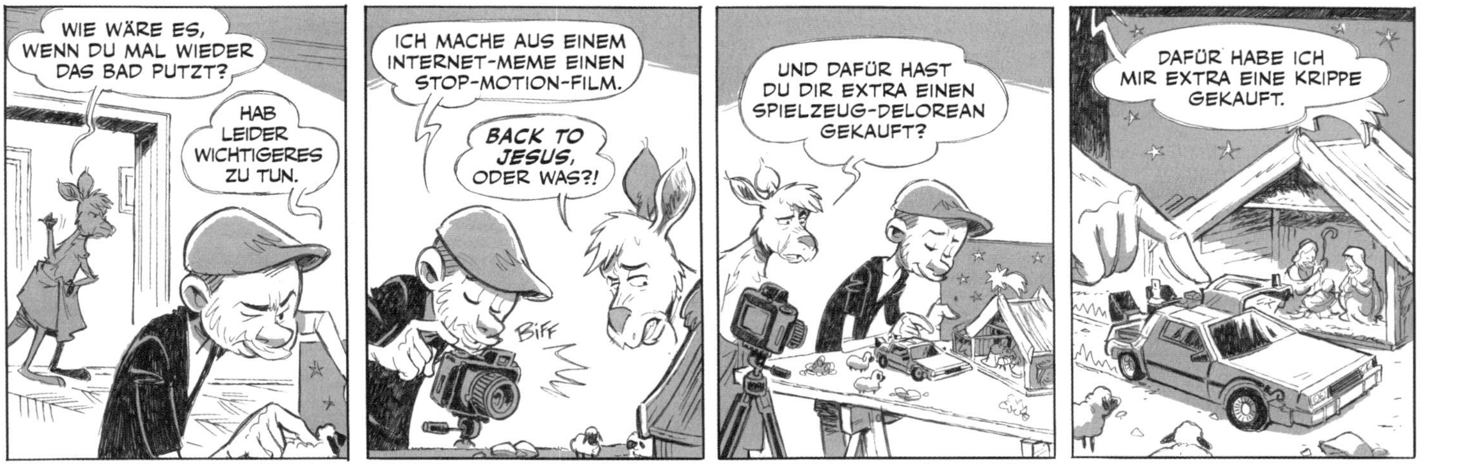
WIE WÄRE ES, WENN DU MAL WIEDER DAS BAD PUTZT?
HAB LEIDER WICHTIGERES ZU TUN.
ICH MACHE AUS EINEM INTERNET-MEME EINEN STOP-MOTION-FILM.
BACK TO JESUS, ODER WAS?!
BIFF
UND DAFÜR HAST DU DIR EXTRA EINEN SPIELZEUG-DELOREAN GEKAUFT?
DAFÜR HABE ICH MIR EXTRA EINE KRIPPE GEKAUFT.

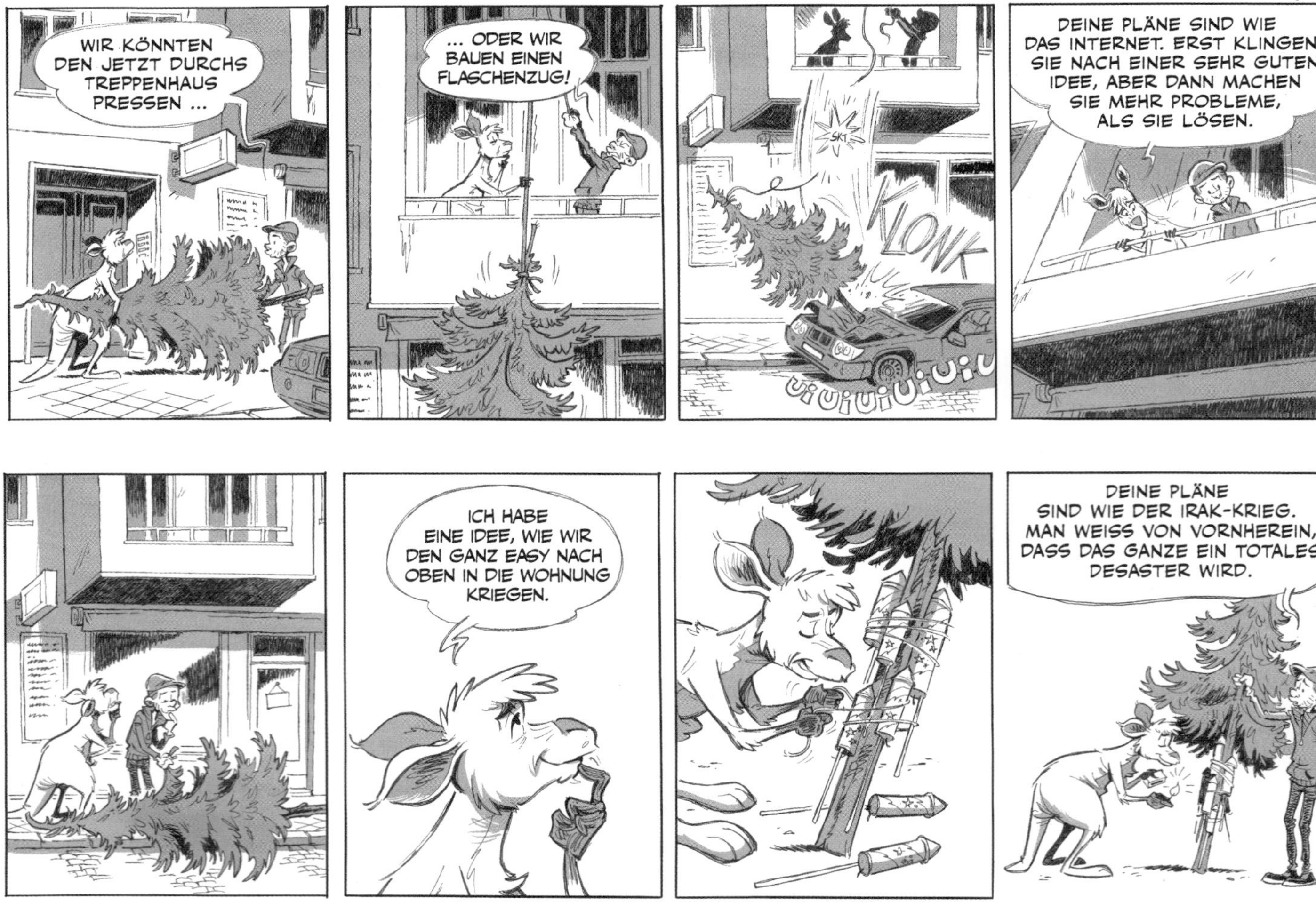
WIR KÖNNTEN DEN JETZT DURCHS TREPPENHAUS PRESSEN ...
... ODER WIR BAUEN EINEN FLASCHENZUG!
SKT
KLONK
DEINE PLÄNE SIND WIE DAS INTERNET. ERST KLINGEN SIE NACH EINER SEHR GUTEN IDEE, ABER DANN MACHEN SIE MEHR PROBLEME, ALS SIE LÖSEN.
ICH HABE EINE IDEE, WIE WIR DEN GANZ EASY NACH OBEN IN DIE WOHNUNG KRIEGEN.
DEINE PLÄNE SIND WIE DER IRAK-KRIEG. MAN WEISS VON VORNHEREIN, DASS DAS GANZE EIN TOTALES DESASTER WIRD.

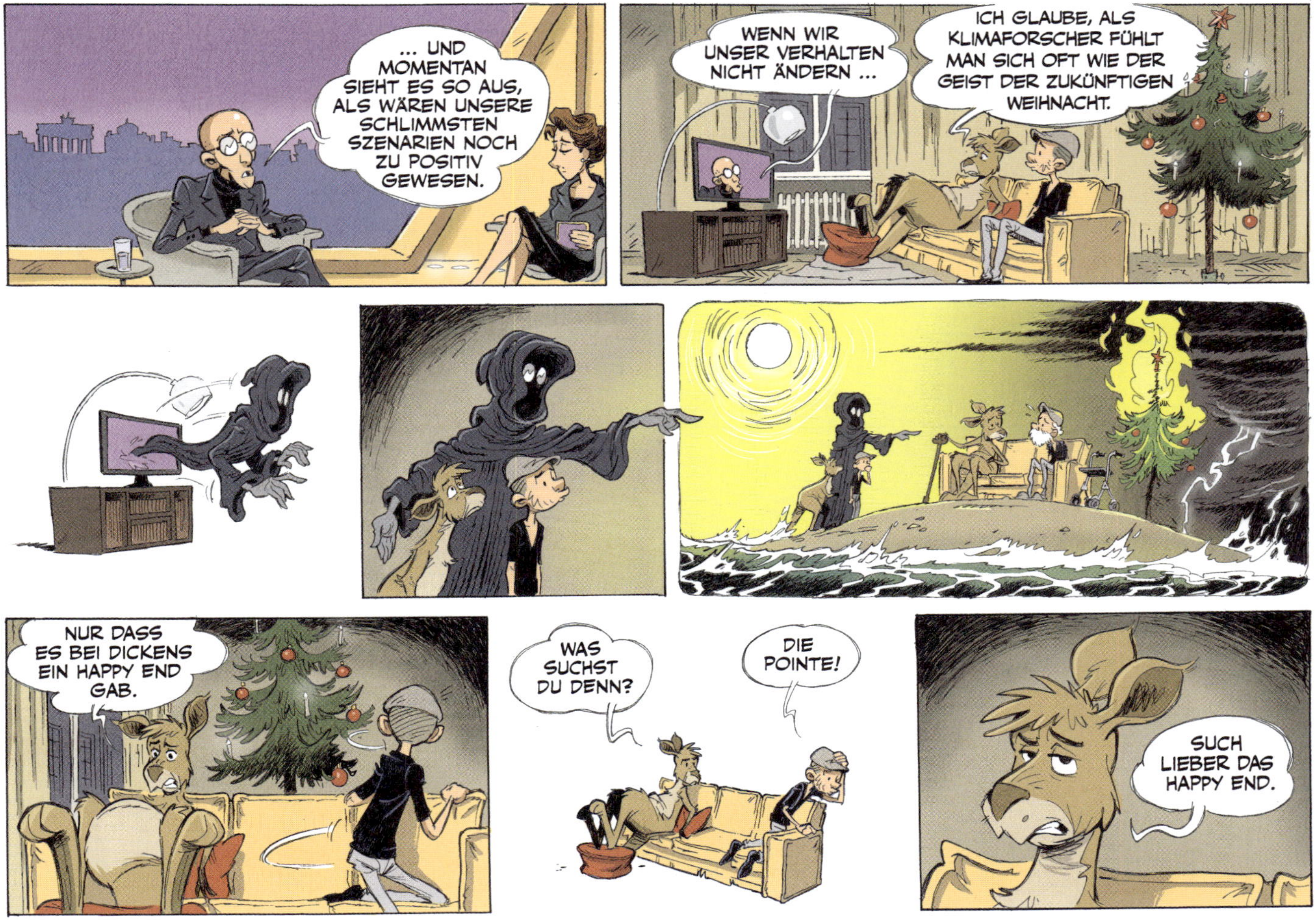
... UND MOMENTAN SIEHT ES SO AUS, ALS WÄREN UNSERE SCHLIMMSTEN SZENARIEN NOCH ZU POSITIV GEWESEN.
WENN WIR UNSER VERHALTEN NICHT ÄNDERN ...
ICH GLAUBE, ALS KLIMAFORSCHER FÜHLT MAN SICH OFT WIE DER GEIST DER ZUKÜNFTIGEN WEIHNACHT.
NUR DASS ES BEI DICKENS EIN HAPPY END GAB.
WAS SUCHST DU DENN?
DIE POINTE!
SUCH LIEBER DAS HAPPY END.

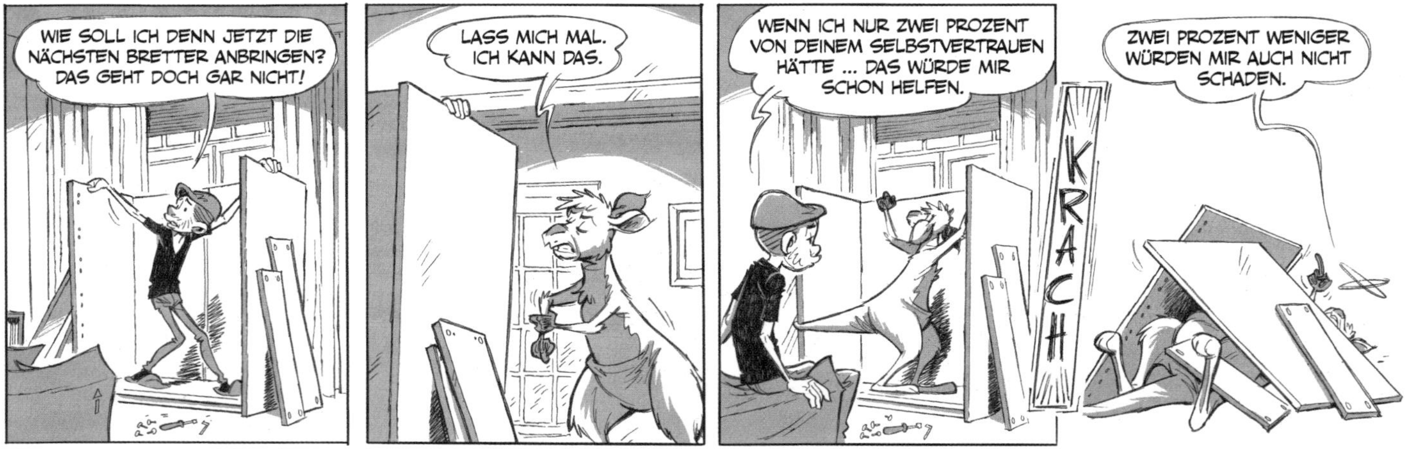
WIE SOLL ICH DENN JETZT DIE NÄCHSTEN BRETTER ANBRINGEN? DAS GEHT DOCH GAR NICHT!
LASS MICH MAL. ICH KANN DAS.
WENN ICH NUR ZWEI PROZENT VON DEINEM SELBSTVERTRAUEN HÄTTE ... DAS WÜRDE MIR SCHON HELFEN.
KRACH
ZWEI PROZENT WENIGER WÜRDEN MIR AUCH NICHT SCHADEN.

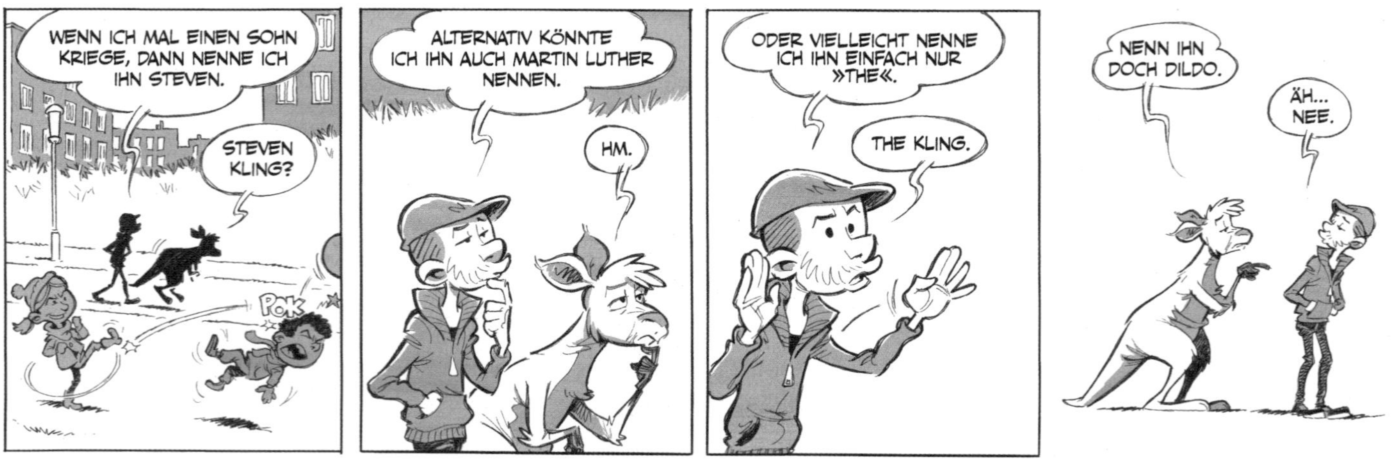
WENN ICH MAL EINEN SOHN KRIEGE, DANN NENNE ICH IHN STEVEN.
STEVEN KLING?
POK
ALTERNATIV KÖNNTE ICH IHN AUCH MARTIN LUTHER NENNEN.
HM.
ODER VIELLEICHT NENNE ICH IHN EINFACH NUR »THE«.
THE KLING.
NENN IHN DOCH DILDO.
ÄH... NEE.

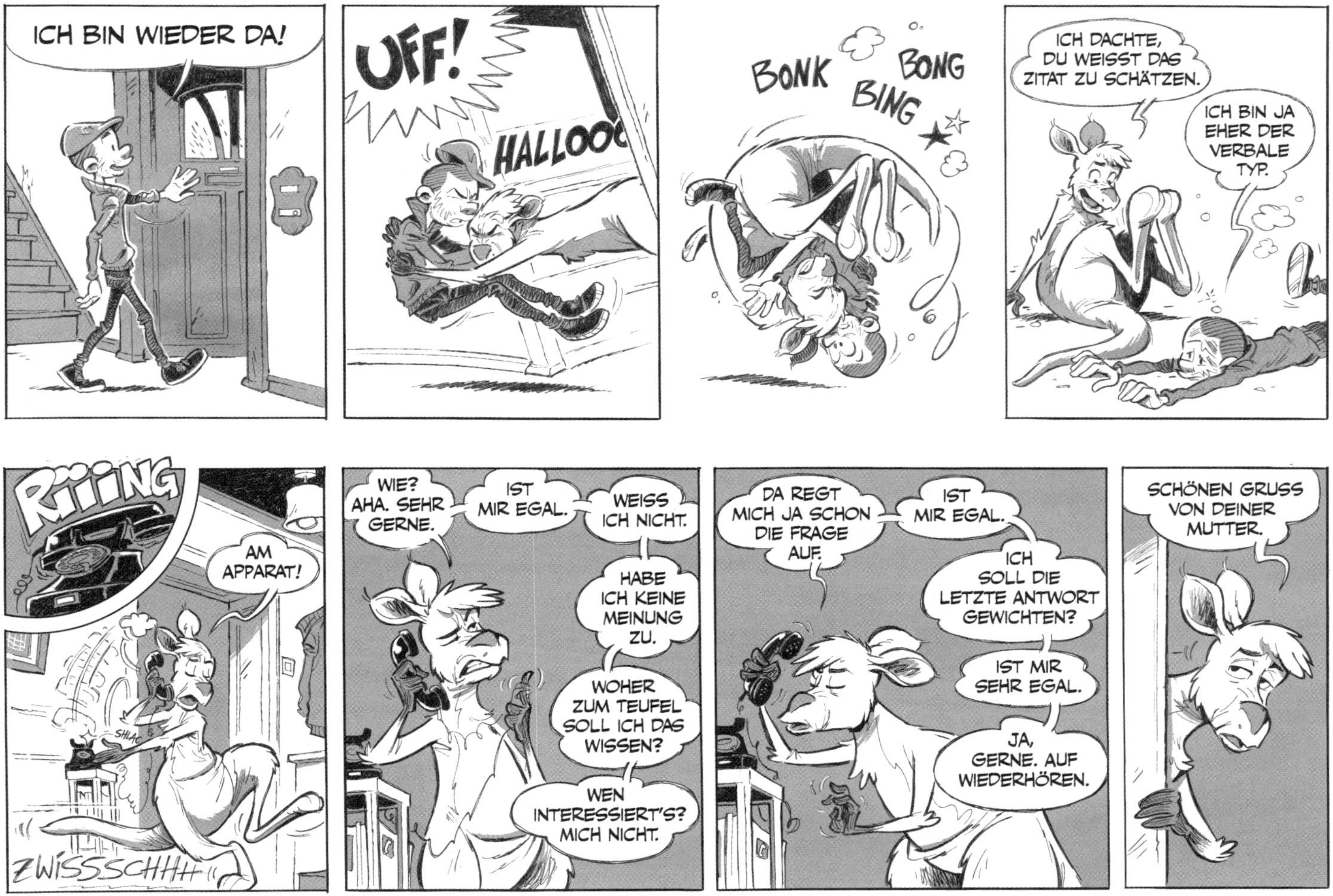
ICH BIN WIEDER DA!
UFF!
HALLOO
BONK
BING
BONG
ICH DACHTE, DU WEISST DAS ZITAT ZU SCHÄTZEN.
ICH BIN JA EHER DER VERBALE TYP.
RIIING
AM APPARAT!
ZWISSSCHHH
WIE? AHA. SEHR GERNE.
IST MIR EGAL.
WEISS ICH NICHT.
HABE ICH KEINE MEINUNG ZU.
WOHER ZUM TEUFEL SOLL ICH DAS WISSEN?
WEN INTERESSIERT'S? MICH NICHT.
DA REGT MICH JA SCHON DIE FRAGE AUF.
IST MIR EGAL.
ICH SOLL DIE LETZTE ANTWORT GEWICHTEN?
IST MIR SEHR EGAL.
JA, GERNE. AUF WIEDERHÖREN.
SCHÖNEN GRUSS VON DEINER MUTTER.

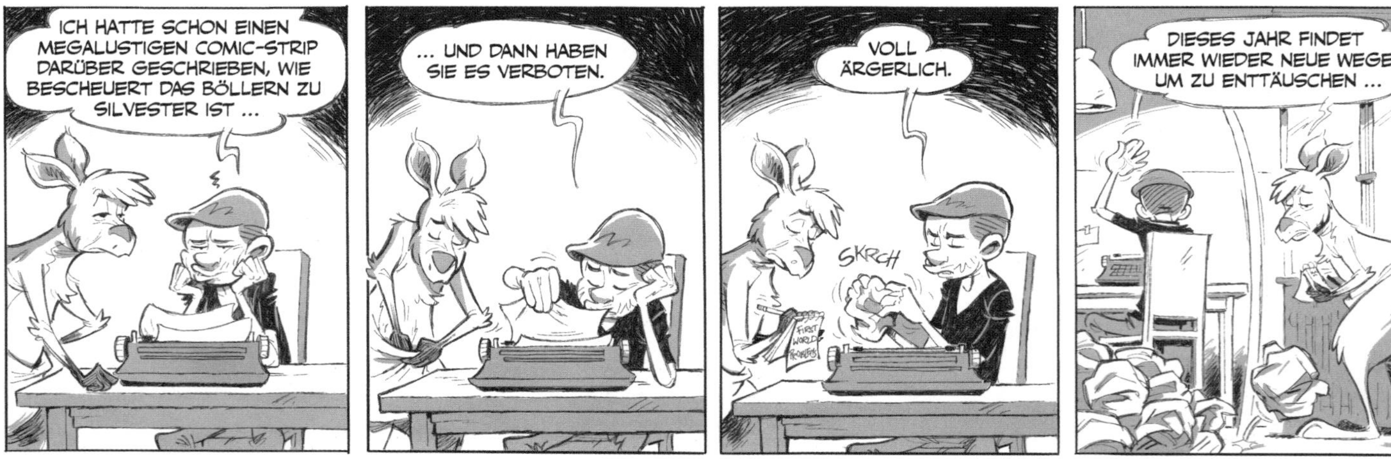
ICH HATTE SCHON EINEN MEGALUSTIGEN COMIC-STRIP DARÜBER GESCHRIEBEN, WIE BESCHEUERT DAS BÖLLERN ZU SILVESTER IST ...
... UND DANN HABEN SIE ES VERBOTEN.
VOLL ÄRGERLICH.
SKRCH
DIESES JAHR FINDET IMMER WIEDER NEUE WEGE, UM ZU ENTTÄUSCHEN ...

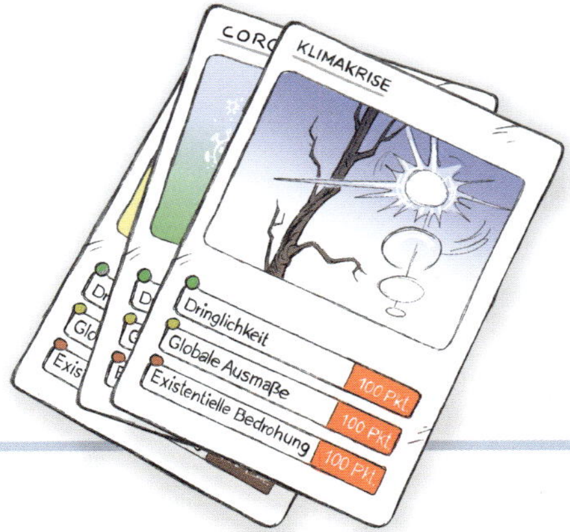
KLIMAKRISE
Dringlichkeit
Globale Ausmaße
Existentielle Bedrohung
100 Pkt.
100 Pkt.
100 Pkt.

JANUAR 2021

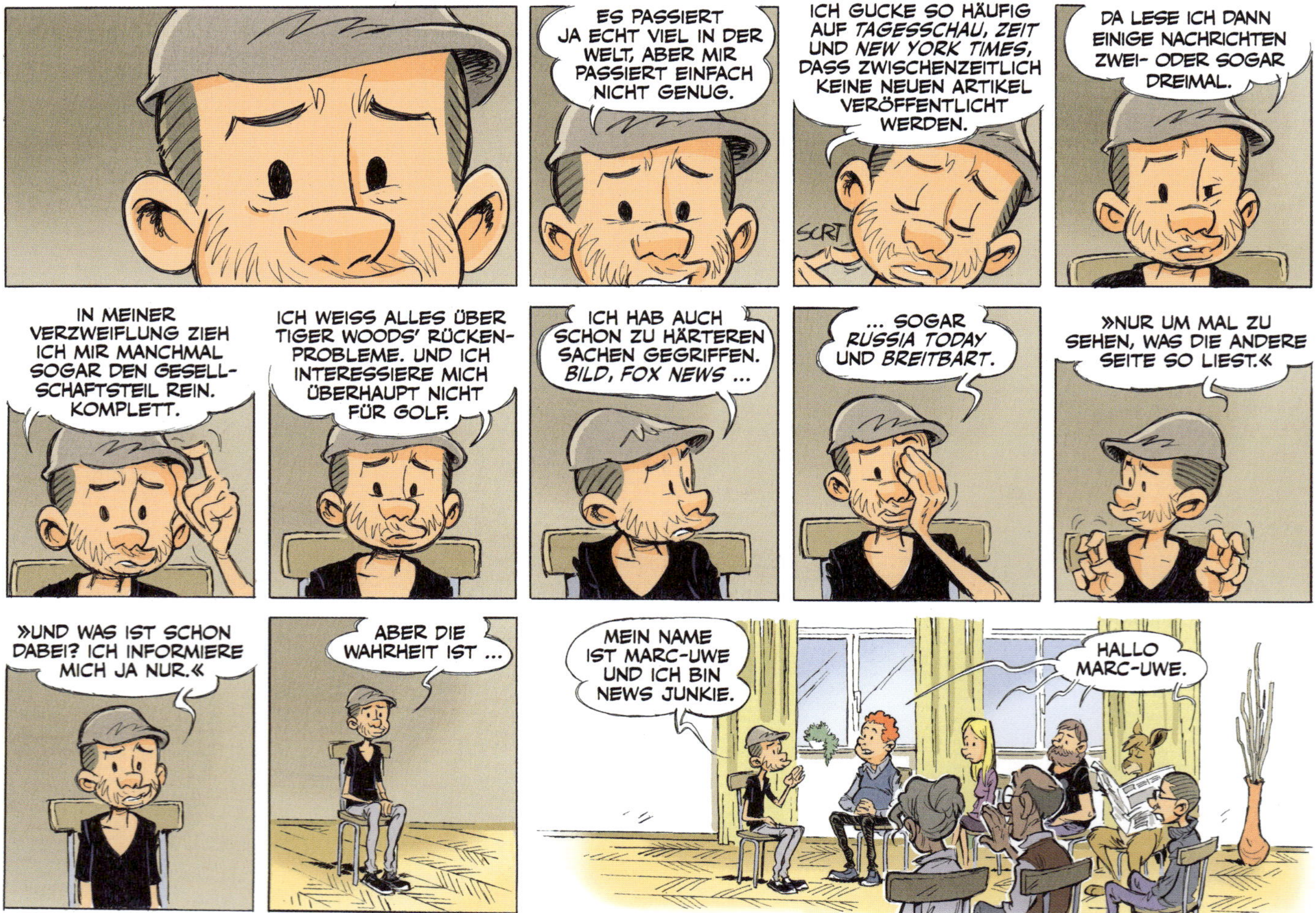
ES PASSIERT JA ECHT VIEL IN DER WELT, ABER MIR PASSIERT EINFACH NICHT GENUG.
ICH GUCKE SO HÄUFIG AUF *TAGESSCHAU*, *ZEIT* UND *NEW YORK TIMES*, DASS ZWISCHENZEITLICH KEINE NEUEN ARTIKEL VERÖFFENTLICHT WERDEN.
SCRT
DA LESE ICH DANN EINIGE NACHRICHTEN ZWEI- ODER SOGAR DREIMAL.
IN MEINER VERZWEIFLUNG ZIEH ICH MIR MANCHMAL SOGAR DEN GESELLSCHAFTSTEIL REIN. KOMPLETT.
ICH WEISS ALLES ÜBER TIGER WOODS' RÜCKENPROBLEME. UND ICH INTERESSIERE MICH ÜBERHAUPT NICHT FÜR GOLF.
ICH HAB AUCH SCHON ZU HÄRTEREN SACHEN GEGRIFFEN. *BILD*, *FOX NEWS* …
… SOGAR *RUSSIA TODAY* UND *BREITBART*.
»NUR UM MAL ZU SEHEN, WAS DIE ANDERE SEITE SO LIEST.«
»UND WAS IST SCHON DABEI? ICH INFORMIERE MICH JA NUR.«
ABER DIE WAHRHEIT IST …
MEIN NAME IST MARC-UWE UND ICH BIN NEWS JUNKIE.
HALLO MARC-UWE.

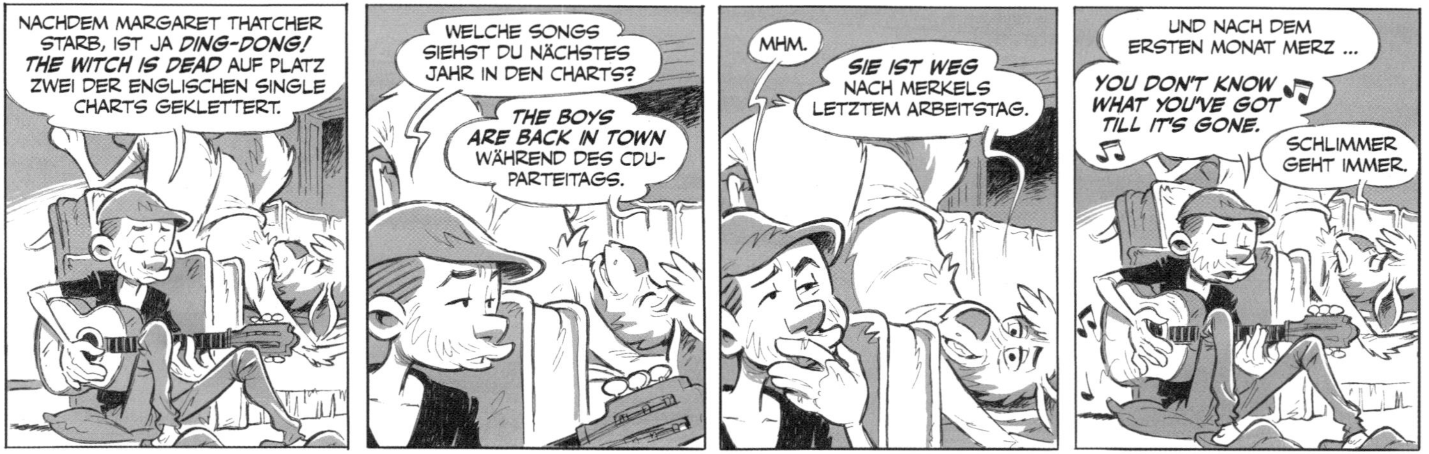
NACHDEM MARGARET THATCHER STARB, IST JA DING-DONG! THE WITCH IS DEAD AUF PLATZ ZWEI DER ENGLISCHEN SINGLE CHARTS GEKLETTERT.
WELCHE SONGS SIEHST DU NÄCHSTES JAHR IN DEN CHARTS?
THE BOYS ARE BACK IN TOWN WÄHREND DES CDU-PARTEITAGS.
MHM.
SIE IST WEG NACH MERKELS LETZTEM ARBEITSTAG.
UND NACH DEM ERSTEN MONAT MERZ ...
YOU DON'T KNOW WHAT YOU'VE GOT TILL IT'S GONE.
SCHLIMMER GEHT IMMER.

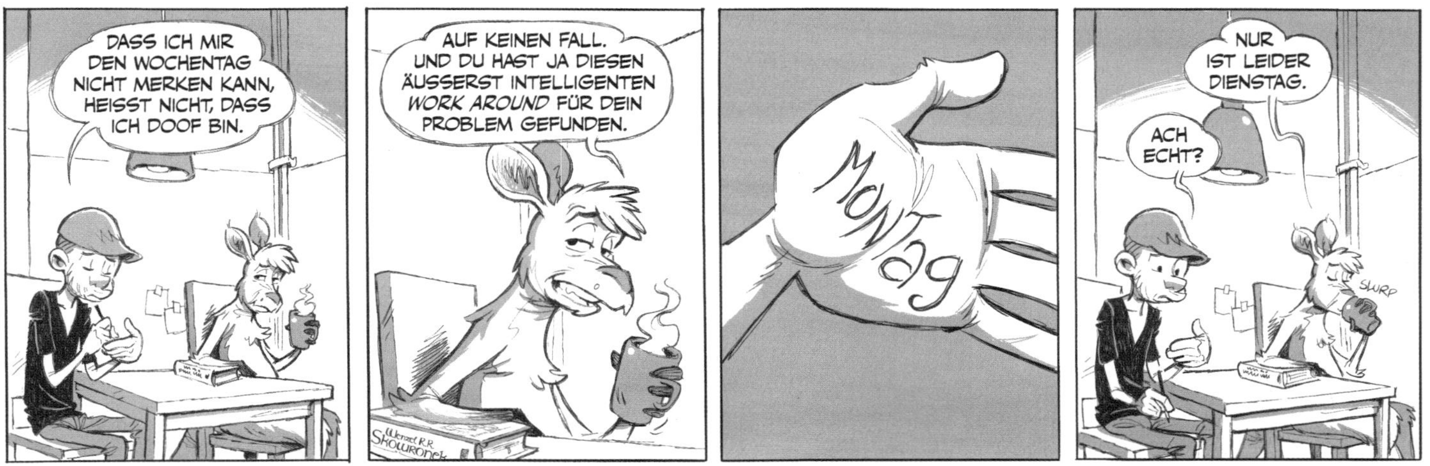
DASS ICH MIR DEN WOCHENTAG NICHT MERKEN KANN, HEISST NICHT, DASS ICH DOOF BIN.
AUF KEINEN FALL. UND DU HAST JA DIESEN ÄUSSERST INTELLIGENTEN WORK AROUND FÜR DEIN PROBLEM GEFUNDEN.
Wenzel R.R. Skowronek
MONTAG
NUR IST LEIDER DIENSTAG.
ACH ECHT?
SWRP

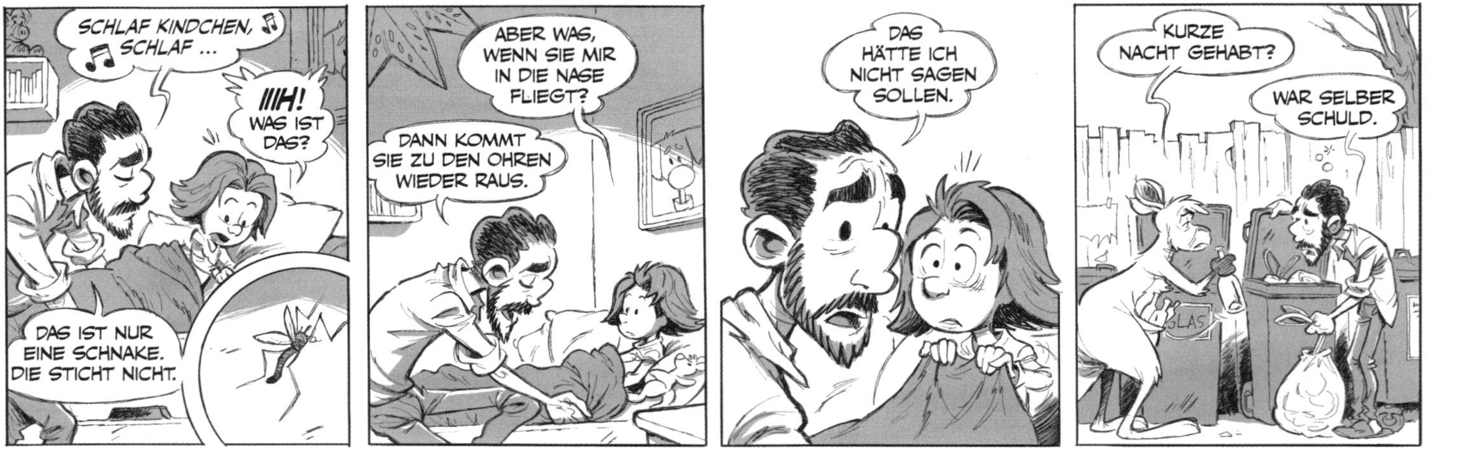
SCHLAF KINDCHEN, SCHLAF ...
IIIH! WAS IST DAS?
DAS IST NUR EINE SCHNAKE. DIE STICHT NICHT.
ABER WAS, WENN SIE MIR IN DIE NASE FLIEGT?
DANN KOMMT SIE ZU DEN OHREN WIEDER RAUS.
DAS HÄTTE ICH NICHT SAGEN SOLLEN.
KURZE NACHT GEHABT?
WAR SELBER SCHULD.
GLAS

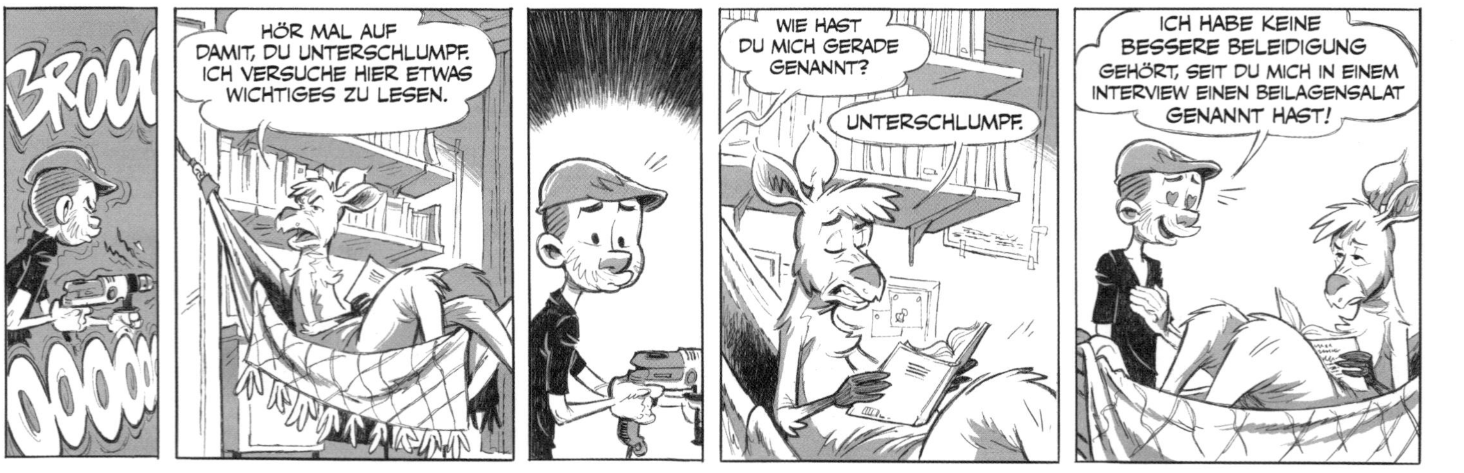
BROO
OOOOO
HÖR MAL AUF DAMIT, DU UNTERSCHLUMPF. ICH VERSUCHE HIER ETWAS WICHTIGES ZU LESEN.
WIE HAST DU MICH GERADE GENANNT?
UNTERSCHLUMPF.
ICH HABE KEINE BESSERE BELEIDIGUNG GEHÖRT, SEIT DU MICH IN EINEM INTERVIEW EINEN BEILAGENSALAT GENANNT HAST!

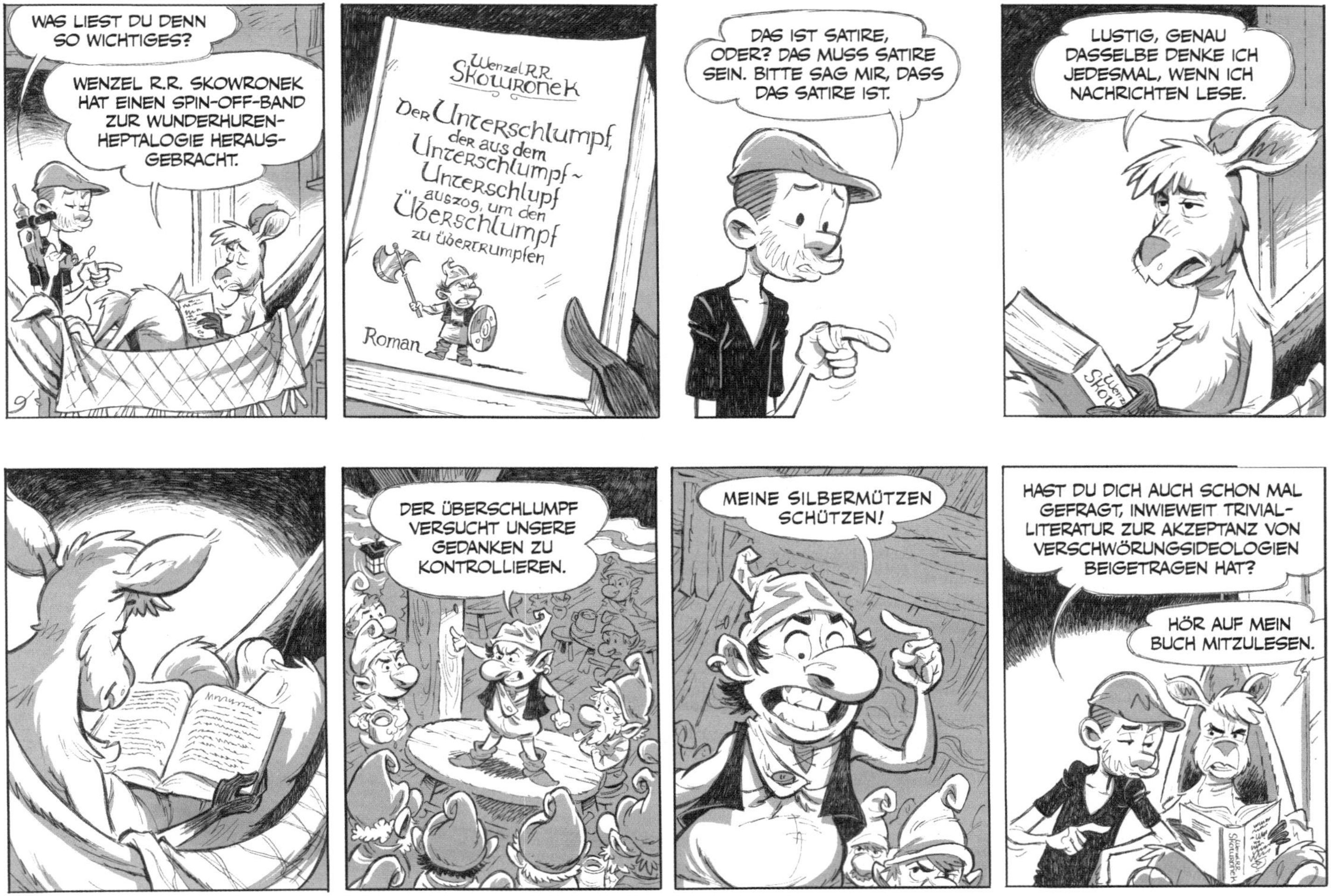
WAS LIEST DU DENN SO WICHTIGES?
WENZEL R.R. SKOWRONEK HAT EINEN SPIN-OFF-BAND ZUR WUNDERHUREN-HEPTALOGIE HERAUSGEBRACHT.
Wenzel R.R. Skowronek
Der Unterschlumpf, der aus dem Unterschlumpf-Unterschlupf auszog, um den Überschlumpf zu übertrumpfen
Roman
DAS IST SATIRE, ODER? DAS MUSS SATIRE SEIN. BITTE SAG MIR, DASS DAS SATIRE IST.
LUSTIG, GENAU DASSELBE DENKE ICH JEDESMAL, WENN ICH NACHRICHTEN LESE.
DER ÜBERSCHLUMPF VERSUCHT UNSERE GEDANKEN ZU KONTROLLIEREN.
MEINE SILBERMÜTZEN SCHÜTZEN!
HAST DU DICH AUCH SCHON MAL GEFRAGT, INWIEWEIT TRIVIAL-LITERATUR ZUR AKZEPTANZ VON VERSCHWÖRUNGSIDEOLOGIEN BEIGETRAGEN HAT?
HÖR AUF MEIN BUCH MITZULESEN.

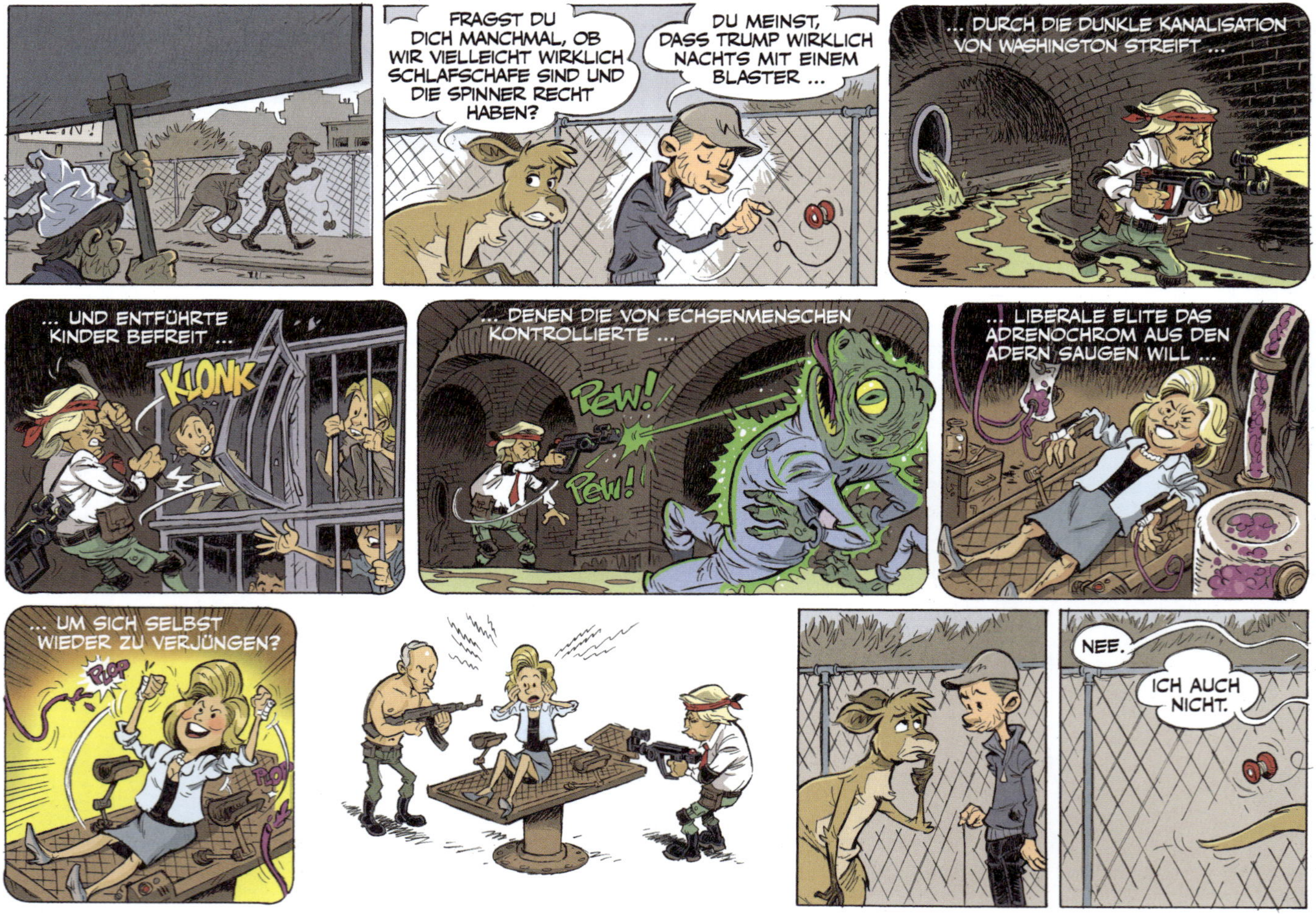
NEIN!
FRAGST DU DICH MANCHMAL, OB WIR VIELLEICHT WIRKLICH SCHLAFSCHAFE SIND UND DIE SPINNER RECHT HABEN?
DU MEINST, DASS TRUMP WIRKLICH NACHTS MIT EINEM BLASTER …
… DURCH DIE DUNKLE KANALISATION VON WASHINGTON STREIFT …
… UND ENTFÜHRTE KINDER BEFREIT …
KLONK
… DENEN DIE VON ECHSENMENSCHEN KONTROLLIERTE …
PEW!
PEW!
… LIBERALE ELITE DAS ADRENOCHROM AUS DEN ADERN SAUGEN WILL …
… UM SICH SELBST WIEDER ZU VERJÜNGEN?
PLOP
PLOP
NEE.
ICH AUCH NICHT.

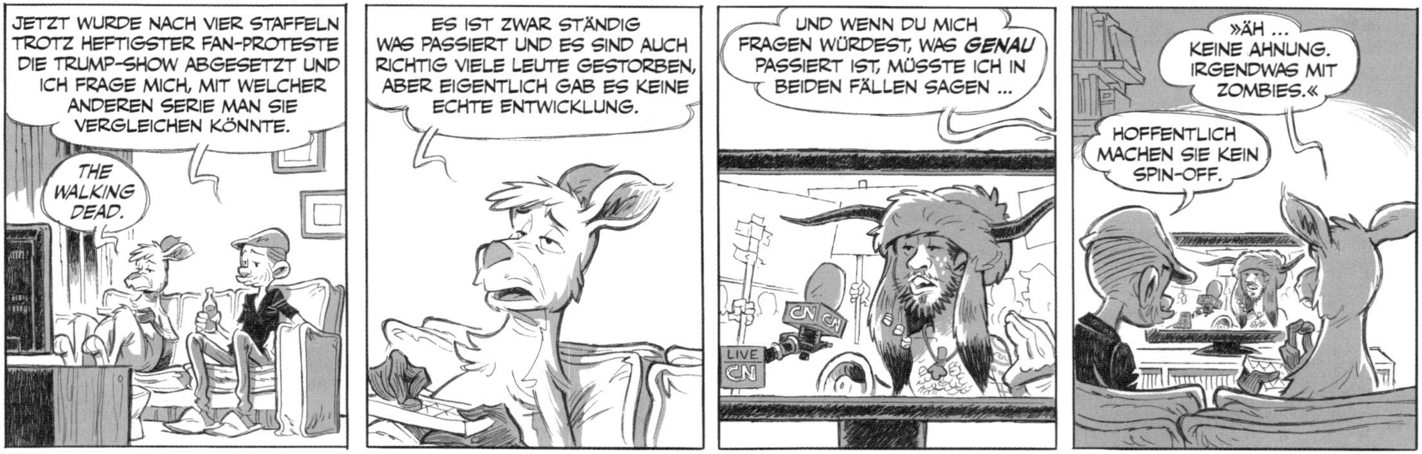
JETZT WURDE NACH VIER STAFFELN TROTZ HEFTIGSTER FAN-PROTESTE DIE TRUMP-SHOW ABGESETZT UND ICH FRAGE MICH, MIT WELCHER ANDEREN SERIE MAN SIE VERGLEICHEN KÖNNTE.
THE WALKING DEAD.
ES IST ZWAR STÄNDIG WAS PASSIERT UND ES SIND AUCH RICHTIG VIELE LEUTE GESTORBEN, ABER EIGENTLICH GAB ES KEINE ECHTE ENTWICKLUNG.
UND WENN DU MICH FRAGEN WÜRDEST, WAS *GENAU* PASSIERT IST, MÜSSTE ICH IN BEIDEN FÄLLEN SAGEN …
LIVE
CN
»ÄH … KEINE AHNUNG. IRGENDWAS MIT ZOMBIES.«
HOFFENTLICH MACHEN SIE KEIN SPIN-OFF.

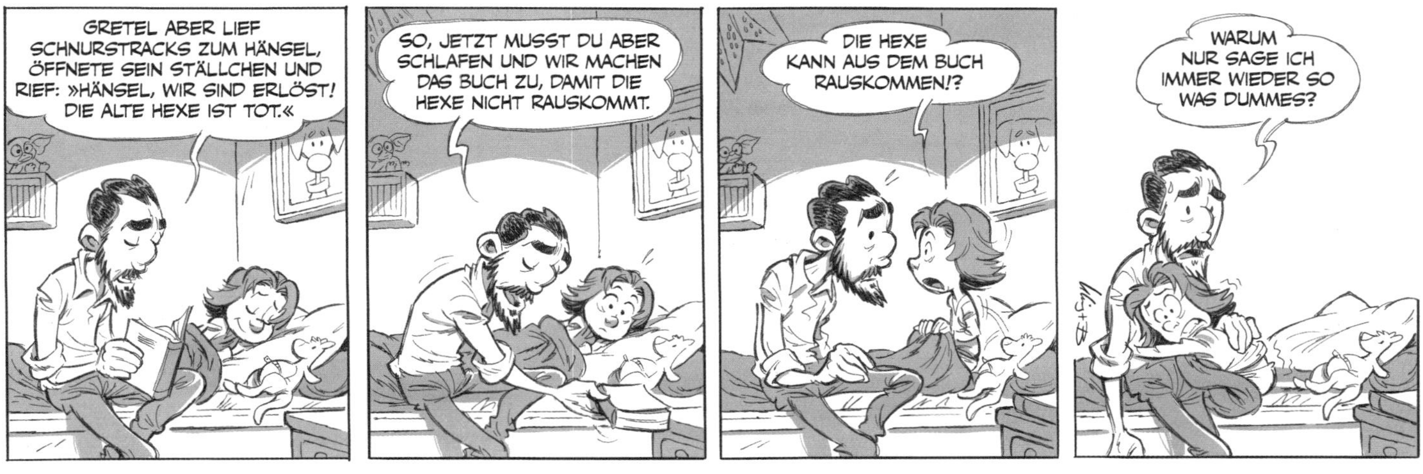
GRETEL ABER LIEF SCHNURSTRACKS ZUM HÄNSEL, ÖFFNETE SEIN STÄLLCHEN UND RIEF: »HÄNSEL, WIR SIND ERLÖST! DIE ALTE HEXE IST TOT.«
SO, JETZT MUSST DU ABER SCHLAFEN UND WIR MACHEN DAS BUCH ZU, DAMIT DIE HEXE NICHT RAUSKOMMT.
DIE HEXE KANN AUS DEM BUCH RAUSKOMMEN!?
WARUM NUR SAGE ICH IMMER WIEDER SO WAS DUMMES?

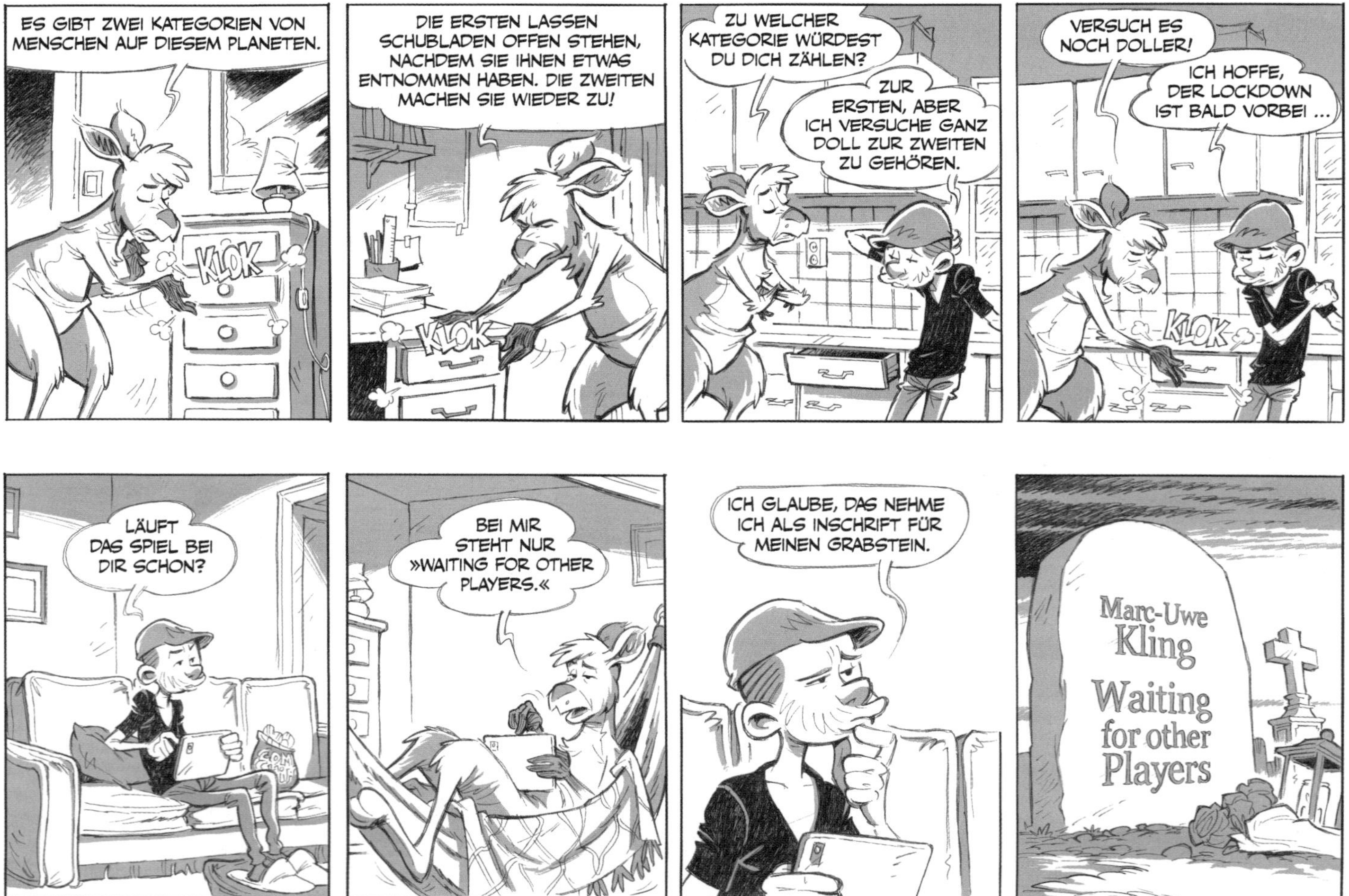
ES GIBT ZWEI KATEGORIEN VON MENSCHEN AUF DIESEM PLANETEN.
KLOK
DIE ERSTEN LASSEN SCHUBLADEN OFFEN STEHEN, NACHDEM SIE IHNEN ETWAS ENTNOMMEN HABEN. DIE ZWEITEN MACHEN SIE WIEDER ZU!
KLOK
ZU WELCHER KATEGORIE WÜRDEST DU DICH ZÄHLEN?
ZUR ERSTEN, ABER ICH VERSUCHE GANZ DOLL ZUR ZWEITEN ZU GEHÖREN.
VERSUCH ES NOCH DOLLER!
ICH HOFFE, DER LOCKDOWN IST BALD VORBEI …
KLOK
LÄUFT DAS SPIEL BEI DIR SCHON?
BEI MIR STEHT NUR »WAITING FOR OTHER PLAYERS.«
ICH GLAUBE, DAS NEHME ICH ALS INSCHRIFT FÜR MEINEN GRABSTEIN.
Marc-Uwe Kling
Waiting for other Players

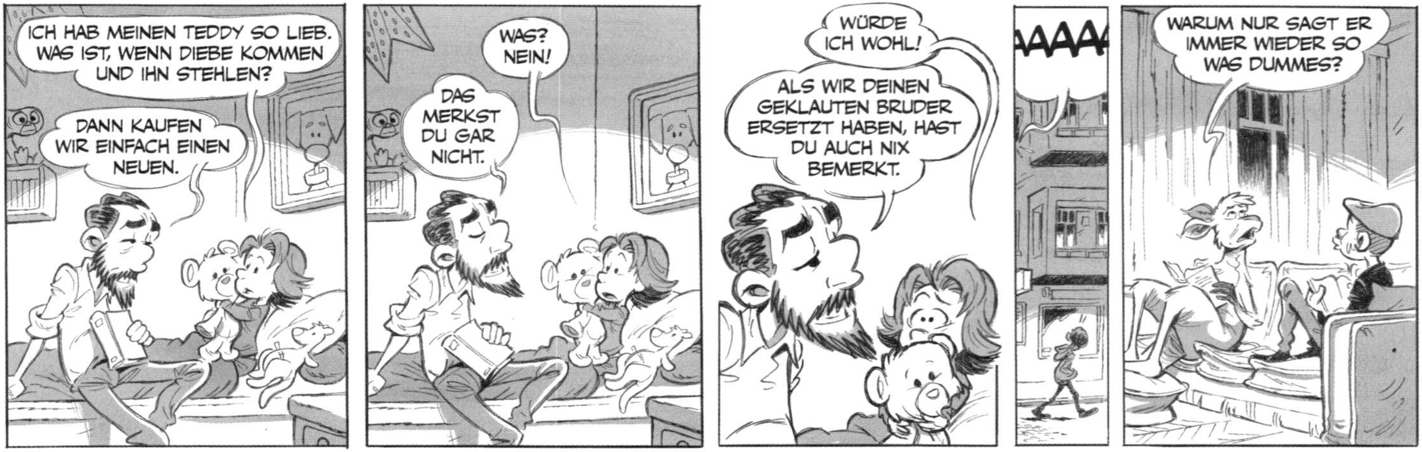
ICH HAB MEINEN TEDDY SO LIEB. WAS IST, WENN DIEBE KOMMEN UND IHN STEHLEN?
DANN KAUFEN WIR EINFACH EINEN NEUEN.
WAS? NEIN!
DAS MERKST DU GAR NICHT.
WÜRDE ICH WOHL!
ALS WIR DEINEN GEKLAUTEN BRUDER ERSETZT HABEN, HAST DU AUCH NIX BEMERKT.
AAAAA
WARUM NUR SAGT ER IMMER WIEDER SO WAS DUMMES?

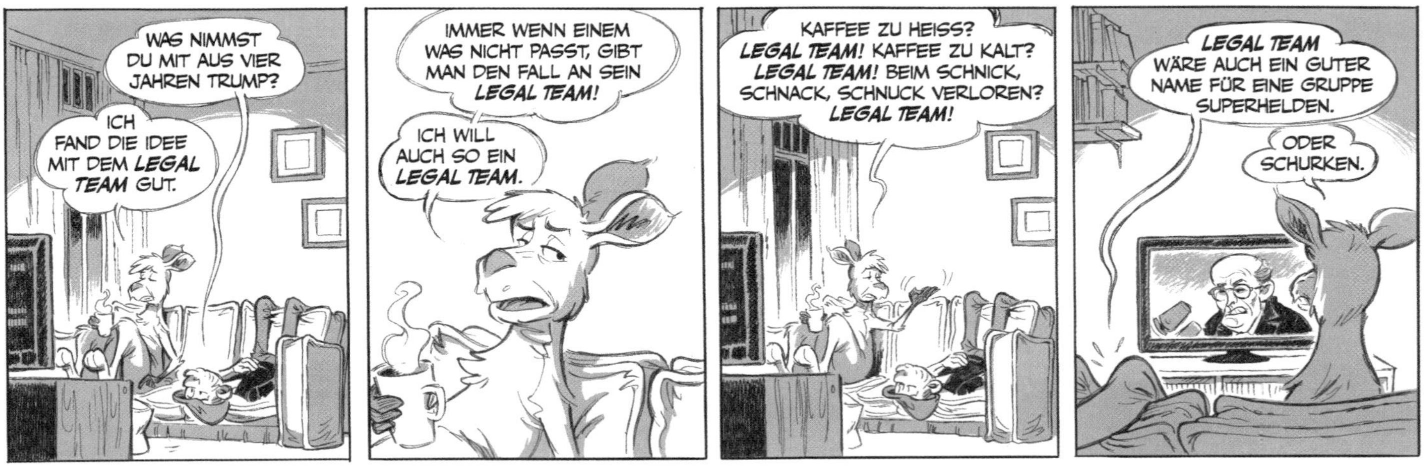
WAS NIMMST DU MIT AUS VIER JAHREN TRUMP?
ICH FAND DIE IDEE MIT DEM LEGAL TEAM GUT.
IMMER WENN EINEM WAS NICHT PASST, GIBT MAN DEN FALL AN SEIN LEGAL TEAM!
ICH WILL AUCH SO EIN LEGAL TEAM.
KAFFEE ZU HEISS? LEGAL TEAM! KAFFEE ZU KALT? LEGAL TEAM! BEIM SCHNICK, SCHNACK, SCHNUCK VERLOREN? LEGAL TEAM!
LEGAL TEAM WÄRE AUCH EIN GUTER NAME FÜR EINE GRUPPE SUPERHELDEN.
ODER SCHURKEN.

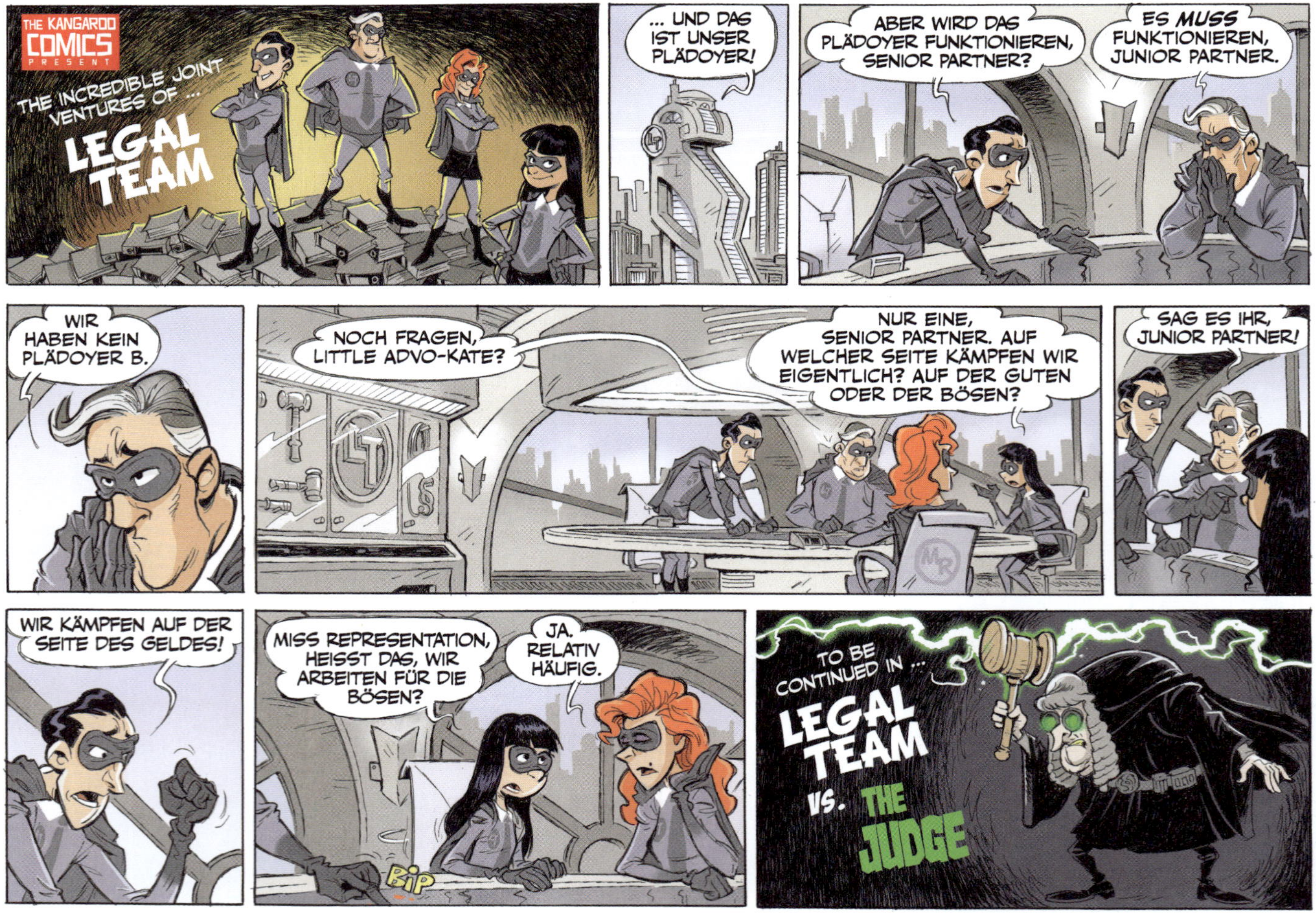
THE KANGAROO COMICS PRESENT
THE INCREDIBLE JOINT VENTURES OF ...
LEGAL TEAM
... UND DAS IST UNSER PLÄDOYER!
ABER WIRD DAS PLÄDOYER FUNKTIONIEREN, SENIOR PARTNER?
ES *MUSS* FUNKTIONIEREN, JUNIOR PARTNER.
WIR HABEN KEIN PLÄDOYER B.
NOCH FRAGEN, LITTLE ADVO-KATE?
NUR EINE, SENIOR PARTNER. AUF WELCHER SEITE KÄMPFEN WIR EIGENTLICH? AUF DER GUTEN ODER DER BÖSEN?
SAG ES IHR, JUNIOR PARTNER!
WIR KÄMPFEN AUF DER SEITE DES GELDES!
MISS REPRESENTATION, HEISST DAS, WIR ARBEITEN FÜR DIE BÖSEN?
JA. RELATIV HÄUFIG.
BIP
TO BE CONTINUED IN ...
LEGAL TEAM VS. THE JUDGE

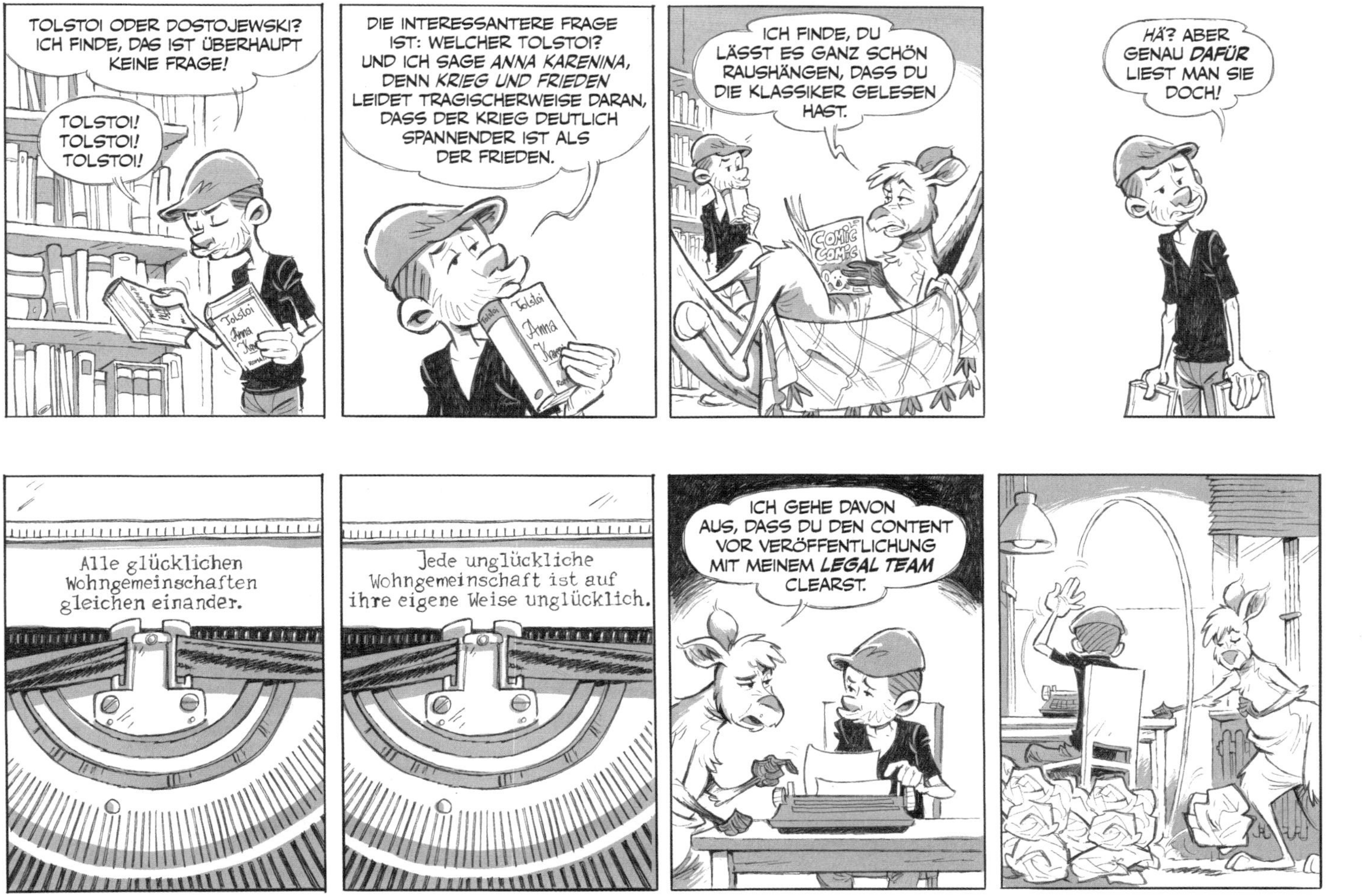
TOLSTOI ODER DOSTOJEWSKI? ICH FINDE, DAS IST ÜBERHAUPT KEINE FRAGE!
TOLSTOI! TOLSTOI! TOLSTOI!
DIE INTERESSANTERE FRAGE IST: WELCHER TOLSTOI? UND ICH SAGE *ANNA KARENINA*, DENN *KRIEG UND FRIEDEN* LEIDET TRAGISCHERWEISE DARAN, DASS DER KRIEG DEUTLICH SPANNENDER IST ALS DER FRIEDEN.
ICH FINDE, DU LÄSST ES GANZ SCHÖN RAUSHÄNGEN, DASS DU DIE KLASSIKER GELESEN HAST.
COMIC COMICS
HÄ? ABER GENAU ***DAFÜR*** LIEST MAN SIE DOCH!
Alle glücklichen Wohngemeinschaften gleichen einander.
Jede unglückliche Wohngemeinschaft ist auf ihre eigene Weise unglücklich.
ICH GEHE DAVON AUS, DASS DU DEN CONTENT VOR VERÖFFENTLICHUNG MIT MEINEM ***LEGAL TEAM*** CLEARST.

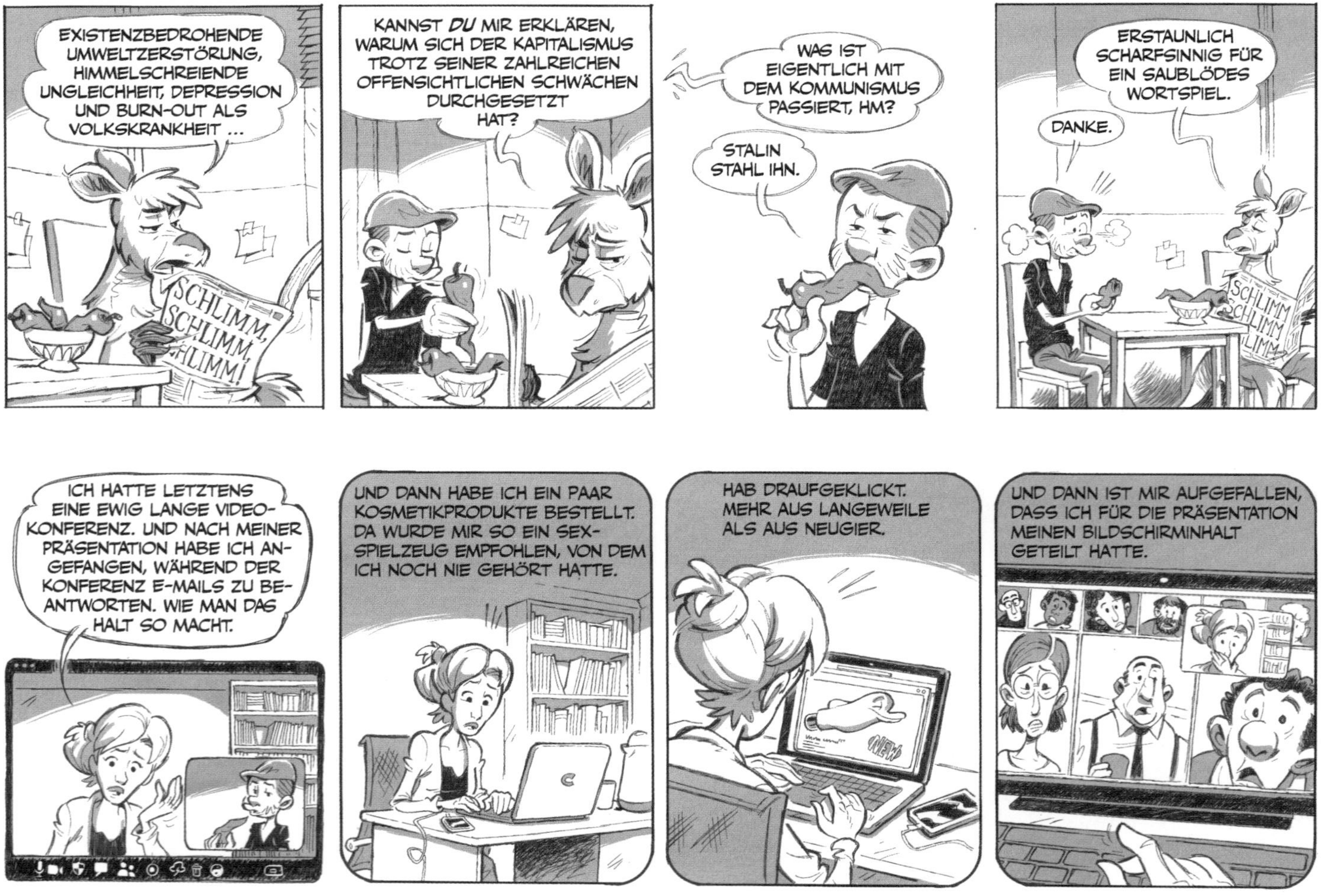
EXISTENZBEDROHENDE UMWELTZERSTÖRUNG, HIMMELSCHREIENDE UNGLEICHHEIT, DEPRESSION UND BURN-OUT ALS VOLKSKRANKHEIT …
SCHLIMM, SCHLIMM, SCHLIMM!
KANNST DU MIR ERKLÄREN, WARUM SICH DER KAPITALISMUS TROTZ SEINER ZAHLREICHEN OFFENSICHTLICHEN SCHWÄCHEN DURCHGESETZT HAT?
WAS IST EIGENTLICH MIT DEM KOMMUNISMUS PASSIERT, HM?
STALIN STAHL IHN.
ERSTAUNLICH SCHARFSINNIG FÜR EIN SAUBLÖDES WORTSPIEL.
DANKE.
ICH HATTE LETZTENS EINE EWIG LANGE VIDEO-KONFERENZ. UND NACH MEINER PRÄSENTATION HABE ICH ANGEFANGEN, WÄHREND DER KONFERENZ E-MAILS ZU BEANTWORTEN. WIE MAN DAS HALT SO MACHT.
UND DANN HABE ICH EIN PAAR KOSMETIKPRODUKTE BESTELLT. DA WURDE MIR SO EIN SEX-SPIELZEUG EMPFOHLEN, VON DEM ICH NOCH NIE GEHÖRT HATTE.
HAB DRAUFGEKLICKT. MEHR AUS LANGEWEILE ALS AUS NEUGIER.
NEW
UND DANN IST MIR AUFGEFALLEN, DASS ICH FÜR DIE PRÄSENTATION MEINEN BILDSCHIRMINHALT GETEILT HATTE.

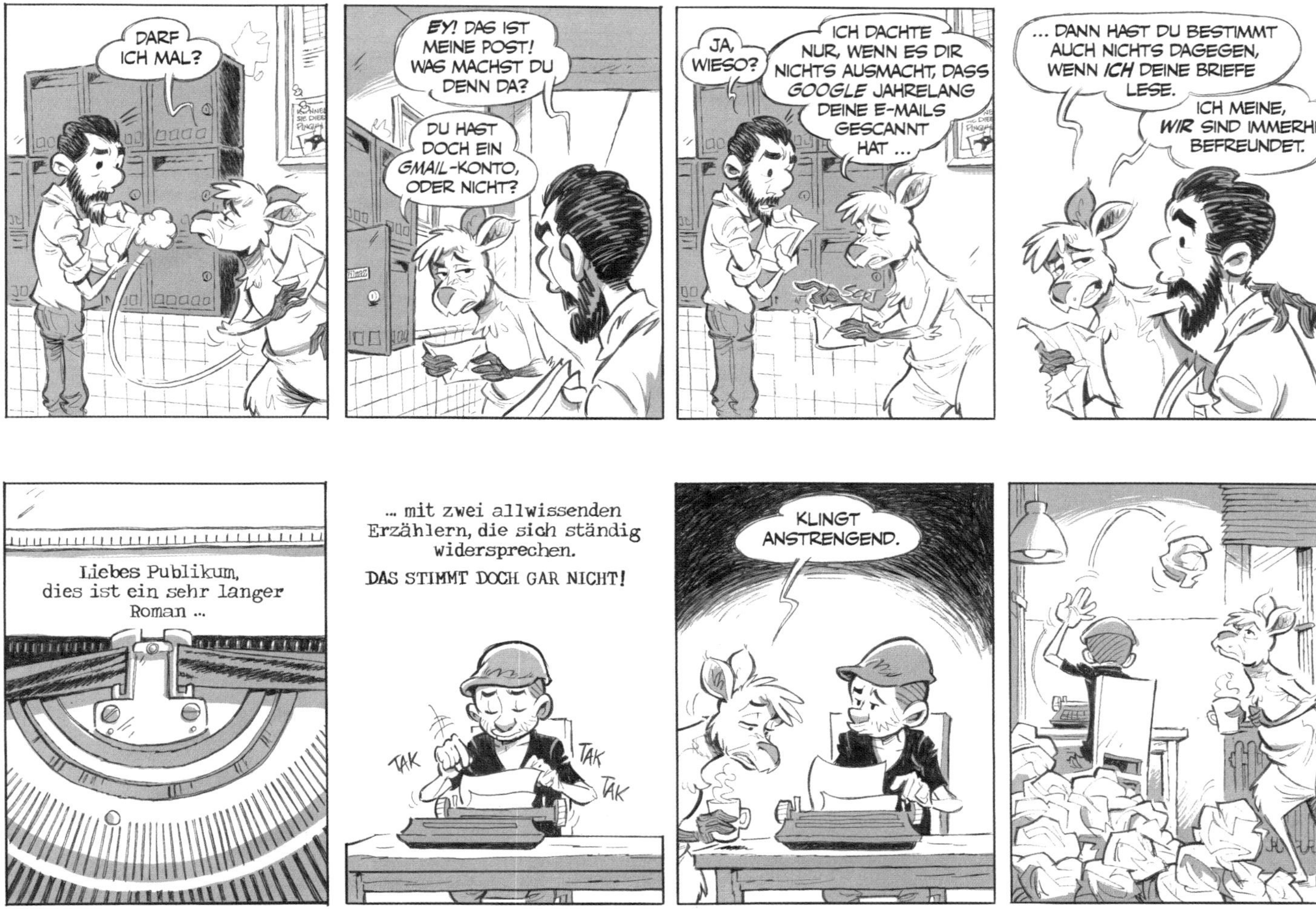

DARF ICH MAL?
EY! DAS IST MEINE POST! WAS MACHST DU DENN DA?
DU HAST DOCH EIN GMAIL-KONTO, ODER NICHT?
JA, WIESO?
ICH DACHTE NUR, WENN ES DIR NICHTS AUSMACHT, DASS GOOGLE JAHRELANG DEINE E-MAILS GESCANNT HAT ...
SCRT
... DANN HAST DU BESTIMMT AUCH NICHTS DAGEGEN, WENN ICH DEINE BRIEFE LESE.
ICH MEINE, WIR SIND IMMERHIN BEFREUNDET.
Liebes Publikum, dies ist ein sehr langer Roman ...
... mit zwei allwissenden Erzählern, die sich ständig widersprechen.
DAS STIMMT DOCH GAR NICHT!
TAK
TAK
TAK
KLINGT ANSTRENGEND.

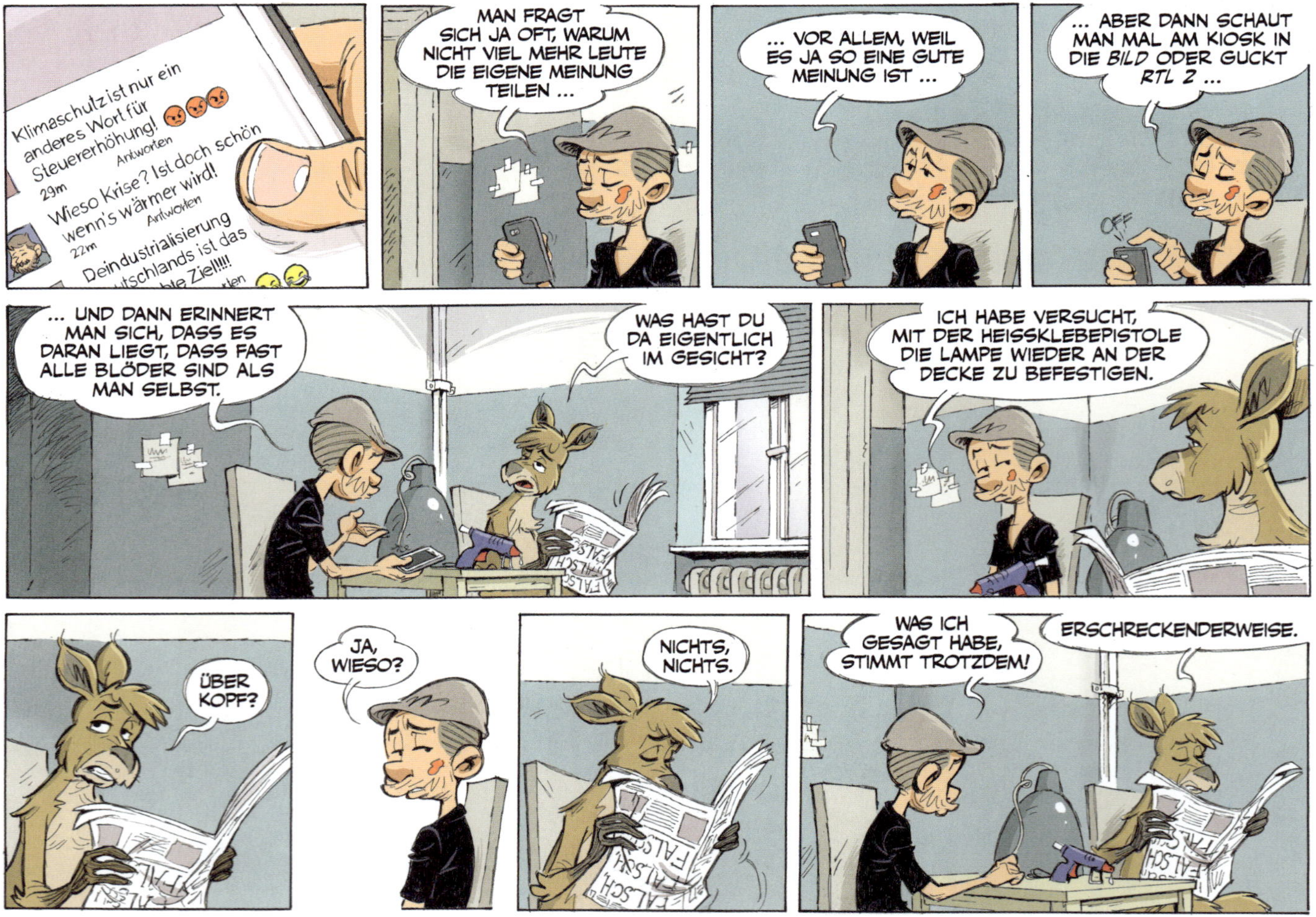

Klimaschutz ist nur ein anderes Wort für Steuererhöhung!
29m Antworten
Wieso Krise? Ist doch schön wenn's wärmer wird!
22m Antworten
Deindustrialisierung
MAN FRAGT SICH JA OFT, WARUM NICHT VIEL MEHR LEUTE DIE EIGENE MEINUNG TEILEN …
… VOR ALLEM, WEIL ES JA SO EINE GUTE MEINUNG IST …
… ABER DANN SCHAUT MAN MAL AM KIOSK IN DIE *BILD* ODER GUCKT *RTL 2* …
OFF
… UND DANN ERINNERT MAN SICH, DASS ES DARAN LIEGT, DASS FAST ALLE BLÖDER SIND ALS MAN SELBST.
WAS HAST DU DA EIGENTLICH IM GESICHT?
ICH HABE VERSUCHT, MIT DER HEISSKLEBEPISTOLE DIE LAMPE WIEDER AN DER DECKE ZU BEFESTIGEN.
ÜBER KOPF?
JA, WIESO?
NICHTS, NICHTS.
WAS ICH GESAGT HABE, STIMMT TROTZDEM!
ERSCHRECKENDERWEISE.

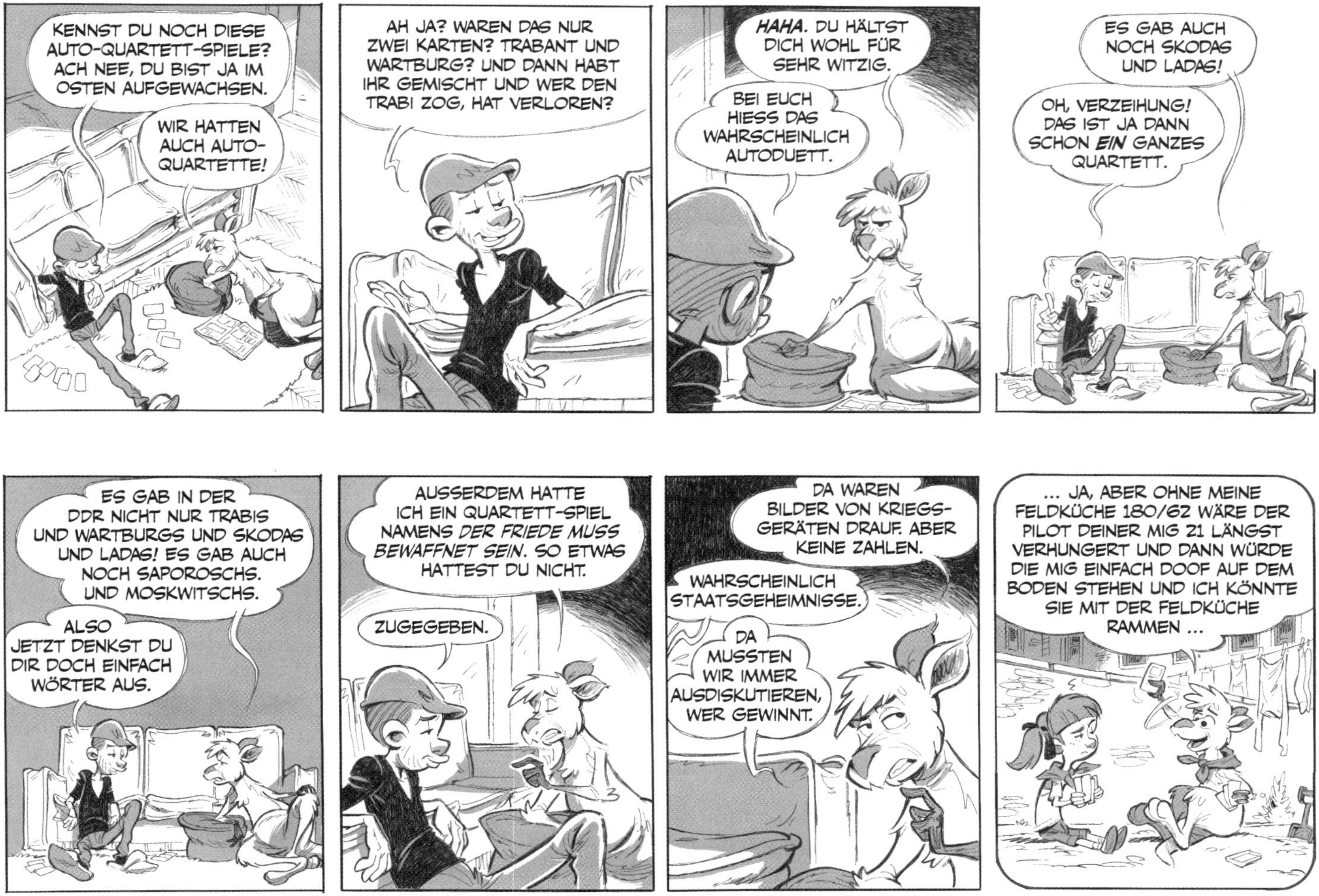
KENNST DU NOCH DIESE AUTO-QUARTETT-SPIELE? ACH NEE, DU BIST JA IM OSTEN AUFGEWACHSEN.
WIR HATTEN AUCH AUTO-QUARTETTE!
AH JA? WAREN DAS NUR ZWEI KARTEN? TRABANT UND WARTBURG? UND DANN HABT IHR GEMISCHT UND WER DEN TRABI ZOG, HAT VERLOREN?
HAHA. DU HÄLTST DICH WOHL FÜR SEHR WITZIG.
BEI EUCH HIESS DAS WAHRSCHEINLICH AUTODUETT.
ES GAB AUCH NOCH SKODAS UND LADAS!
OH, VERZEIHUNG! DAS IST JA DANN SCHON *EIN* GANZES QUARTETT.
ES GAB IN DER DDR NICHT NUR TRABIS UND WARTBURGS UND SKODAS UND LADAS! ES GAB AUCH NOCH SAPOROSCHS. UND MOSKWITSCHS.
ALSO JETZT DENKST DU DIR DOCH EINFACH WÖRTER AUS.
AUSSERDEM HATTE ICH EIN QUARTETT-SPIEL NAMENS *DER FRIEDE MUSS BEWAFFNET SEIN*. SO ETWAS HATTEST DU NICHT.
ZUGEGEBEN.
DA WAREN BILDER VON KRIEGSGERÄTEN DRAUF. ABER KEINE ZAHLEN.
WAHRSCHEINLICH STAATSGEHEIMNISSE.
DA MUSSTEN WIR IMMER AUSDISKUTIEREN, WER GEWINNT.
... JA, ABER OHNE MEINE FELDKÜCHE 180/62 WÄRE DER PILOT DEINER MIG 21 LÄNGST VERHUNGERT UND DANN WÜRDE DIE MIG EINFACH DOOF AUF DEM BODEN STEHEN UND ICH KÖNNTE SIE MIT DER FELDKÜCHE RAMMEN ...

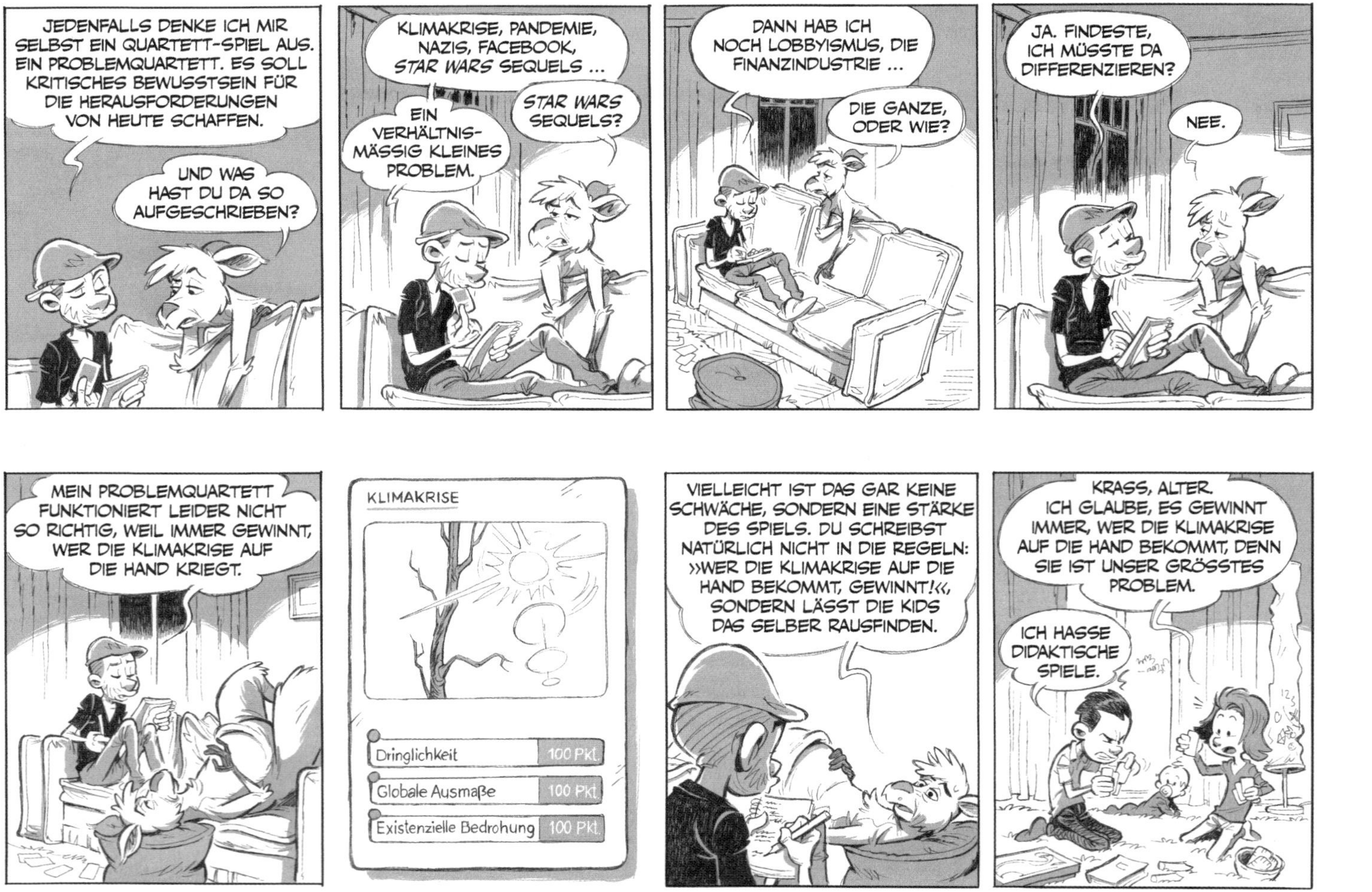

JEDENFALLS DENKE ICH MIR SELBST EIN QUARTETT-SPIEL AUS. EIN PROBLEMQUARTETT. ES SOLL KRITISCHES BEWUSSTSEIN FÜR DIE HERAUSFORDERUNGEN VON HEUTE SCHAFFEN.
UND WAS HAST DU DA SO AUFGESCHRIEBEN?
KLIMAKRISE, PANDEMIE, NAZIS, FACEBOOK, *STAR WARS* SEQUELS …
EIN VERHÄLTNISMÄSSIG KLEINES PROBLEM.
STAR WARS SEQUELS?
DANN HAB ICH NOCH LOBBYISMUS, DIE FINANZINDUSTRIE …
DIE GANZE, ODER WIE?
JA. FINDESTE, ICH MÜSSTE DA DIFFERENZIEREN?
NEE.
MEIN PROBLEMQUARTETT FUNKTIONIERT LEIDER NICHT SO RICHTIG, WEIL IMMER GEWINNT, WER DIE KLIMAKRISE AUF DIE HAND KRIEGT.
KLIMAKRISE
Dringlichkeit 100 Pkt.
Globale Ausmaße 100 Pkt.
Existenzielle Bedrohung 100 Pkt.
VIELLEICHT IST DAS GAR KEINE SCHWÄCHE, SONDERN EINE STÄRKE DES SPIELS. DU SCHREIBST NATÜRLICH NICHT IN DIE REGELN: »WER DIE KLIMAKRISE AUF DIE HAND BEKOMMT, GEWINNT!«, SONDERN LÄSST DIE KIDS DAS SELBER RAUSFINDEN.
KRASS, ALTER. ICH GLAUBE, ES GEWINNT IMMER, WER DIE KLIMAKRISE AUF DIE HAND BEKOMMT, DENN SIE IST UNSER GRÖSSTES PROBLEM.
ICH HASSE DIDAKTISCHE SPIELE.

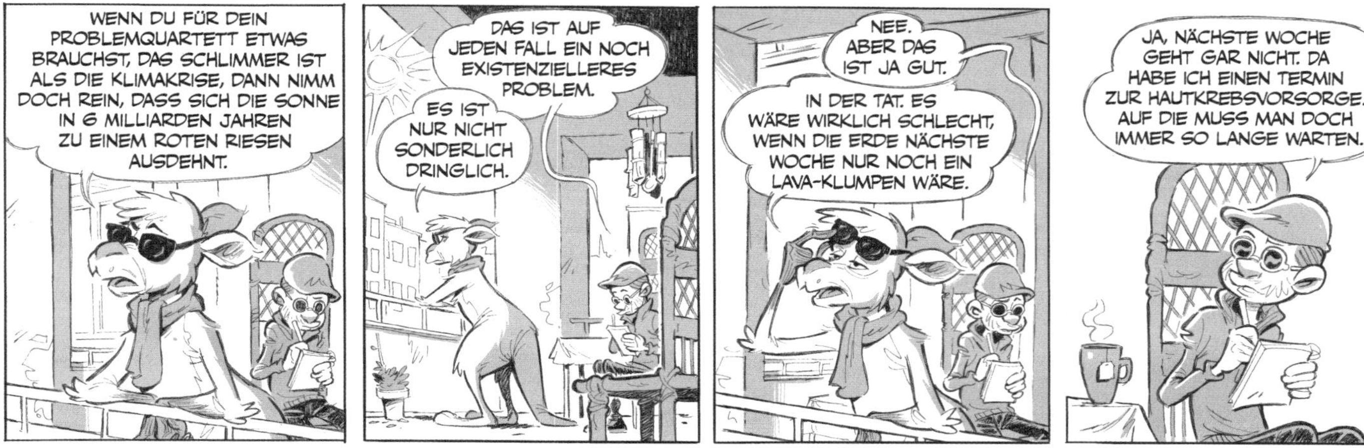
WENN DU FÜR DEIN PROBLEMQUARTETT ETWAS BRAUCHST, DAS SCHLIMMER IST ALS DIE KLIMAKRISE, DANN NIMM DOCH REIN, DASS SICH DIE SONNE IN 6 MILLIARDEN JAHREN ZU EINEM ROTEN RIESEN AUSDEHNT.
DAS IST AUF JEDEN FALL EIN NOCH EXISTENZIELLERES PROBLEM.
ES IST NUR NICHT SONDERLICH DRINGLICH.
NEE. ABER DAS IST JA GUT.
IN DER TAT. ES WÄRE WIRKLICH SCHLECHT, WENN DIE ERDE NÄCHSTE WOCHE NUR NOCH EIN LAVA-KLUMPEN WÄRE.
JA, NÄCHSTE WOCHE GEHT GAR NICHT. DA HABE ICH EINEN TERMIN ZUR HAUTKREBSVORSORGE. AUF DIE MUSS MAN DOCH IMMER SO LANGE WARTEN.

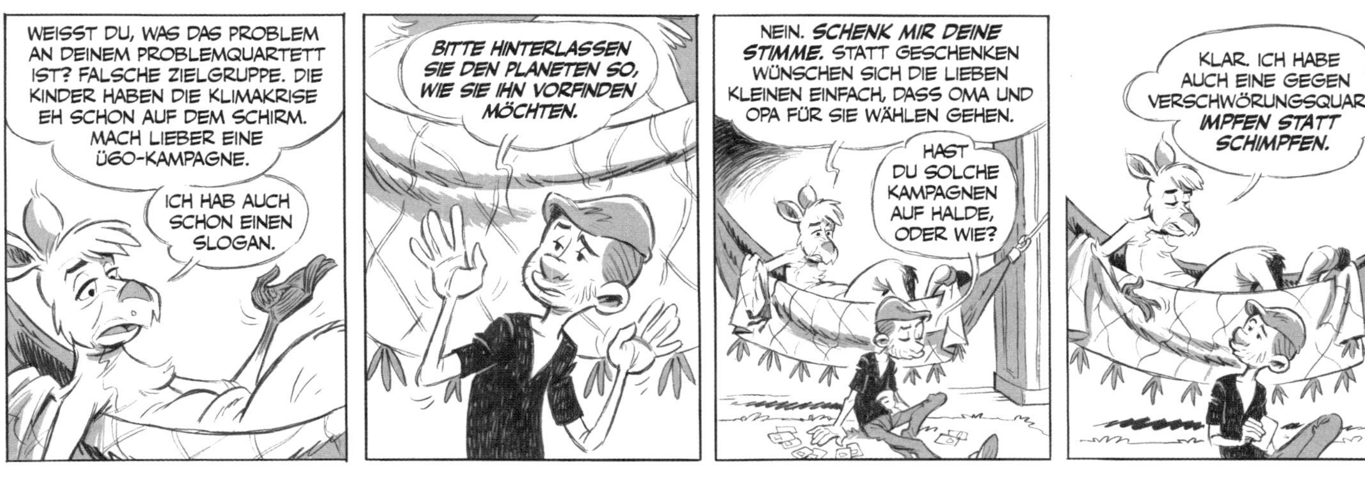
WEISST DU, WAS DAS PROBLEM AN DEINEM PROBLEMQUARTETT IST? FALSCHE ZIELGRUPPE. DIE KINDER HABEN DIE KLIMAKRISE EH SCHON AUF DEM SCHIRM. MACH LIEBER EINE ÜGO-KAMPAGNE.
ICH HAB AUCH SCHON EINEN SLOGAN.
BITTE HINTERLASSEN SIE DEN PLANETEN SO, WIE SIE IHN VORFINDEN MÖCHTEN.
NEIN. SCHENK MIR DEINE STIMME. STATT GESCHENKEN WÜNSCHEN SICH DIE LIEBEN KLEINEN EINFACH, DASS OMA UND OPA FÜR SIE WÄHLEN GEHEN.
HAST DU SOLCHE KAMPAGNEN AUF HALDE, ODER WIE?
KLAR. ICH HABE AUCH EINE GEGEN VERSCHWÖRUNGSQUARK: IMPFEN STATT SCHIMPFEN.

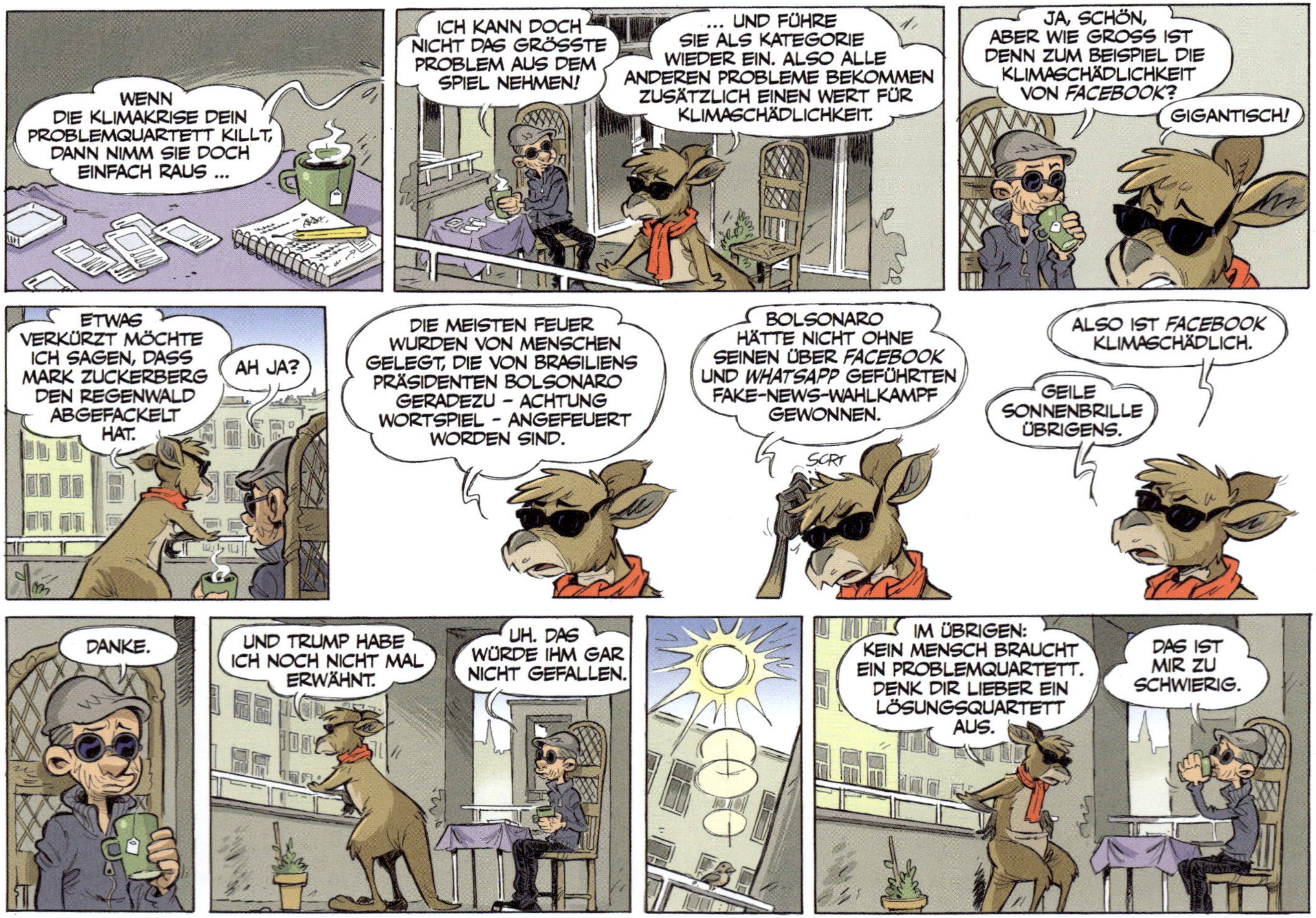
WENN DIE KLIMAKRISE DEIN PROBLEMQUARTETT KILLT, DANN NIMM SIE DOCH EINFACH RAUS ...
ICH KANN DOCH NICHT DAS GRÖSSTE PROBLEM AUS DEM SPIEL NEHMEN!
... UND FÜHRE SIE ALS KATEGORIE WIEDER EIN. ALSO ALLE ANDEREN PROBLEME BEKOMMEN ZUSÄTZLICH EINEN WERT FÜR KLIMASCHÄDLICHKEIT.
JA, SCHÖN, ABER WIE GROSS IST DENN ZUM BEISPIEL DIE KLIMASCHÄDLICHKEIT VON *FACEBOOK*?
GIGANTISCH!
ETWAS VERKÜRZT MÖCHTE ICH SAGEN, DASS MARK ZUCKERBERG DEN REGENWALD ABGEFACKELT HAT.
AH JA?
DIE MEISTEN FEUER WURDEN VON MENSCHEN GELEGT, DIE VON BRASILIENS PRÄSIDENTEN BOLSONARO GERADEZU – ACHTUNG WORTSPIEL – ANGEFEUERT WORDEN SIND.
BOLSONARO HÄTTE NICHT OHNE SEINEN ÜBER *FACEBOOK* UND *WHATSAPP* GEFÜHRTEN FAKE-NEWS-WAHLKAMPF GEWONNEN.
SCRT
ALSO IST *FACEBOOK* KLIMASCHÄDLICH.
GEILE SONNENBRILLE ÜBRIGENS.
DANKE.
UND TRUMP HABE ICH NOCH NICHT MAL ERWÄHNT.
UH. DAS WÜRDE IHM GAR NICHT GEFALLEN.
IM ÜBRIGEN: KEIN MENSCH BRAUCHT EIN PROBLEMQUARTETT. DENK DIR LIEBER EIN LÖSUNGSQUARTETT AUS.
DAS IST MIR ZU SCHWIERIG.

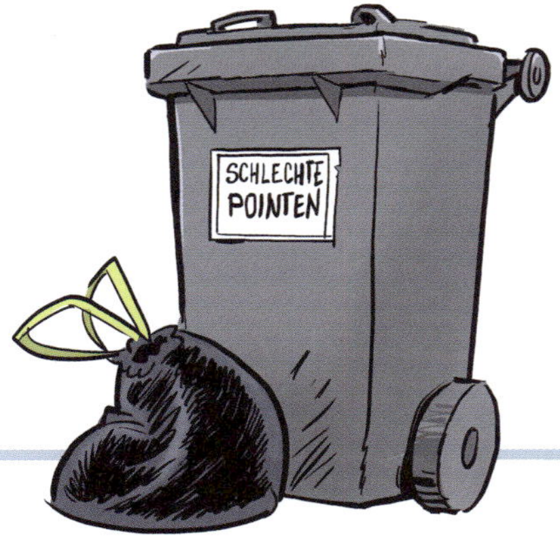

FEBRUAR 2021

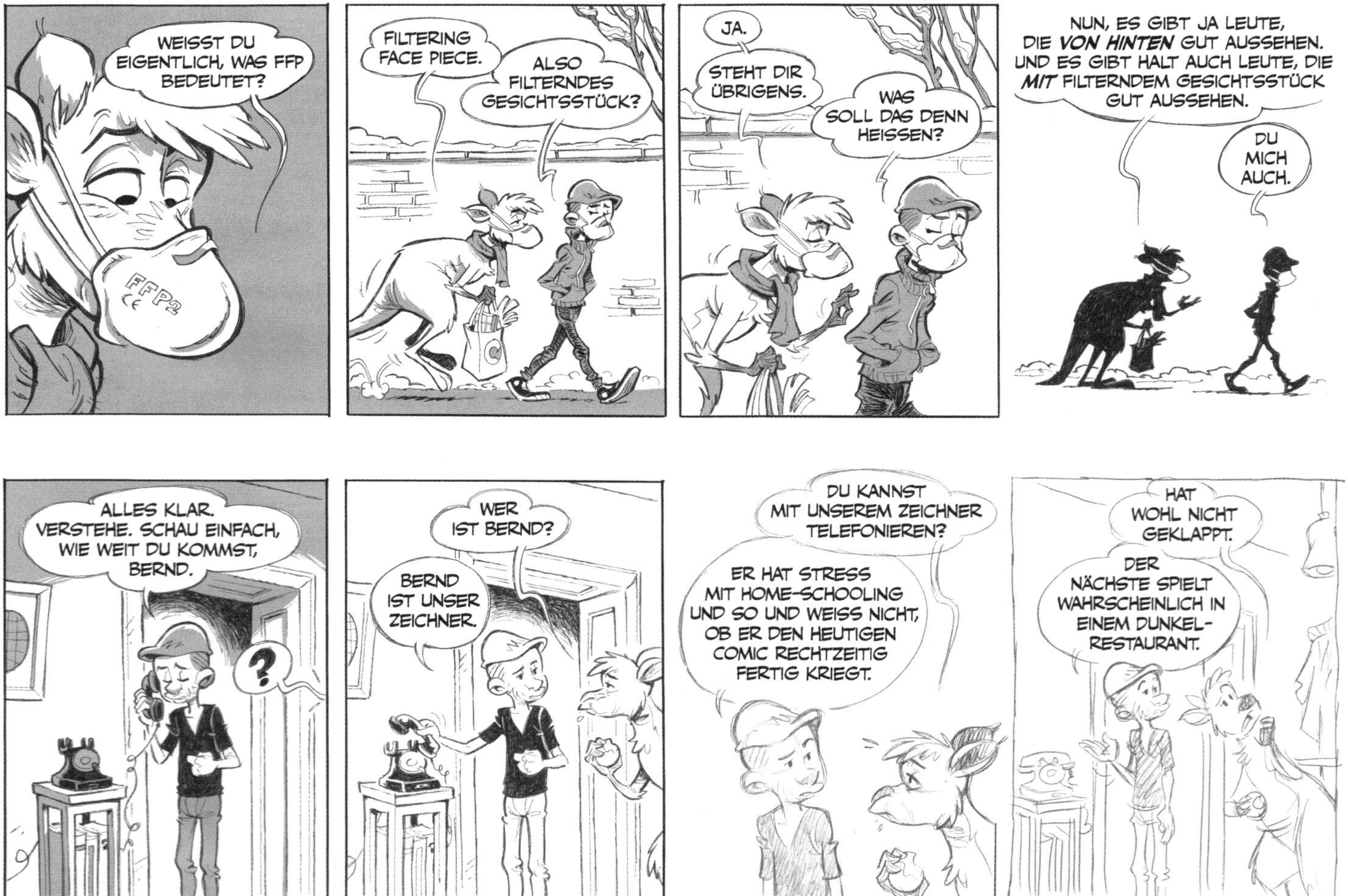
WEISST DU EIGENTLICH, WAS FFP BEDEUTET?
FFP2
FILTERING FACE PIECE.
ALSO FILTERNDES GESICHTSSTÜCK?
JA.
STEHT DIR ÜBRIGENS.
WAS SOLL DAS DENN HEISSEN?
NUN, ES GIBT JA LEUTE, DIE *VON HINTEN* GUT AUSSEHEN. UND ES GIBT HALT AUCH LEUTE, DIE *MIT* FILTERNDEM GESICHTSSTÜCK GUT AUSSEHEN.
DU MICH AUCH.
ALLES KLAR. VERSTEHE. SCHAU EINFACH, WIE WEIT DU KOMMST, BERND.
?
WER IST BERND?
BERND IST UNSER ZEICHNER.
DU KANNST MIT UNSEREM ZEICHNER TELEFONIEREN?
ER HAT STRESS MIT HOME-SCHOOLING UND SO UND WEISS NICHT, OB ER DEN HEUTIGEN COMIC RECHTZEITIG FERTIG KRIEGT.
HAT WOHL NICHT GEKLAPPT.
DER NÄCHSTE SPIELT WAHRSCHEINLICH IN EINEM DUNKEL-RESTAURANT.

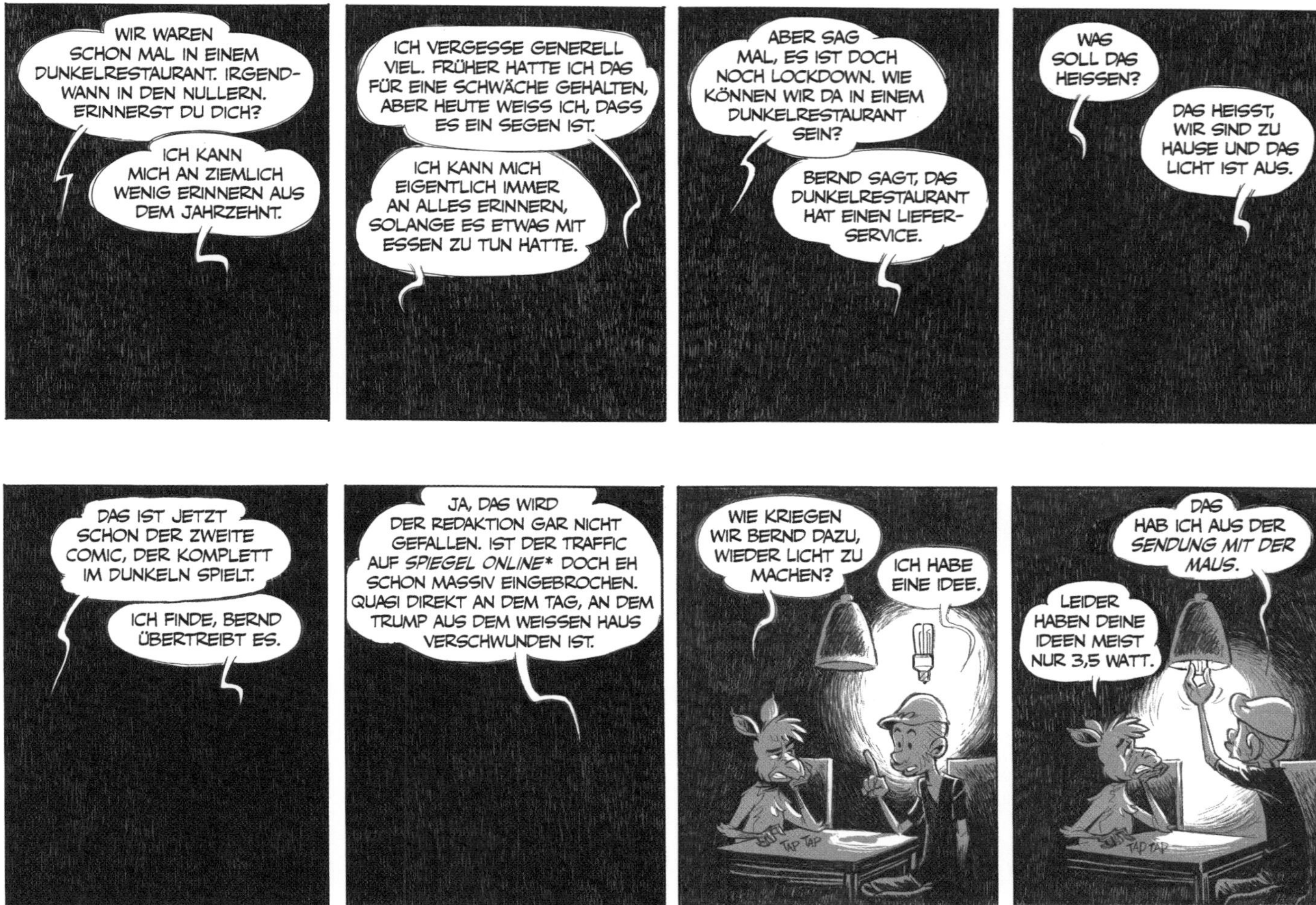

* NAME DER REDAKTION GEÄNDERT

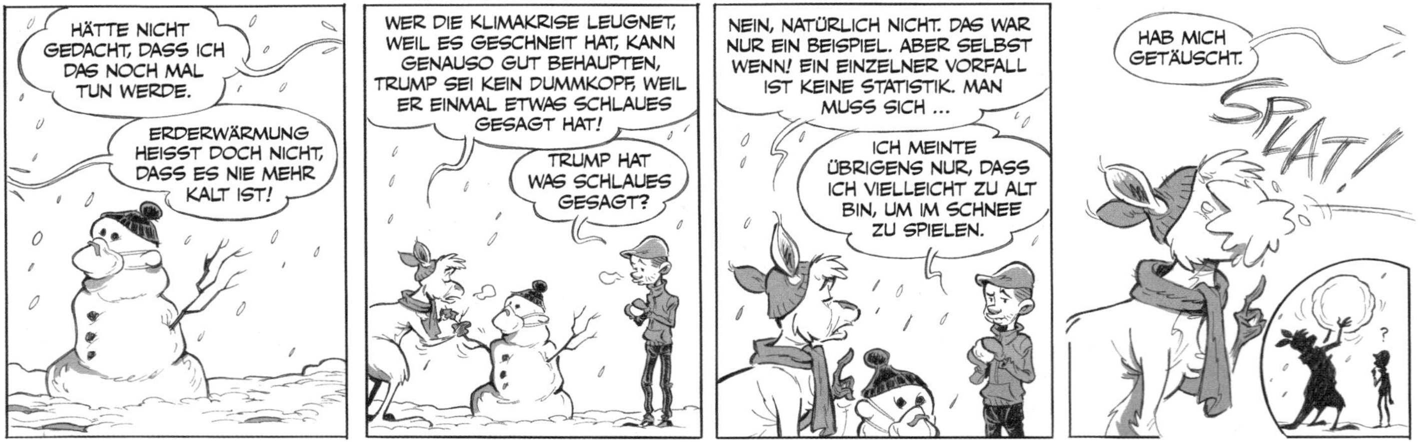
HÄTTE NICHT GEDACHT, DASS ICH DAS NOCH MAL TUN WERDE.
ERDERWÄRMUNG HEISST DOCH NICHT, DASS ES NIE MEHR KALT IST!
WER DIE KLIMAKRISE LEUGNET, WEIL ES GESCHNEIT HAT, KANN GENAUSO GUT BEHAUPTEN, TRUMP SEI KEIN DUMMKOPF, WEIL ER EINMAL ETWAS SCHLAUES GESAGT HAT!
TRUMP HAT WAS SCHLAUES GESAGT?
NEIN, NATÜRLICH NICHT. DAS WAR NUR EIN BEISPIEL. ABER SELBST WENN! EIN EINZELNER VORFALL IST KEINE STATISTIK. MAN MUSS SICH …
ICH MEINTE ÜBRIGENS NUR, DASS ICH VIELLEICHT ZU ALT BIN, UM IM SCHNEE ZU SPIELEN.
HAB MICH GETÄUSCHT.
SPLAT!
?

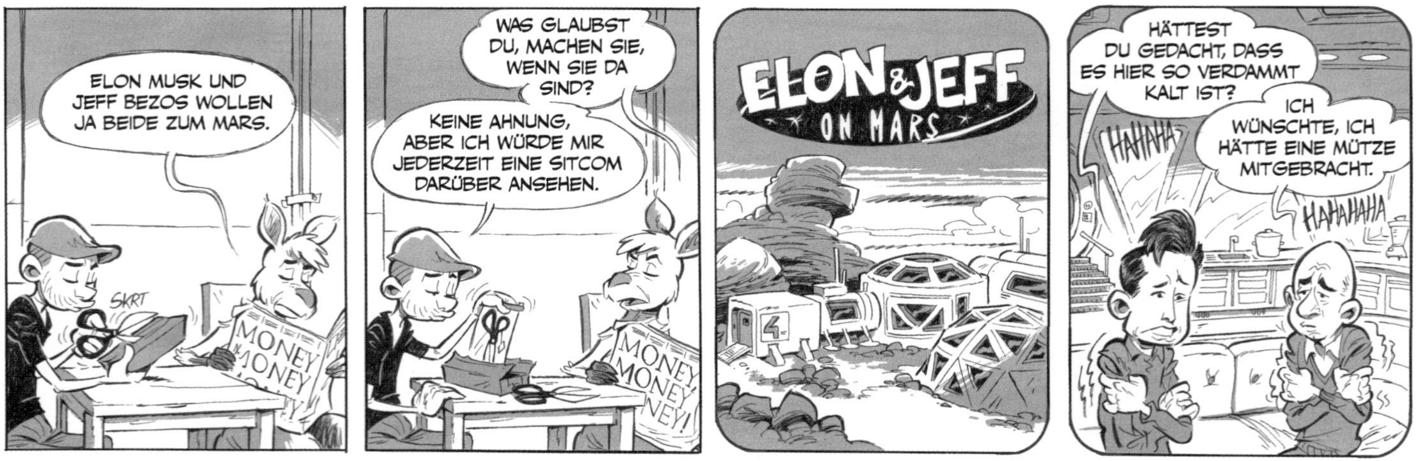
ELON MUSK UND JEFF BEZOS WOLLEN JA BEIDE ZUM MARS.
SKRT
MONEY MONEY
WAS GLAUBST DU, MACHEN SIE, WENN SIE DA SIND?
KEINE AHNUNG, ABER ICH WÜRDE MIR JEDERZEIT EINE SITCOM DARÜBER ANSEHEN.
MONEY MONEY MONEY!
ELON & JEFF ON MARS
4
HÄTTEST DU GEDACHT, DASS ES HIER SO VERDAMMT KALT IST?
HAHAHA
ICH WÜNSCHTE, ICH HÄTTE EINE MÜTZE MITGEBRACHT.
HAHAHAHA

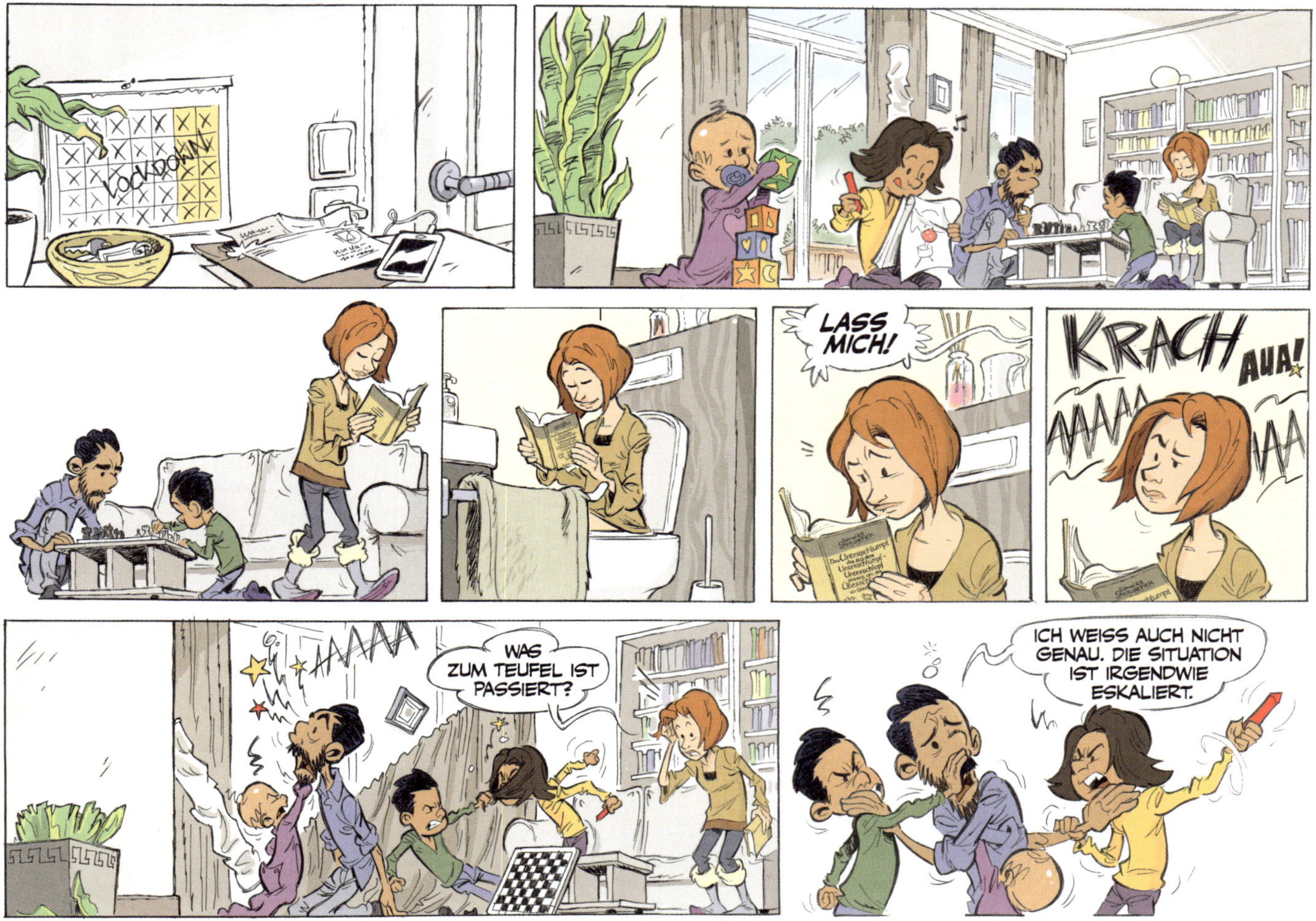
LOCKDOWN
LASS MICH!
KRACH
AUA!
AAAAA
WAS ZUM TEUFEL IST PASSIERT?
ICH WEISS AUCH NICHT GENAU. DIE SITUATION IST IRGENDWIE ESKALIERT.

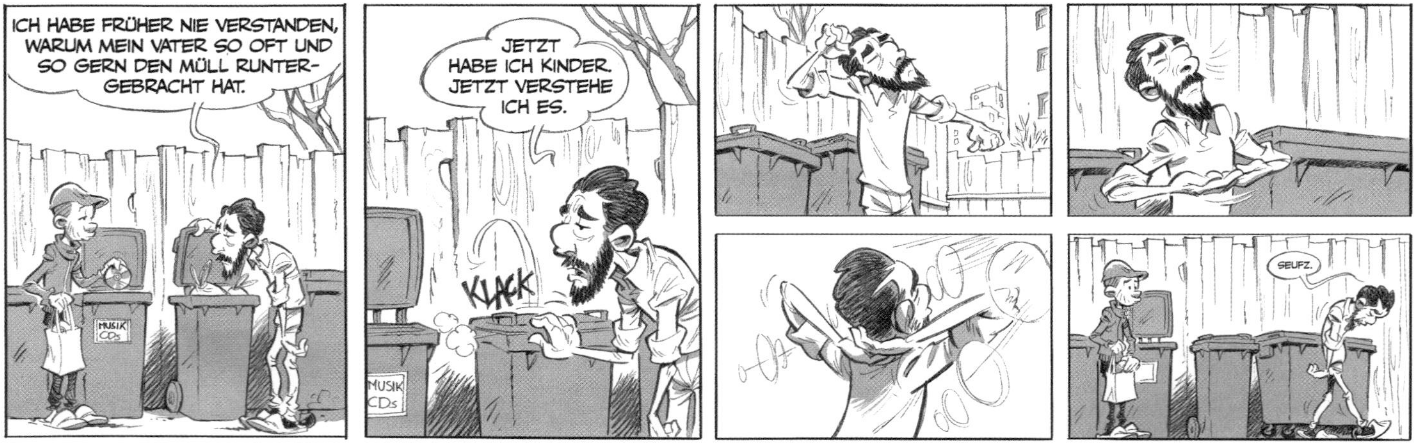
ICH HABE FRÜHER NIE VERSTANDEN, WARUM MEIN VATER SO OFT UND SO GERN DEN MÜLL RUNTERGEBRACHT HAT.
MUSIK CDs
JETZT HABE ICH KINDER. JETZT VERSTEHE ICH ES.
KLACK
MUSIK CDs
SEUFZ.

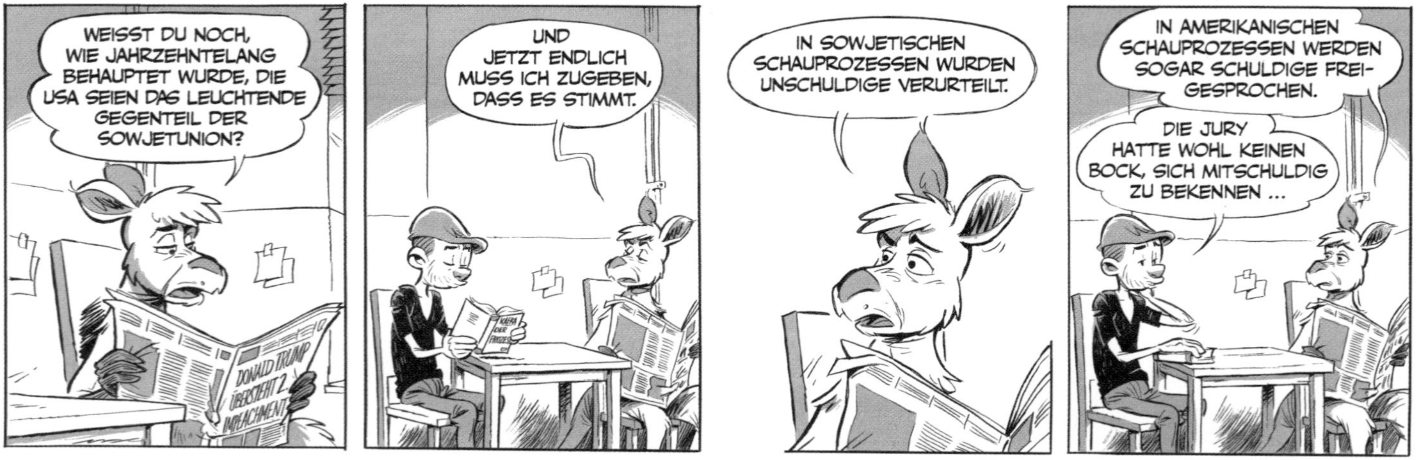
WEISST DU NOCH, WIE JAHRZEHNTELANG BEHAUPTET WURDE, DIE USA SEIEN DAS LEUCHTENDE GEGENTEIL DER SOWJETUNION?
DONALD TRUMP ÜBERSTEHT 2. IMPEACHMENT
UND JETZT ENDLICH MUSS ICH ZUGEBEN, DASS ES STIMMT.
IN SOWJETISCHEN SCHAUPROZESSEN WURDEN UNSCHULDIGE VERURTEILT.
IN AMERIKANISCHEN SCHAUPROZESSEN WERDEN SOGAR SCHULDIGE FREIGESPROCHEN.
DIE JURY HATTE WOHL KEINEN BOCK, SICH MITSCHULDIG ZU BEKENNEN ...

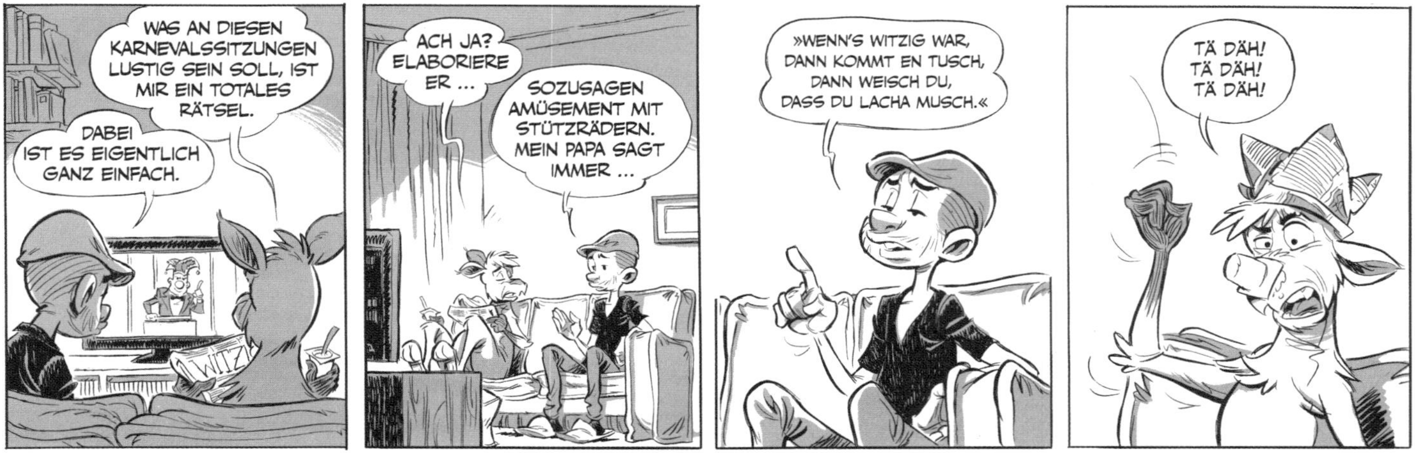
WAS AN DIESEN KARNEVALSSITZUNGEN LUSTIG SEIN SOLL, IST MIR EIN TOTALES RÄTSEL.
DABEI IST ES EIGENTLICH GANZ EINFACH.
ACH JA? ELABORIERE ER …
SOZUSAGEN AMÜSEMENT MIT STÜTZRÄDERN. MEIN PAPA SAGT IMMER …
»WENN'S WITZIG WAR, DANN KOMMT EN TUSCH, DANN WEISCH DU, DASS DU LACHA MUSCH.«
TÄ DÄH! TÄ DÄH! TÄ DÄH!

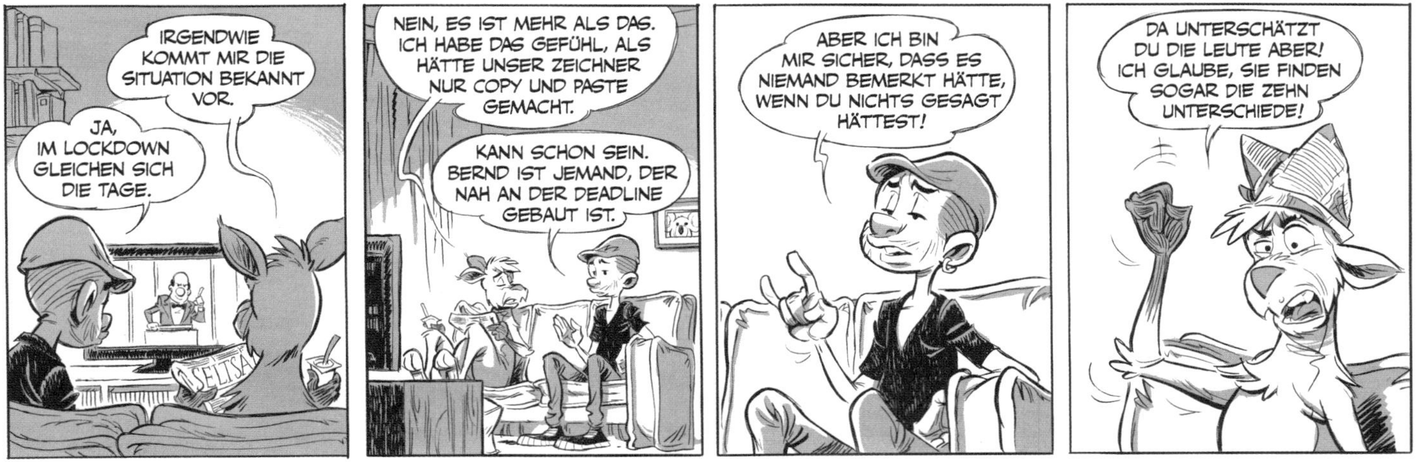
IRGENDWIE KOMMT MIR DIE SITUATION BEKANNT VOR.
JA, IM LOCKDOWN GLEICHEN SICH DIE TAGE.
NEIN, ES IST MEHR ALS DAS. ICH HABE DAS GEFÜHL, ALS HÄTTE UNSER ZEICHNER NUR COPY UND PASTE GEMACHT.
KANN SCHON SEIN. BERND IST JEMAND, DER NAH AN DER DEADLINE GEBAUT IST.
ABER ICH BIN MIR SICHER, DASS ES NIEMAND BEMERKT HÄTTE, WENN DU NICHTS GESAGT HÄTTEST!
DA UNTERSCHÄTZT DU DIE LEUTE ABER! ICH GLAUBE, SIE FINDEN SOGAR DIE ZEHN UNTERSCHIEDE!

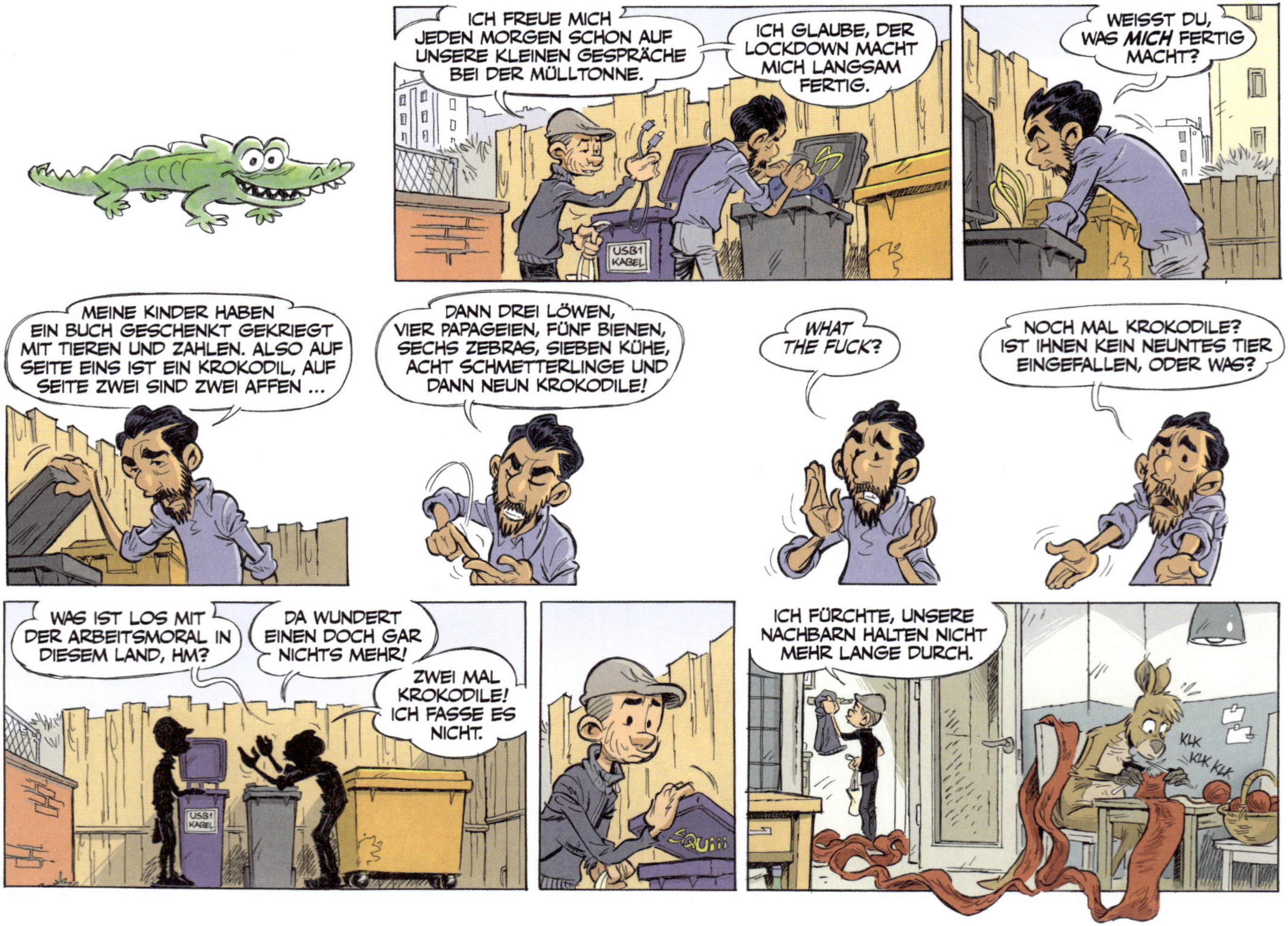

ICH FREUE MICH JEDEN MORGEN SCHON AUF UNSERE KLEINEN GESPRÄCHE BEI DER MÜLLTONNE.
USB1 KABEL
ICH GLAUBE, DER LOCKDOWN MACHT MICH LANGSAM FERTIG.
WEISST DU, WAS *MICH* FERTIG MACHT?
MEINE KINDER HABEN EIN BUCH GESCHENKT GEKRIEGT MIT TIEREN UND ZAHLEN. ALSO AUF SEITE EINS IST EIN KROKODIL, AUF SEITE ZWEI SIND ZWEI AFFEN …
DANN DREI LÖWEN, VIER PAPAGEIEN, FÜNF BIENEN, SECHS ZEBRAS, SIEBEN KÜHE, ACHT SCHMETTERLINGE UND DANN NEUN KROKODILE!
WHAT THE FUCK?
NOCH MAL KROKODILE? IST IHNEN KEIN NEUNTES TIER EINGEFALLEN, ODER WAS?
WAS IST LOS MIT DER ARBEITSMORAL IN DIESEM LAND, HM?
DA WUNDERT EINEN DOCH GAR NICHTS MEHR!
ZWEI MAL KROKODILE! ICH FASSE ES NICHT.
USB1 KABEL
SQUiii
ICH FÜRCHTE, UNSERE NACHBARN HALTEN NICHT MEHR LANGE DURCH.
KLK KLK KLK

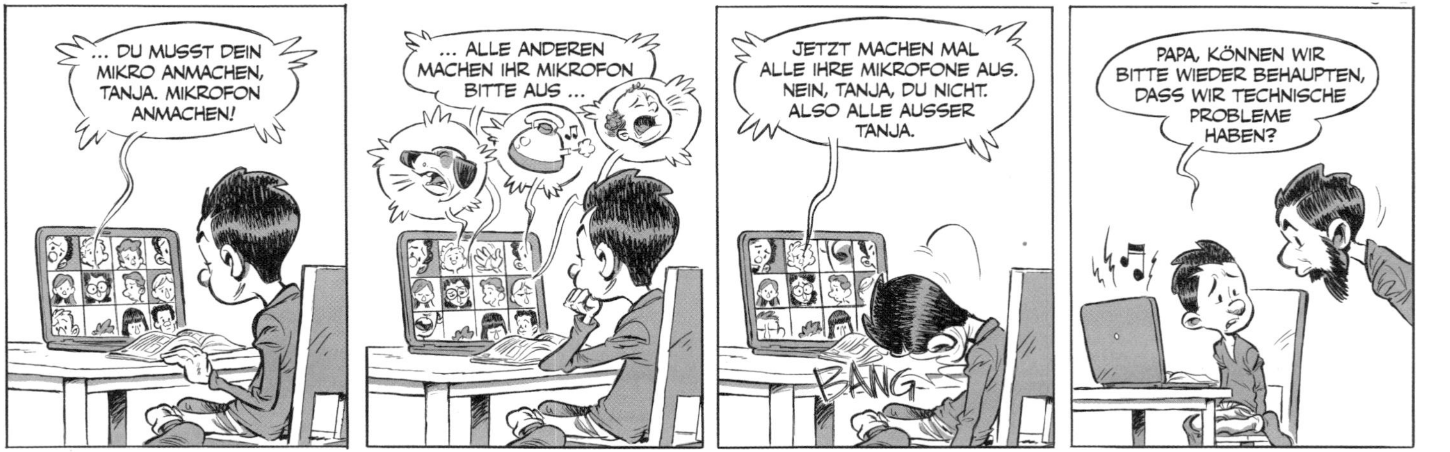
... DU MUSST DEIN MIKRO ANMACHEN, TANJA. MIKROFON ANMACHEN!
... ALLE ANDEREN MACHEN IHR MIKROFON BITTE AUS ...
JETZT MACHEN MAL ALLE IHRE MIKROFONE AUS. NEIN, TANJA, DU NICHT. ALSO ALLE AUSSER TANJA.
BANG
PAPA, KÖNNEN WIR BITTE WIEDER BEHAUPTEN, DASS WIR TECHNISCHE PROBLEME HABEN?

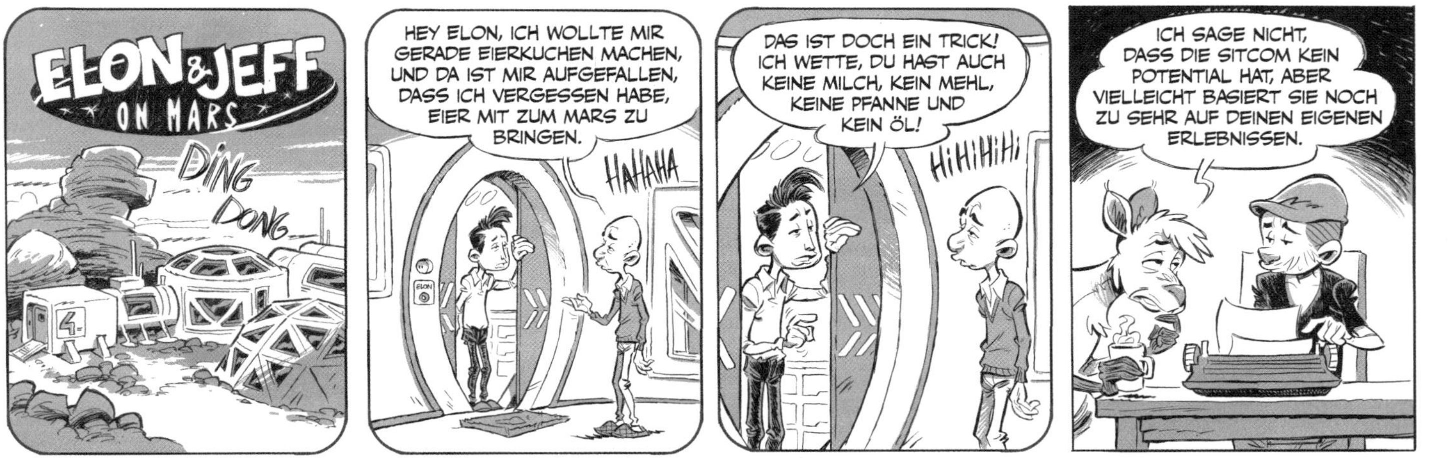
ELON & JEFF ON MARS
DING DONG
HEY ELON, ICH WOLLTE MIR GERADE EIERKUCHEN MACHEN, UND DA IST MIR AUFGEFALLEN, DASS ICH VERGESSEN HABE, EIER MIT ZUM MARS ZU BRINGEN.
HAHAHA
ELON
DAS IST DOCH EIN TRICK! ICH WETTE, DU HAST AUCH KEINE MILCH, KEIN MEHL, KEINE PFANNE UND KEIN ÖL!
HIHIHIHI
ICH SAGE NICHT, DASS DIE SITCOM KEIN POTENTIAL HAT, ABER VIELLEICHT BASIERT SIE NOCH ZU SEHR AUF DEINEN EIGENEN ERLEBNISSEN.

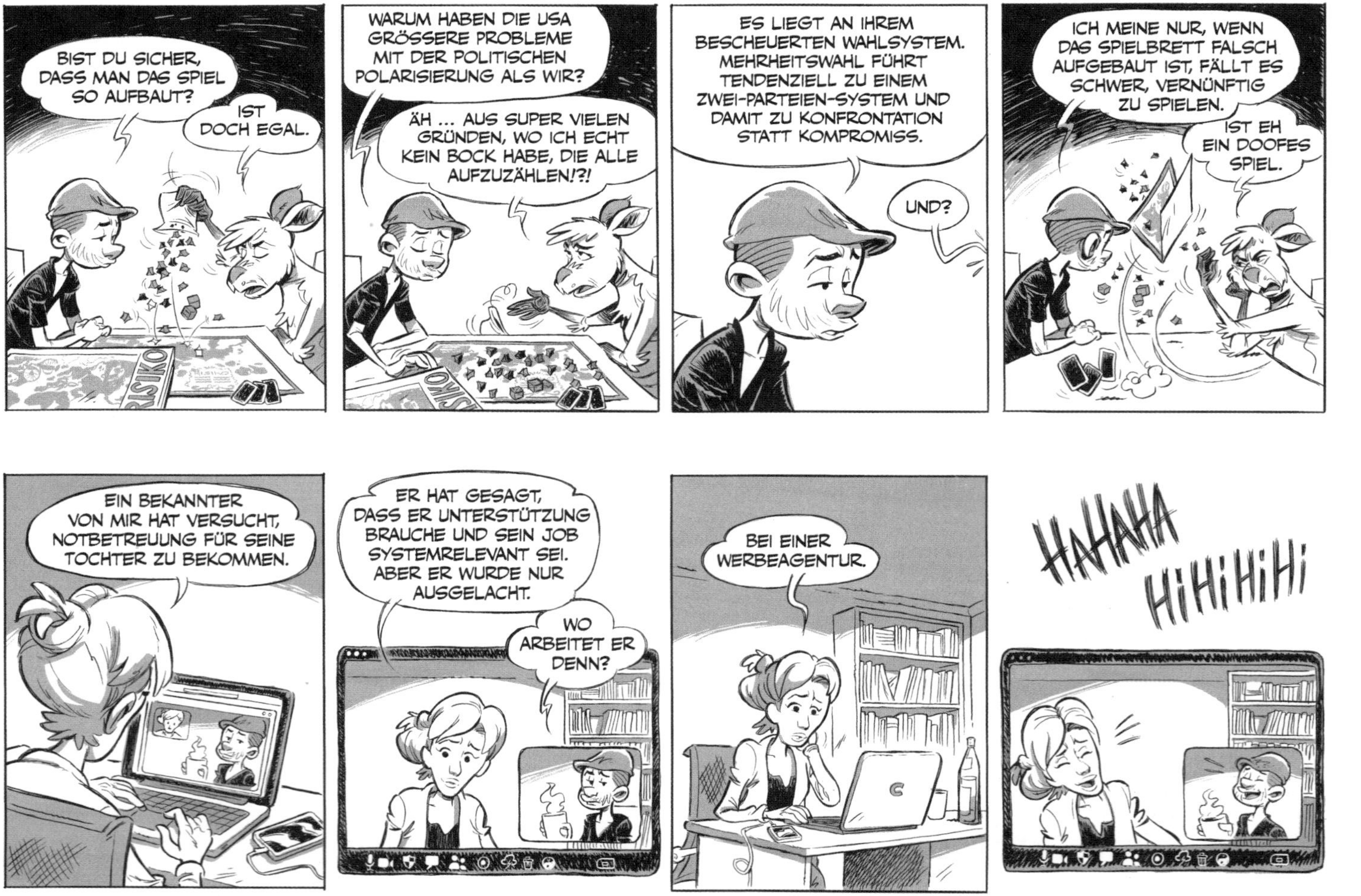
BIST DU SICHER, DASS MAN DAS SPIEL SO AUFBAUT?
IST DOCH EGAL.
RISIKO
WARUM HABEN DIE USA GRÖSSERE PROBLEME MIT DER POLITISCHEN POLARISIERUNG ALS WIR?
ÄH … AUS SUPER VIELEN GRÜNDEN, WO ICH ECHT KEIN BOCK HABE, DIE ALLE AUFZUZÄHLEN!?!
ES LIEGT AN IHREM BESCHEUERTEN WAHLSYSTEM. MEHRHEITSWAHL FÜHRT TENDENZIELL ZU EINEM ZWEI-PARTEIEN-SYSTEM UND DAMIT ZU KONFRONTATION STATT KOMPROMISS.
UND?
ICH MEINE NUR, WENN DAS SPIELBRETT FALSCH AUFGEBAUT IST, FÄLLT ES SCHWER, VERNÜNFTIG ZU SPIELEN.
IST EH EIN DOOFES SPIEL.
EIN BEKANNTER VON MIR HAT VERSUCHT, NOTBETREUUNG FÜR SEINE TOCHTER ZU BEKOMMEN.
ER HAT GESAGT, DASS ER UNTERSTÜTZUNG BRAUCHE UND SEIN JOB SYSTEMRELEVANT SEI. ABER ER WURDE NUR AUSGELACHT.
WO ARBEITET ER DENN?
BEI EINER WERBEAGENTUR.
HAHAHA
HIHIHIHI

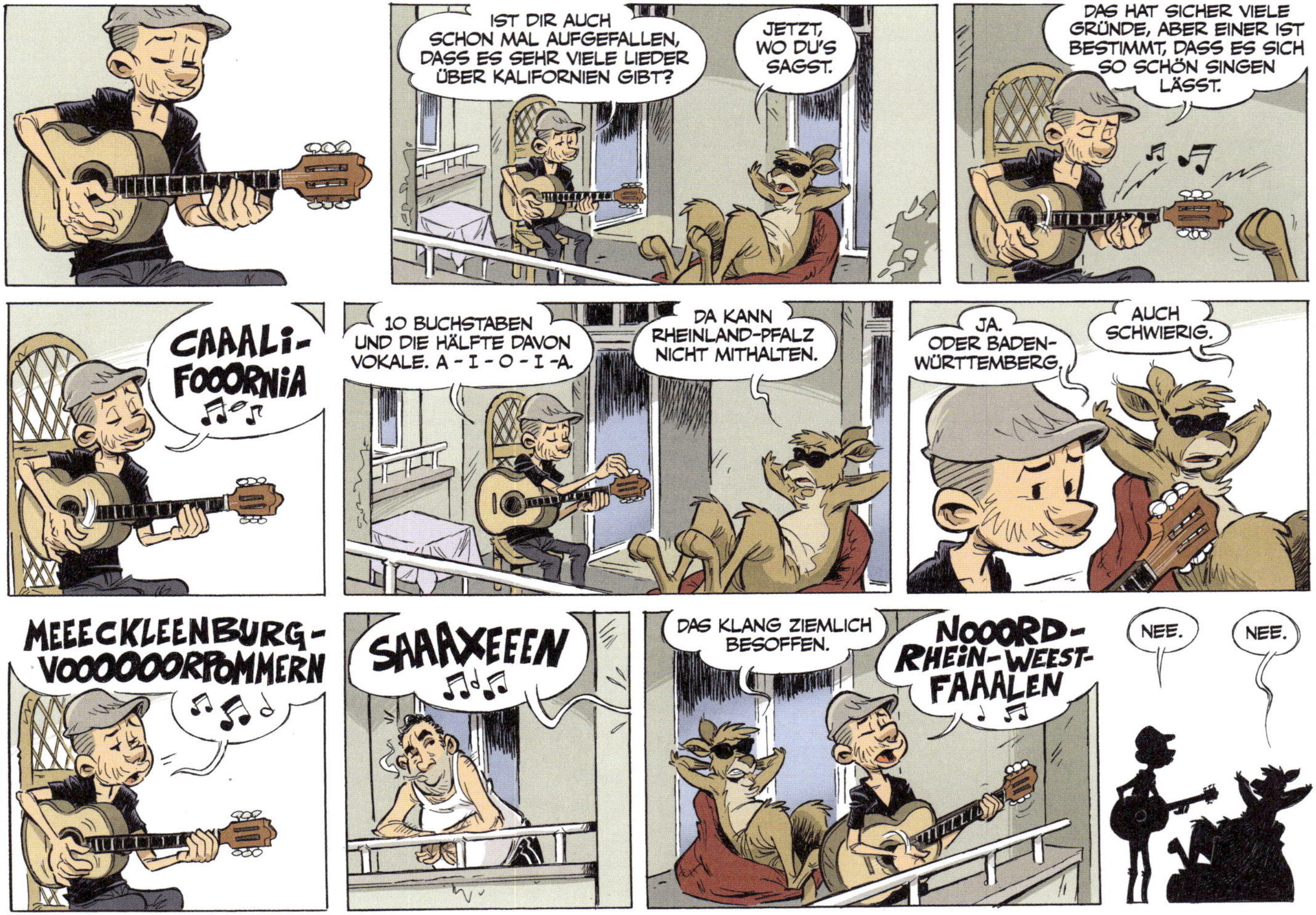
IST DIR AUCH SCHON MAL AUFGEFALLEN, DASS ES SEHR VIELE LIEDER ÜBER KALIFORNIEN GIBT?
JETZT, WO DU'S SAGST.
DAS HAT SICHER VIELE GRÜNDE, ABER EINER IST BESTIMMT, DASS ES SICH SO SCHÖN SINGEN LÄSST.
CAAALI-FOOORNIA
10 BUCHSTABEN UND DIE HÄLFTE DAVON VOKALE. A - I - O - I - A.
DA KANN RHEINLAND-PFALZ NICHT MITHALTEN.
JA. ODER BADEN-WÜRTTEMBERG.
AUCH SCHWIERIG.
MEEECKLEENBURG-VOOOOOORPOMMERN
SAAAXEEEN
DAS KLANG ZIEMLICH BESOFFEN.
NOOORD-RHEIN-WEEST-FAAALEN
NEE.
NEE.

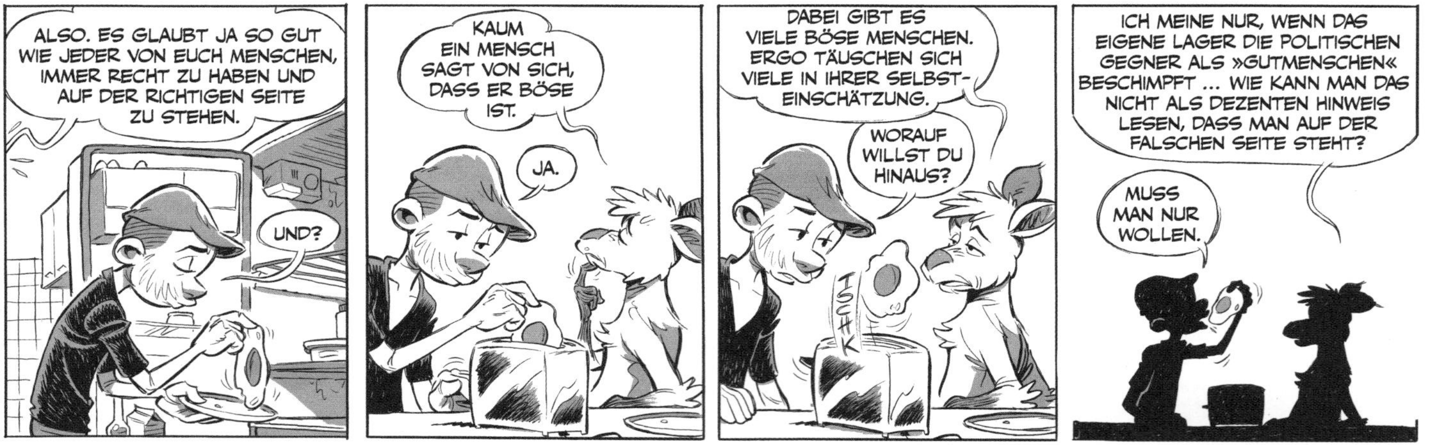
ALSO. ES GLAUBT JA SO GUT WIE JEDER VON EUCH MENSCHEN, IMMER RECHT ZU HABEN UND AUF DER RICHTIGEN SEITE ZU STEHEN.
UND?
KAUM EIN MENSCH SAGT VON SICH, DASS ER BÖSE IST.
JA.
DABEI GIBT ES VIELE BÖSE MENSCHEN. ERGO TÄUSCHEN SICH VIELE IN IHRER SELBST-EINSCHÄTZUNG.
WORAUF WILLST DU HINAUS?
TSCHK
ICH MEINE NUR, WENN DAS EIGENE LAGER DIE POLITISCHEN GEGNER ALS »GUTMENSCHEN« BESCHIMPFT ... WIE KANN MAN DAS NICHT ALS DEZENTEN HINWEIS LESEN, DASS MAN AUF DER FALSCHEN SEITE STEHT?
MUSS MAN NUR WOLLEN.

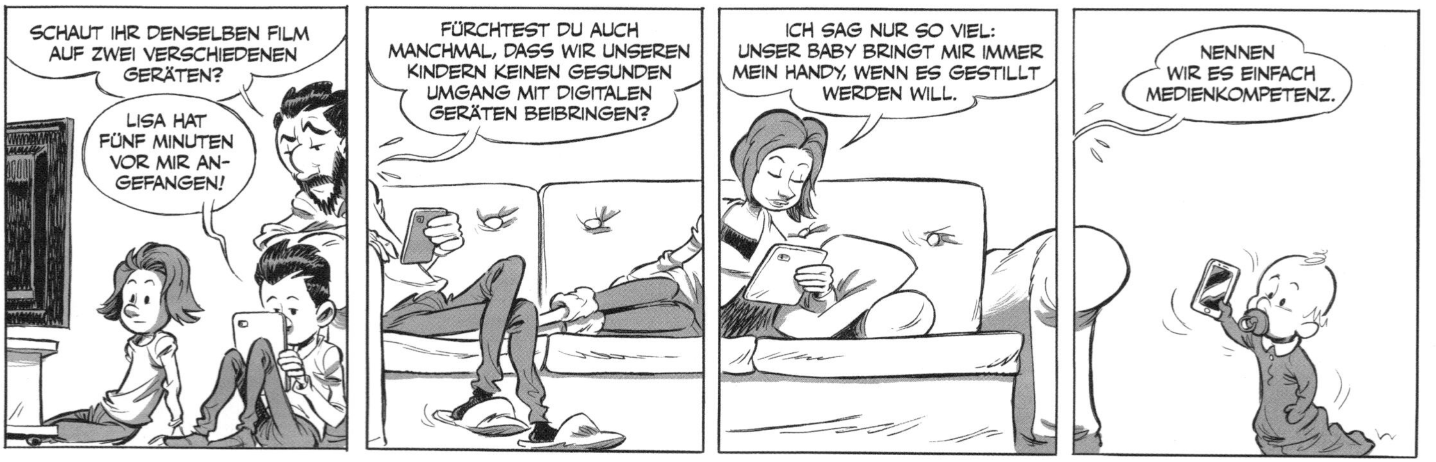
SCHAUT IHR DENSELBEN FILM AUF ZWEI VERSCHIEDENEN GERÄTEN?
LISA HAT FÜNF MINUTEN VOR MIR AN-GEFANGEN!
FÜRCHTEST DU AUCH MANCHMAL, DASS WIR UNSEREN KINDERN KEINEN GESUNDEN UMGANG MIT DIGITALEN GERÄTEN BEIBRINGEN?
ICH SAG NUR SO VIEL: UNSER BABY BRINGT MIR IMMER MEIN HANDY, WENN ES GESTILLT WERDEN WILL.
NENNEN WIR ES EINFACH MEDIENKOMPETENZ.

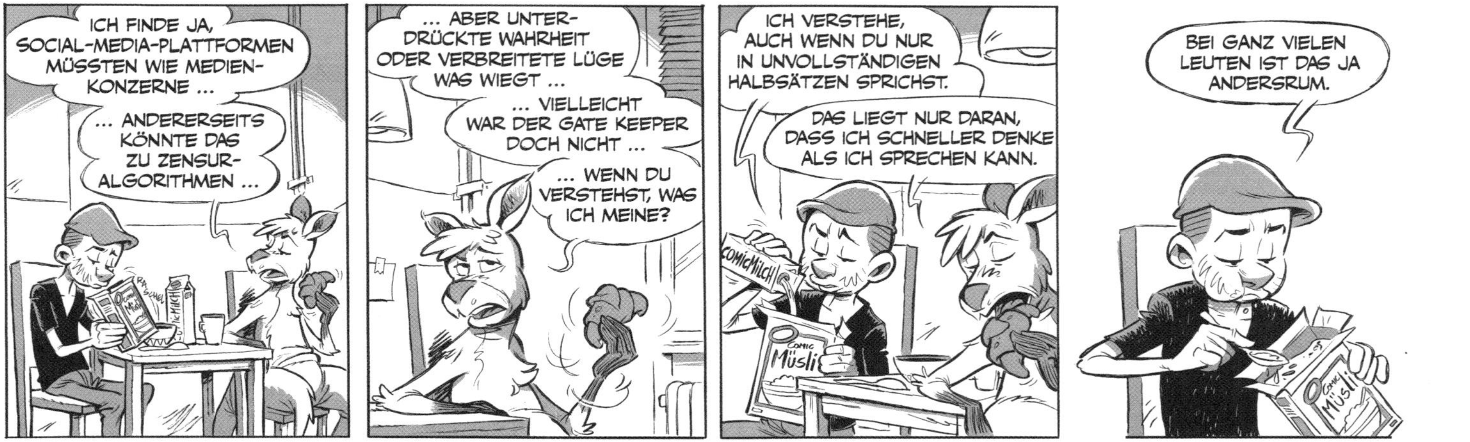
ICH FINDE JA, SOCIAL-MEDIA-PLATTFORMEN MÜSSTEN WIE MEDIEN-KONZERNE …
… ANDERERSEITS KÖNNTE DAS ZU ZENSUR-ALGORITHMEN …
… ABER UNTER-DRÜCKTE WAHRHEIT ODER VERBREITETE LÜGE WAS WIEGT …
… VIELLEICHT WAR DER GATE KEEPER DOCH NICHT …
… WENN DU VERSTEHST, WAS ICH MEINE?
ICH VERSTEHE, AUCH WENN DU NUR IN UNVOLLSTÄNDIGEN HALBSÄTZEN SPRICHST.
DAS LIEGT NUR DARAN, DASS ICH SCHNELLER DENKE ALS ICH SPRECHEN KANN.
COMICMILCH
Comic Müsli
BEI GANZ VIELEN LEUTEN IST DAS JA ANDERSRUM.
Comic Müsli

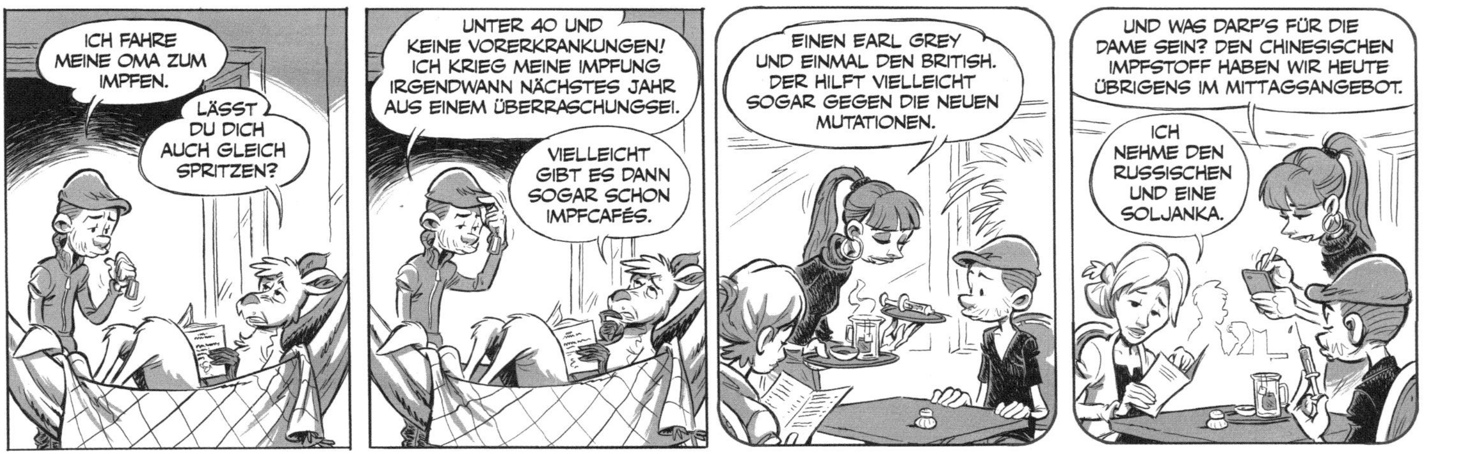
ICH FAHRE MEINE OMA ZUM IMPFEN.
LÄSST DU DICH AUCH GLEICH SPRITZEN?
UNTER 40 UND KEINE VORERKRANKUNGEN! ICH KRIEG MEINE IMPFUNG IRGENDWANN NÄCHSTES JAHR AUS EINEM ÜBERRASCHUNGSEI.
VIELLEICHT GIBT ES DANN SOGAR SCHON IMPFCAFÉS.
EINEN EARL GREY UND EINMAL DEN BRITISH. DER HILFT VIELLEICHT SOGAR GEGEN DIE NEUEN MUTATIONEN.
UND WAS DARF'S FÜR DIE DAME SEIN? DEN CHINESISCHEN IMPFSTOFF HABEN WIR HEUTE ÜBRIGENS IM MITTAGSANGEBOT.
ICH NEHME DEN RUSSISCHEN UND EINE SOLJANKA.

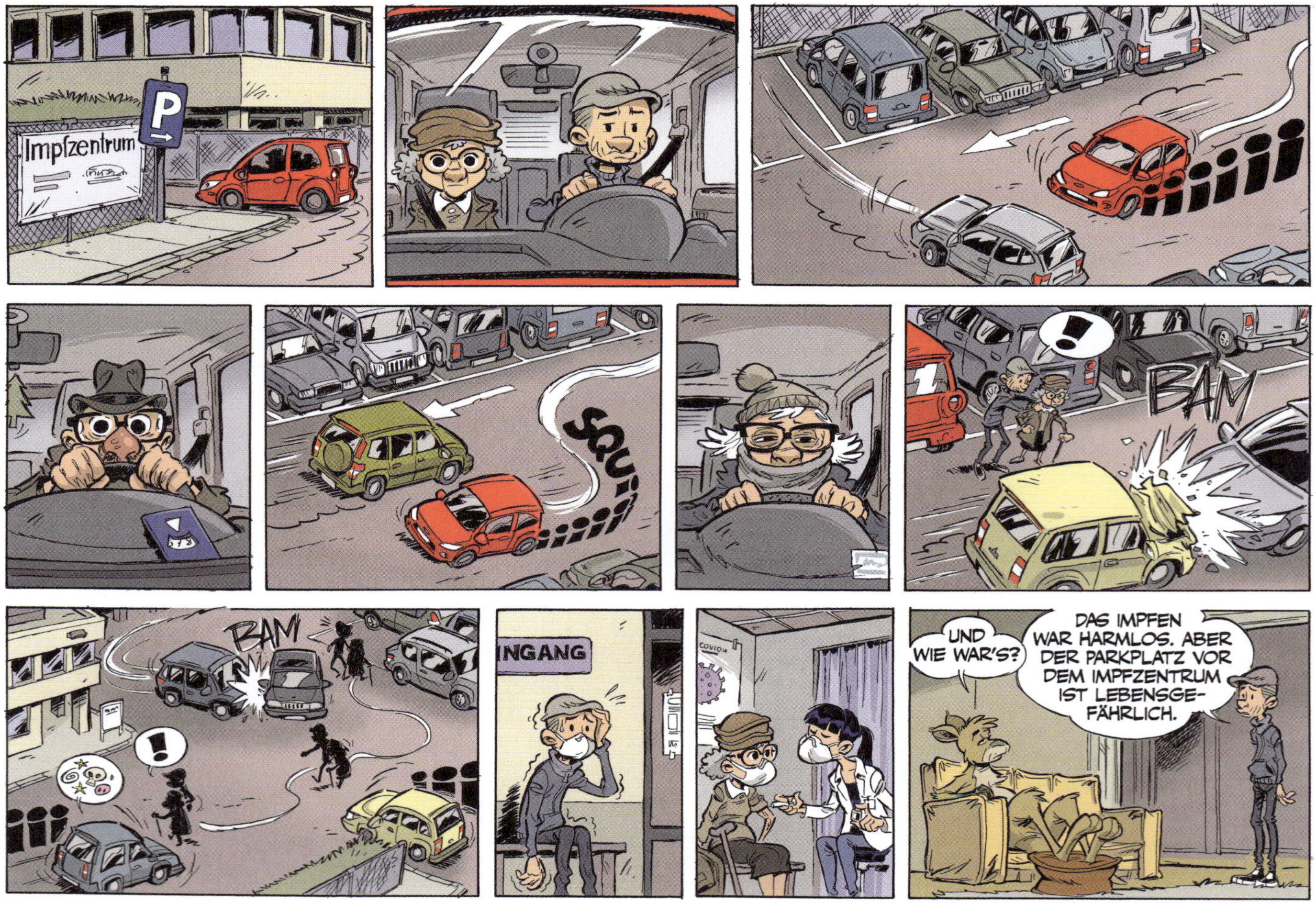
Impfzentrum
P
SQUI
BAM
BAM
INGANG
UND WIE WAR'S?
DAS IMPFEN WAR HARMLOS. ABER DER PARKPLATZ VOR DEM IMPFZENTRUM IST LEBENSGE-FÄHRLICH.

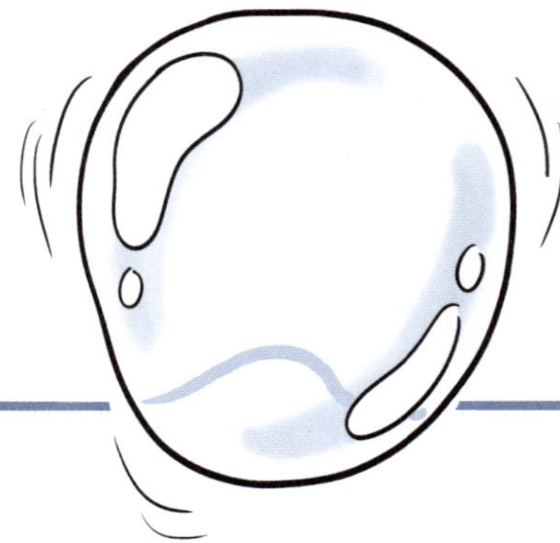

MÄRZ 2021

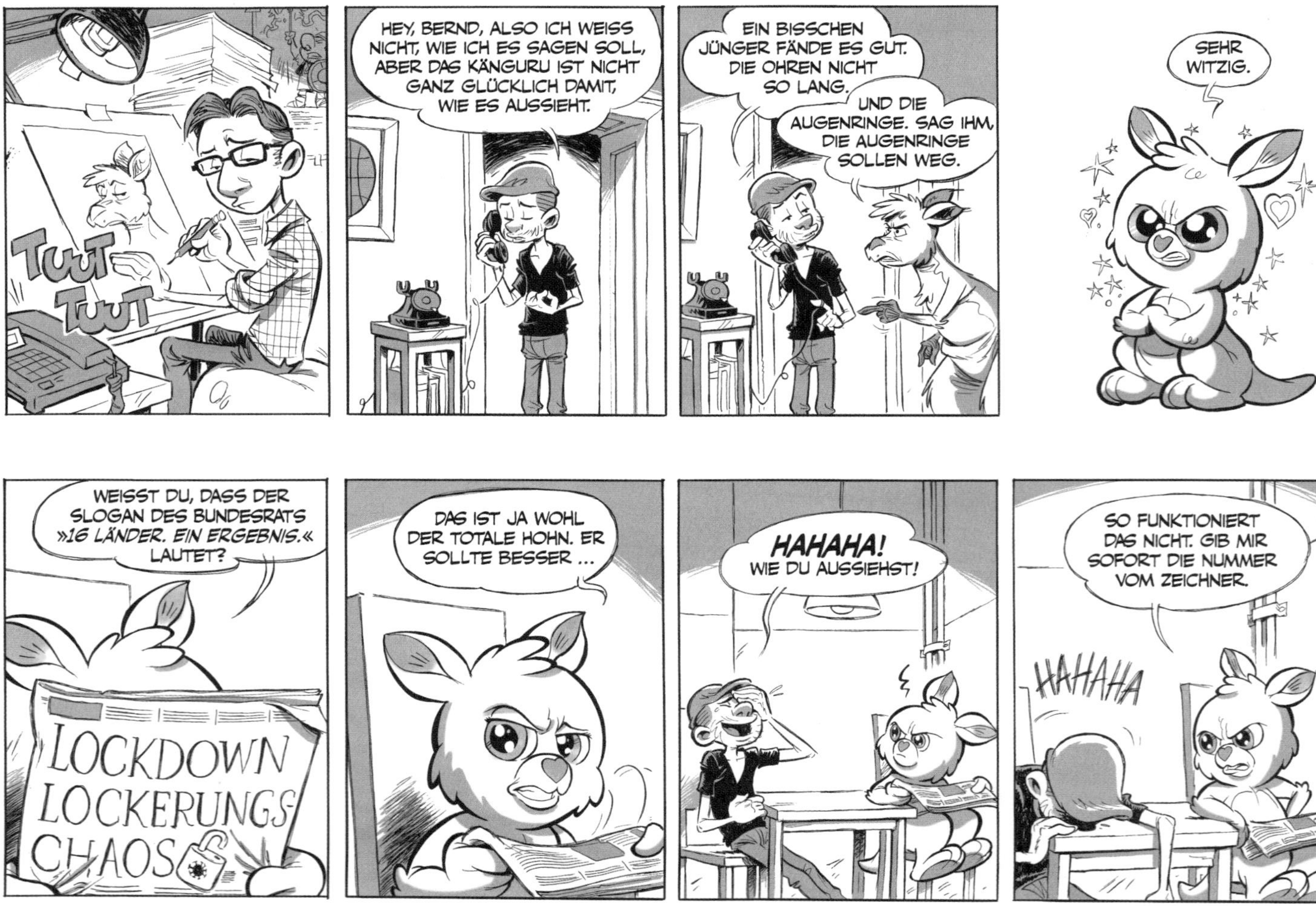
TUUT TUUT
HEY, BERND, ALSO ICH WEISS NICHT, WIE ICH ES SAGEN SOLL, ABER DAS KÄNGURU IST NICHT GANZ GLÜCKLICH DAMIT, WIE ES AUSSIEHT.
EIN BISSCHEN JÜNGER FÄNDE ES GUT. DIE OHREN NICHT SO LANG.
UND DIE AUGENRINGE. SAG IHM, DIE AUGENRINGE SOLLEN WEG.
SEHR WITZIG.
WEISST DU, DASS DER SLOGAN DES BUNDESRATS *»16 LÄNDER. EIN ERGEBNIS.«* LAUTET?
LOCKDOWN LOCKERUNGS-CHAOS
DAS IST JA WOHL DER TOTALE HOHN. ER SOLLTE BESSER …
HAHAHA! WIE DU AUSSIEHST!
HAHAHA
SO FUNKTIONIERT DAS NICHT. GIB MIR SOFORT DIE NUMMER VOM ZEICHNER.

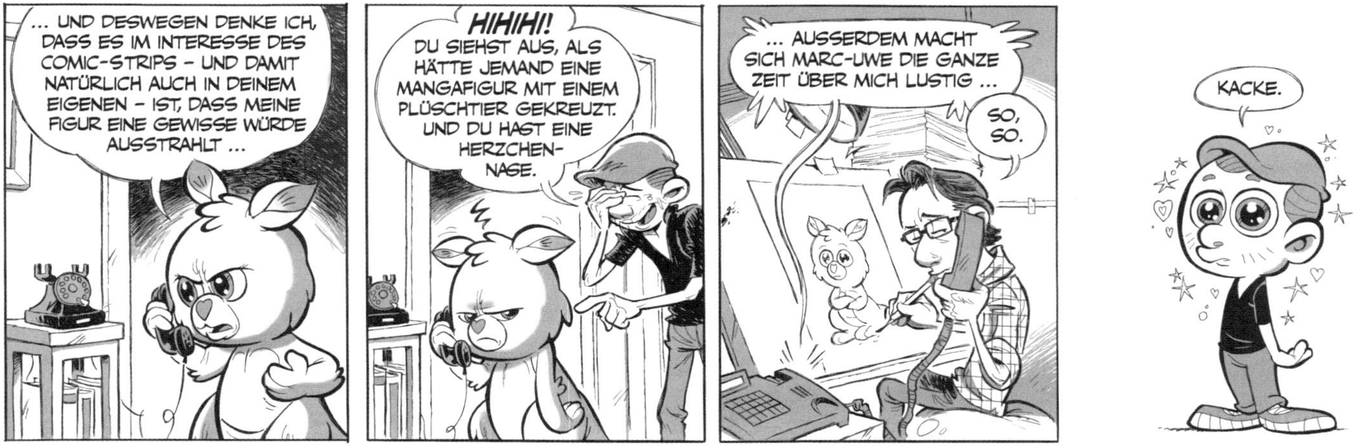
… UND DESWEGEN DENKE ICH, DASS ES IM INTERESSE DES COMIC-STRIPS – UND DAMIT NATÜRLICH AUCH IN DEINEM EIGENEN – IST, DASS MEINE FIGUR EINE GEWISSE WÜRDE AUSSTRAHLT …
HIHIHI!
DU SIEHST AUS, ALS HÄTTE JEMAND EINE MANGAFIGUR MIT EINEM PLÜSCHTIER GEKREUZT. UND DU HAST EINE HERZCHEN-NASE.
… AUSSERDEM MACHT SICH MARC-UWE DIE GANZE ZEIT ÜBER MICH LUSTIG …
SO, SO.
KACKE.

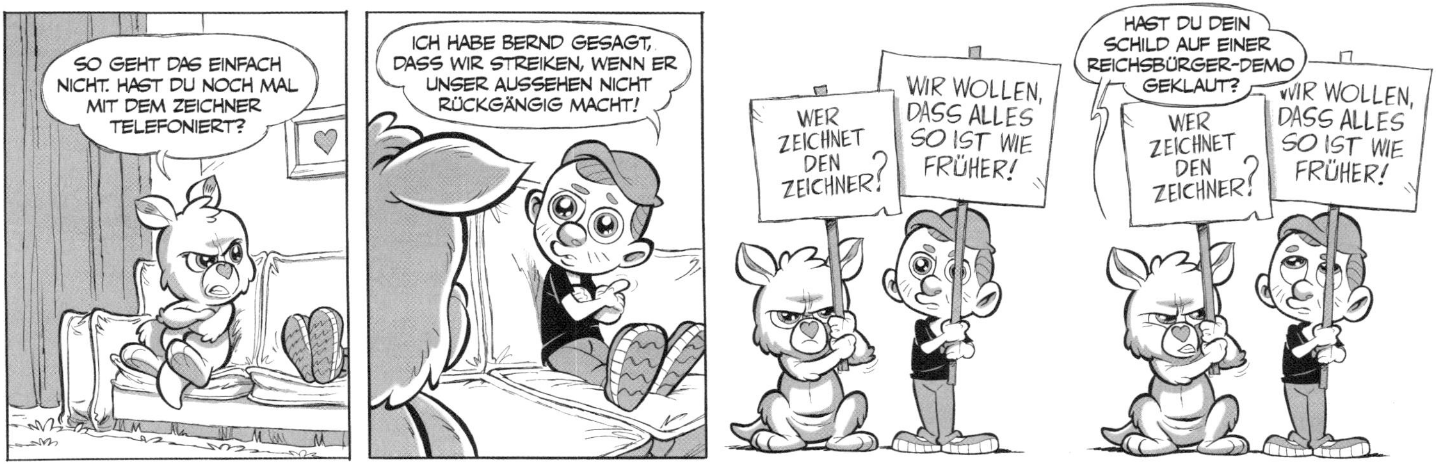
SO GEHT DAS EINFACH NICHT. HAST DU NOCH MAL MIT DEM ZEICHNER TELEFONIERT?
ICH HABE BERND GESAGT, DASS WIR STREIKEN, WENN ER UNSER AUSSEHEN NICHT RÜCKGÄNGIG MACHT!
WER ZEICHNET DEN ZEICHNER?
WIR WOLLEN, DASS ALLES SO IST WIE FRÜHER!
HAST DU DEIN SCHILD AUF EINER REICHSBÜRGER-DEMO GEKLAUT?
WER ZEICHNET DEN ZEICHNER?
WIR WOLLEN, DASS ALLES SO IST WIE FRÜHER!

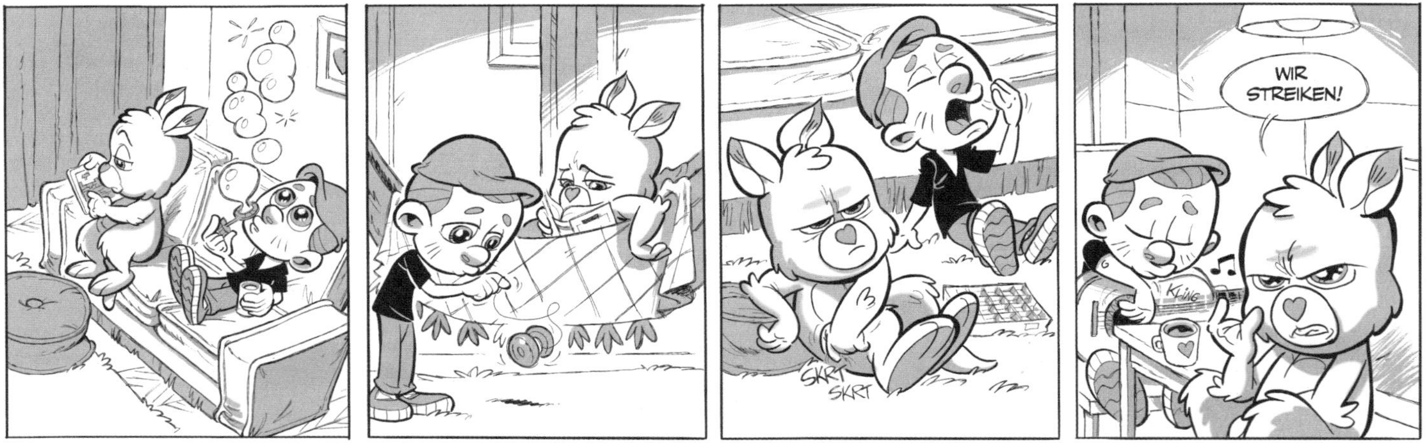
SKRT
SKRT
WIR STREIKEN!
KLING

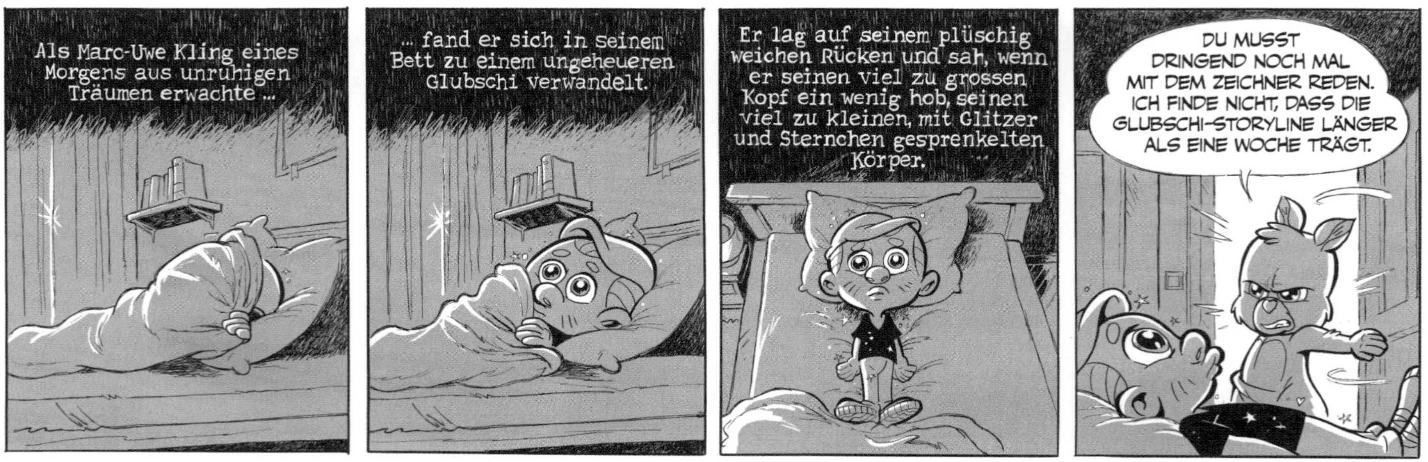
Als Marc-Uwe Kling eines Morgens aus unruhigen Träumen erwachte ...
... fand er sich in seinem Bett zu einem ungeheueren Glubschi verwandelt.
Er lag auf seinem plüschig weichen Rücken und sah, wenn er seinen viel zu grossen Kopf ein wenig hob, seinen viel zu kleinen, mit Glitzer und Sternchen gesprenkelten Körper.
DU MUSST DRINGEND NOCH MAL MIT DEM ZEICHNER REDEN. ICH FINDE NICHT, DASS DIE GLUBSCHI-STORYLINE LÄNGER ALS EINE WOCHE TRÄGT.

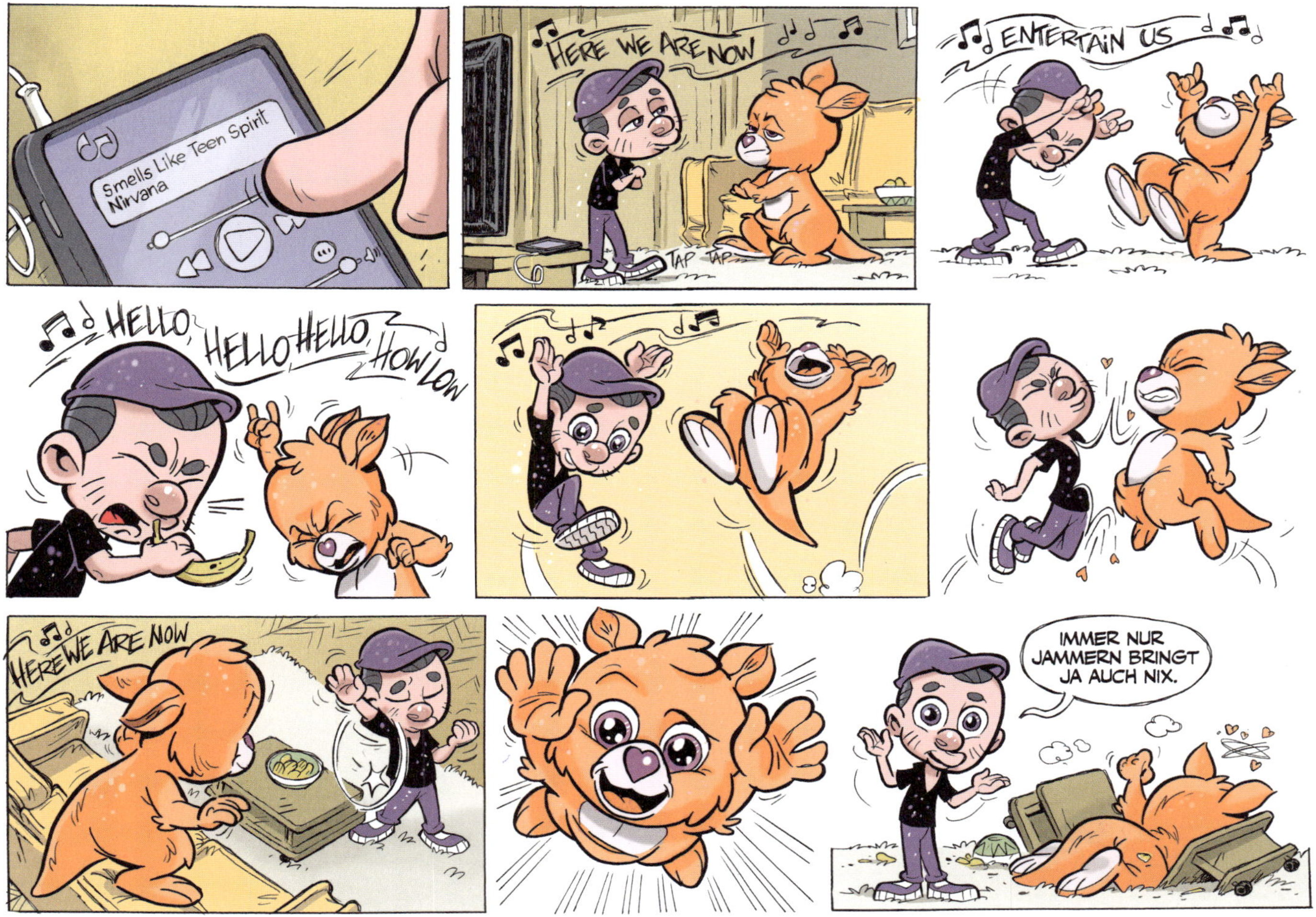
Smells Like Teen Spirit
Nirvana
HERE WE ARE NOW
TAP TAP
ENTERTAIN US
HELLO, HELLO HELLO, HOW LOW
HERE WE ARE NOW
IMMER NUR JAMMERN BRINGT JA AUCH NIX.

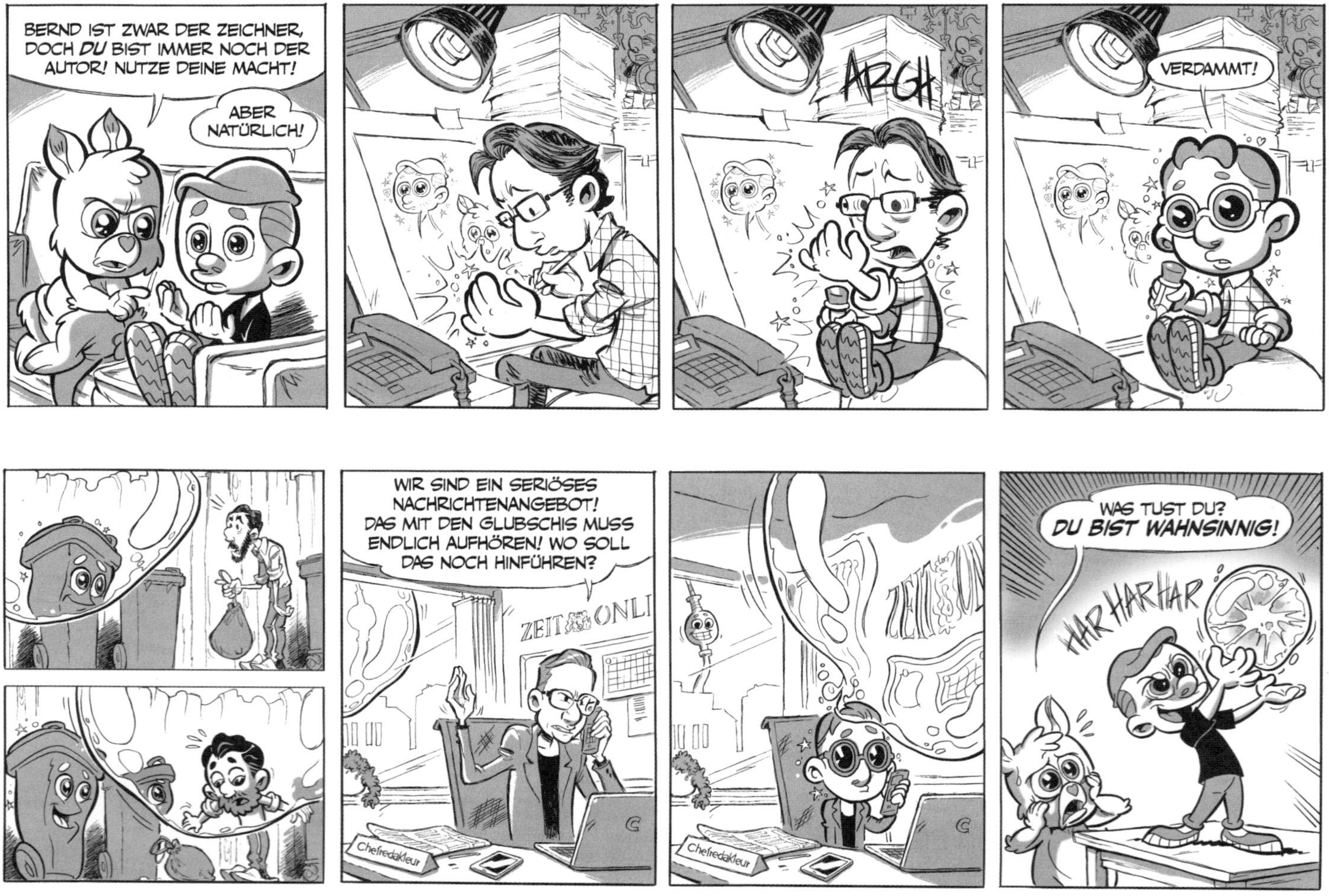
BERND IST ZWAR DER ZEICHNER, DOCH *DU* BIST IMMER NOCH DER AUTOR! NUTZE DEINE MACHT!
ABER NATÜRLICH!
ARGH
VERDAMMT!
WIR SIND EIN SERIÖSES NACHRICHTENANGEBOT! DAS MIT DEN GLUBSCHIS MUSS ENDLICH AUFHÖREN! WO SOLL DAS NOCH HINFÜHREN?
ZEIT ONLI
Chefredakteur
Chefredakteur
WAS TUST DU? **DU BIST WAHNSINNIG!**
HAR HAR HAR

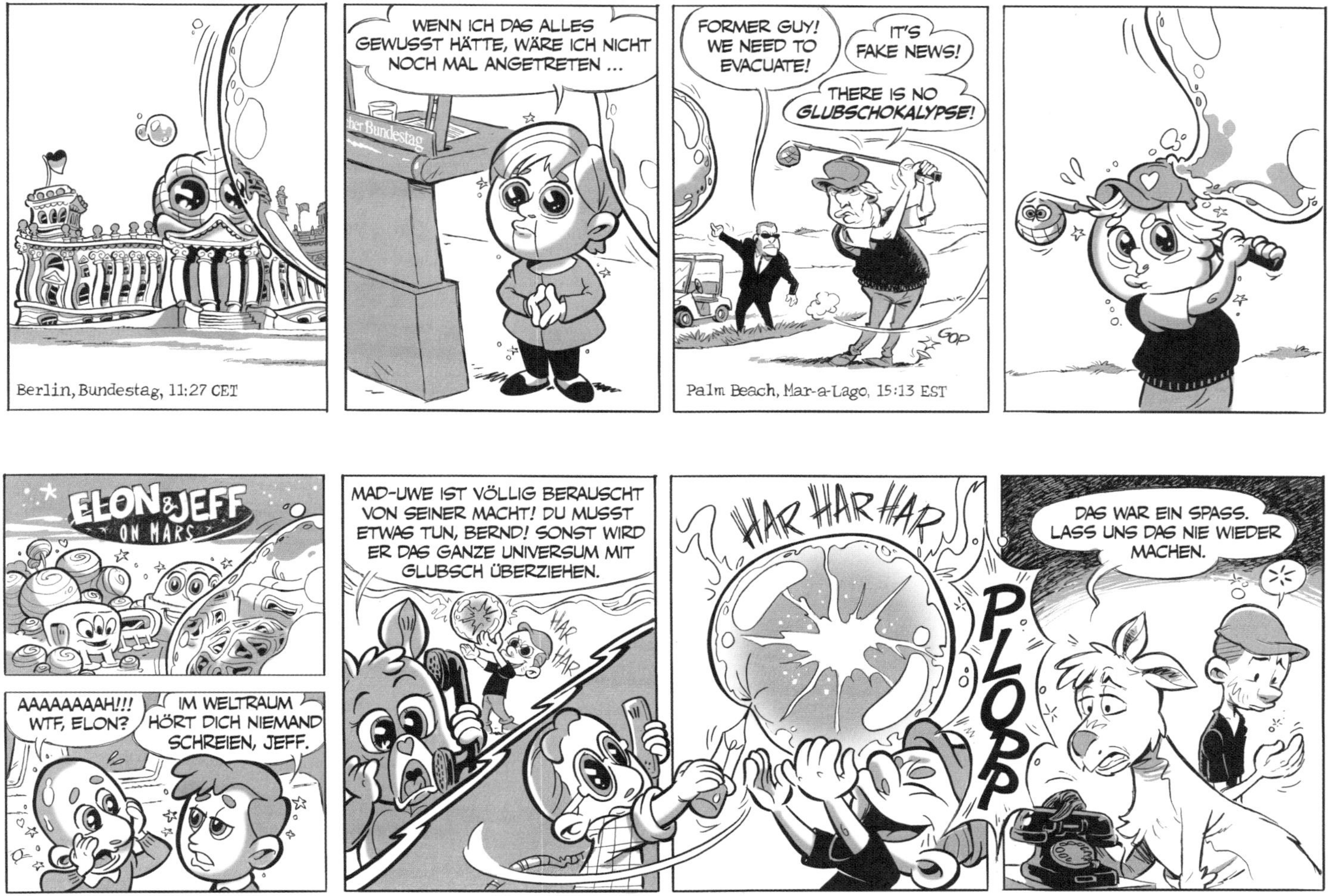
Berlin, Bundestag, 11:27 CET
WENN ICH DAS ALLES GEWUSST HÄTTE, WÄRE ICH NICHT NOCH MAL ANGETRETEN …
FORMER GUY! WE NEED TO EVACUATE!
IT'S FAKE NEWS!
THERE IS NO GLUBSCHOKALYPSE!
Palm Beach, Mar-a-Lago, 15:13 EST
ELON & JEFF ON MARS
AAAAAAAAH!!! WTF, ELON?
IM WELTRAUM HÖRT DICH NIEMAND SCHREIEN, JEFF.
MAD-UWE IST VÖLLIG BERAUSCHT VON SEINER MACHT! DU MUSST ETWAS TUN, BERND! SONST WIRD ER DAS GANZE UNIVERSUM MIT GLUBSCH ÜBERZIEHEN.
HAR HAR
HAR HAR HAR
PLOPP
DAS WAR EIN SPASS. LASS UNS DAS NIE WIEDER MACHEN.

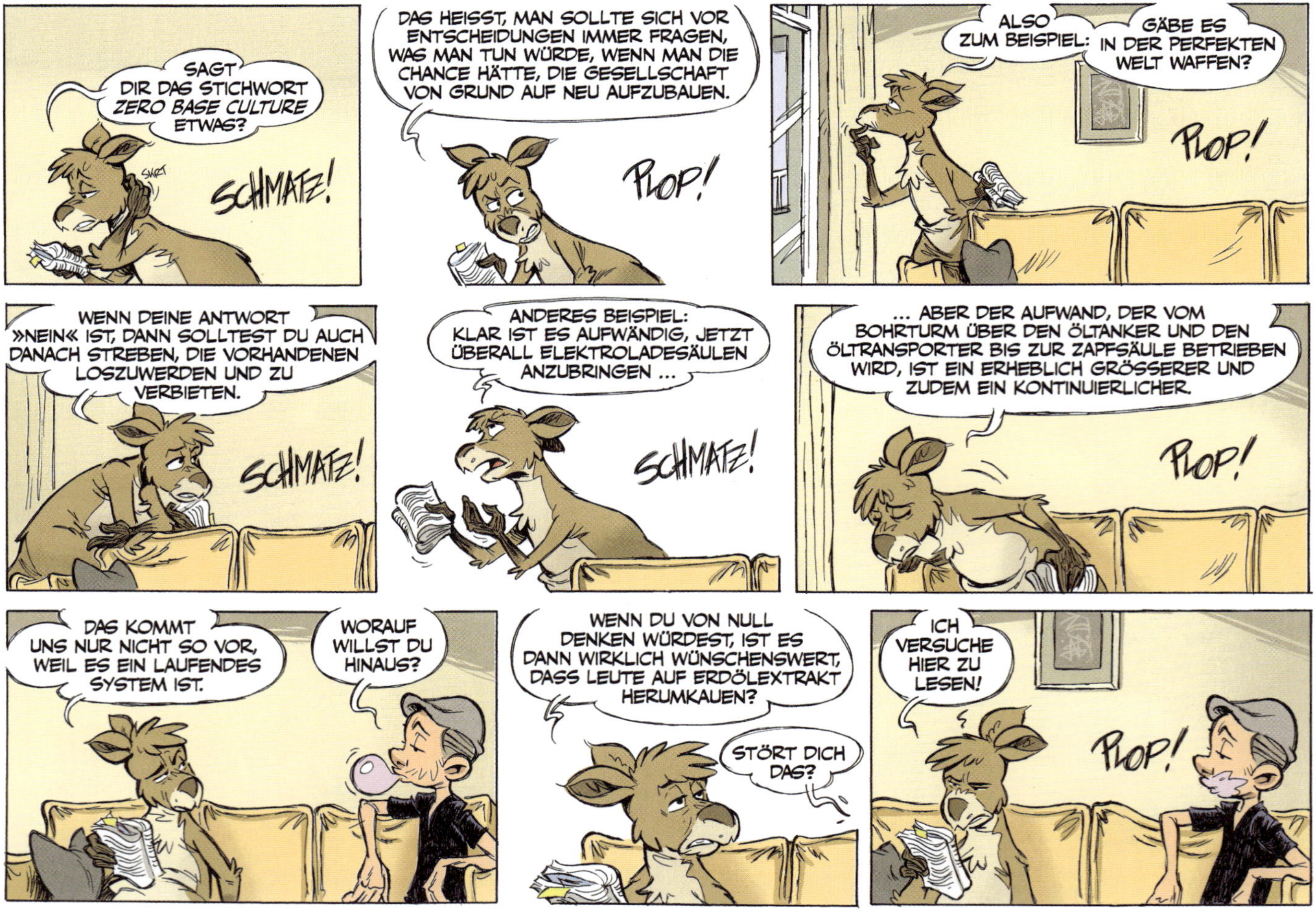
SAGT DIR DAS STICHWORT ZERO BASE CULTURE ETWAS?
SMRT
SCHMATZ!
DAS HEISST, MAN SOLLTE SICH VOR ENTSCHEIDUNGEN IMMER FRAGEN, WAS MAN TUN WÜRDE, WENN MAN DIE CHANCE HÄTTE, DIE GESELLSCHAFT VON GRUND AUF NEU AUFZUBAUEN.
PLOP!
ALSO ZUM BEISPIEL:
GÄBE ES IN DER PERFEKTEN WELT WAFFEN?
PLOP!
WENN DEINE ANTWORT »NEIN« IST, DANN SOLLTEST DU AUCH DANACH STREBEN, DIE VORHANDENEN LOSZUWERDEN UND ZU VERBIETEN.
SCHMATZ!
ANDERES BEISPIEL: KLAR IST ES AUFWÄNDIG, JETZT ÜBERALL ELEKTROLADESÄULEN ANZUBRINGEN …
SCHMATZ!
… ABER DER AUFWAND, DER VOM BOHRTURM ÜBER DEN ÖLTANKER UND DEN ÖLTRANSPORTER BIS ZUR ZAPFSÄULE BETRIEBEN WIRD, IST EIN ERHEBLICH GRÖSSERER UND ZUDEM EIN KONTINUIERLICHER.
PLOP!
DAS KOMMT UNS NUR NICHT SO VOR, WEIL ES EIN LAUFENDES SYSTEM IST.
WORAUF WILLST DU HINAUS?
WENN DU VON NULL DENKEN WÜRDEST, IST ES DANN WIRKLICH WÜNSCHENSWERT, DASS LEUTE AUF ERDÖLEXTRAKT HERUMKAUEN?
STÖRT DICH DAS?
ICH VERSUCHE HIER ZU LESEN!
PLOP!

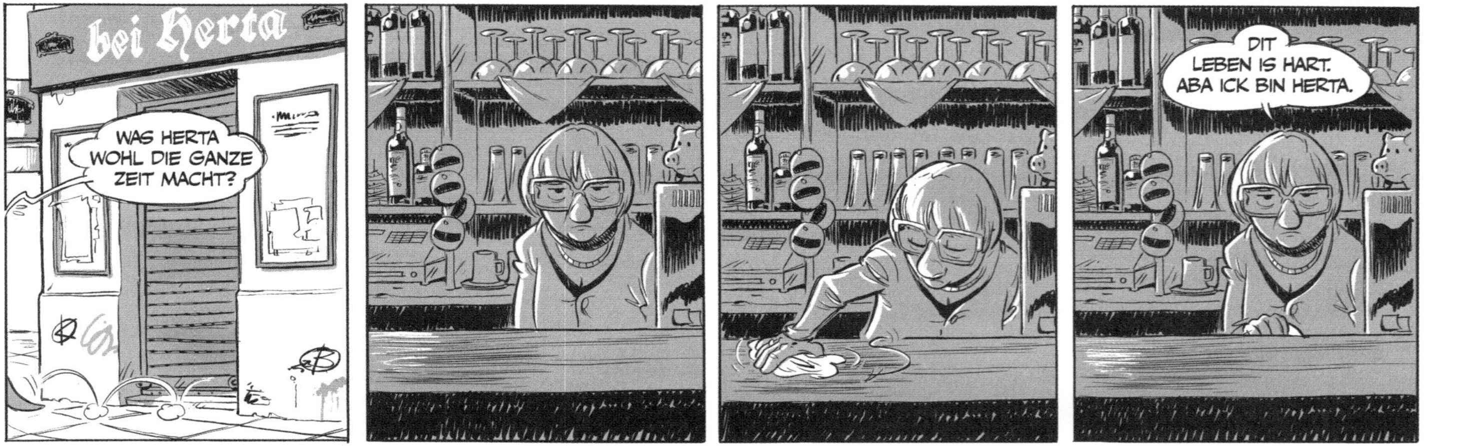
bei Herta
WAS HERTA WOHL DIE GANZE ZEIT MACHT?
DIT LEBEN IS HART. ABA ICK BIN HERTA.

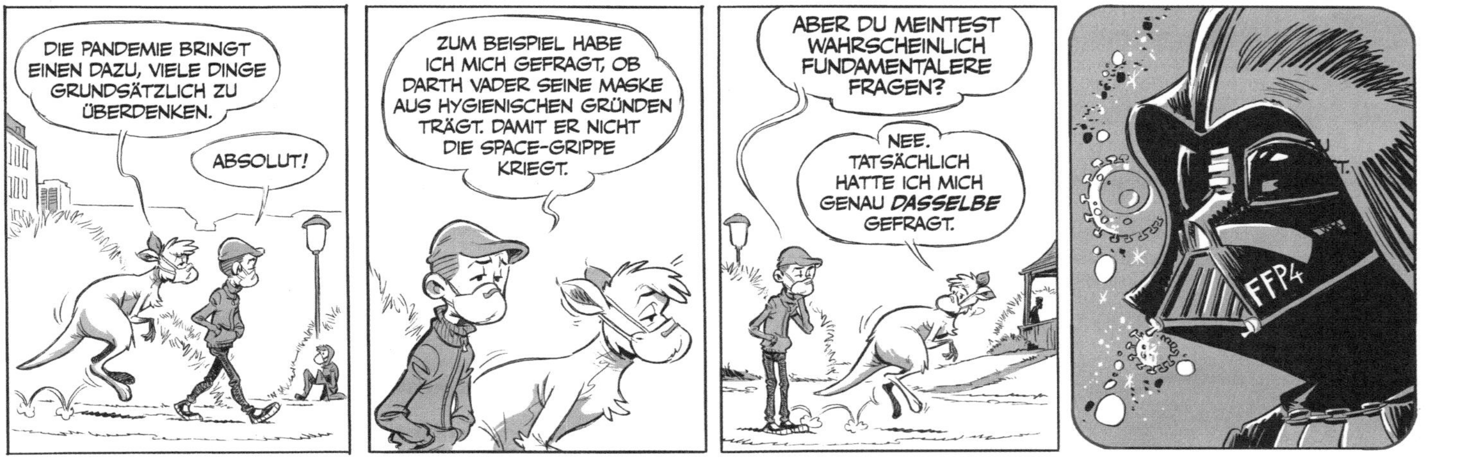
DIE PANDEMIE BRINGT EINEN DAZU, VIELE DINGE GRUNDSÄTZLICH ZU ÜBERDENKEN.
ABSOLUT!
ZUM BEISPIEL HABE ICH MICH GEFRAGT, OB DARTH VADER SEINE MASKE AUS HYGIENISCHEN GRÜNDEN TRÄGT. DAMIT ER NICHT DIE SPACE-GRIPPE KRIEGT.
ABER DU MEINTEST WAHRSCHEINLICH FUNDAMENTALERE FRAGEN?
NEE. TATSÄCHLICH HATTE ICH MICH GENAU *DASSELBE* GEFRAGT.
FFP4

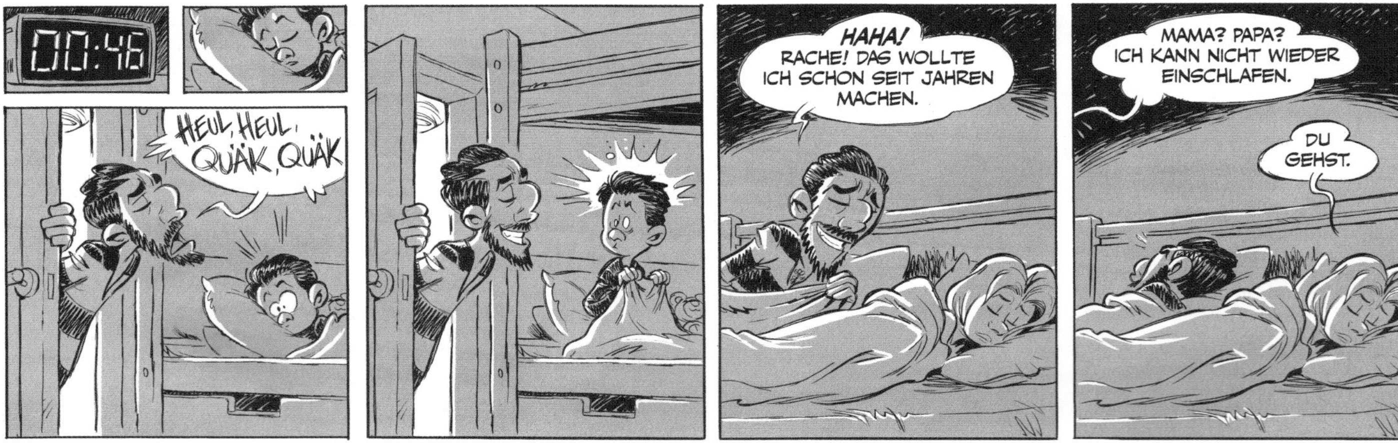
00:46
HEUL, HEUL, QUÄK, QUÄK
HAHA! RACHE! DAS WOLLTE ICH SCHON SEIT JAHREN MACHEN.
MAMA? PAPA? ICH KANN NICHT WIEDER EINSCHLAFEN.
DU GEHST.

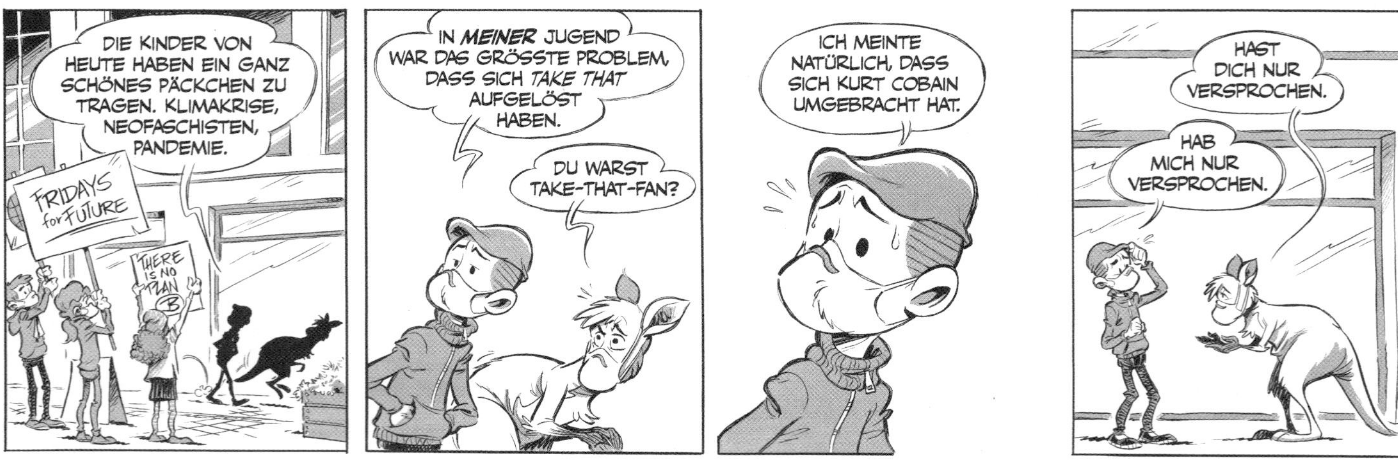
DIE KINDER VON HEUTE HABEN EIN GANZ SCHÖNES PÄCKCHEN ZU TRAGEN. KLIMAKRISE, NEOFASCHISTEN, PANDEMIE.
FRIDAYS for FUTURE
THERE IS NO PLAN B
IN ***MEINER*** JUGEND WAR DAS GRÖSSTE PROBLEM, DASS SICH *TAKE THAT* AUFGELÖST HABEN.
DU WARST TAKE-THAT-FAN?
ICH MEINTE NATÜRLICH, DASS SICH KURT COBAIN UMGEBRACHT HAT.
HAST DICH NUR VERSPROCHEN.
HAB MICH NUR VERSPROCHEN.

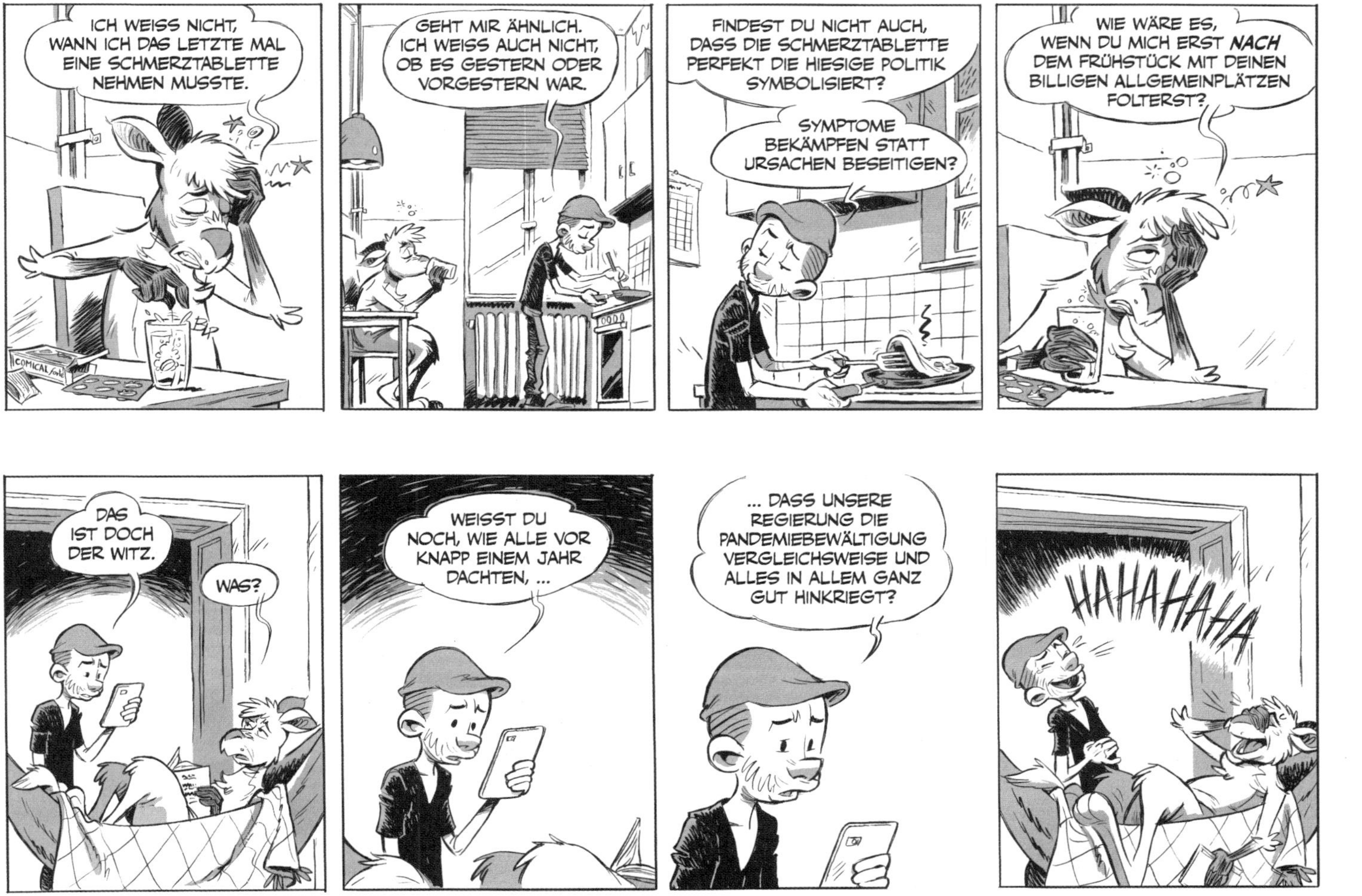
ICH WEISS NICHT, WANN ICH DAS LETZTE MAL EINE SCHMERZTABLETTE NEHMEN MUSSTE.
COMICAL
GEHT MIR ÄHNLICH. ICH WEISS AUCH NICHT, OB ES GESTERN ODER VORGESTERN WAR.
FINDEST DU NICHT AUCH, DASS DIE SCHMERZTABLETTE PERFEKT DIE HIESIGE POLITIK SYMBOLISIERT?
SYMPTOME BEKÄMPFEN STATT URSACHEN BESEITIGEN?
WIE WÄRE ES, WENN DU MICH ERST NACH DEM FRÜHSTÜCK MIT DEINEN BILLIGEN ALLGEMEINPLÄTZEN FOLTERST?
DAS IST DOCH DER WITZ.
WAS?
WEISST DU NOCH, WIE ALLE VOR KNAPP EINEM JAHR DACHTEN, ...
... DASS UNSERE REGIERUNG DIE PANDEMIEBEWÄLTIGUNG VERGLEICHSWEISE UND ALLES IN ALLEM GANZ GUT HINKRIEGT?
HAHAHAHAHA

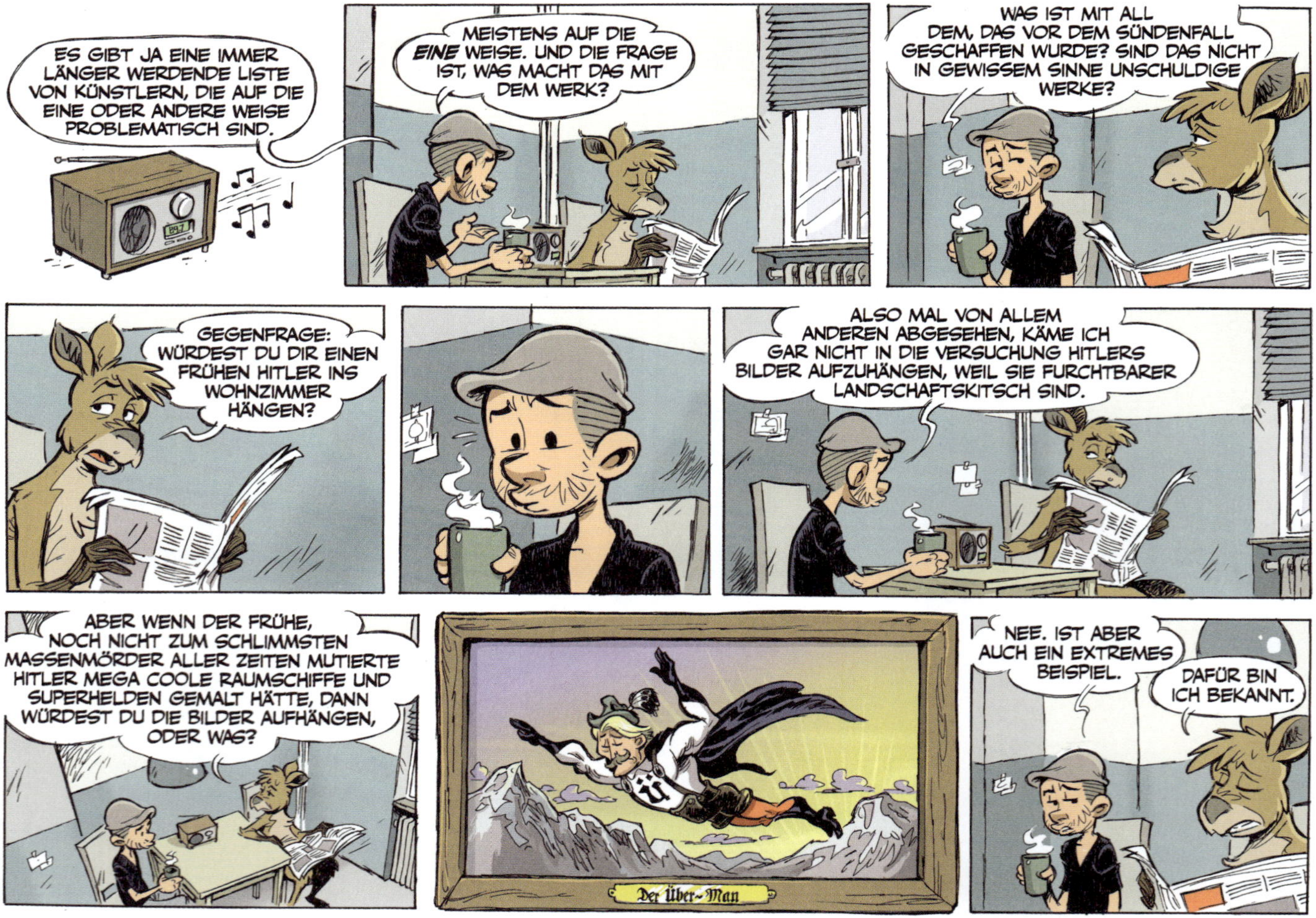
ES GIBT JA EINE IMMER LÄNGER WERDENDE LISTE VON KÜNSTLERN, DIE AUF DIE EINE ODER ANDERE WEISE PROBLEMATISCH SIND.
897
MEISTENS AUF DIE *EINE* WEISE. UND DIE FRAGE IST, WAS MACHT DAS MIT DEM WERK?
WAS IST MIT ALL DEM, DAS VOR DEM SÜNDENFALL GESCHAFFEN WURDE? SIND DAS NICHT IN GEWISSEM SINNE UNSCHULDIGE WERKE?
GEGENFRAGE: WÜRDEST DU DIR EINEN FRÜHEN HITLER INS WOHNZIMMER HÄNGEN?
ALSO MAL VON ALLEM ANDEREN ABGESEHEN, KÄME ICH GAR NICHT IN DIE VERSUCHUNG HITLERS BILDER AUFZUHÄNGEN, WEIL SIE FURCHTBARER LANDSCHAFTSKITSCH SIND.
ABER WENN DER FRÜHE, NOCH NICHT ZUM SCHLIMMSTEN MASSENMÖRDER ALLER ZEITEN MUTIERTE HITLER MEGA COOLE RAUMSCHIFFE UND SUPERHELDEN GEMALT HÄTTE, DANN WÜRDEST DU DIE BILDER AUFHÄNGEN, ODER WAS?
Ü
Der Über-Man
NEE. IST ABER AUCH EIN EXTREMES BEISPIEL.
DAFÜR BIN ICH BEKANNT.

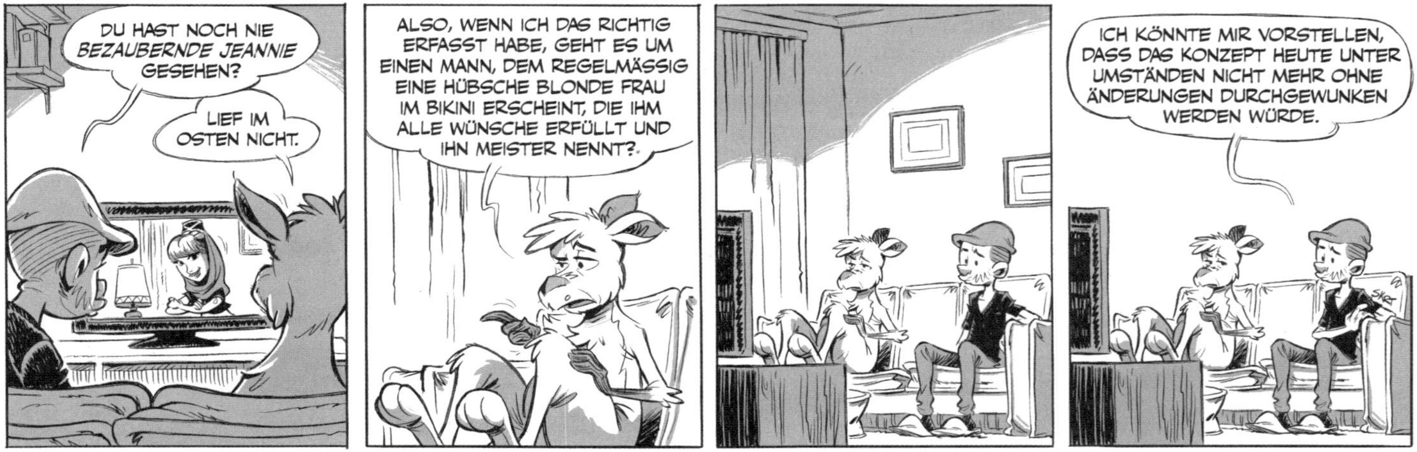
DU HAST NOCH NIE *BEZAUBERNDE JEANNIE* GESEHEN?
LIEF IM OSTEN NICHT.
ALSO, WENN ICH DAS RICHTIG ERFASST HABE, GEHT ES UM EINEN MANN, DEM REGELMÄSSIG EINE HÜBSCHE BLONDE FRAU IM BIKINI ERSCHEINT, DIE IHM ALLE WÜNSCHE ERFÜLLT UND IHN MEISTER NENNT?
ICH KÖNNTE MIR VORSTELLEN, DASS DAS KONZEPT HEUTE UNTER UMSTÄNDEN NICHT MEHR OHNE ÄNDERUNGEN DURCHGEWUNKEN WERDEN WÜRDE.

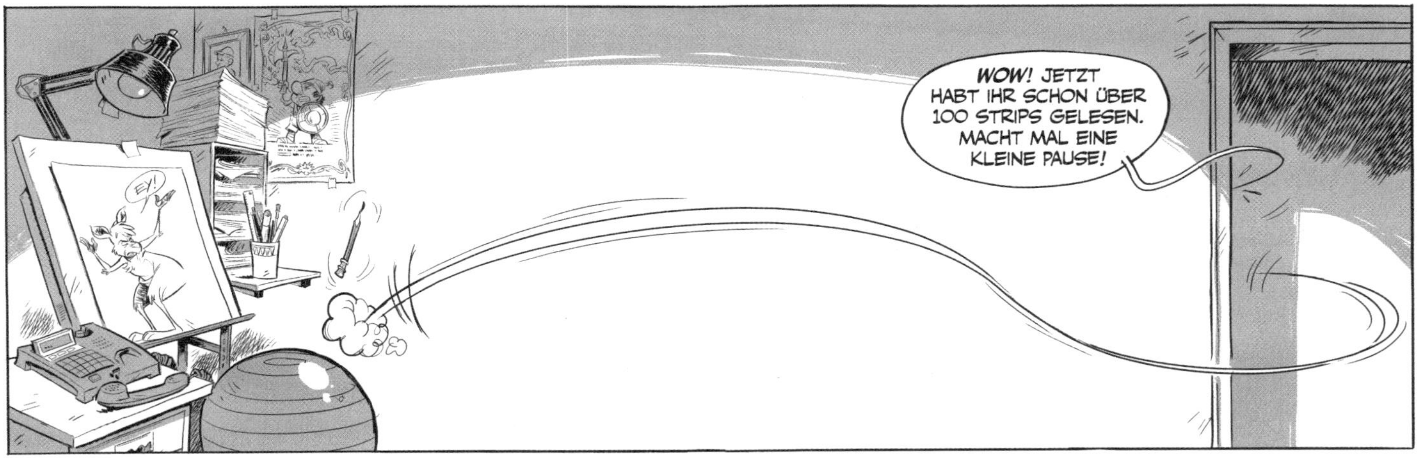
EY!
WOW! JETZT HABT IHR SCHON ÜBER 100 STRIPS GELESEN. MACHT MAL EINE KLEINE PAUSE!

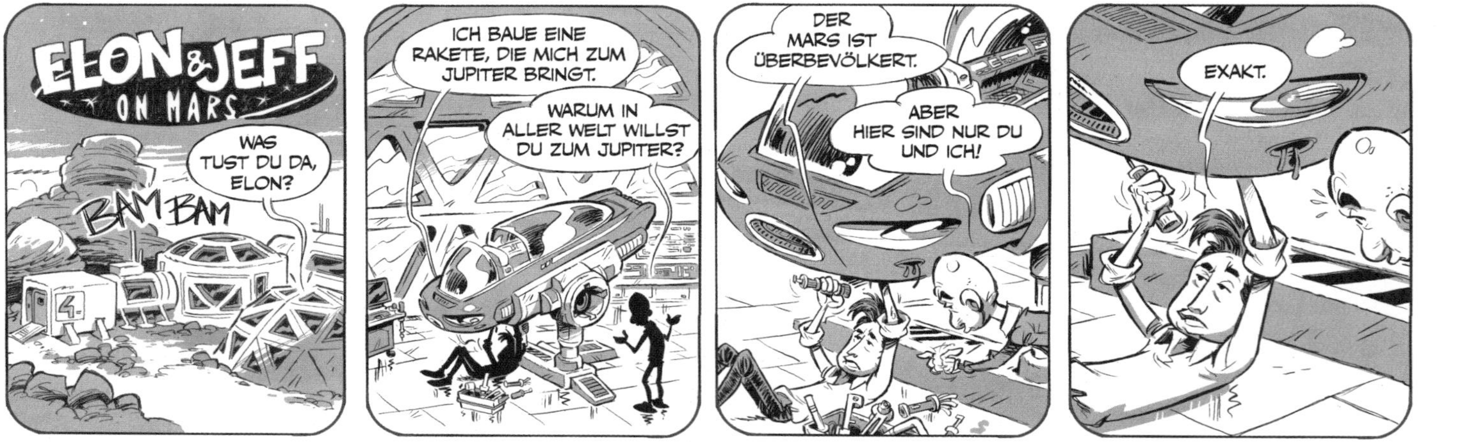
ELON & JEFF
ON MARS
WAS TUST DU DA, ELON?
BAM BAM
ICH BAUE EINE RAKETE, DIE MICH ZUM JUPITER BRINGT.
WARUM IN ALLER WELT WILLST DU ZUM JUPITER?
DER MARS IST ÜBERBEVÖLKERT.
ABER HIER SIND NUR DU UND ICH!
EXAKT.

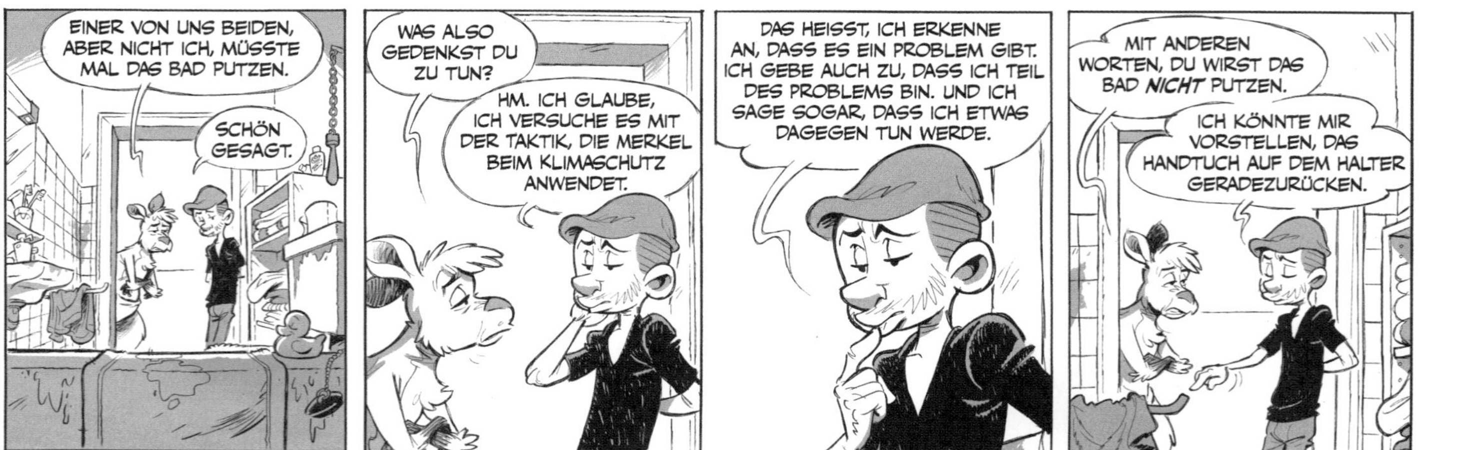
EINER VON UNS BEIDEN, ABER NICHT ICH, MÜSSTE MAL DAS BAD PUTZEN.
SCHÖN GESAGT.
WAS ALSO GEDENKST DU ZU TUN?
HM. ICH GLAUBE, ICH VERSUCHE ES MIT DER TAKTIK, DIE MERKEL BEIM KLIMASCHUTZ ANWENDET.
DAS HEISST, ICH ERKENNE AN, DASS ES EIN PROBLEM GIBT. ICH GEBE AUCH ZU, DASS ICH TEIL DES PROBLEMS BIN. UND ICH SAGE SOGAR, DASS ICH ETWAS DAGEGEN TUN WERDE.
MIT ANDEREN WORTEN, DU WIRST DAS BAD ***NICHT*** PUTZEN.
ICH KÖNNTE MIR VORSTELLEN, DAS HANDTUCH AUF DEM HALTER GERADEZURÜCKEN.

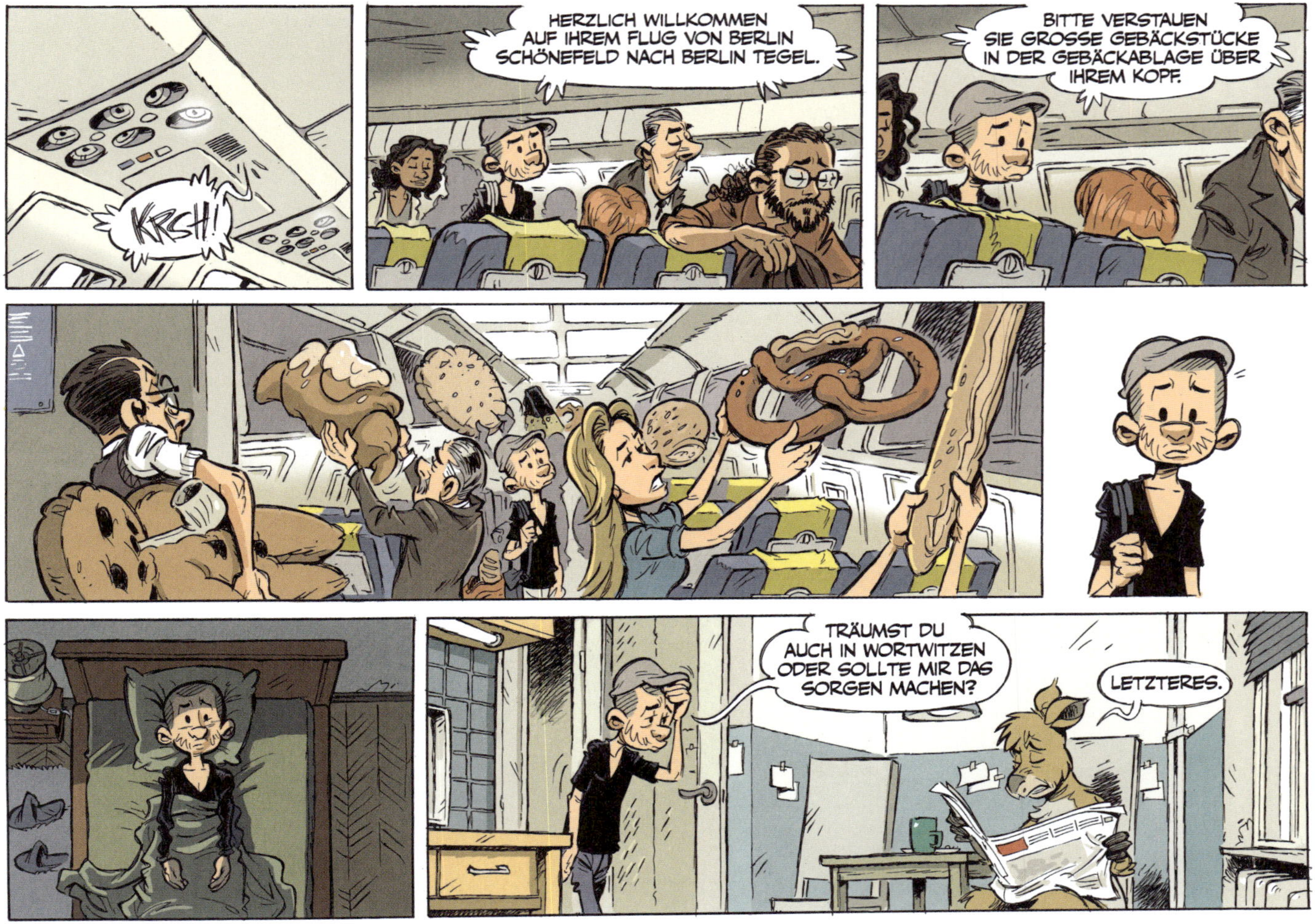
KRSH!
HERZLICH WILLKOMMEN AUF IHREM FLUG VON BERLIN SCHÖNEFELD NACH BERLIN TEGEL.
BITTE VERSTAUEN SIE GROSSE GEBÄCKSTÜCKE IN DER GEBÄCKABLAGE ÜBER IHREM KOPF.
TRÄUMST DU AUCH IN WORTWITZEN ODER SOLLTE MIR DAS SORGEN MACHEN?
LETZTERES.

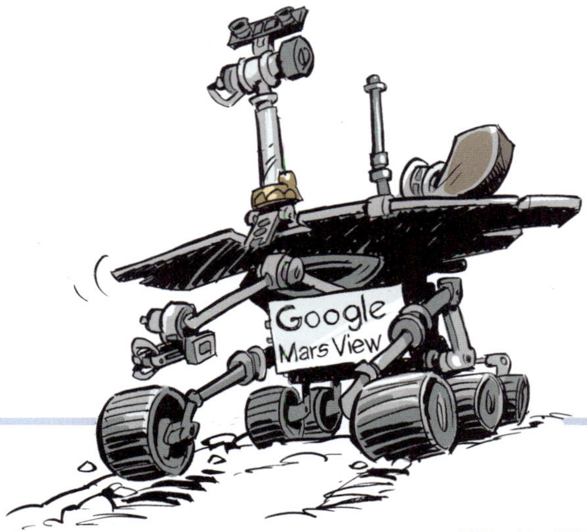

APRIL 2021

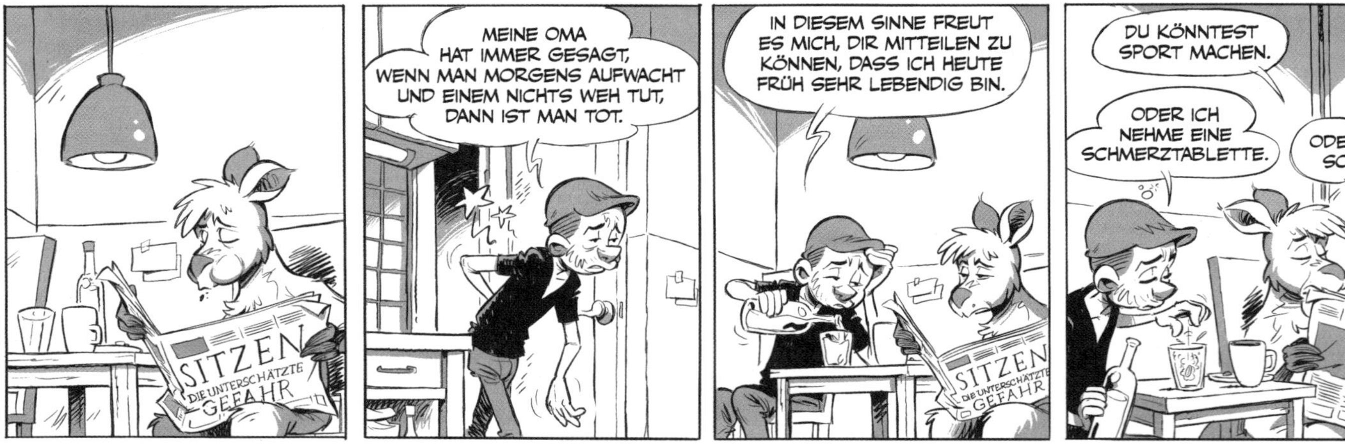
SITZEN
DIE UNTERSCHÄTZTE GEFAHR
MEINE OMA HAT IMMER GESAGT, WENN MAN MORGENS AUFWACHT UND EINEM NICHTS WEH TUT, DANN IST MAN TOT.
IN DIESEM SINNE FREUT ES MICH, DIR MITTEILEN ZU KÖNNEN, DASS ICH HEUTE FRÜH SEHR LEBENDIG BIN.
SITZEN
DIE UNTERSCHÄTZTE GEFAHR
DU KÖNNTEST SPORT MACHEN.
ODER ICH NEHME EINE SCHMERZTABLETTE.
ODER SO.

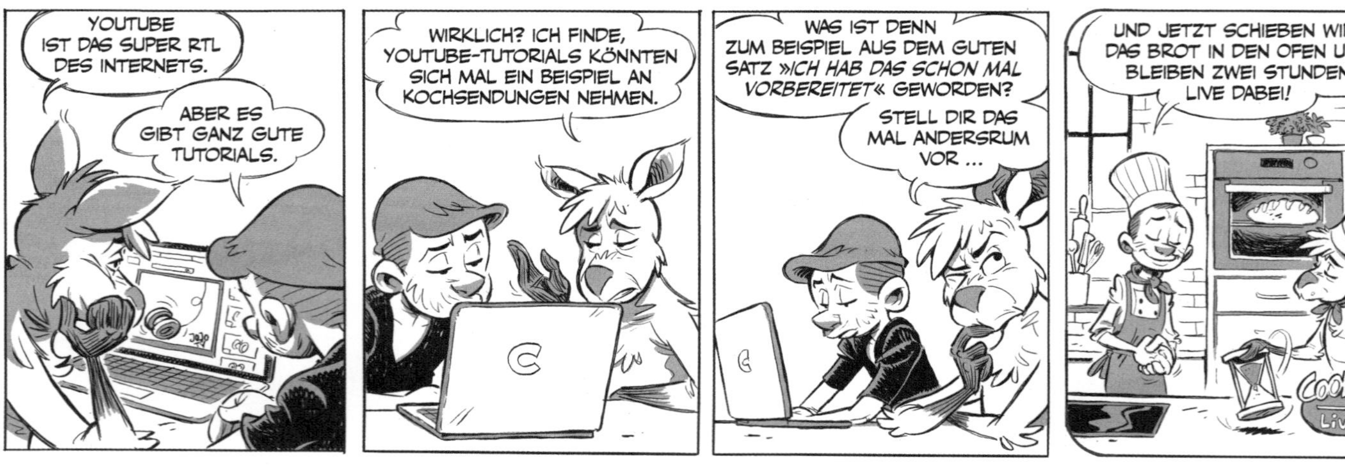
YOUTUBE IST DAS SUPER RTL DES INTERNETS.
ABER ES GIBT GANZ GUTE TUTORIALS.
WIRKLICH? ICH FINDE, YOUTUBE-TUTORIALS KÖNNTEN SICH MAL EIN BEISPIEL AN KOCHSENDUNGEN NEHMEN.
WAS IST DENN ZUM BEISPIEL AUS DEM GUTEN SATZ »*ICH HAB DAS SCHON MAL VORBEREITET*« GEWORDEN?
STELL DIR DAS MAL ANDERSRUM VOR …
UND JETZT SCHIEBEN WIR DAS BROT IN DEN OFEN UND BLEIBEN ZWEI STUNDEN LIVE DABEI!
COOKAROO
Live

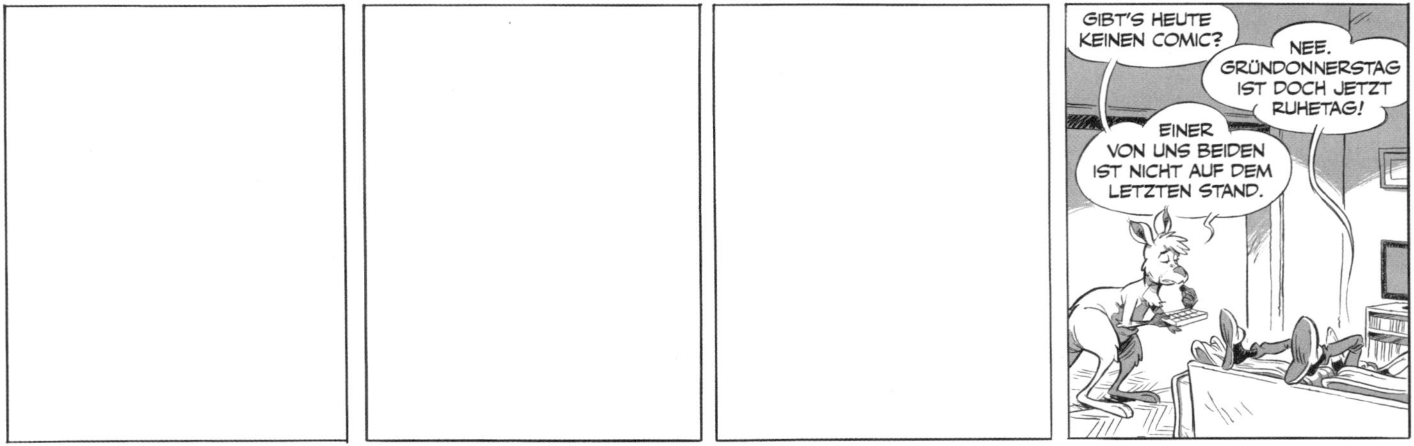
GIBT'S HEUTE KEINEN COMIC?
NEE. GRÜNDONNERSTAG IST DOCH JETZT RUHETAG!
EINER VON UNS BEIDEN IST NICHT AUF DEM LETZTEN STAND.

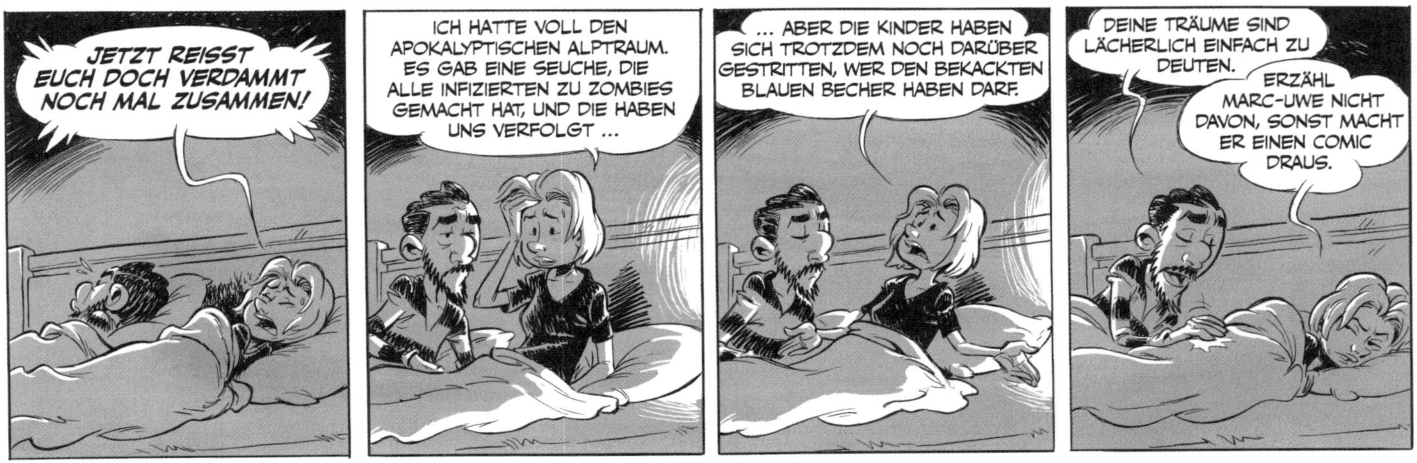
JETZT REISST EUCH DOCH VERDAMMT NOCH MAL ZUSAMMEN!
ICH HATTE VOLL DEN APOKALYPTISCHEN ALPTRAUM. ES GAB EINE SEUCHE, DIE ALLE INFIZIERTEN ZU ZOMBIES GEMACHT HAT, UND DIE HABEN UNS VERFOLGT ...
... ABER DIE KINDER HABEN SICH TROTZDEM NOCH DARÜBER GESTRITTEN, WER DEN BEKACKTEN BLAUEN BECHER HABEN DARF.
DEINE TRÄUME SIND LÄCHERLICH EINFACH ZU DEUTEN.
ERZÄHL MARC-UWE NICHT DAVON, SONST MACHT ER EINEN COMIC DRAUS.

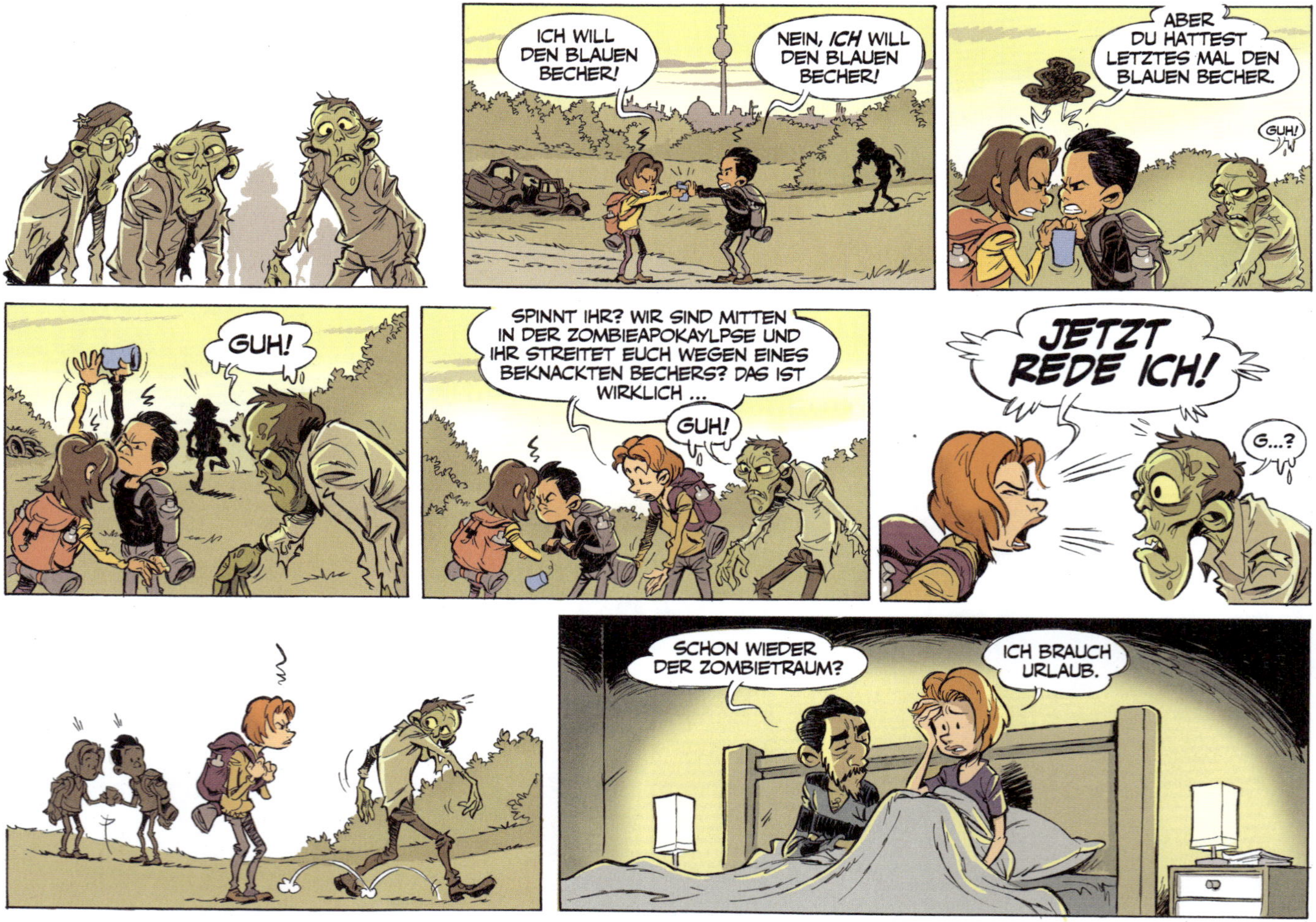
ICH WILL DEN BLAUEN BECHER!
NEIN, *ICH* WILL DEN BLAUEN BECHER!
ABER DU HATTEST LETZTES MAL DEN BLAUEN BECHER.
GUH!
GUH!
SPINNT IHR? WIR SIND MITTEN IN DER ZOMBIEAPOKAYLPSE UND IHR STREITET EUCH WEGEN EINES BEKNACKTEN BECHERS? DAS IST WIRKLICH ...
GUH!
JETZT REDE ICH!
G...?
SCHON WIEDER DER ZOMBIETRAUM?
ICH BRAUCH URLAUB.

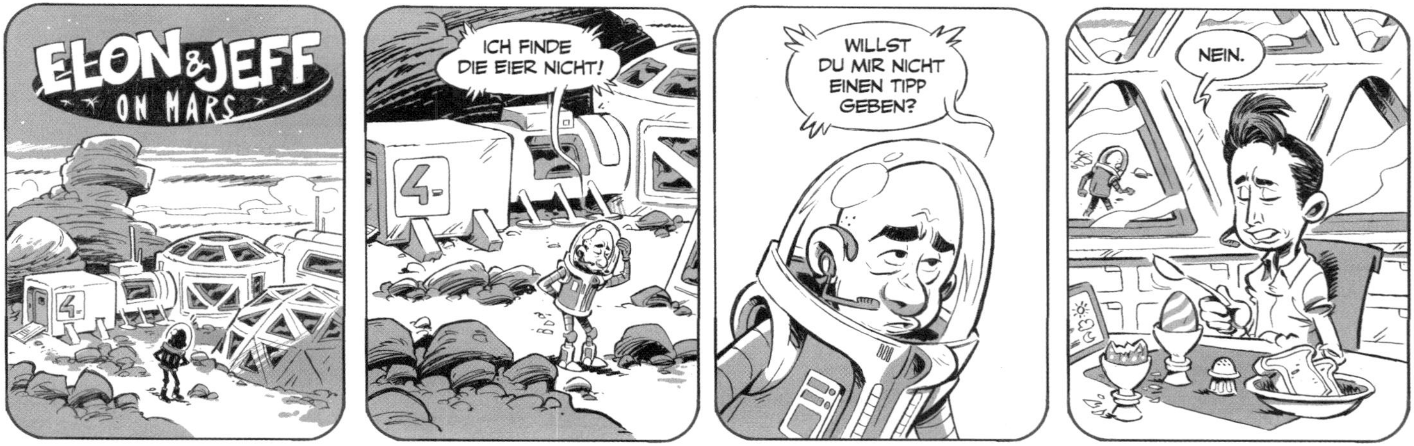
ELON & JEFF
ON MARS
ICH FINDE DIE EIER NICHT!
WILLST DU MIR NICHT EINEN TIPP GEBEN?
NEIN.

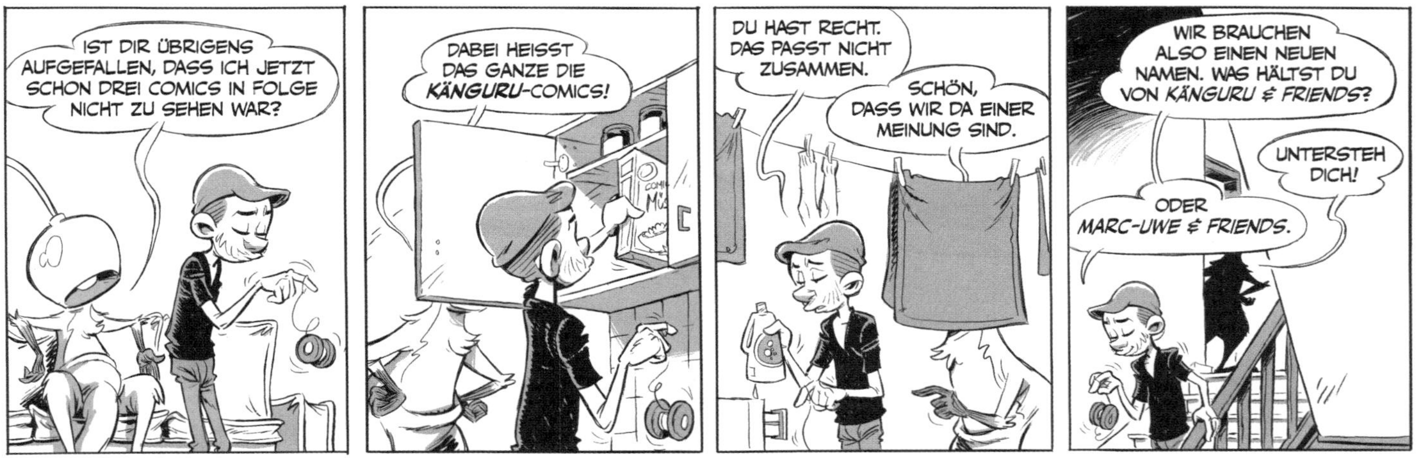
IST DIR ÜBRIGENS AUFGEFALLEN, DASS ICH JETZT SCHON DREI COMICS IN FOLGE NICHT ZU SEHEN WAR?
DABEI HEISST DAS GANZE DIE *KÄNGURU*-COMICS!
DU HAST RECHT. DAS PASST NICHT ZUSAMMEN.
SCHÖN, DASS WIR DA EINER MEINUNG SIND.
WIR BRAUCHEN ALSO EINEN NEUEN NAMEN. WAS HÄLTST DU VON *KÄNGURU & FRIENDS*?
UNTERSTEH DICH!
ODER *MARC-UWE & FRIENDS*.

MARC-UWE & FRIENDS

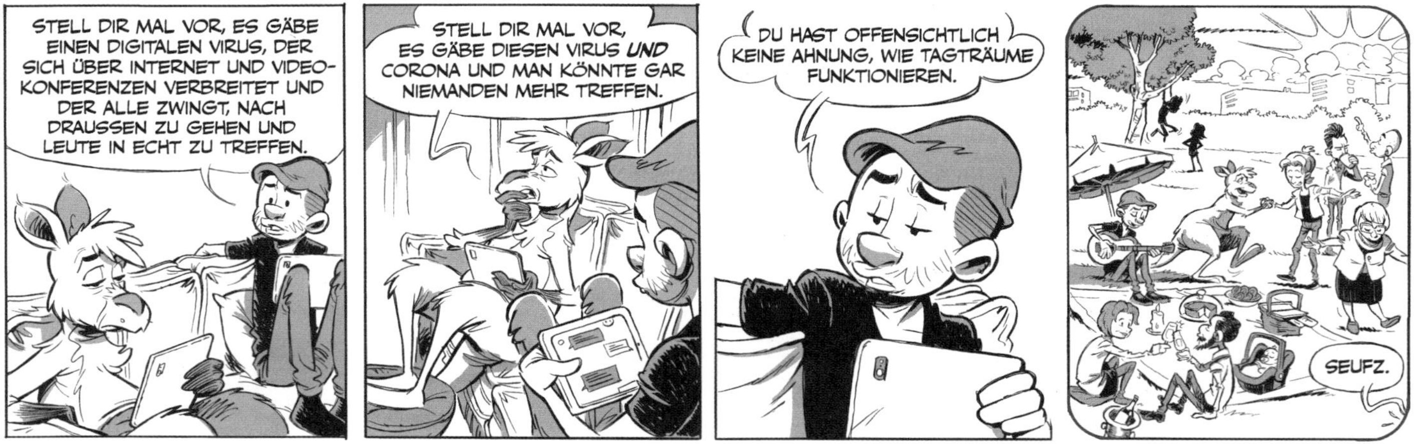

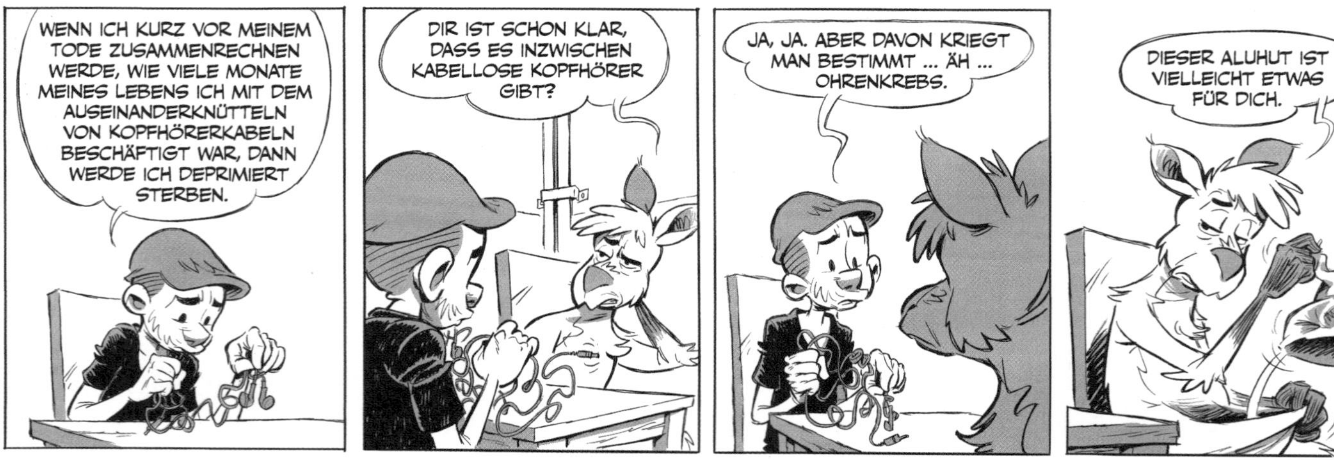

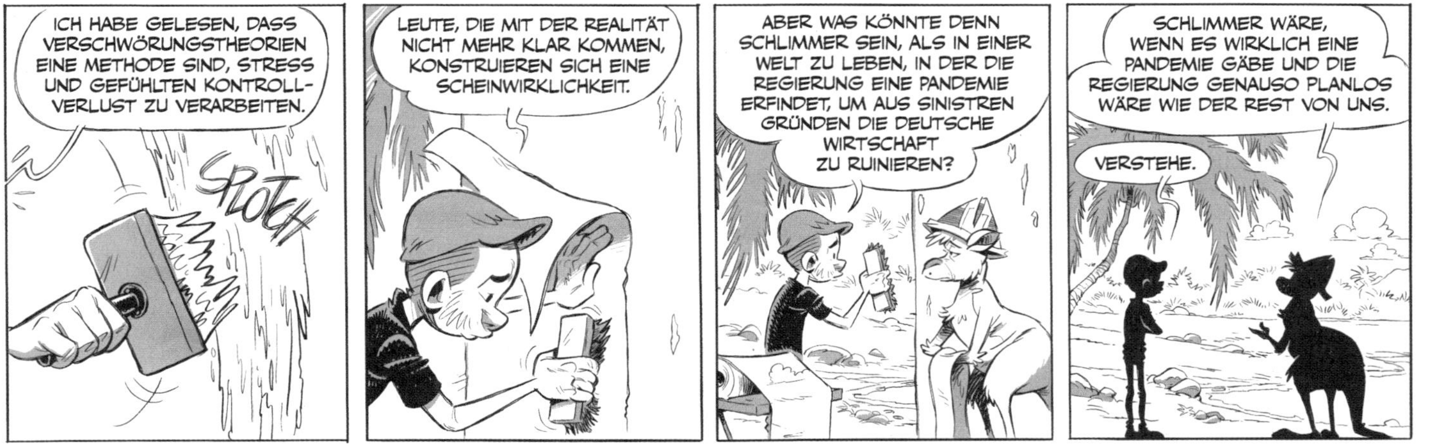

ICH HABE GELESEN, DASS VERSCHWÖRUNGSTHEORIEN EINE METHODE SIND, STRESS UND GEFÜHLTEN KONTROLLVERLUST ZU VERARBEITEN.
SPLOTCH
LEUTE, DIE MIT DER REALITÄT NICHT MEHR KLAR KOMMEN, KONSTRUIEREN SICH EINE SCHEINWIRKLICHKEIT.
ABER WAS KÖNNTE DENN SCHLIMMER SEIN, ALS IN EINER WELT ZU LEBEN, IN DER DIE REGIERUNG EINE PANDEMIE ERFINDET, UM AUS SINISTREN GRÜNDEN DIE DEUTSCHE WIRTSCHAFT ZU RUINIEREN?
SCHLIMMER WÄRE, WENN ES WIRKLICH EINE PANDEMIE GÄBE UND DIE REGIERUNG GENAUSO PLANLOS WÄRE WIE DER REST VON UNS.
VERSTEHE.

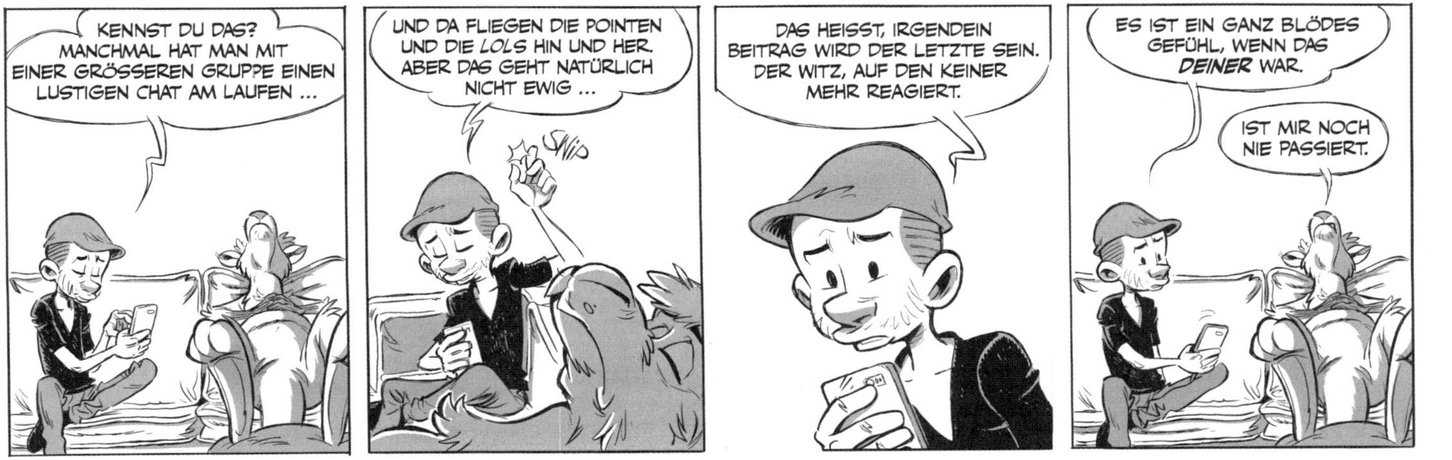

KENNST DU DAS? MANCHMAL HAT MAN MIT EINER GRÖSSEREN GRUPPE EINEN LUSTIGEN CHAT AM LAUFEN ...
UND DA FLIEGEN DIE POINTEN UND DIE *LOLS* HIN UND HER. ABER DAS GEHT NATÜRLICH NICHT EWIG ...
SNIP
DAS HEISST, IRGENDEIN BEITRAG WIRD DER LETZTE SEIN. DER WITZ, AUF DEN KEINER MEHR REAGIERT.
ES IST EIN GANZ BLÖDES GEFÜHL, WENN DAS **DEINER** WAR.
IST MIR NOCH NIE PASSIERT.

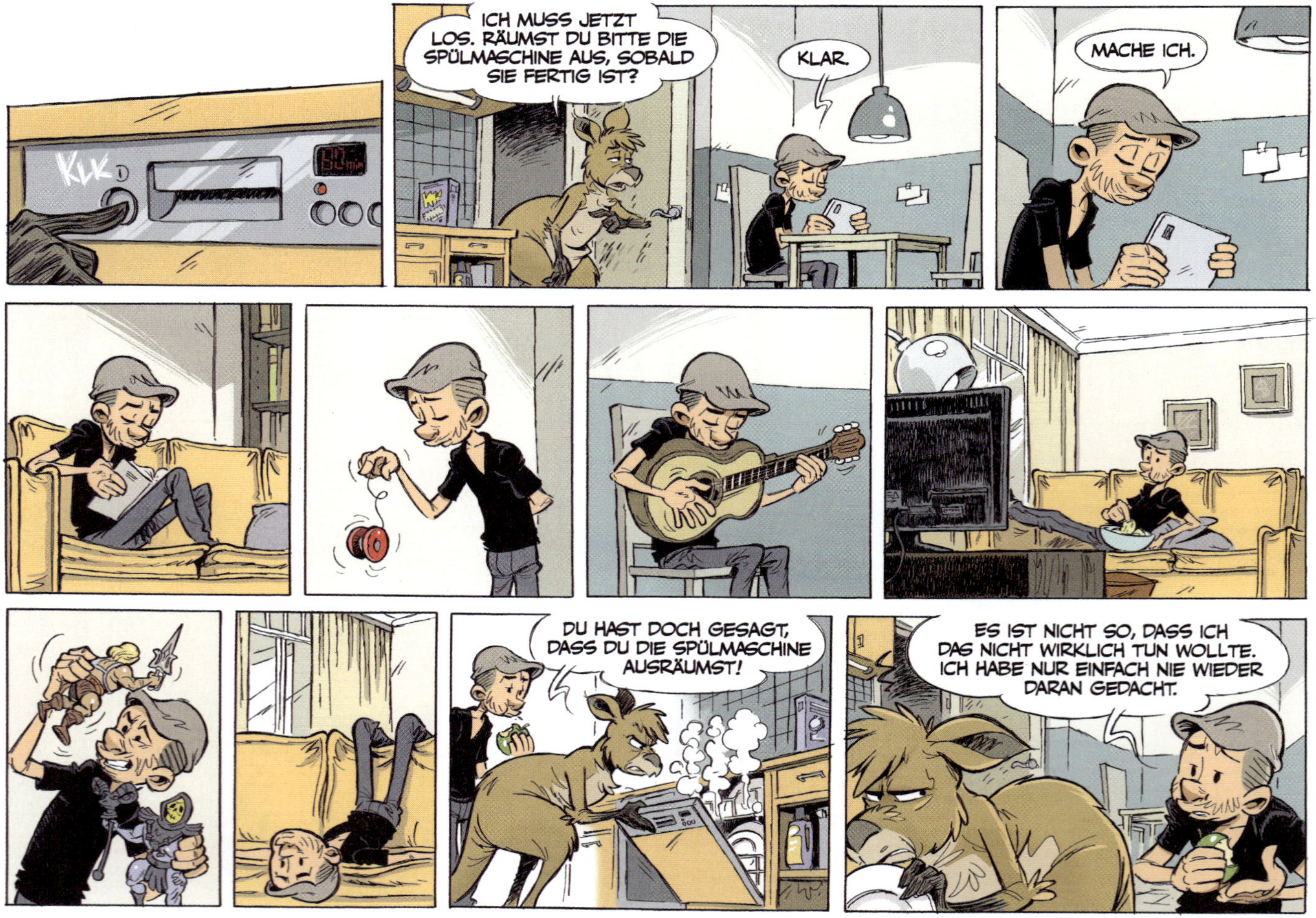

KLK
ICH MUSS JETZT LOS. RÄUMST DU BITTE DIE SPÜLMASCHINE AUS, SOBALD SIE FERTIG IST?
KLAR.
MACHE ICH.
DU HAST DOCH GESAGT, DASS DU DIE SPÜLMASCHINE AUSRÄUMST!
ES IST NICHT SO, DASS ICH DAS NICHT WIRKLICH TUN WOLLTE. ICH HABE NUR EINFACH NIE WIEDER DARAN GEDACHT.

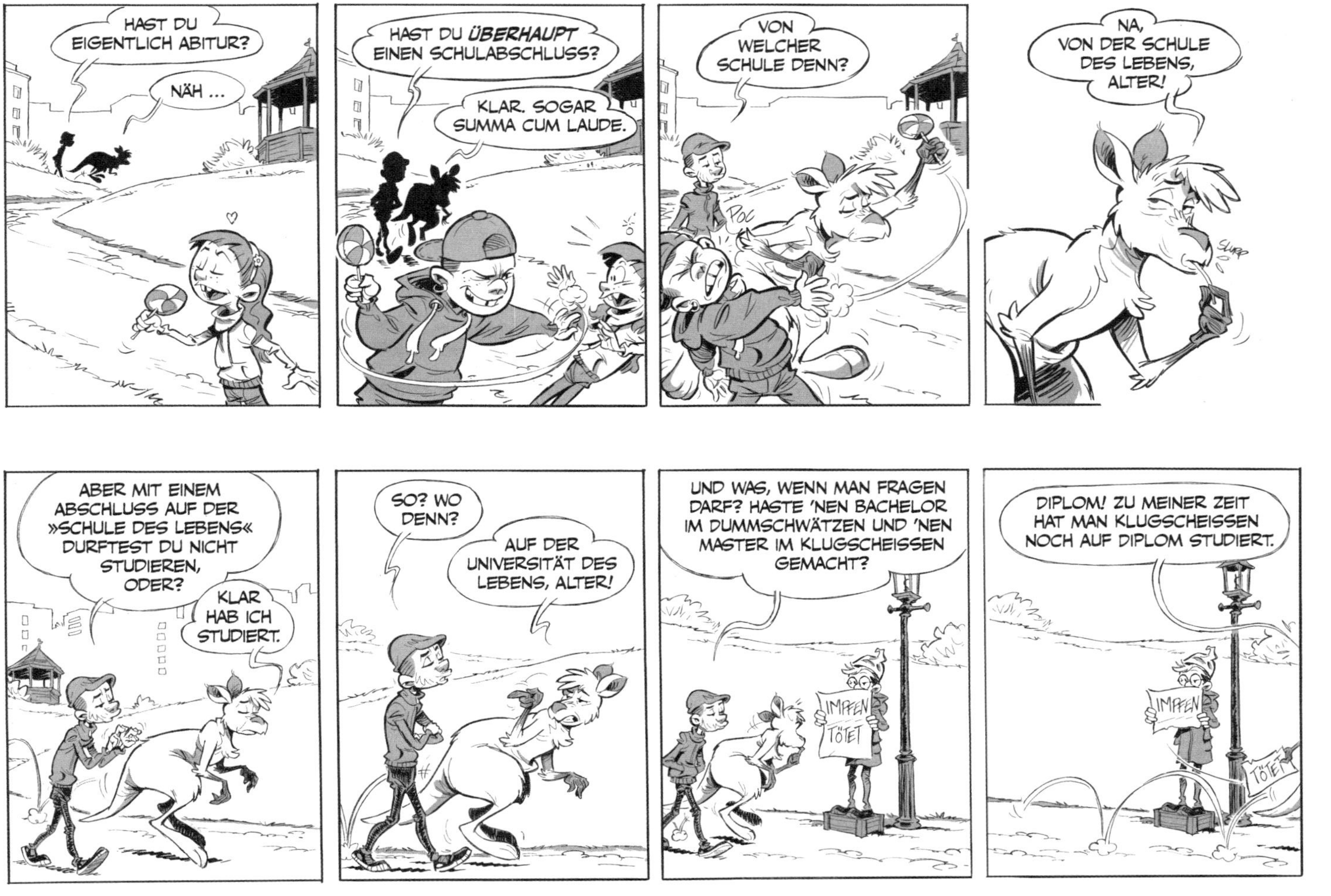
HAST DU EIGENTLICH ABITUR?
NÄH ...
HAST DU *ÜBERHAUPT* EINEN SCHULABSCHLUSS?
KLAR. SOGAR SUMMA CUM LAUDE.
VON WELCHER SCHULE DENN?
POC
NA, VON DER SCHULE DES LEBENS, ALTER!
ABER MIT EINEM ABSCHLUSS AUF DER »SCHULE DES LEBENS« DURFTEST DU NICHT STUDIEREN, ODER?
KLAR HAB ICH STUDIERT.
SO? WO DENN?
AUF DER UNIVERSITÄT DES LEBENS, ALTER!
UND WAS, WENN MAN FRAGEN DARF? HASTE 'NEN BACHELOR IM DUMMSCHWÄTZEN UND 'NEN MASTER IM KLUGSCHEISSEN GEMACHT?
IMPFEN TÖTET
DIPLOM! ZU MEINER ZEIT HAT MAN KLUGSCHEISSEN NOCH AUF DIPLOM STUDIERT.
IMPFEN
TÖTET

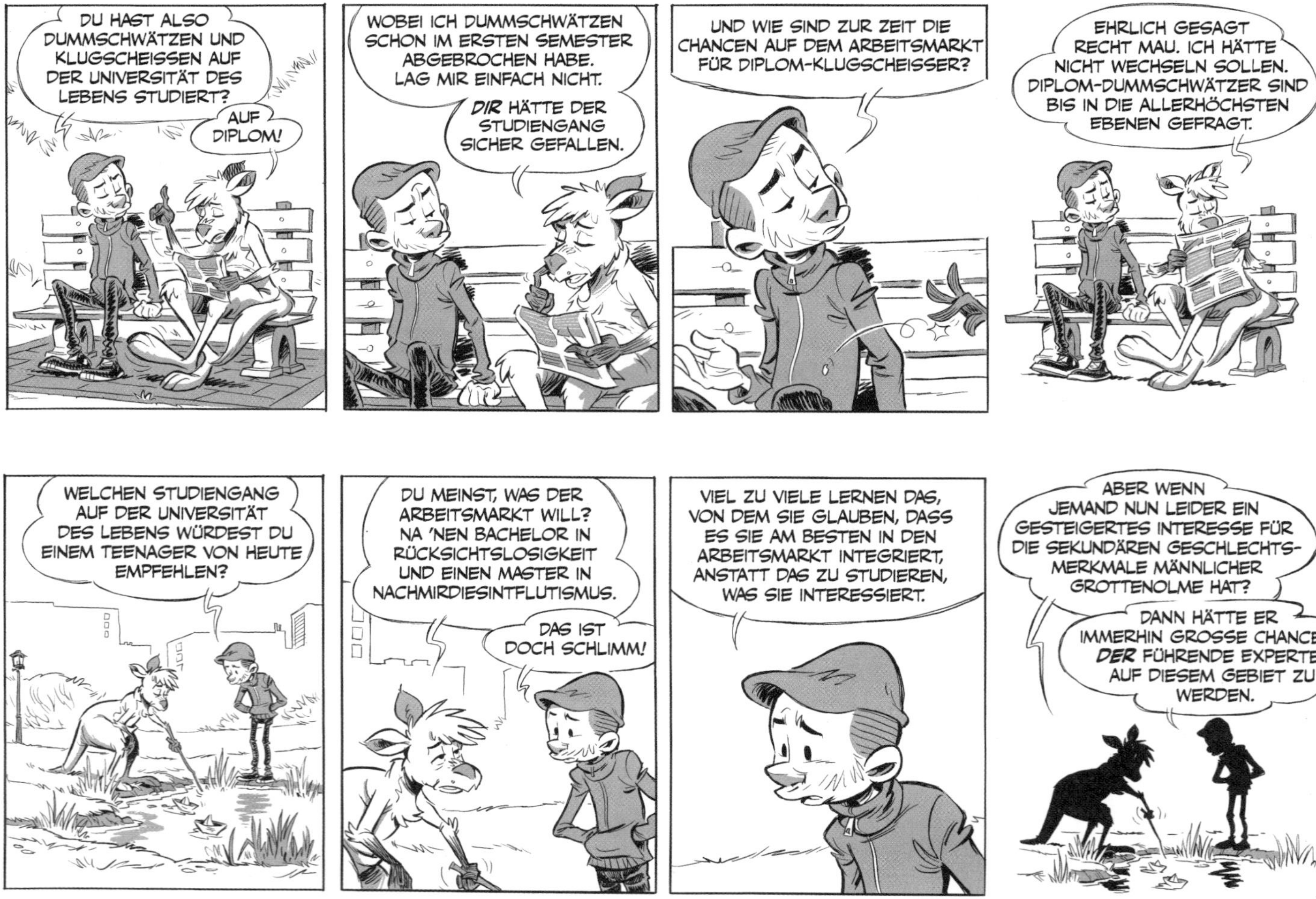
DU HAST ALSO DUMMSCHWÄTZEN UND KLUGSCHEISSEN AUF DER UNIVERSITÄT DES LEBENS STUDIERT?
AUF DIPLOM!
WOBEI ICH DUMMSCHWÄTZEN SCHON IM ERSTEN SEMESTER ABGEBROCHEN HABE. LAG MIR EINFACH NICHT.
DIR HÄTTE DER STUDIENGANG SICHER GEFALLEN.
UND WIE SIND ZUR ZEIT DIE CHANCEN AUF DEM ARBEITSMARKT FÜR DIPLOM-KLUGSCHEISSER?
EHRLICH GESAGT RECHT MAU. ICH HÄTTE NICHT WECHSELN SOLLEN. DIPLOM-DUMMSCHWÄTZER SIND BIS IN DIE ALLERHÖCHSTEN EBENEN GEFRAGT.
WELCHEN STUDIENGANG AUF DER UNIVERSITÄT DES LEBENS WÜRDEST DU EINEM TEENAGER VON HEUTE EMPFEHLEN?
DU MEINST, WAS DER ARBEITSMARKT WILL? NA 'NEN BACHELOR IN RÜCKSICHTSLOSIGKEIT UND EINEN MASTER IN NACHMIRDIESINTFLUTISMUS.
DAS IST DOCH SCHLIMM!
VIEL ZU VIELE LERNEN DAS, VON DEM SIE GLAUBEN, DASS ES SIE AM BESTEN IN DEN ARBEITSMARKT INTEGRIERT, ANSTATT DAS ZU STUDIEREN, WAS SIE INTERESSIERT.
ABER WENN JEMAND NUN LEIDER EIN GESTEIGERTES INTERESSE FÜR DIE SEKUNDÄREN GESCHLECHTS-MERKMALE MÄNNLICHER GROTTENOLME HAT?
DANN HÄTTE ER IMMERHIN GROSSE CHANCEN, *DER* FÜHRENDE EXPERTE AUF DIESEM GEBIET ZU WERDEN.

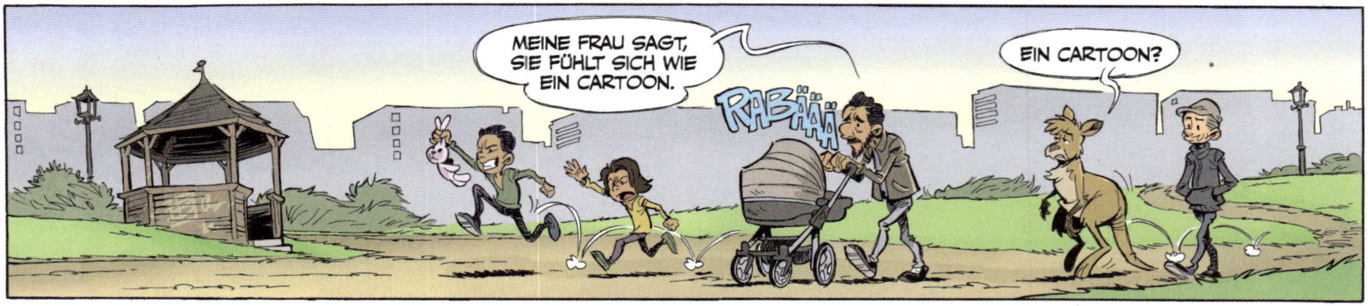
MEINE FRAU SAGT, SIE FÜHLT SICH WIE EIN CARTOON.
RABÄÄÄ
EIN CARTOON?

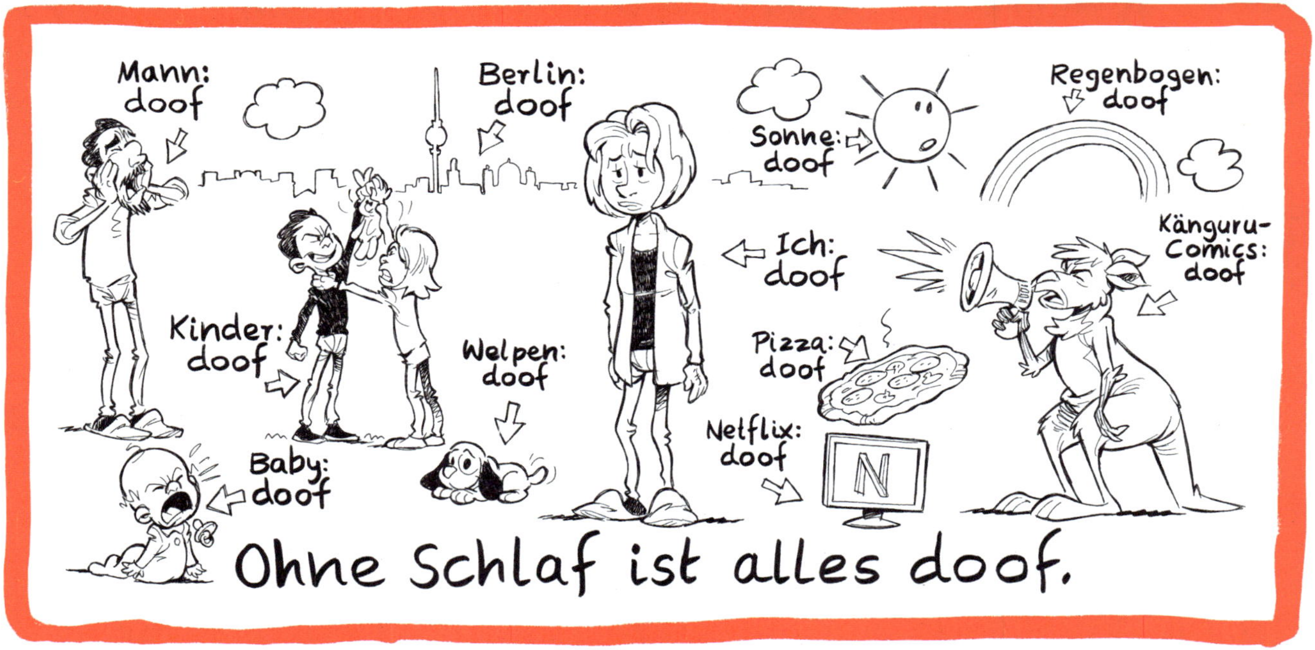
Mann: doof
Berlin: doof
Sonne: doof
Regenbogen: doof
Ich: doof
Känguru-Comics: doof
Kinder: doof
Welpen: doof
Pizza: doof
Netflix: doof
N
Baby: doof
Ohne Schlaf ist alles doof.

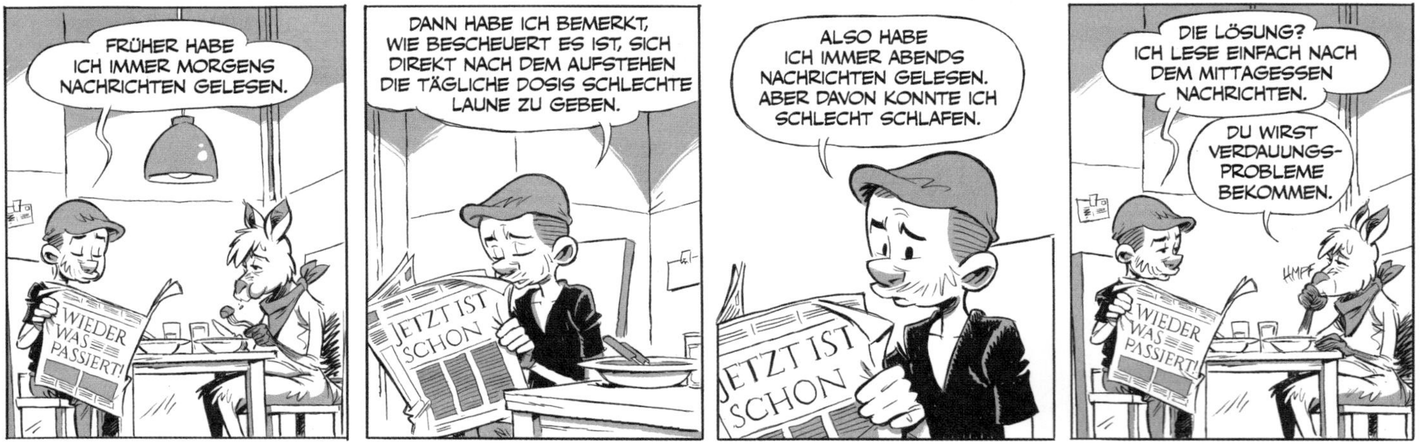
FRÜHER HABE ICH IMMER MORGENS NACHRICHTEN GELESEN.
WIEDER WAS PASSIERT!
DANN HABE ICH BEMERKT, WIE BESCHEUERT ES IST, SICH DIREKT NACH DEM AUFSTEHEN DIE TÄGLICHE DOSIS SCHLECHTE LAUNE ZU GEBEN.
JETZT IST SCHON
ALSO HABE ICH IMMER ABENDS NACHRICHTEN GELESEN. ABER DAVON KONNTE ICH SCHLECHT SCHLAFEN.
JETZT IST SCHON
DIE LÖSUNG? ICH LESE EINFACH NACH DEM MITTAGESSEN NACHRICHTEN.
DU WIRST VERDAUUNGS-PROBLEME BEKOMMEN.
HMPF
WIEDER WAS PASSIERT!

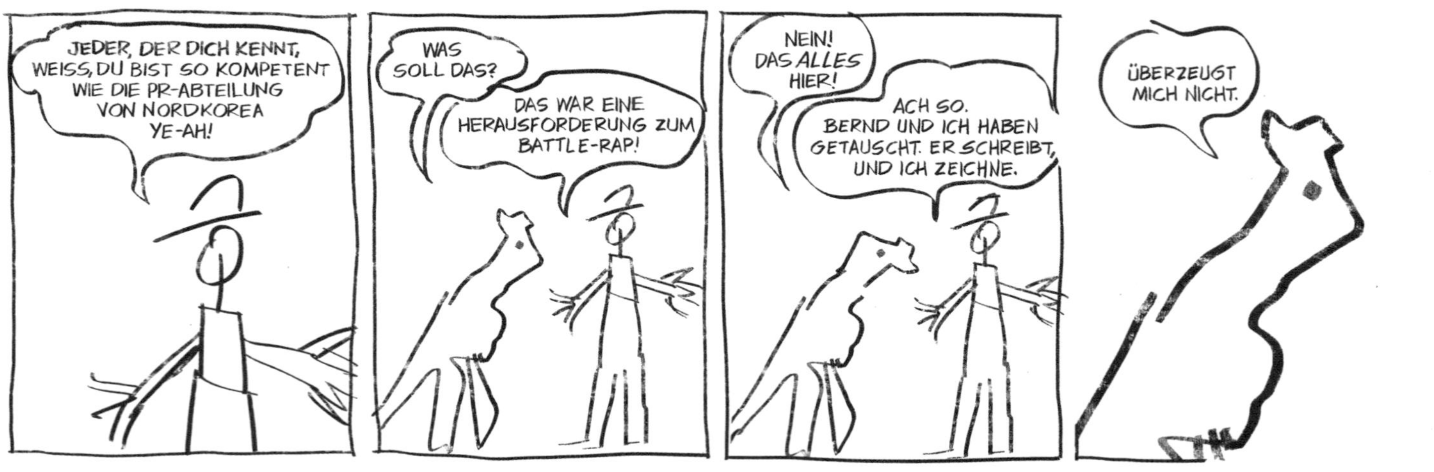
JEDER, DER DICH KENNT, WEISS, DU BIST SO KOMPETENT WIE DIE PR-ABTEILUNG VON NORDKOREA YE-AH!
WAS SOLL DAS?
DAS WAR EINE HERAUSFORDERUNG ZUM BATTLE-RAP!
NEIN! DAS *ALLES* HIER!
ACH SO. BERND UND ICH HABEN GETAUSCHT. ER SCHREIBT, UND ICH ZEICHNE.
ÜBERZEUGT MICH NICHT.

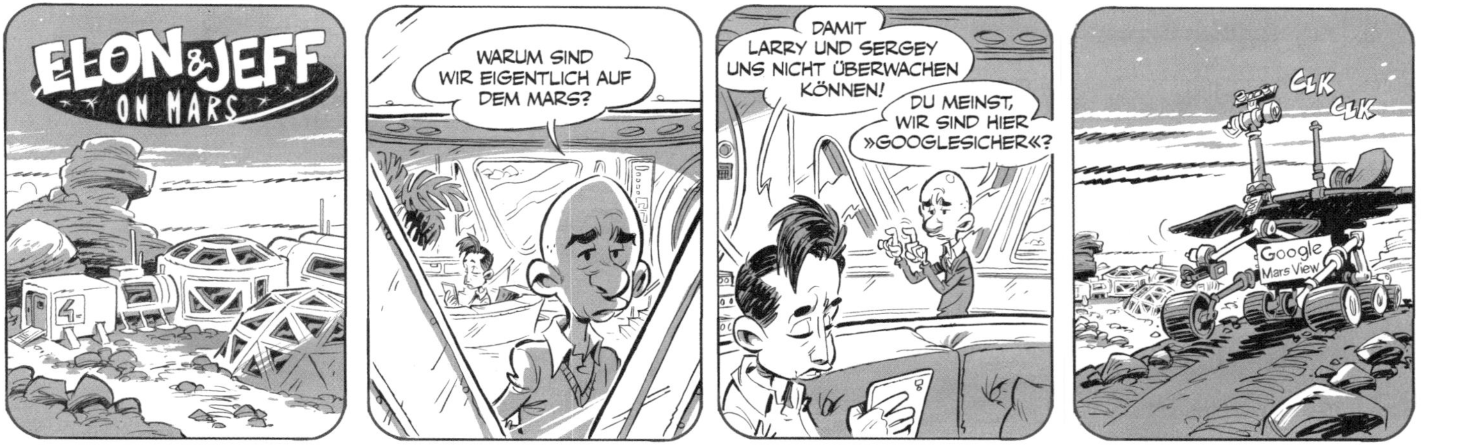
ELON & JEFF
ON MARS
WARUM SIND WIR EIGENTLICH AUF DEM MARS?
DAMIT LARRY UND SERGEY UNS NICHT ÜBERWACHEN KÖNNEN!
DU MEINST, WIR SIND HIER »GOOGLESICHER«?
CLK
CLK
Google
Mars View

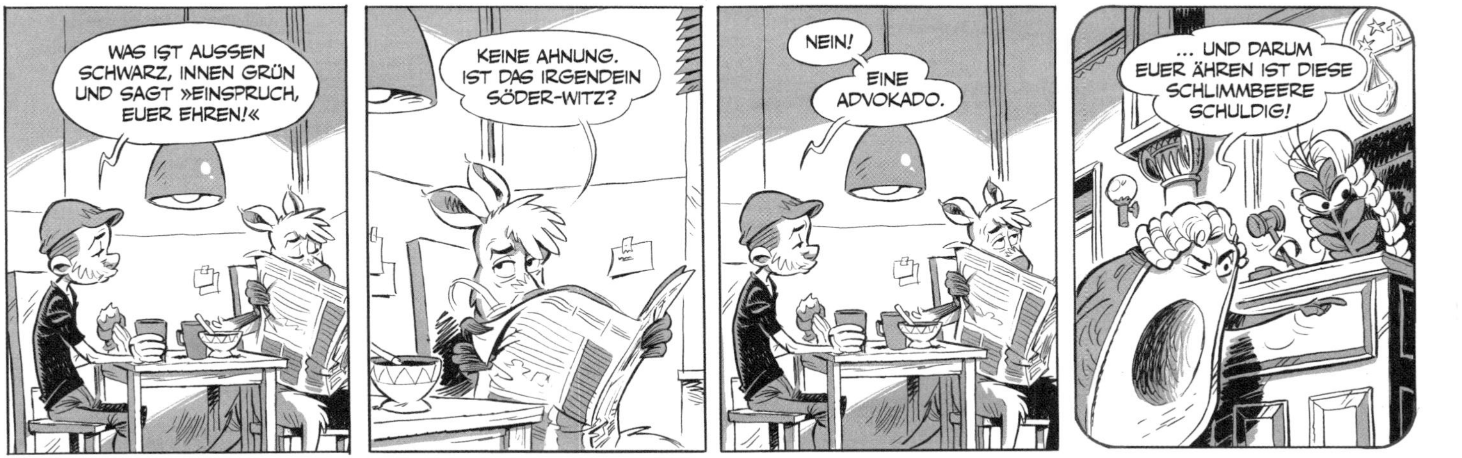
WAS IST AUSSEN SCHWARZ, INNEN GRÜN UND SAGT »EINSPRUCH, EUER EHREN!«
KEINE AHNUNG. IST DAS IRGENDEIN SÖDER-WITZ?
NEIN!
EINE ADVOKADO.
... UND DARUM EUER ÄHREN IST DIESE SCHLIMMBEERE SCHULDIG!

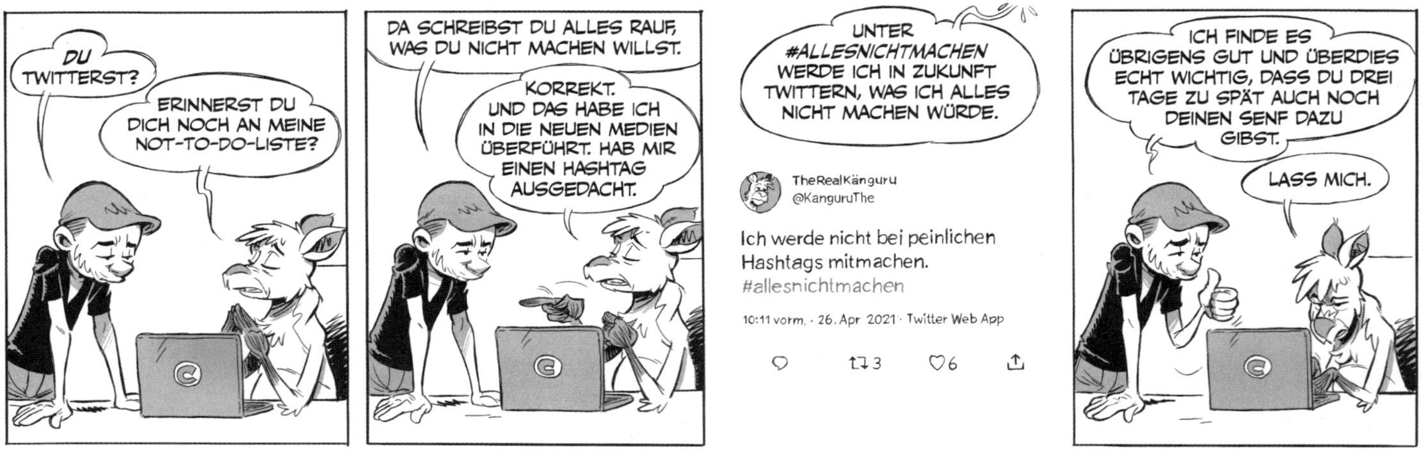
DU TWITTERST?
ERINNERST DU DICH NOCH AN MEINE NOT-TO-DO-LISTE?
DA SCHREIBST DU ALLES RAUF, WAS DU NICHT MACHEN WILLST.
KORREKT. UND DAS HABE ICH IN DIE NEUEN MEDIEN ÜBERFÜHRT. HAB MIR EINEN HASHTAG AUSGEDACHT.
UNTER #ALLESNICHTMACHEN WERDE ICH IN ZUKUNFT TWITTERN, WAS ICH ALLES NICHT MACHEN WÜRDE.
TheRealKänguru
@KanguruThe
Ich werde nicht bei peinlichen Hashtags mitmachen. #allesnichtmachen
10:11 vorm. · 26. Apr 2021 · Twitter Web App
3
6
ICH FINDE ES ÜBRIGENS GUT UND ÜBERDIES ECHT WICHTIG, DASS DU DREI TAGE ZU SPÄT AUCH NOCH DEINEN SENF DAZU GIBST.
LASS MICH.

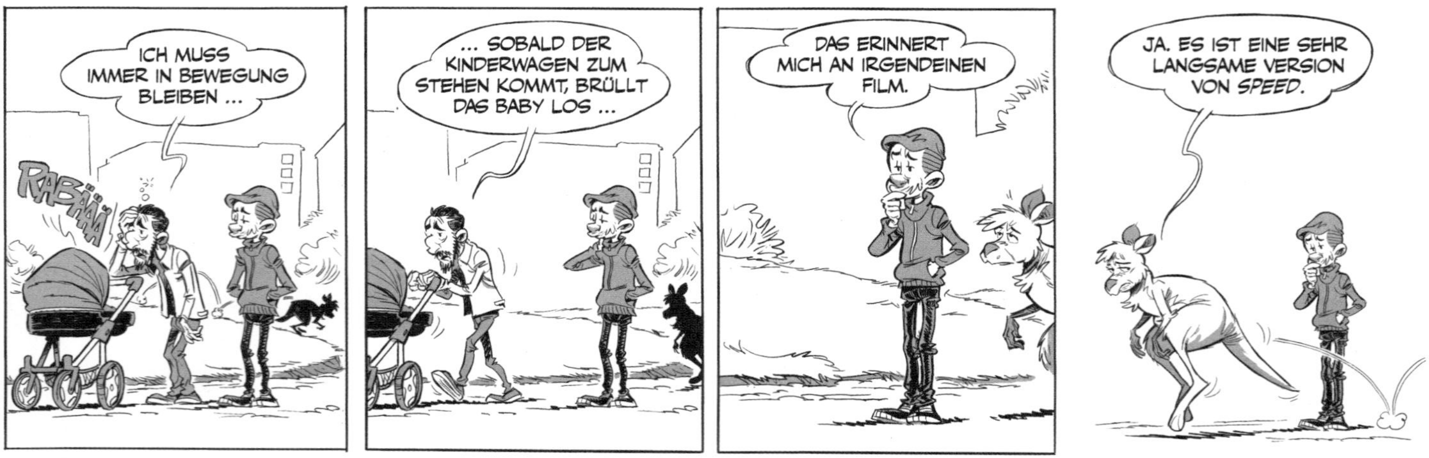
ICH MUSS IMMER IN BEWEGUNG BLEIBEN ...
RABÄÄÄ
... SOBALD DER KINDERWAGEN ZUM STEHEN KOMMT, BRÜLLT DAS BABY LOS ...
DAS ERINNERT MICH AN IRGENDEINEN FILM.
JA. ES IST EINE SEHR LANGSAME VERSION VON SPEED.

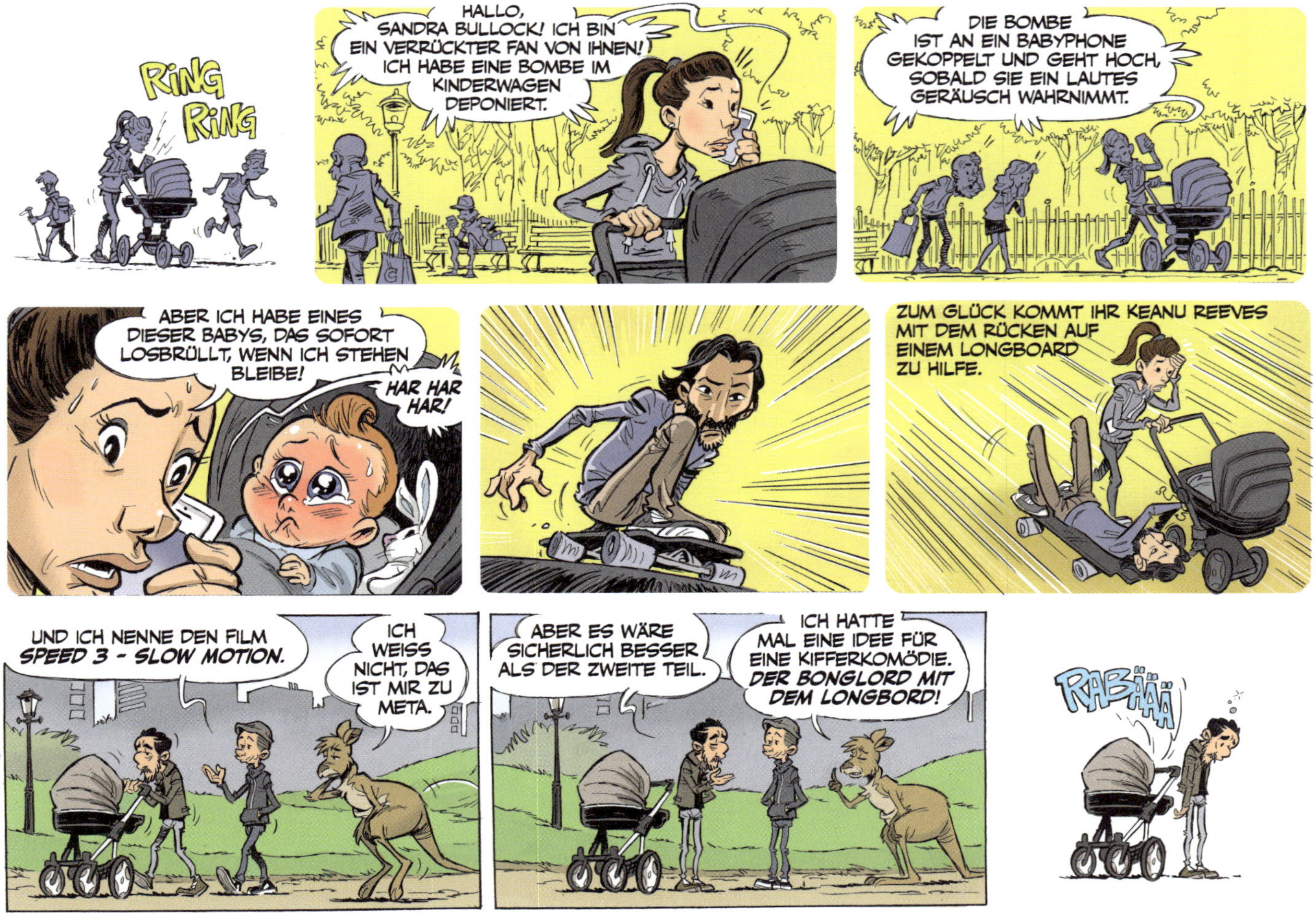
RING RING
HALLO, SANDRA BULLOCK! ICH BIN EIN VERRÜCKTER FAN VON IHNEN! ICH HABE EINE BOMBE IM KINDERWAGEN DEPONIERT.
DIE BOMBE IST AN EIN BABYPHONE GEKOPPELT UND GEHT HOCH, SOBALD SIE EIN LAUTES GERÄUSCH WAHRNIMMT.
ABER ICH HABE EINES DIESER BABYS, DAS SOFORT LOSBRÜLLT, WENN ICH STEHEN BLEIBE!
HAR HAR HAR!
ZUM GLÜCK KOMMT IHR KEANU REEVES MIT DEM RÜCKEN AUF EINEM LONGBOARD ZU HILFE.
UND ICH NENNE DEN FILM *SPEED 3 - SLOW MOTION.*
ICH WEISS NICHT, DAS IST MIR ZU META.
ABER ES WÄRE SICHERLICH BESSER ALS DER ZWEITE TEIL.
ICH HATTE MAL EINE IDEE FÜR EINE KIFFERKOMÖDIE. *DER BONGLORD MIT DEM LONGBORD!*
RABÄÄÄ

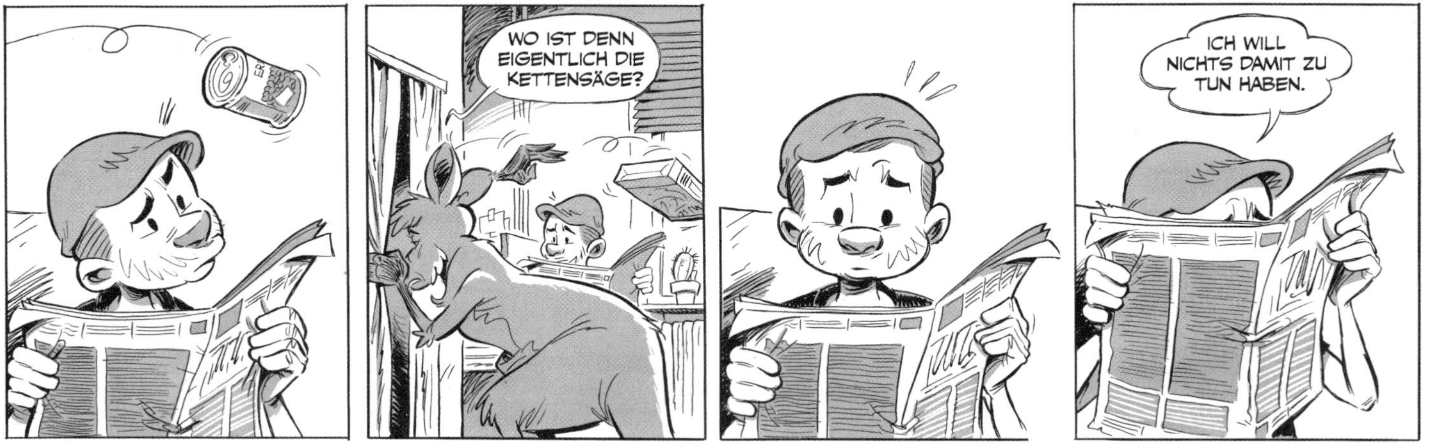
WO IST DENN EIGENTLICH DIE KETTENSÄGE?
ICH WILL NICHTS DAMIT ZU TUN HABEN.

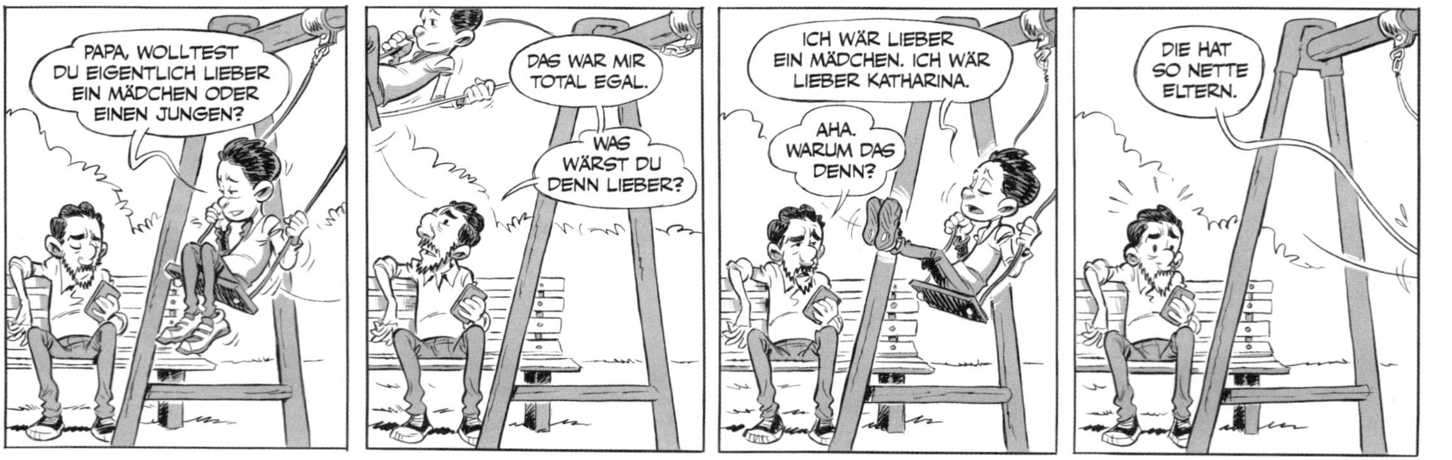
PAPA, WOLLTEST DU EIGENTLICH LIEBER EIN MÄDCHEN ODER EINEN JUNGEN?
DAS WAR MIR TOTAL EGAL.
WAS WÄRST DU DENN LIEBER?
ICH WÄR LIEBER EIN MÄDCHEN. ICH WÄR LIEBER KATHARINA.
AHA. WARUM DAS DENN?
DIE HAT SO NETTE ELTERN.

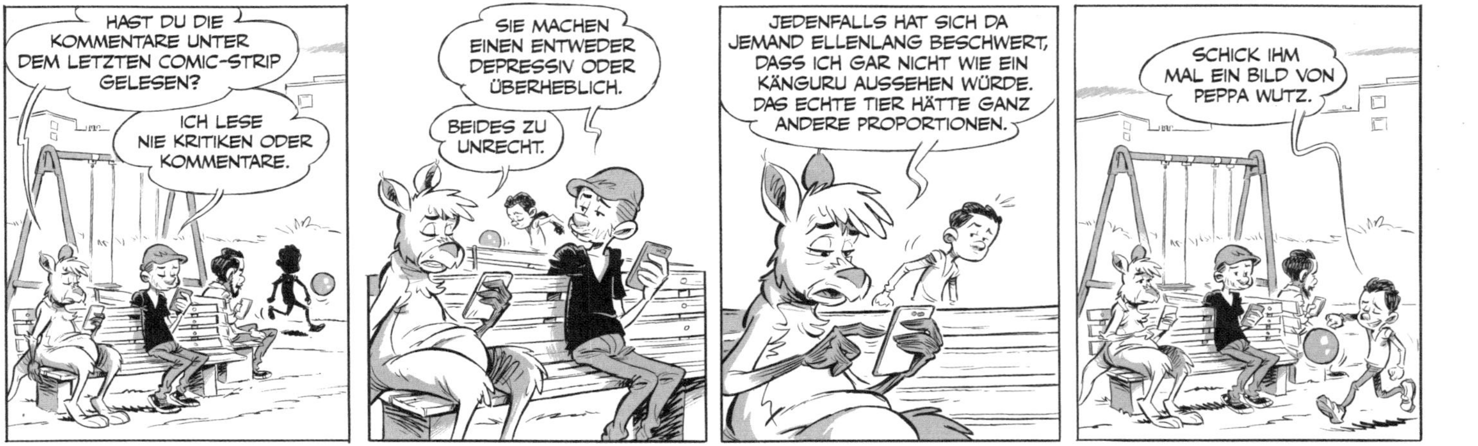
HAST DU DIE KOMMENTARE UNTER DEM LETZTEN COMIC-STRIP GELESEN?
ICH LESE NIE KRITIKEN ODER KOMMENTARE.
SIE MACHEN EINEN ENTWEDER DEPRESSIV ODER ÜBERHEBLICH.
BEIDES ZU UNRECHT.
JEDENFALLS HAT SICH DA JEMAND ELLENLANG BESCHWERT, DASS ICH GAR NICHT WIE EIN KÄNGURU AUSSEHEN WÜRDE. DAS ECHTE TIER HÄTTE GANZ ANDERE PROPORTIONEN.
SCHICK IHM MAL EIN BILD VON PEPPA WUTZ.

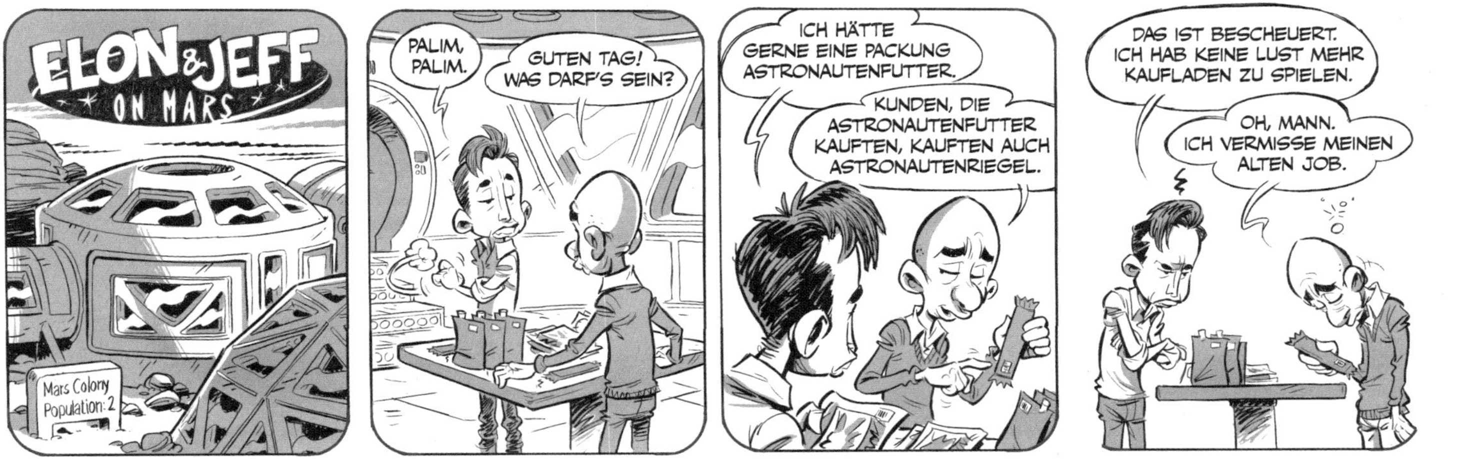
ELON & JEFF
ON MARS
Mars Colony Population: 2
PALIM, PALIM.
GUTEN TAG! WAS DARF'S SEIN?
ICH HÄTTE GERNE EINE PACKUNG ASTRONAUTENFUTTER.
KUNDEN, DIE ASTRONAUTENFUTTER KAUFTEN, KAUFTEN AUCH ASTRONAUTENRIEGEL.
DAS IST BESCHEUERT. ICH HAB KEINE LUST MEHR KAUFLADEN ZU SPIELEN.
OH, MANN. ICH VERMISSE MEINEN ALTEN JOB.

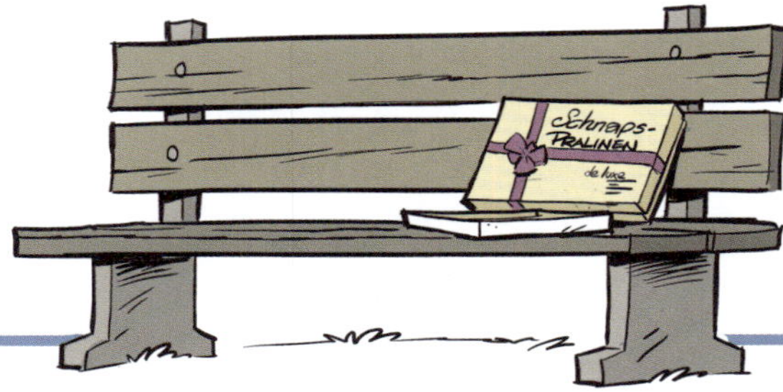

MAI 2021

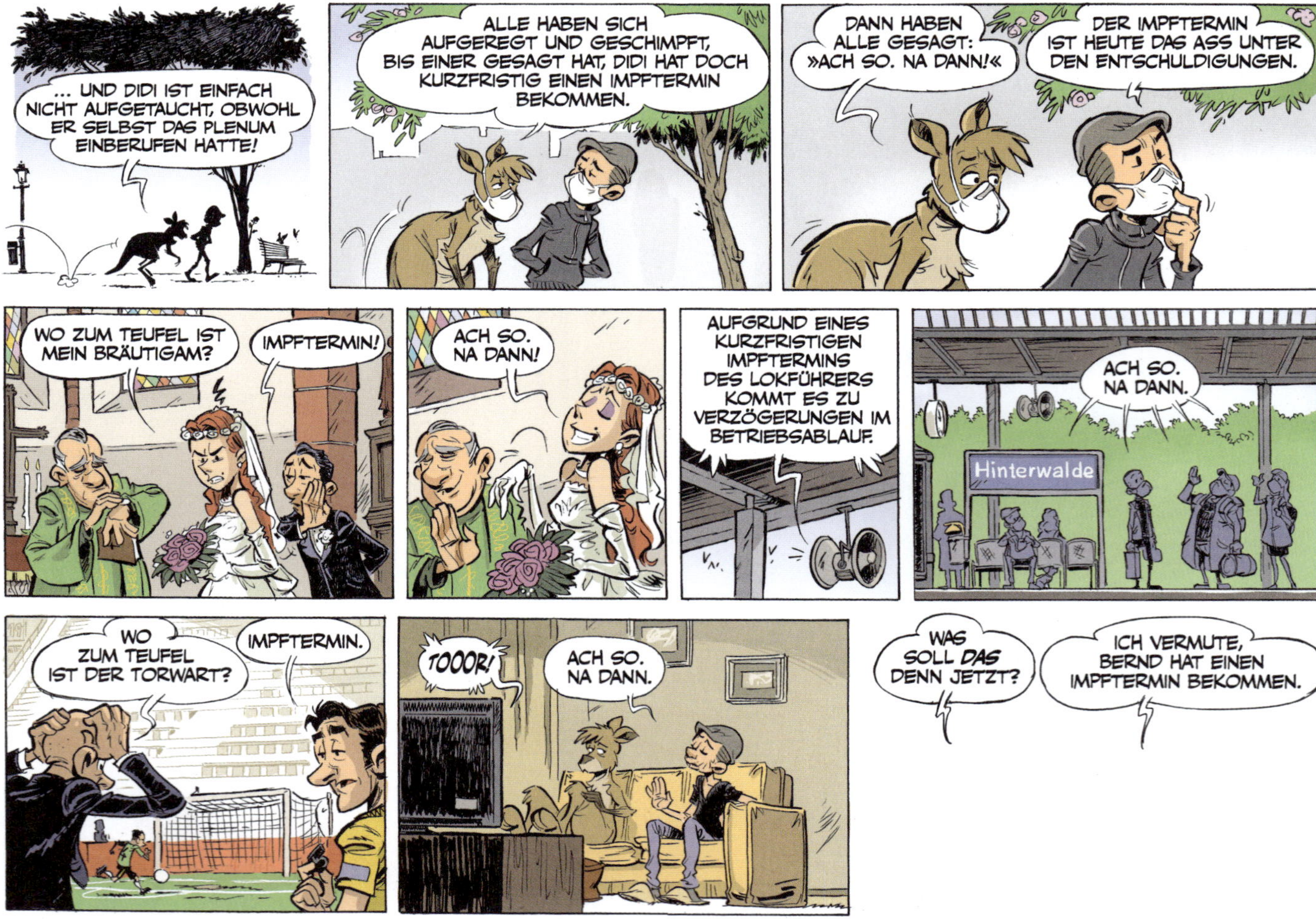

... UND DIDI IST EINFACH NICHT AUFGETAUCHT, OBWOHL ER SELBST DAS PLENUM EINBERUFEN HATTE!
ALLE HABEN SICH AUFGEREGT UND GESCHIMPFT, BIS EINER GESAGT HAT, DIDI HAT DOCH KURZFRISTIG EINEN IMPFTERMIN BEKOMMEN.
DANN HABEN ALLE GESAGT: »ACH SO. NA DANN!«
DER IMPFTERMIN IST HEUTE DAS ASS UNTER DEN ENTSCHULDIGUNGEN.
WO ZUM TEUFEL IST MEIN BRÄUTIGAM?
IMPFTERMIN!
ACH SO. NA DANN!
AUFGRUND EINES KURZFRISTIGEN IMPFTERMINS DES LOKFÜHRERS KOMMT ES ZU VERZÖGERUNGEN IM BETRIEBSABLAUF.
ACH SO. NA DANN.
Hinterwalde
WO ZUM TEUFEL IST DER TORWART?
IMPFTERMIN.
TOOOR!
ACH SO. NA DANN.
WAS SOLL *DAS* DENN JETZT?
ICH VERMUTE, BERND HAT EINEN IMPFTERMIN BEKOMMEN.

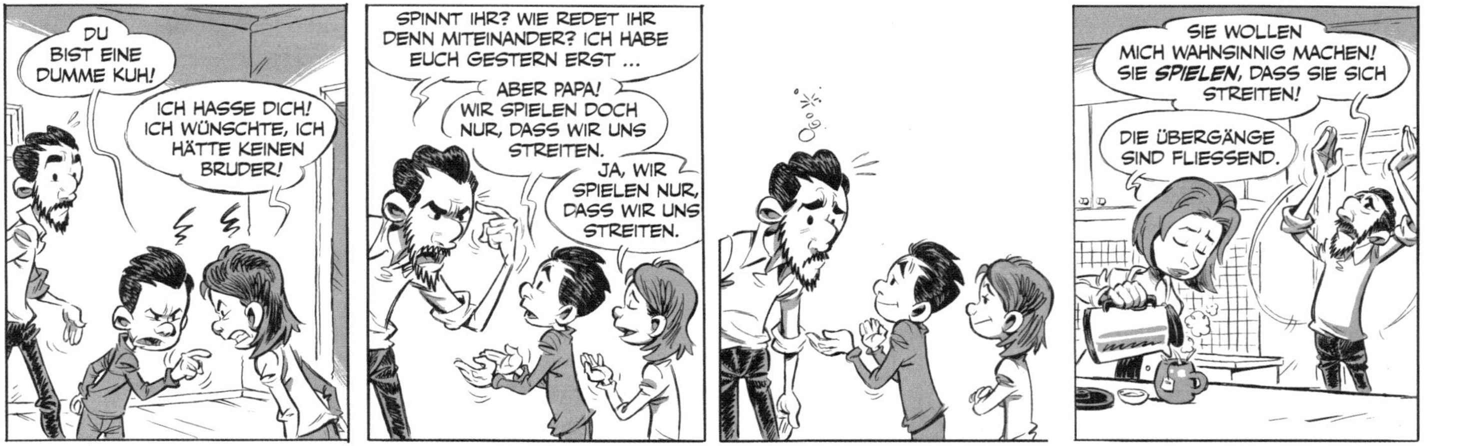
DU BIST EINE DUMME KUH!
ICH HASSE DICH! ICH WÜNSCHTE, ICH HÄTTE KEINEN BRUDER!
SPINNT IHR? WIE REDET IHR DENN MITEINANDER? ICH HABE EUCH GESTERN ERST …
ABER PAPA! WIR SPIELEN DOCH NUR, DASS WIR UNS STREITEN.
JA, WIR SPIELEN NUR, DASS WIR UNS STREITEN.
SIE WOLLEN MICH WAHNSINNIG MACHEN! SIE *SPIELEN*, DASS SIE SICH STREITEN!
DIE ÜBERGÄNGE SIND FLIESSEND.

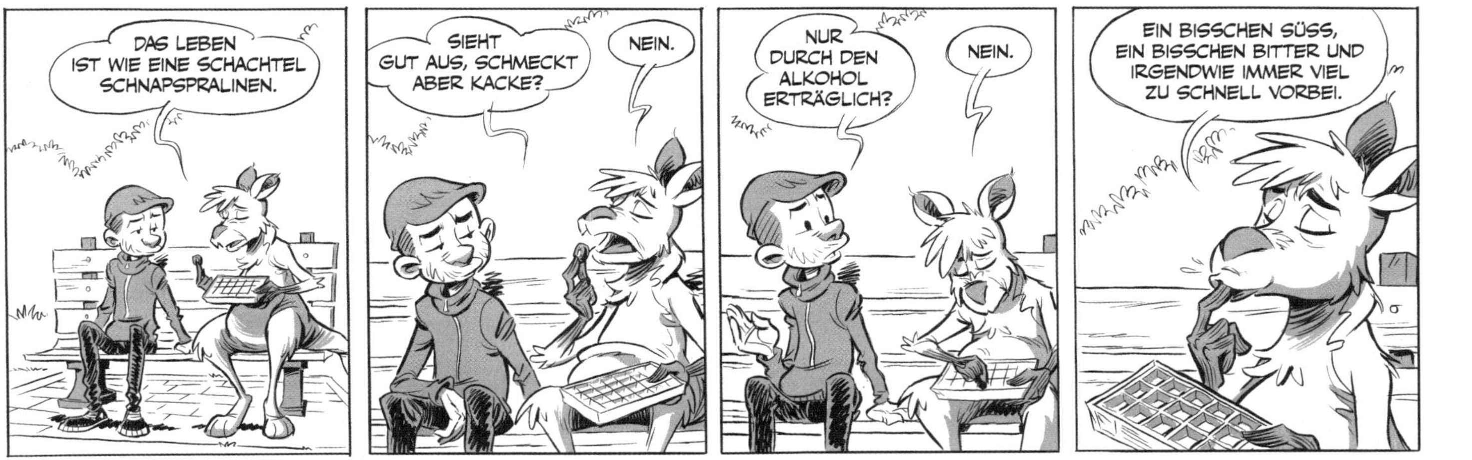
DAS LEBEN IST WIE EINE SCHACHTEL SCHNAPSPRALINEN.
SIEHT GUT AUS, SCHMECKT ABER KACKE?
NEIN.
NUR DURCH DEN ALKOHOL ERTRÄGLICH?
NEIN.
EIN BISSCHEN SÜSS, EIN BISSCHEN BITTER UND IRGENDWIE IMMER VIEL ZU SCHNELL VORBEI.

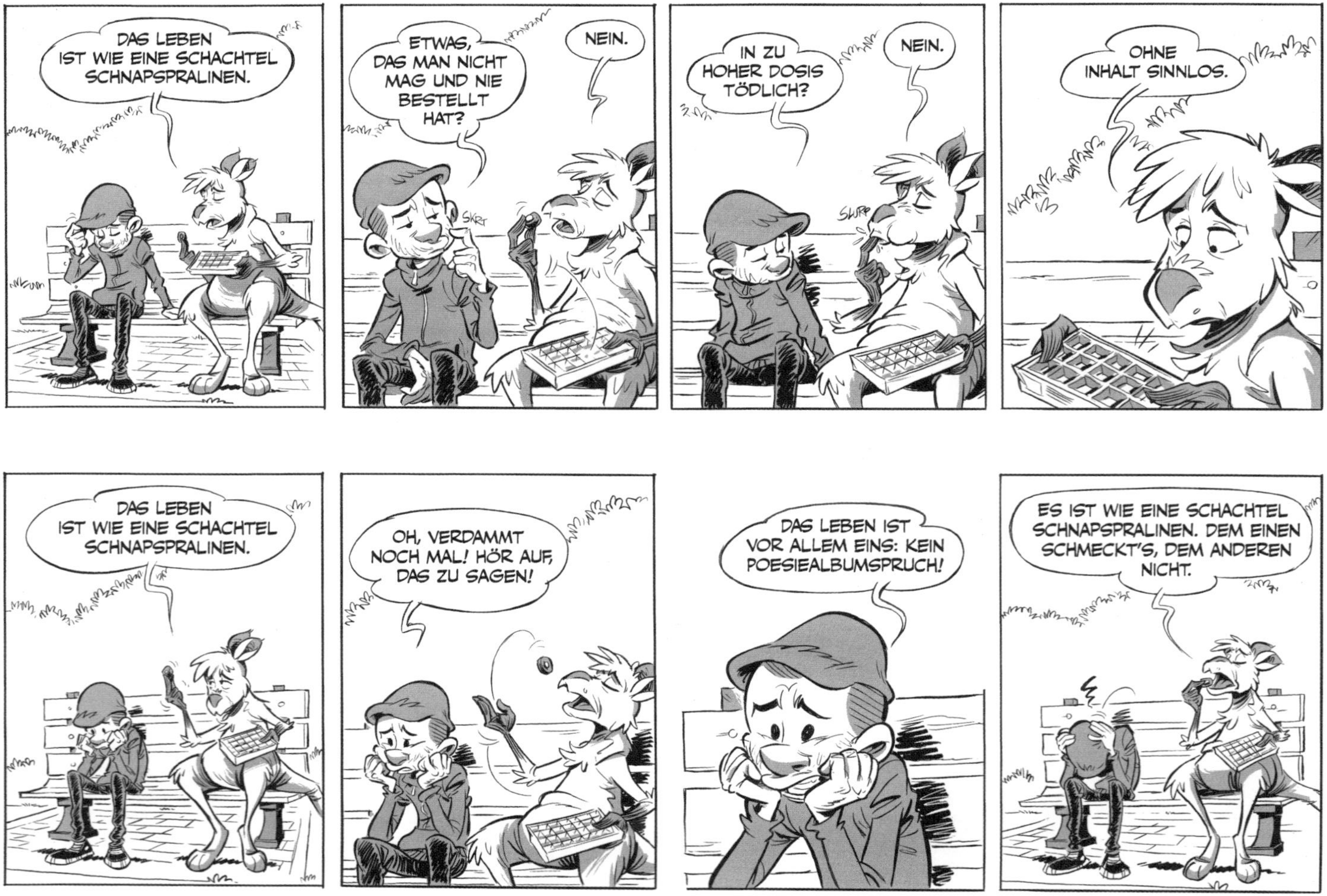

DAS LEBEN IST WIE EINE SCHACHTEL SCHNAPSPRALINEN.
ETWAS, DAS MAN NICHT MAG UND NIE BESTELLT HAT?
NEIN.
SKRT
IN ZU HOHER DOSIS TÖDLICH?
NEIN.
SLURP
OHNE INHALT SINNLOS.
DAS LEBEN IST WIE EINE SCHACHTEL SCHNAPSPRALINEN.
OH, VERDAMMT NOCH MAL! HÖR AUF, DAS ZU SAGEN!
DAS LEBEN IST VOR ALLEM EINS: KEIN POESIEALBUMSPRUCH!
ES IST WIE EINE SCHACHTEL SCHNAPSPRALINEN. DEM EINEN SCHMECKT'S, DEM ANDEREN NICHT.

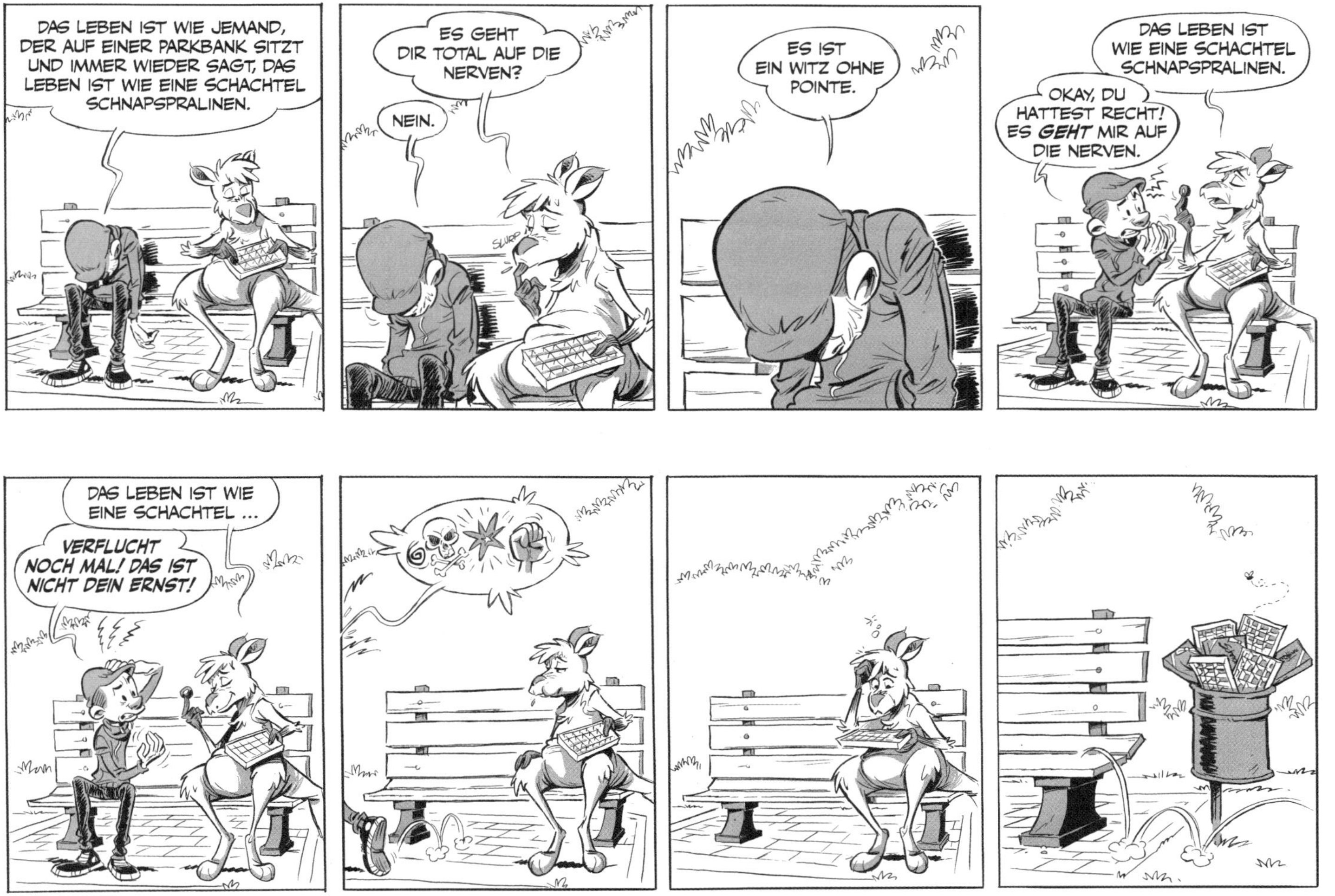
DAS LEBEN IST WIE JEMAND, DER AUF EINER PARKBANK SITZT UND IMMER WIEDER SAGT, DAS LEBEN IST WIE EINE SCHACHTEL SCHNAPSPRALINEN.
ES GEHT DIR TOTAL AUF DIE NERVEN?
NEIN.
SLURP
ES IST EIN WITZ OHNE POINTE.
DAS LEBEN IST WIE EINE SCHACHTEL SCHNAPSPRALINEN.
OKAY, DU HATTEST RECHT! ES *GEHT* MIR AUF DIE NERVEN.
DAS LEBEN IST WIE EINE SCHACHTEL ...
VERFLUCHT NOCH MAL! DAS IST NICHT DEIN ERNST!

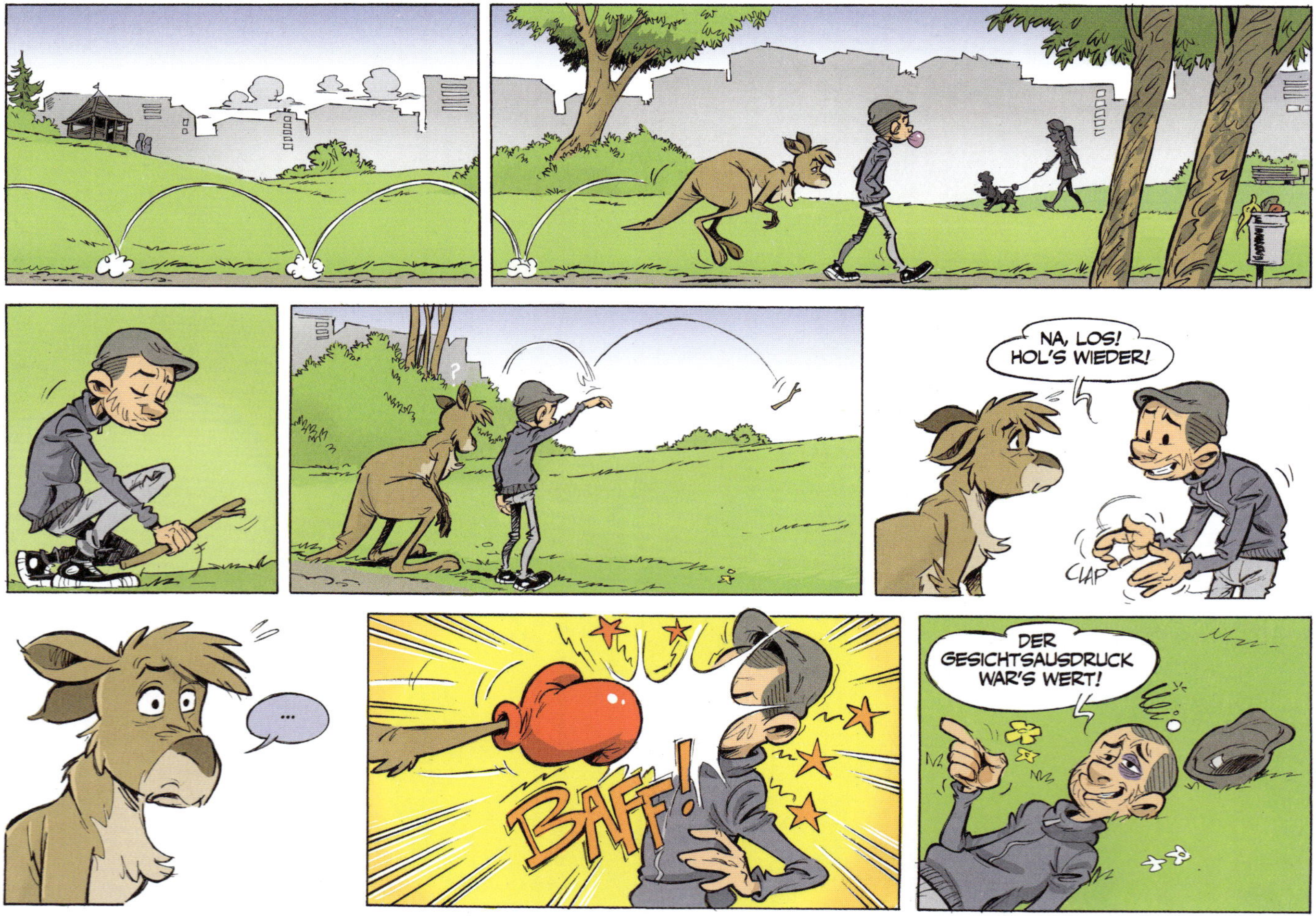

?
NA, LOS! HOL'S WIEDER!
CLAP
...
BAFF!
DER GESICHTSAUSDRUCK WAR'S WERT!

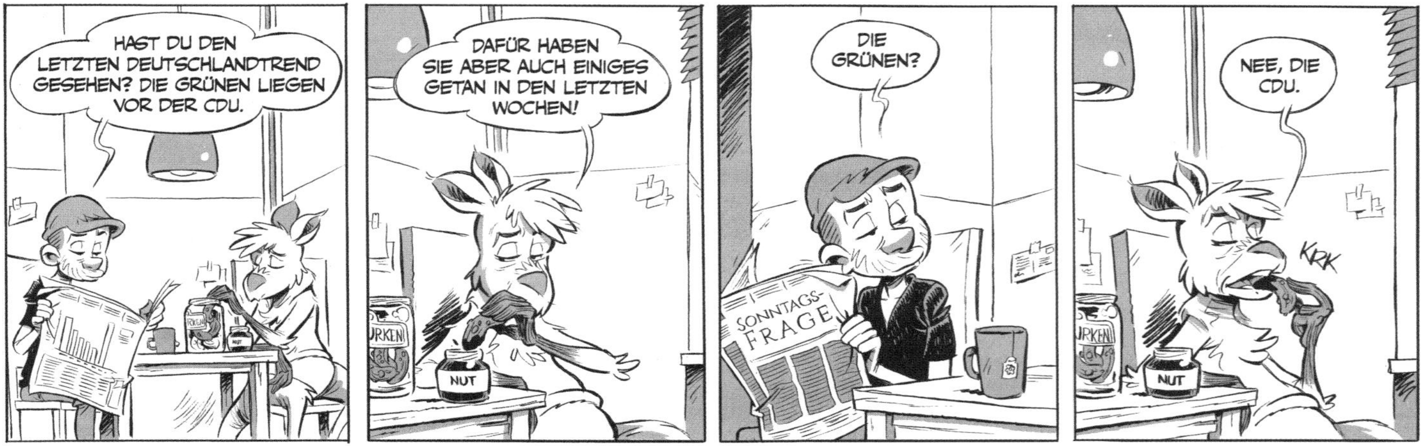
HAST DU DEN LETZTEN DEUTSCHLANDTREND GESEHEN? DIE GRÜNEN LIEGEN VOR DER CDU.
NUT
DAFÜR HABEN SIE ABER AUCH EINIGES GETAN IN DEN LETZTEN WOCHEN!
NUT
DIE GRÜNEN?
SONNTAGS-FRAGE
NEE, DIE CDU.
KRK
NUT

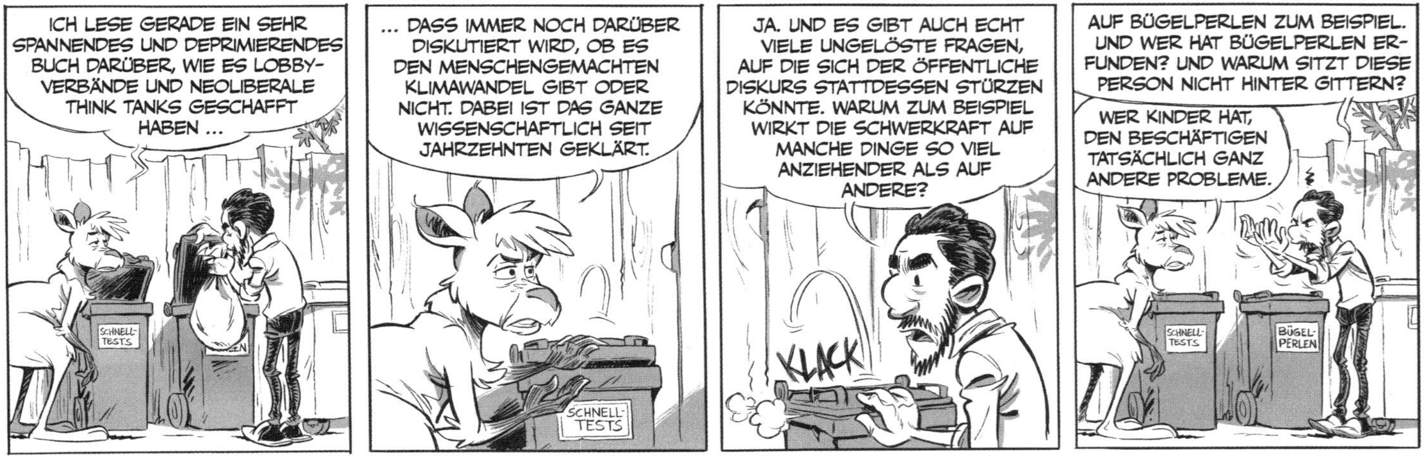
ICH LESE GERADE EIN SEHR SPANNENDES UND DEPRIMIERENDES BUCH DARÜBER, WIE ES LOBBYVERBÄNDE UND NEOLIBERALE THINK TANKS GESCHAFFT HABEN …
SCHNELL-TESTS
… DASS IMMER NOCH DARÜBER DISKUTIERT WIRD, OB ES DEN MENSCHENGEMACHTEN KLIMAWANDEL GIBT ODER NICHT. DABEI IST DAS GANZE WISSENSCHAFTLICH SEIT JAHRZEHNTEN GEKLÄRT.
SCHNELL-TESTS
JA. UND ES GIBT AUCH ECHT VIELE UNGELÖSTE FRAGEN, AUF DIE SICH DER ÖFFENTLICHE DISKURS STATTDESSEN STÜRZEN KÖNNTE. WARUM ZUM BEISPIEL WIRKT DIE SCHWERKRAFT AUF MANCHE DINGE SO VIEL ANZIEHENDER ALS AUF ANDERE?
KLACK
AUF BÜGELPERLEN ZUM BEISPIEL. UND WER HAT BÜGELPERLEN ERFUNDEN? UND WARUM SITZT DIESE PERSON NICHT HINTER GITTERN?
WER KINDER HAT, DEN BESCHÄFTIGEN TATSÄCHLICH GANZ ANDERE PROBLEME.
SCHNELL-TESTS
BÜGEL-PERLEN

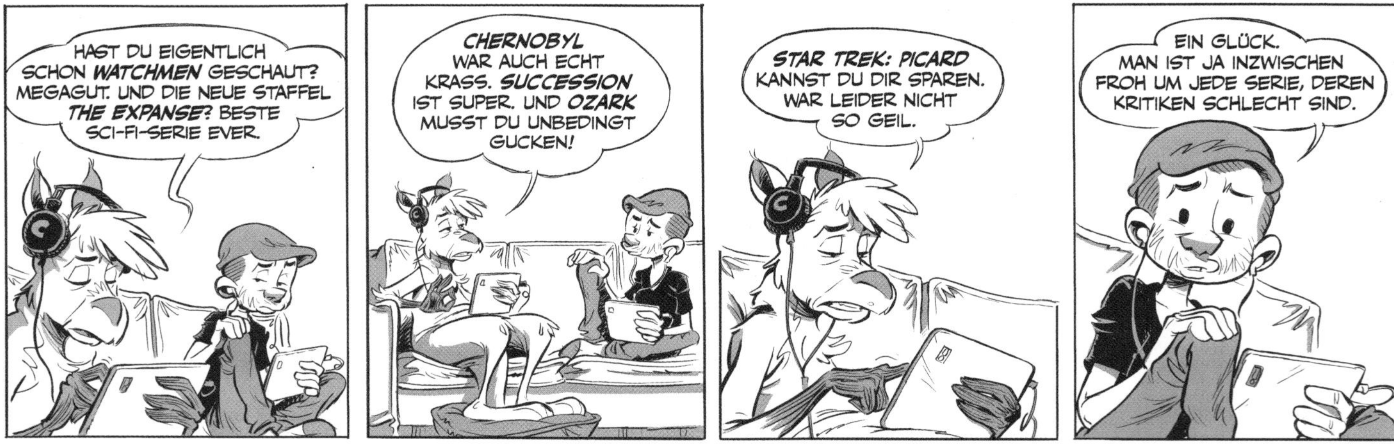
HAST DU EIGENTLICH SCHON ***WATCHMEN*** GESCHAUT? MEGAGUT. UND DIE NEUE STAFFEL ***THE EXPANSE***? BESTE SCI-FI-SERIE EVER.
CHERNOBYL WAR AUCH ECHT KRASS. ***SUCCESSION*** IST SUPER. UND ***OZARK*** MUSST DU UNBEDINGT GUCKEN!
STAR TREK: PICARD KANNST DU DIR SPAREN. WAR LEIDER NICHT SO GEIL.
EIN GLÜCK. MAN IST JA INZWISCHEN FROH UM JEDE SERIE, DEREN KRITIKEN SCHLECHT SIND.

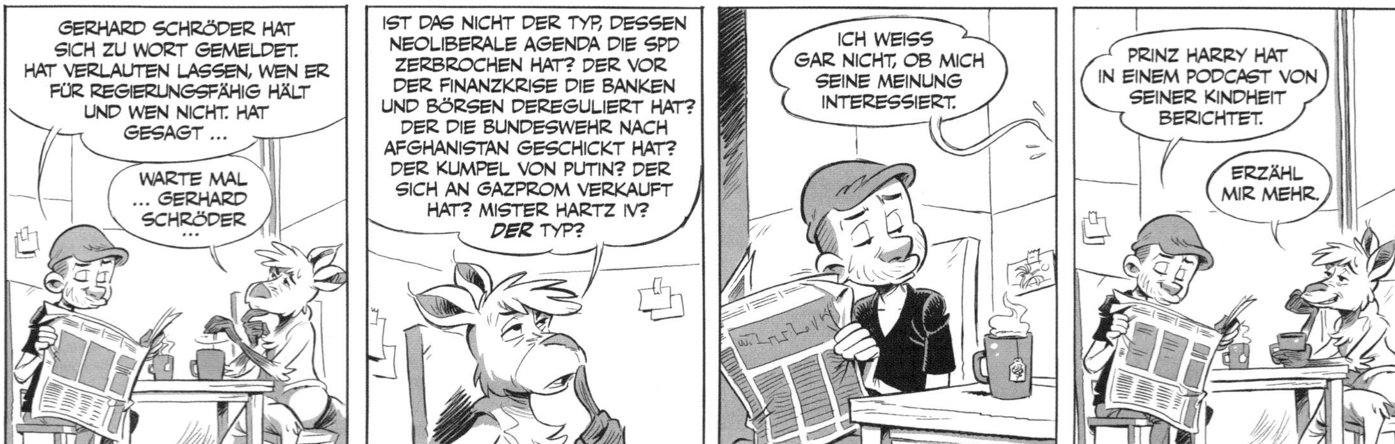
GERHARD SCHRÖDER HAT SICH ZU WORT GEMELDET. HAT VERLAUTEN LASSEN, WEN ER FÜR REGIERUNGSFÄHIG HÄLT UND WEN NICHT. HAT GESAGT …
WARTE MAL … GERHARD SCHRÖDER …
IST DAS NICHT DER TYP, DESSEN NEOLIBERALE AGENDA DIE SPD ZERBROCHEN HAT? DER VOR DER FINANZKRISE DIE BANKEN UND BÖRSEN DEREGULIERT HAT? DER DIE BUNDESWEHR NACH AFGHANISTAN GESCHICKT HAT? DER KUMPEL VON PUTIN? DER SICH AN GAZPROM VERKAUFT HAT? MISTER HARTZ IV? ***DER*** TYP?
ICH WEISS GAR NICHT, OB MICH SEINE MEINUNG INTERESSIERT.
PRINZ HARRY HAT IN EINEM PODCAST VON SEINER KINDHEIT BERICHTET.
ERZÄHL MIR MEHR.

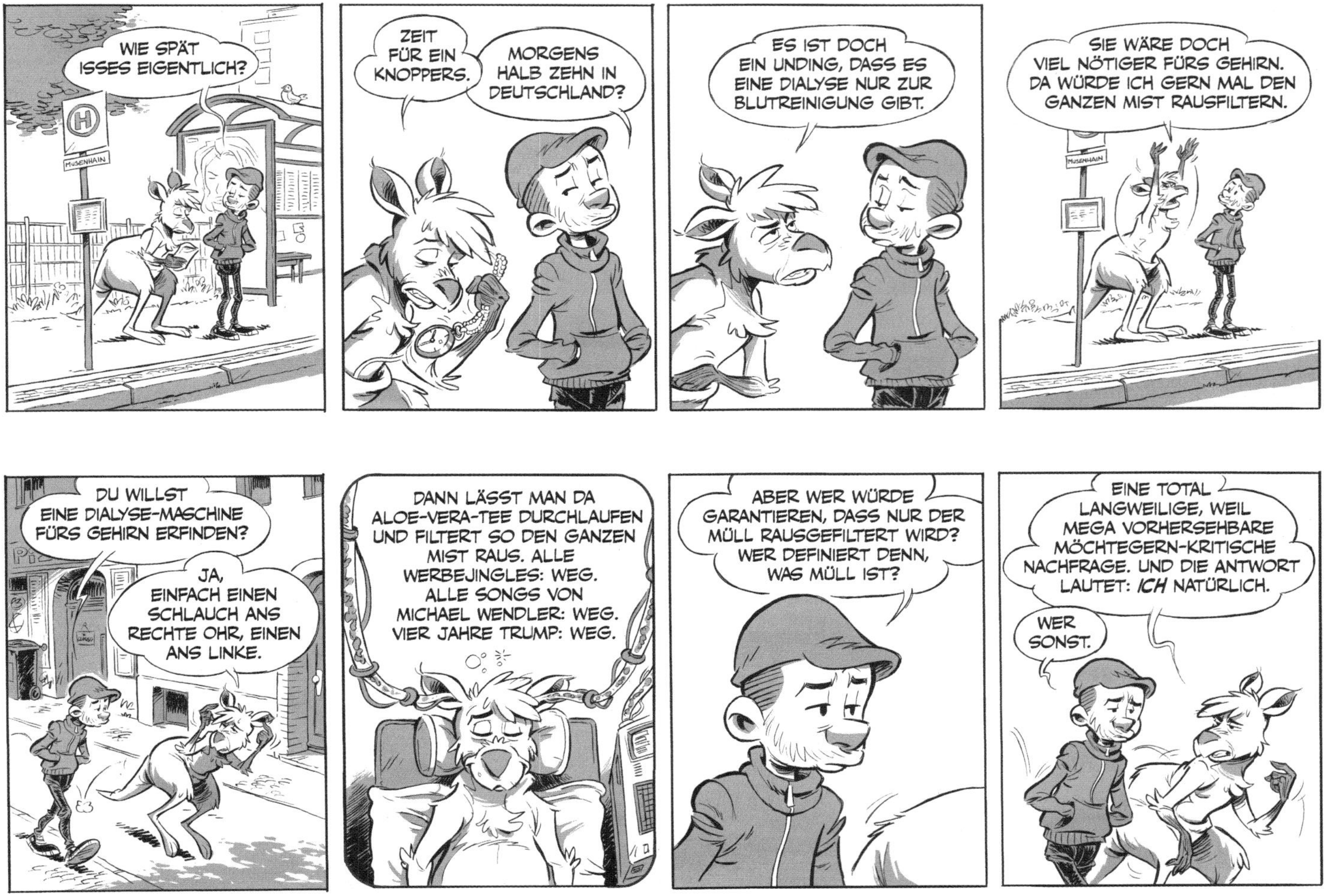
WIE SPÄT ISSES EIGENTLICH?
MUSENHAIN
ZEIT FÜR EIN KNOPPERS.
MORGENS HALB ZEHN IN DEUTSCHLAND?
ES IST DOCH EIN UNDING, DASS ES EINE DIALYSE NUR ZUR BLUTREINIGUNG GIBT.
SIE WÄRE DOCH VIEL NÖTIGER FÜRS GEHIRN. DA WÜRDE ICH GERN MAL DEN GANZEN MIST RAUSFILTERN.
MUSENHAIN
DU WILLST EINE DIALYSE-MASCHINE FÜRS GEHIRN ERFINDEN?
JA, EINFACH EINEN SCHLAUCH ANS RECHTE OHR, EINEN ANS LINKE.
DANN LÄSST MAN DA ALOE-VERA-TEE DURCHLAUFEN UND FILTERT SO DEN GANZEN MIST RAUS. ALLE WERBEJINGLES: WEG. ALLE SONGS VON MICHAEL WENDLER: WEG. VIER JAHRE TRUMP: WEG.
ABER WER WÜRDE GARANTIEREN, DASS NUR DER MÜLL RAUSGEFILTERT WIRD? WER DEFINIERT DENN, WAS MÜLL IST?
EINE TOTAL LANGWEILIGE, WEIL MEGA VORHERSEHBARE MÖCHTEGERN-KRITISCHE NACHFRAGE. UND DIE ANTWORT LAUTET: ICH NATÜRLICH.
WER SONST.

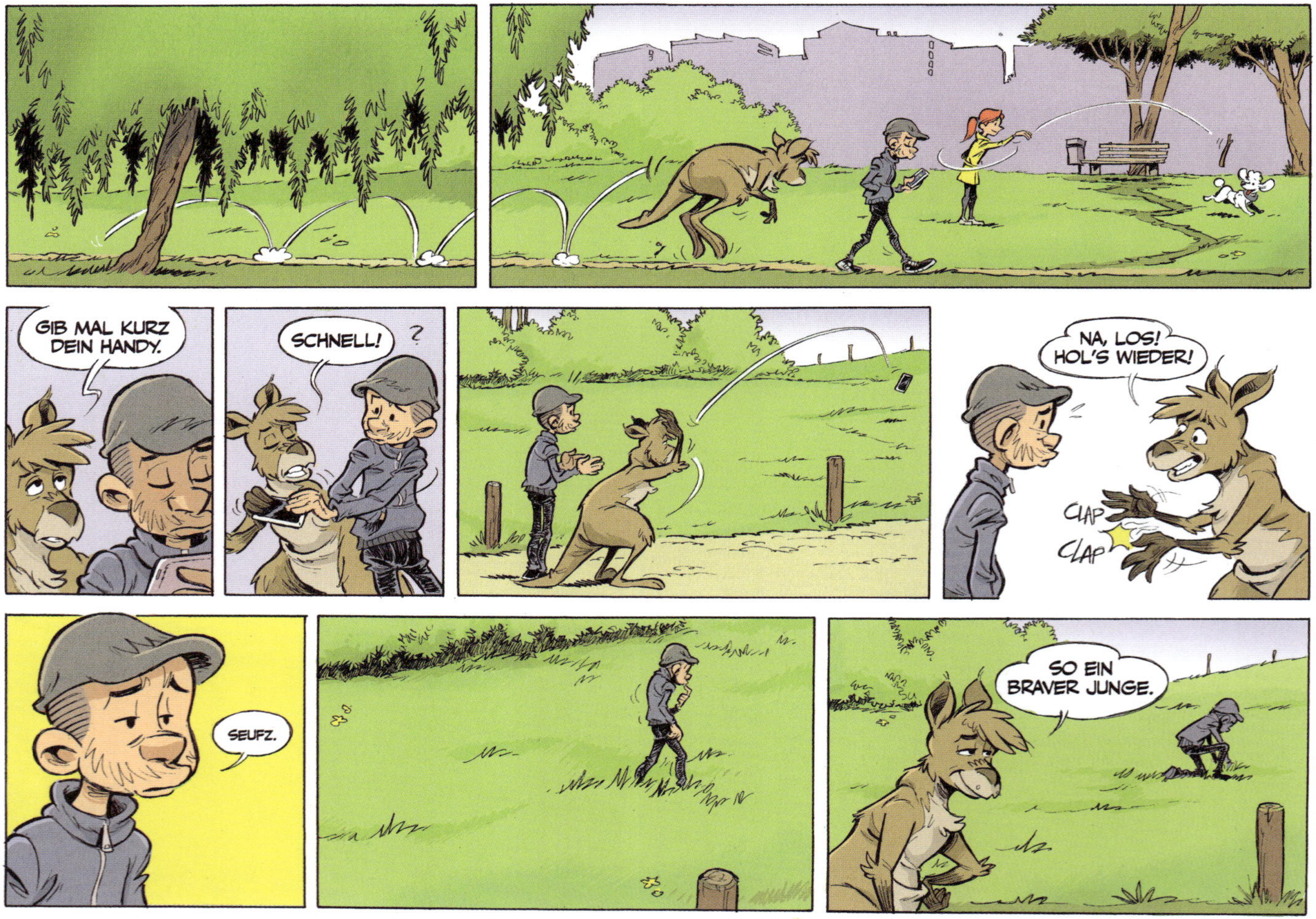
GIB MAL KURZ DEIN HANDY.
SCHNELL!
?
NA, LOS! HOL'S WIEDER!
CLAP
CLAP
SEUFZ.
SO EIN BRAVER JUNGE.

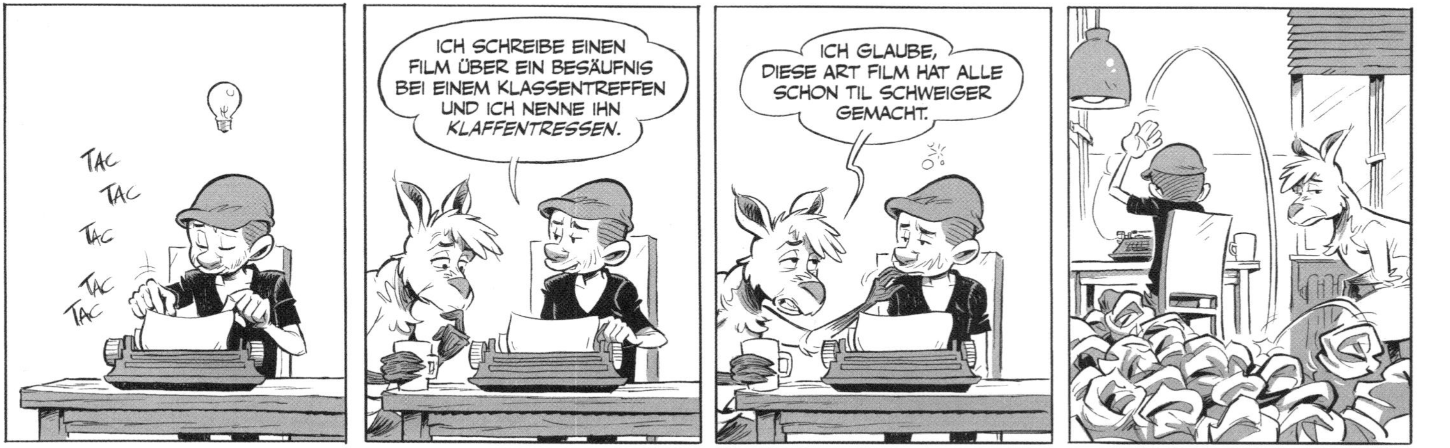
TAC
TAC
TAC
TAC
TAC
ICH SCHREIBE EINEN FILM ÜBER EIN BESÄUFNIS BEI EINEM KLASSENTREFFEN UND ICH NENNE IHN *KLAFFENTRESSEN*.
ICH GLAUBE, DIESE ART FILM HAT ALLE SCHON TIL SCHWEIGER GEMACHT.

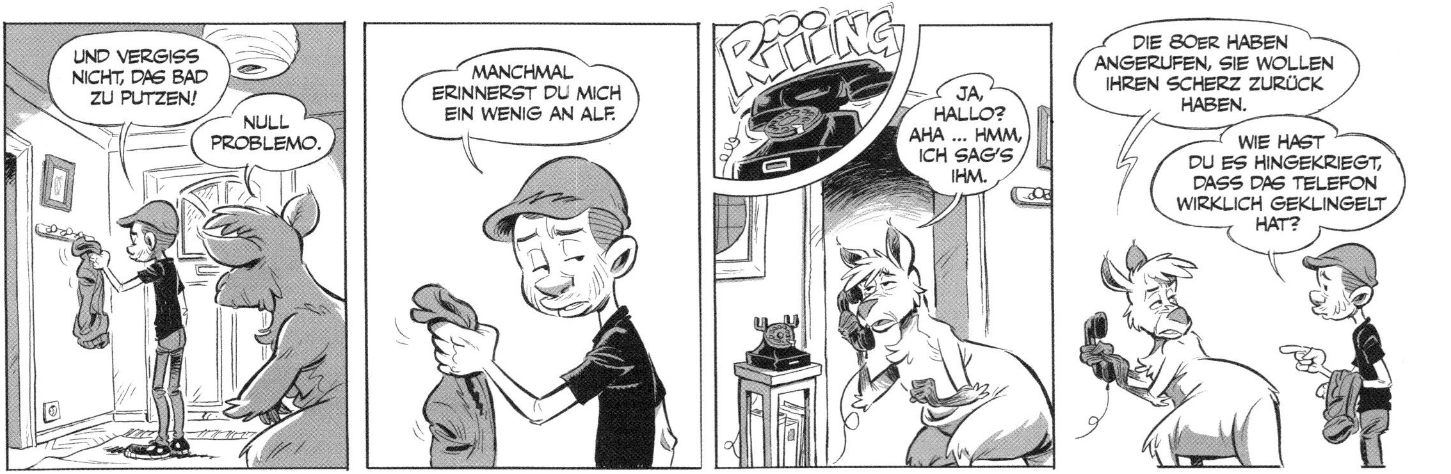
UND VERGISS NICHT, DAS BAD ZU PUTZEN!
NULL PROBLEMO.
MANCHMAL ERINNERST DU MICH EIN WENIG AN ALF.
RIIING
JA, HALLO? AHA ... HMM, ICH SAG'S IHM.
DIE 80ER HABEN ANGERUFEN, SIE WOLLEN IHREN SCHERZ ZURÜCK HABEN.
WIE HAST DU ES HINGEKRIEGT, DASS DAS TELEFON WIRKLICH GEKLINGELT HAT?

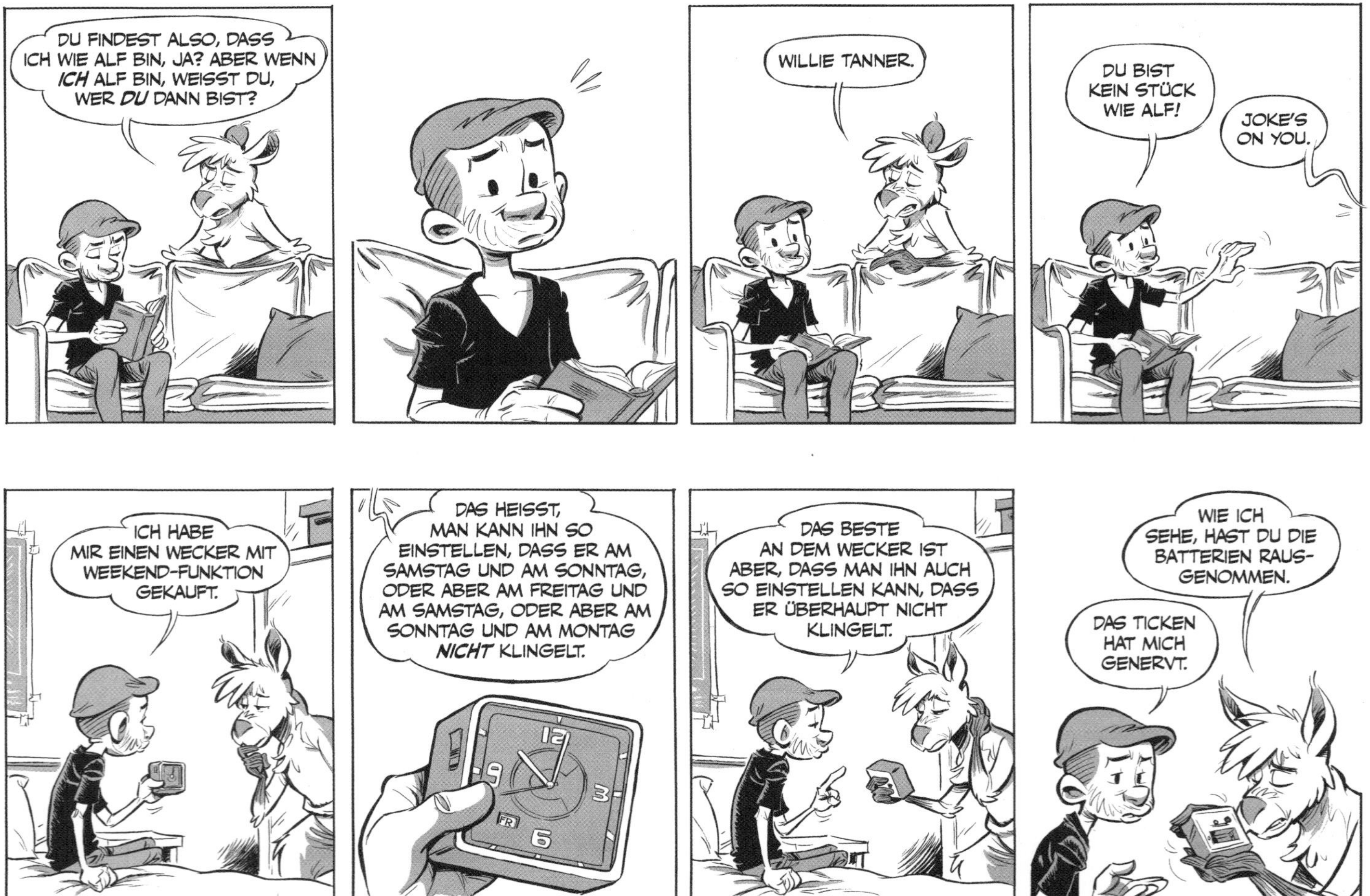
DU FINDEST ALSO, DASS ICH WIE ALF BIN, JA? ABER WENN ICH ALF BIN, WEISST DU, WER DU DANN BIST?
WILLIE TANNER.
DU BIST KEIN STÜCK WIE ALF!
JOKE'S ON YOU.
ICH HABE MIR EINEN WECKER MIT WEEKEND-FUNKTION GEKAUFT.
DAS HEISST, MAN KANN IHN SO EINSTELLEN, DASS ER AM SAMSTAG UND AM SONNTAG, ODER ABER AM FREITAG UND AM SAMSTAG, ODER ABER AM SONNTAG UND AM MONTAG NICHT KLINGELT.
DAS BESTE AN DEM WECKER IST ABER, DASS MAN IHN AUCH SO EINSTELLEN KANN, DASS ER ÜBERHAUPT NICHT KLINGELT.
WIE ICH SEHE, HAST DU DIE BATTERIEN RAUSGENOMMEN.
DAS TICKEN HAT MICH GENERVT.

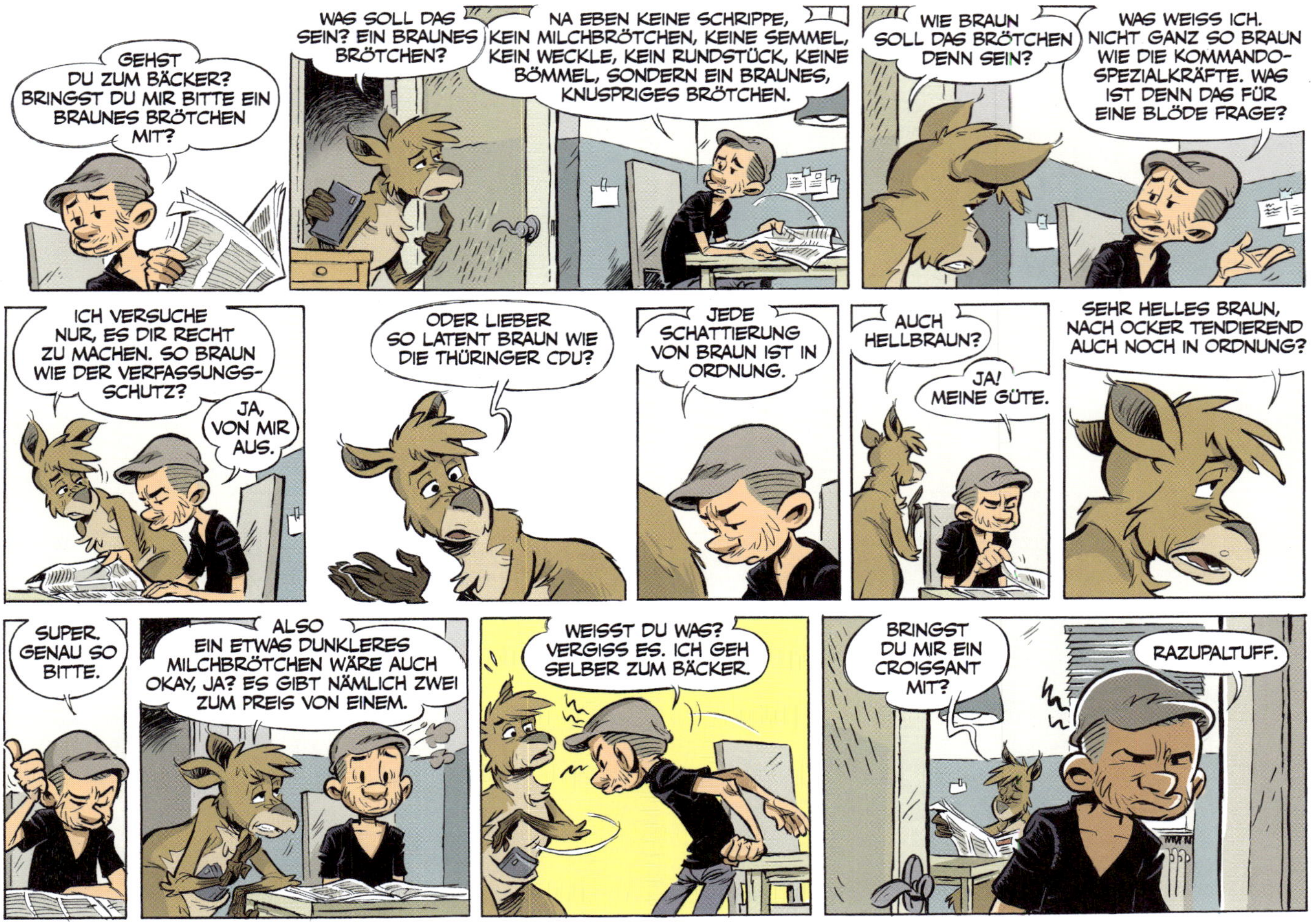
GEHST DU ZUM BÄCKER? BRINGST DU MIR BITTE EIN BRAUNES BRÖTCHEN MIT?
WAS SOLL DAS SEIN? EIN BRAUNES BRÖTCHEN?
NA EBEN KEINE SCHRIPPE, KEIN MILCHBRÖTCHEN, KEINE SEMMEL, KEIN WECKLE, KEIN RUNDSTÜCK, KEINE BÖMMEL, SONDERN EIN BRAUNES, KNUSPRIGES BRÖTCHEN.
WIE BRAUN SOLL DAS BRÖTCHEN DENN SEIN?
WAS WEISS ICH. NICHT GANZ SO BRAUN WIE DIE KOMMANDO-SPEZIALKRÄFTE. WAS IST DENN DAS FÜR EINE BLÖDE FRAGE?
ICH VERSUCHE NUR, ES DIR RECHT ZU MACHEN. SO BRAUN WIE DER VERFASSUNGS-SCHUTZ?
JA, VON MIR AUS.
ODER LIEBER SO LATENT BRAUN WIE DIE THÜRINGER CDU?
JEDE SCHATTIERUNG VON BRAUN IST IN ORDNUNG.
AUCH HELLBRAUN?
JA! MEINE GÜTE.
SEHR HELLES BRAUN, NACH OCKER TENDIEREND AUCH NOCH IN ORDNUNG?
SUPER. GENAU SO BITTE.
ALSO EIN ETWAS DUNKLERES MILCHBRÖTCHEN WÄRE AUCH OKAY, JA? ES GIBT NÄMLICH ZWEI ZUM PREIS VON EINEM.
WEISST DU WAS? VERGISS ES. ICH GEH SELBER ZUM BÄCKER.
BRINGST DU MIR EIN CROISSANT MIT?
RAZUPALTUFF.

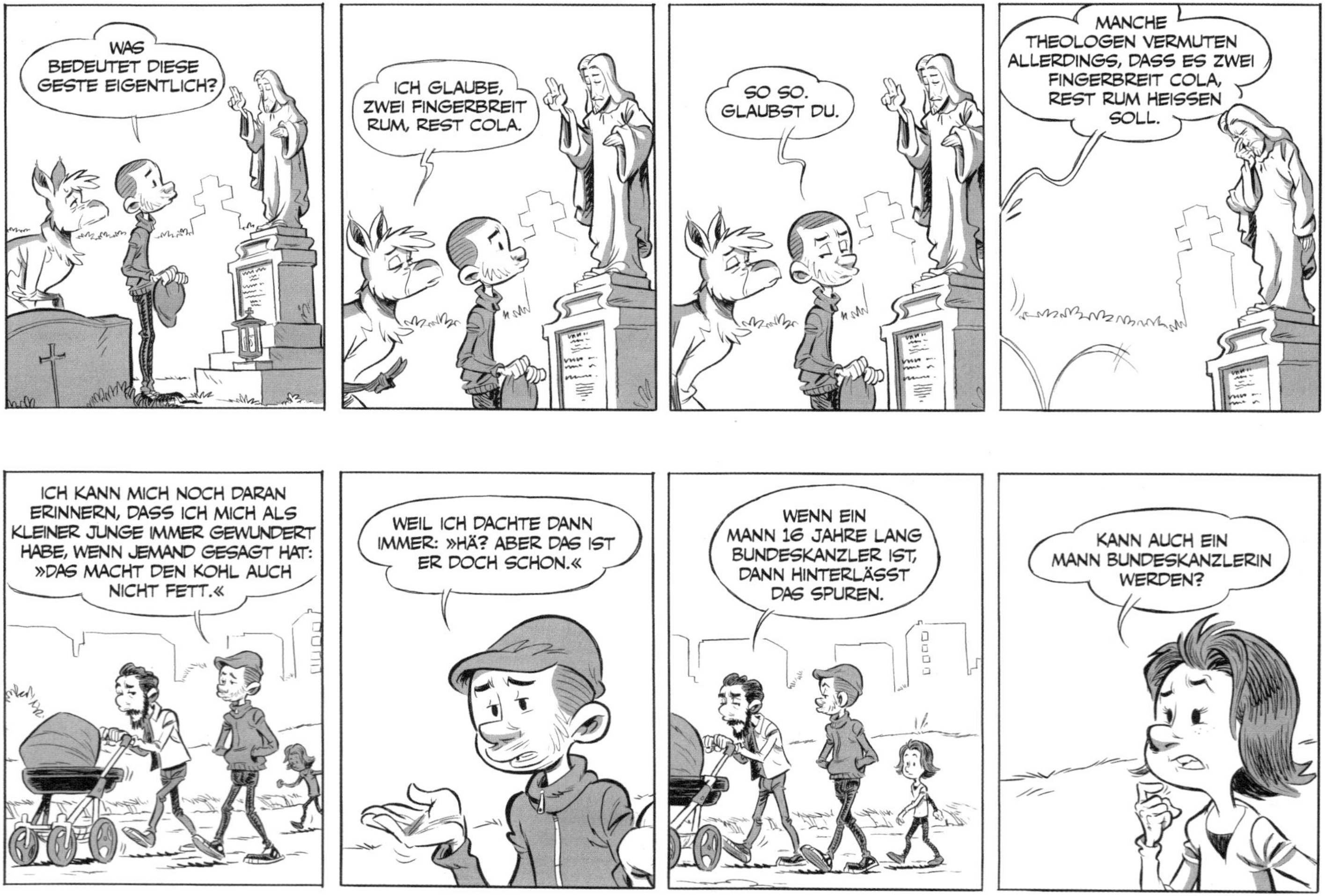
WAS BEDEUTET DIESE GESTE EIGENTLICH?
ICH GLAUBE, ZWEI FINGERBREIT RUM, REST COLA.
SO SO. GLAUBST DU.
MANCHE THEOLOGEN VERMUTEN ALLERDINGS, DASS ES ZWEI FINGERBREIT COLA, REST RUM HEISSEN SOLL.
ICH KANN MICH NOCH DARAN ERINNERN, DASS ICH MICH ALS KLEINER JUNGE IMMER GEWUNDERT HABE, WENN JEMAND GESAGT HAT: »DAS MACHT DEN KOHL AUCH NICHT FETT.«
WEIL ICH DACHTE DANN IMMER: »HÄ? ABER DAS IST ER DOCH SCHON.«
WENN EIN MANN 16 JAHRE LANG BUNDESKANZLER IST, DANN HINTERLÄSST DAS SPUREN.
KANN AUCH EIN MANN BUNDESKANZLERIN WERDEN?

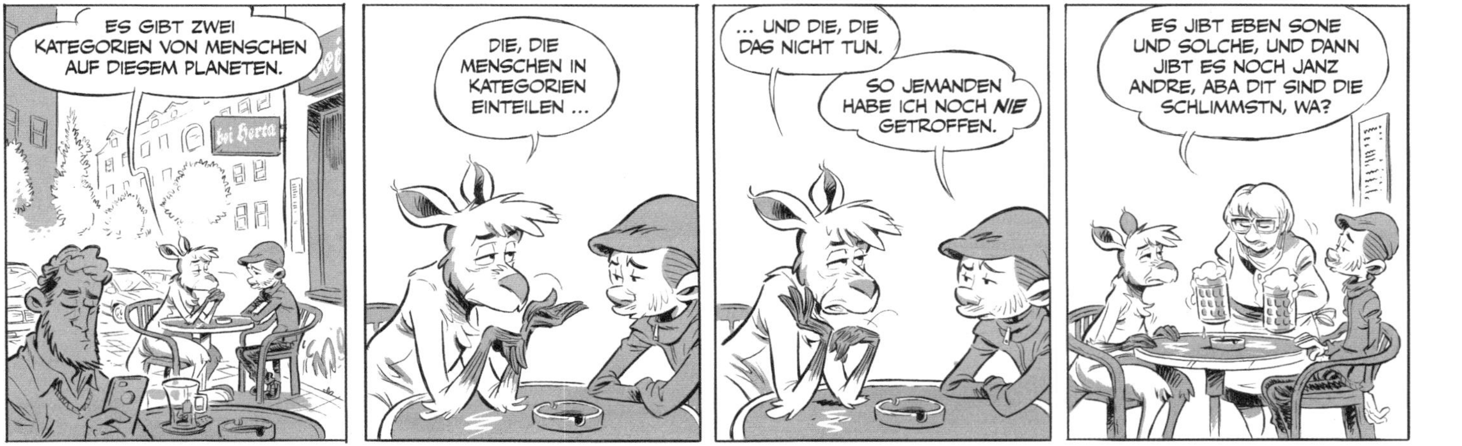
ES GIBT ZWEI KATEGORIEN VON MENSCHEN AUF DIESEM PLANETEN.
bei Herta
DIE, DIE MENSCHEN IN KATEGORIEN EINTEILEN …
… UND DIE, DIE DAS NICHT TUN.
SO JEMANDEN HABE ICH NOCH *NIE* GETROFFEN.
ES JIBT EBEN SONE UND SOLCHE, UND DANN JIBT ES NOCH JANZ ANDRE, ABA DIT SIND DIE SCHLIMMSTN, WA?

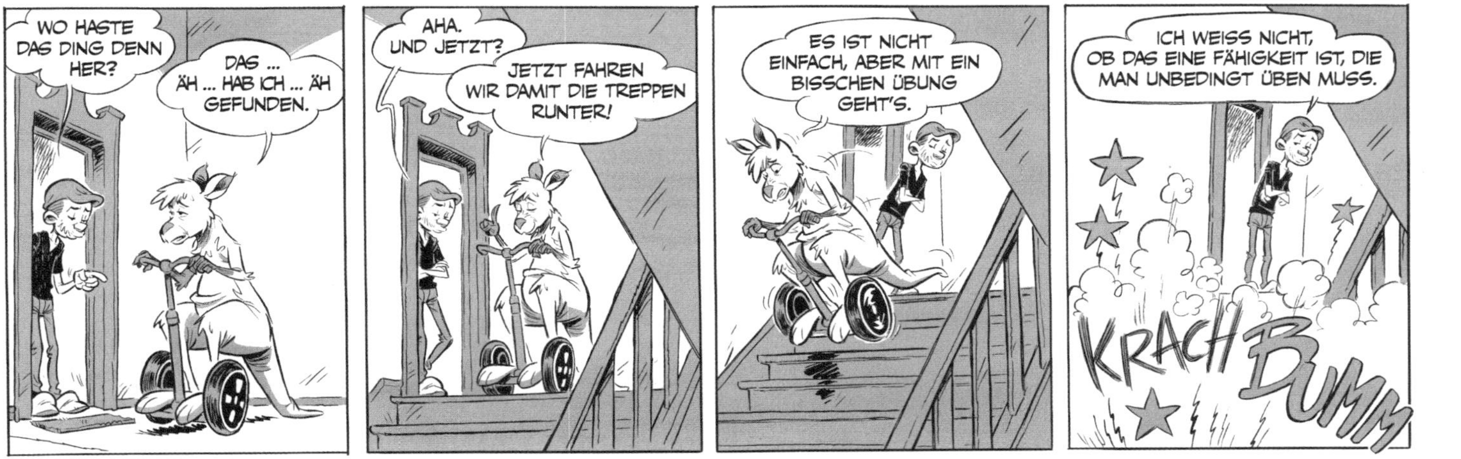
WO HASTE DAS DING DENN HER?
DAS … ÄH … HAB ICH … ÄH GEFUNDEN.
AHA. UND JETZT?
JETZT FAHREN WIR DAMIT DIE TREPPEN RUNTER!
ES IST NICHT EINFACH, ABER MIT EIN BISSCHEN ÜBUNG GEHT'S.
ICH WEISS NICHT, OB DAS EINE FÄHIGKEIT IST, DIE MAN UNBEDINGT ÜBEN MUSS.
KRACH
BUMM

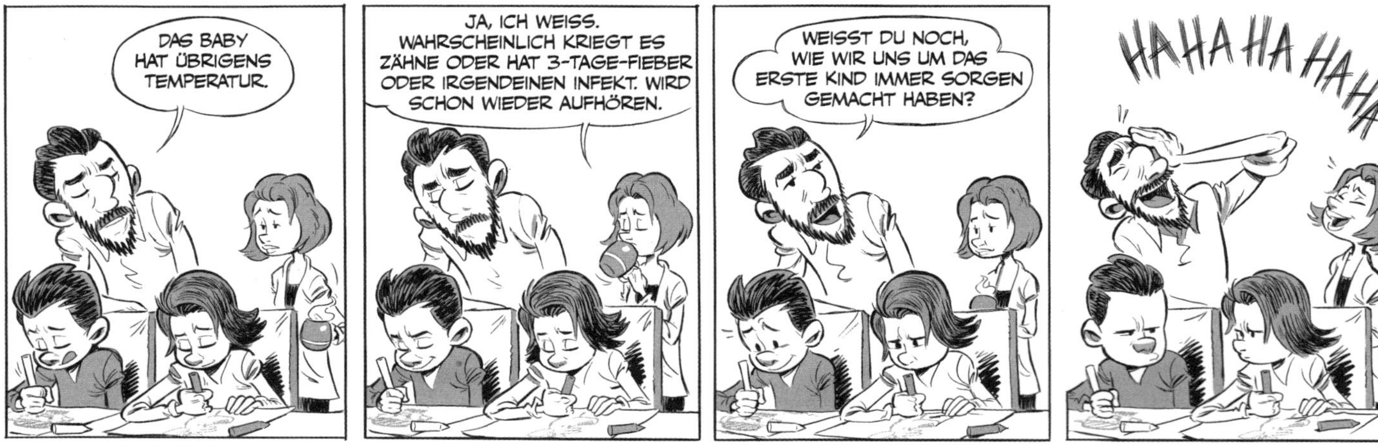
DAS BABY HAT ÜBRIGENS TEMPERATUR.
JA, ICH WEISS. WAHRSCHEINLICH KRIEGT ES ZÄHNE ODER HAT 3-TAGE-FIEBER ODER IRGENDEINEN INFEKT. WIRD SCHON WIEDER AUFHÖREN.
WEISST DU NOCH, WIE WIR UNS UM DAS ERSTE KIND IMMER SORGEN GEMACHT HABEN?
HAHA HA HA HAHA HAHA

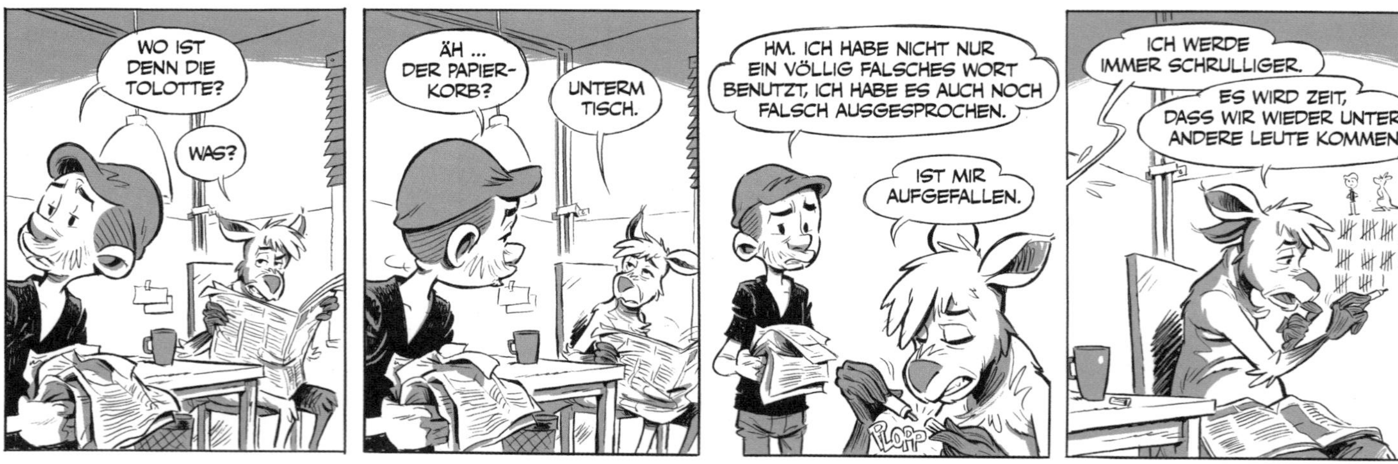
WO IST DENN DIE TOLOTTE?
WAS?
ÄH ... DER PAPIER-KORB?
UNTERM TISCH.
HM. ICH HABE NICHT NUR EIN VÖLLIG FALSCHES WORT BENUTZT, ICH HABE ES AUCH NOCH FALSCH AUSGESPROCHEN.
IST MIR AUFGEFALLEN.
PLOPP
ICH WERDE IMMER SCHRULLIGER.
ES WIRD ZEIT, DASS WIR WIEDER UNTER ANDERE LEUTE KOMMEN.

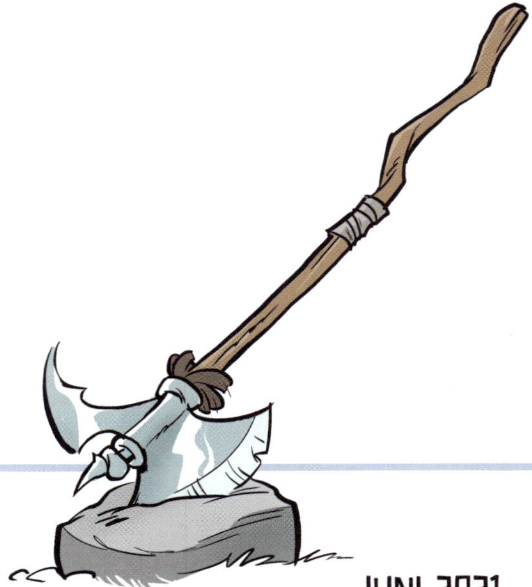

JUNI 2021

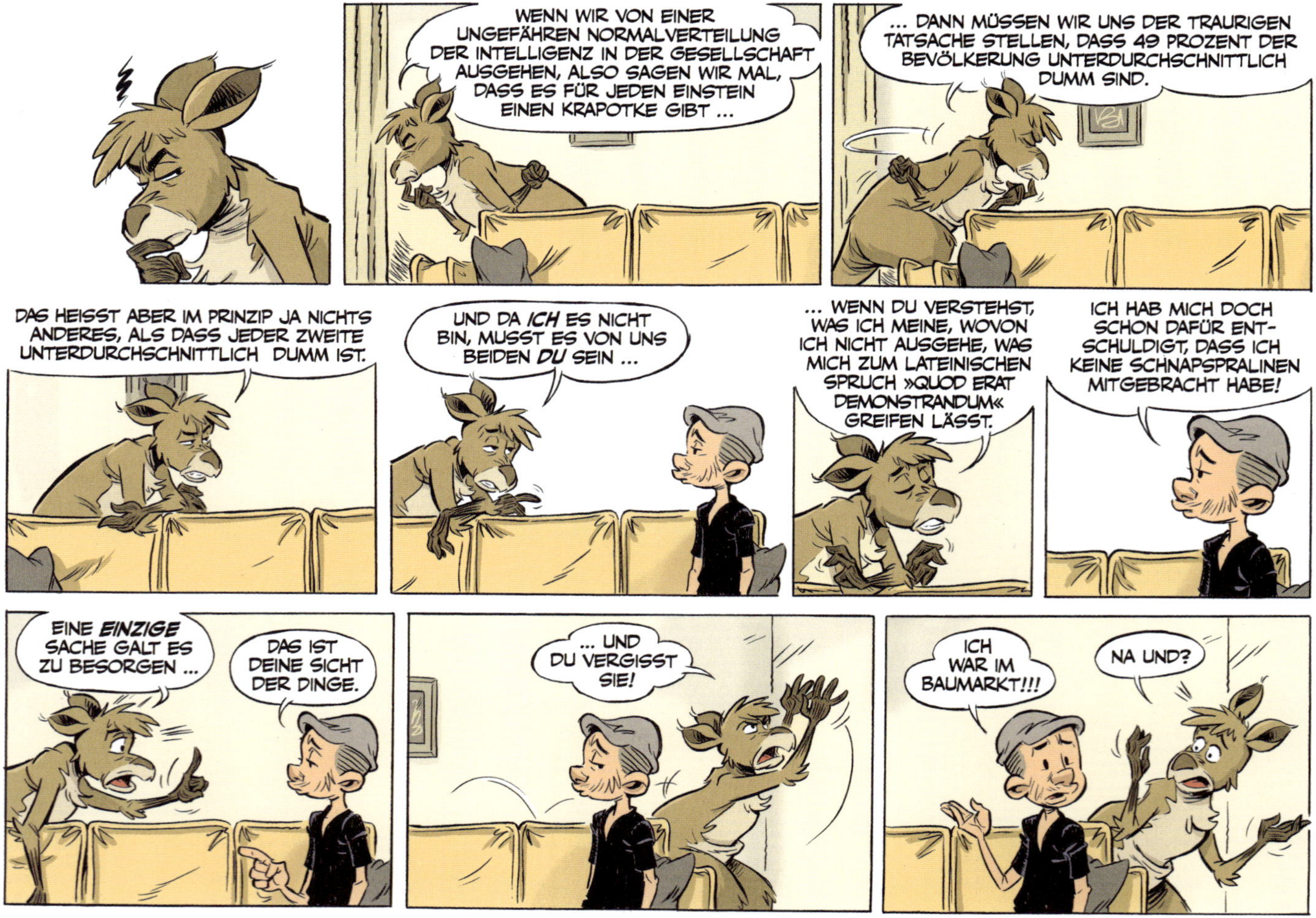
WENN WIR VON EINER UNGEFÄHREN NORMALVERTEILUNG DER INTELLIGENZ IN DER GESELLSCHAFT AUSGEHEN, ALSO SAGEN WIR MAL, DASS ES FÜR JEDEN EINSTEIN EINEN KRAPOTKE GIBT ...
... DANN MÜSSEN WIR UNS DER TRAURIGEN TATSACHE STELLEN, DASS 49 PROZENT DER BEVÖLKERUNG UNTERDURCHSCHNITTLICH DUMM SIND.
DAS HEISST ABER IM PRINZIP JA NICHTS ANDERES, ALS DASS JEDER ZWEITE UNTERDURCHSCHNITTLICH DUMM IST.
UND DA *ICH* ES NICHT BIN, MUSST ES VON UNS BEIDEN *DU* SEIN ...
... WENN DU VERSTEHST, WAS ICH MEINE, WOVON ICH NICHT AUSGEHE, WAS MICH ZUM LATEINISCHEN SPRUCH »QUOD ERAT DEMONSTRANDUM« GREIFEN LÄSST.
ICH HAB MICH DOCH SCHON DAFÜR ENT-SCHULDIGT, DASS ICH KEINE SCHNAPSPRALINEN MITGEBRACHT HABE!
EINE *EINZIGE* SACHE GALT ES ZU BESORGEN ...
DAS IST DEINE SICHT DER DINGE.
... UND DU VERGISST SIE!
ICH WAR IM BAUMARKT!!!
NA UND?

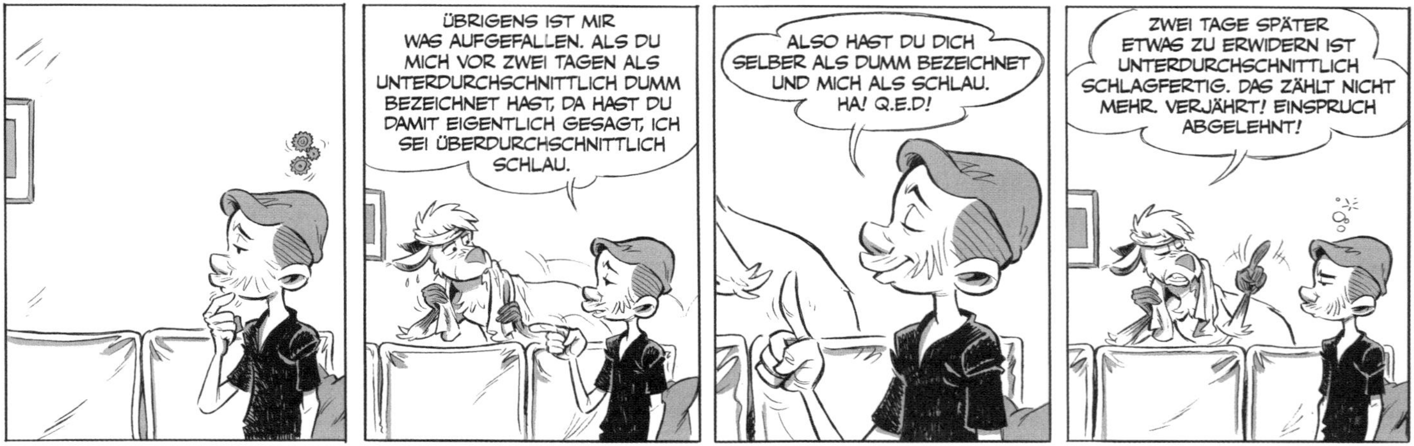
ÜBRIGENS IST MIR WAS AUFGEFALLEN. ALS DU MICH VOR ZWEI TAGEN ALS UNTERDURCHSCHNITTLICH DUMM BEZEICHNET HAST, DA HAST DU DAMIT EIGENTLICH GESAGT, ICH SEI ÜBERDURCHSCHNITTLICH SCHLAU.
ALSO HAST DU DICH SELBER ALS DUMM BEZEICHNET UND MICH ALS SCHLAU. HA! Q.E.D!
ZWEI TAGE SPÄTER ETWAS ZU ERWIDERN IST UNTERDURCHSCHNITTLICH SCHLAGFERTIG. DAS ZÄHLT NICHT MEHR. VERJÄHRT! EINSPRUCH ABGELEHNT!

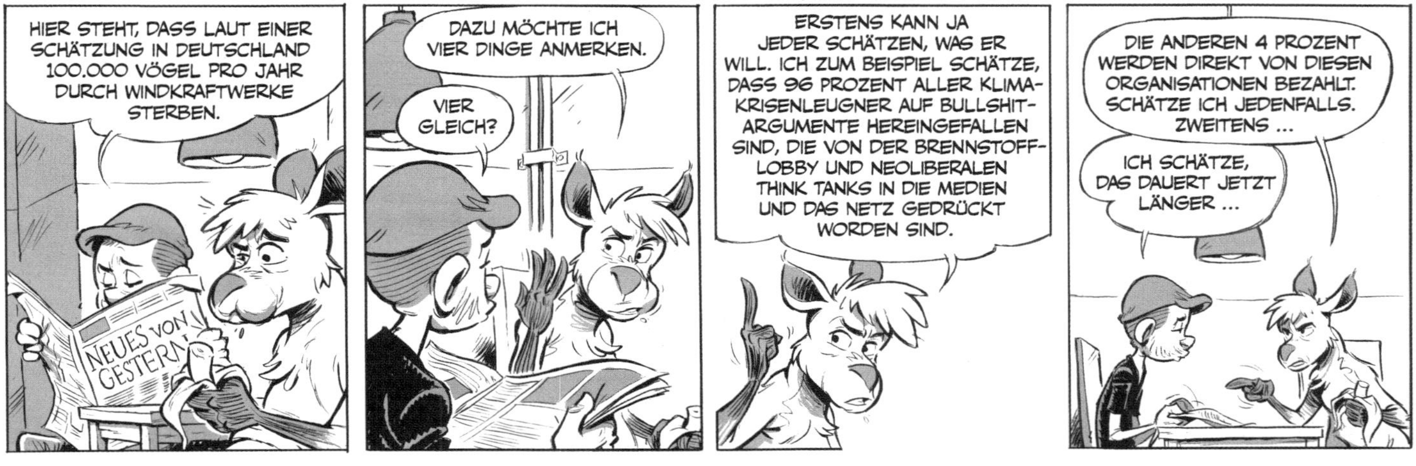
HIER STEHT, DASS LAUT EINER SCHÄTZUNG IN DEUTSCHLAND 100.000 VÖGEL PRO JAHR DURCH WINDKRAFTWERKE STERBEN.
NEUES VON GESTERN
DAZU MÖCHTE ICH VIER DINGE ANMERKEN.
VIER GLEICH?
ERSTENS KANN JA JEDER SCHÄTZEN, WAS ER WILL. ICH ZUM BEISPIEL SCHÄTZE, DASS 96 PROZENT ALLER KLIMA-KRISENLEUGNER AUF BULLSHIT-ARGUMENTE HEREINGEFALLEN SIND, DIE VON DER BRENNSTOFF-LOBBY UND NEOLIBERALEN THINK TANKS IN DIE MEDIEN UND DAS NETZ GEDRÜCKT WORDEN SIND.
DIE ANDEREN 4 PROZENT WERDEN DIREKT VON DIESEN ORGANISATIONEN BEZAHLT. SCHÄTZE ICH JEDENFALLS. ZWEITENS …
ICH SCHÄTZE, DAS DAUERT JETZT LÄNGER …

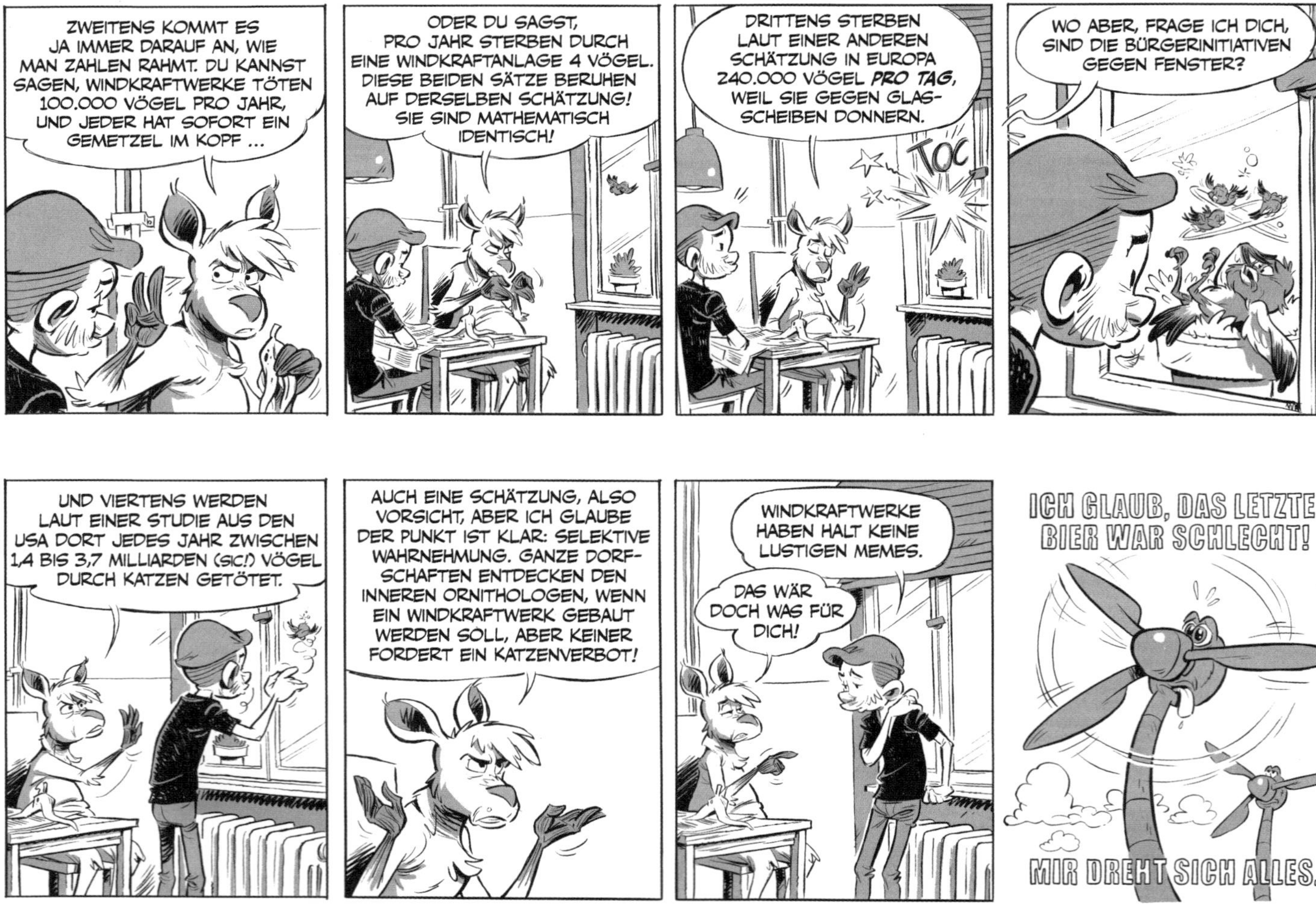
ZWEITENS KOMMT ES JA IMMER DARAUF AN, WIE MAN ZAHLEN RAHMT. DU KANNST SAGEN, WINDKRAFTWERKE TÖTEN 100.000 VÖGEL PRO JAHR, UND JEDER HAT SOFORT EIN GEMETZEL IM KOPF …
ODER DU SAGST, PRO JAHR STERBEN DURCH EINE WINDKRAFTANLAGE 4 VÖGEL. DIESE BEIDEN SÄTZE BERUHEN AUF DERSELBEN SCHÄTZUNG! SIE SIND MATHEMATISCH IDENTISCH!
DRITTENS STERBEN LAUT EINER ANDEREN SCHÄTZUNG IN EUROPA 240.000 VÖGEL PRO TAG, WEIL SIE GEGEN GLASSCHEIBEN DONNERN.
TOC
WO ABER, FRAGE ICH DICH, SIND DIE BÜRGERINITIATIVEN GEGEN FENSTER?
UND VIERTENS WERDEN LAUT EINER STUDIE AUS DEN USA DORT JEDES JAHR ZWISCHEN 1,4 BIS 3,7 MILLIARDEN (SIC!) VÖGEL DURCH KATZEN GETÖTET.
AUCH EINE SCHÄTZUNG, ALSO VORSICHT, ABER ICH GLAUBE DER PUNKT IST KLAR: SELEKTIVE WAHRNEHMUNG. GANZE DORFSCHAFTEN ENTDECKEN DEN INNEREN ORNITHOLOGEN, WENN EIN WINDKRAFTWERK GEBAUT WERDEN SOLL, ABER KEINER FORDERT EIN KATZENVERBOT!
WINDKRAFTWERKE HABEN HALT KEINE LUSTIGEN MEMES.
DAS WÄR DOCH WAS FÜR DICH!
ICH GLAUB, DAS LETZTE BIER WAR SCHLECHT!
MIR DREHT SICH ALLES.

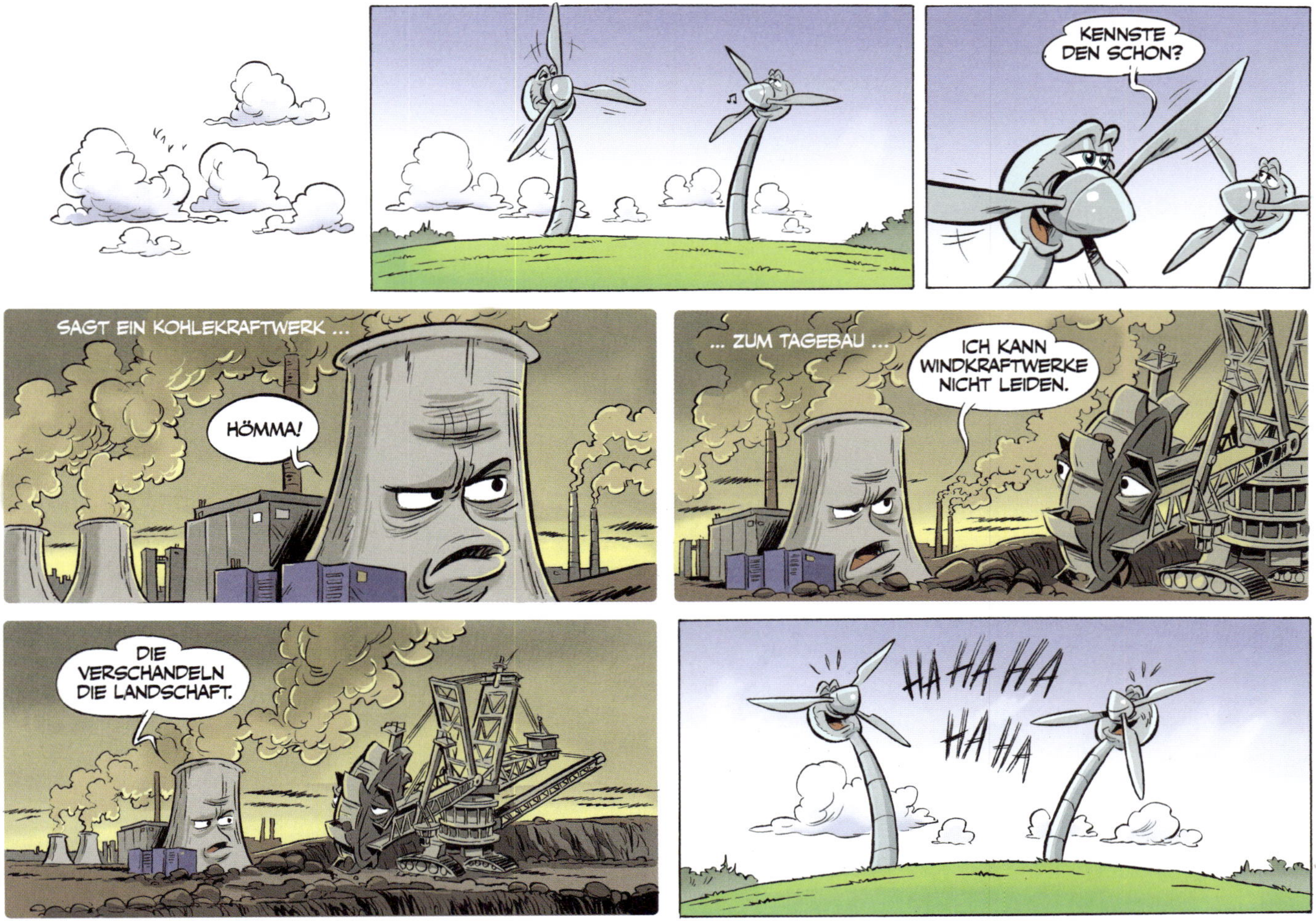
KENNSTE DEN SCHON?
SAGT EIN KOHLEKRAFTWERK ...
HÖMMA!
... ZUM TAGEBAU ...
ICH KANN WINDKRAFTWERKE NICHT LEIDEN.
DIE VERSCHANDELN DIE LANDSCHAFT.
HA HA HA HA
HA HA

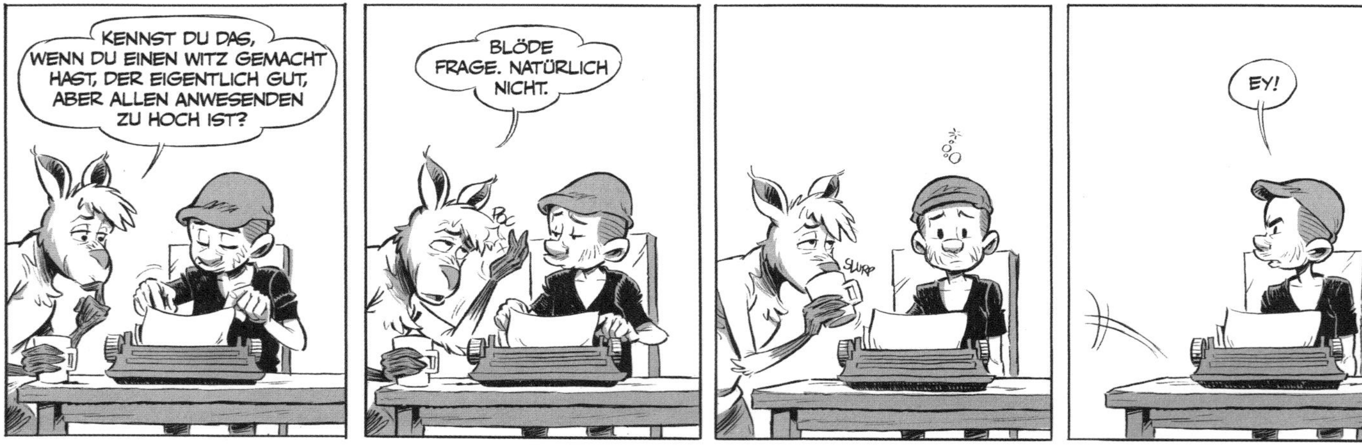
KENNST DU DAS, WENN DU EINEN WITZ GEMACHT HAST, DER EIGENTLICH GUT, ABER ALLEN ANWESENDEN ZU HOCH IST?
BLÖDE FRAGE. NATÜRLICH NICHT.
POC
SLURP
EY!

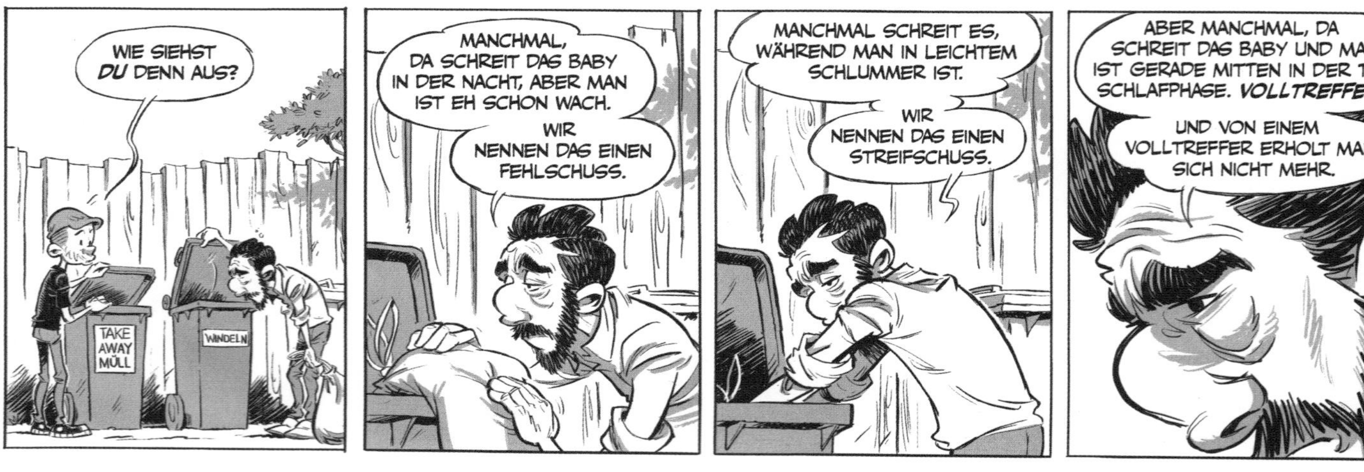
WIE SIEHST *DU* DENN AUS?
TAKE AWAY MÜLL
WINDELN
MANCHMAL, DA SCHREIT DAS BABY IN DER NACHT, ABER MAN IST EH SCHON WACH.
WIR NENNEN DAS EINEN FEHLSCHUSS.
MANCHMAL SCHREIT ES, WÄHREND MAN IN LEICHTEM SCHLUMMER IST.
WIR NENNEN DAS EINEN STREIFSCHUSS.
ABER MANCHMAL, DA SCHREIT DAS BABY UND MAN IST GERADE MITTEN IN DER TIEFSCHLAFPHASE. ***VOLLTREFFER***.
UND VON EINEM VOLLTREFFER ERHOLT MAN SICH NICHT MEHR.

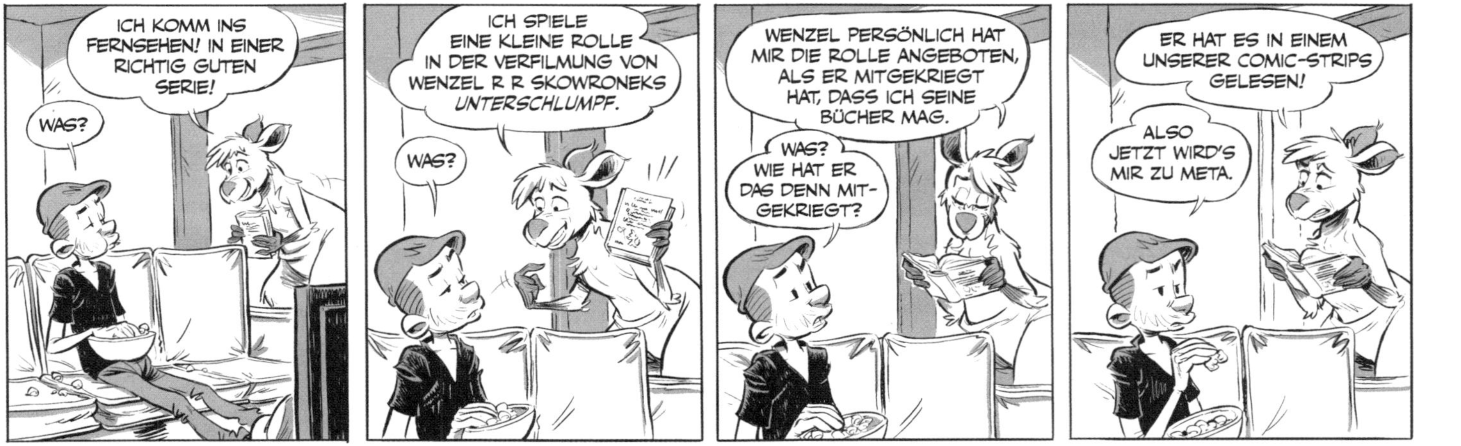
ICH KOMM INS FERNSEHEN! IN EINER RICHTIG GUTEN SERIE!
WAS?
ICH SPIELE EINE KLEINE ROLLE IN DER VERFILMUNG VON WENZEL R R SKOWRONEKS *UNTERSCHLUMPF*.
WAS?
WENZEL PERSÖNLICH HAT MIR DIE ROLLE ANGEBOTEN, ALS ER MITGEKRIEGT HAT, DASS ICH SEINE BÜCHER MAG.
WAS? WIE HAT ER DAS DENN MITGEKRIEGT?
ER HAT ES IN EINEM UNSERER COMIC-STRIPS GELESEN!
ALSO JETZT WIRD'S MIR ZU META.

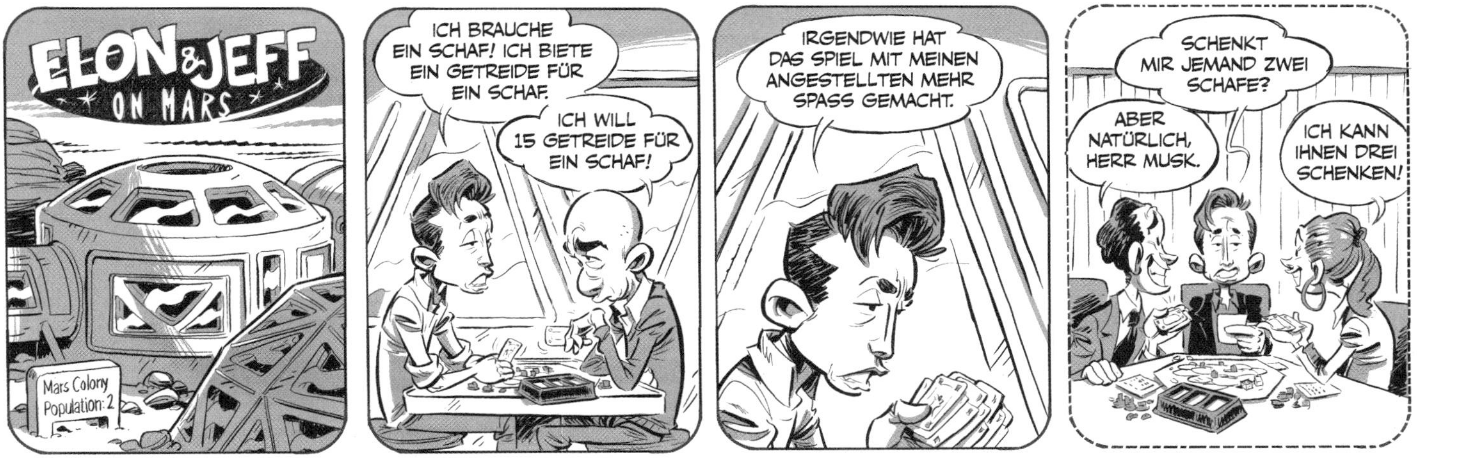
ELON & JEFF
ON MARS
Mars Colony Population: 2
ICH BRAUCHE EIN SCHAF! ICH BIETE EIN GETREIDE FÜR EIN SCHAF.
ICH WILL 15 GETREIDE FÜR EIN SCHAF!
IRGENDWIE HAT DAS SPIEL MIT MEINEN ANGESTELLTEN MEHR SPASS GEMACHT.
SCHENKT MIR JEMAND ZWEI SCHAFE?
ABER NATÜRLICH, HERR MUSK.
ICH KANN IHNEN DREI SCHENKEN!

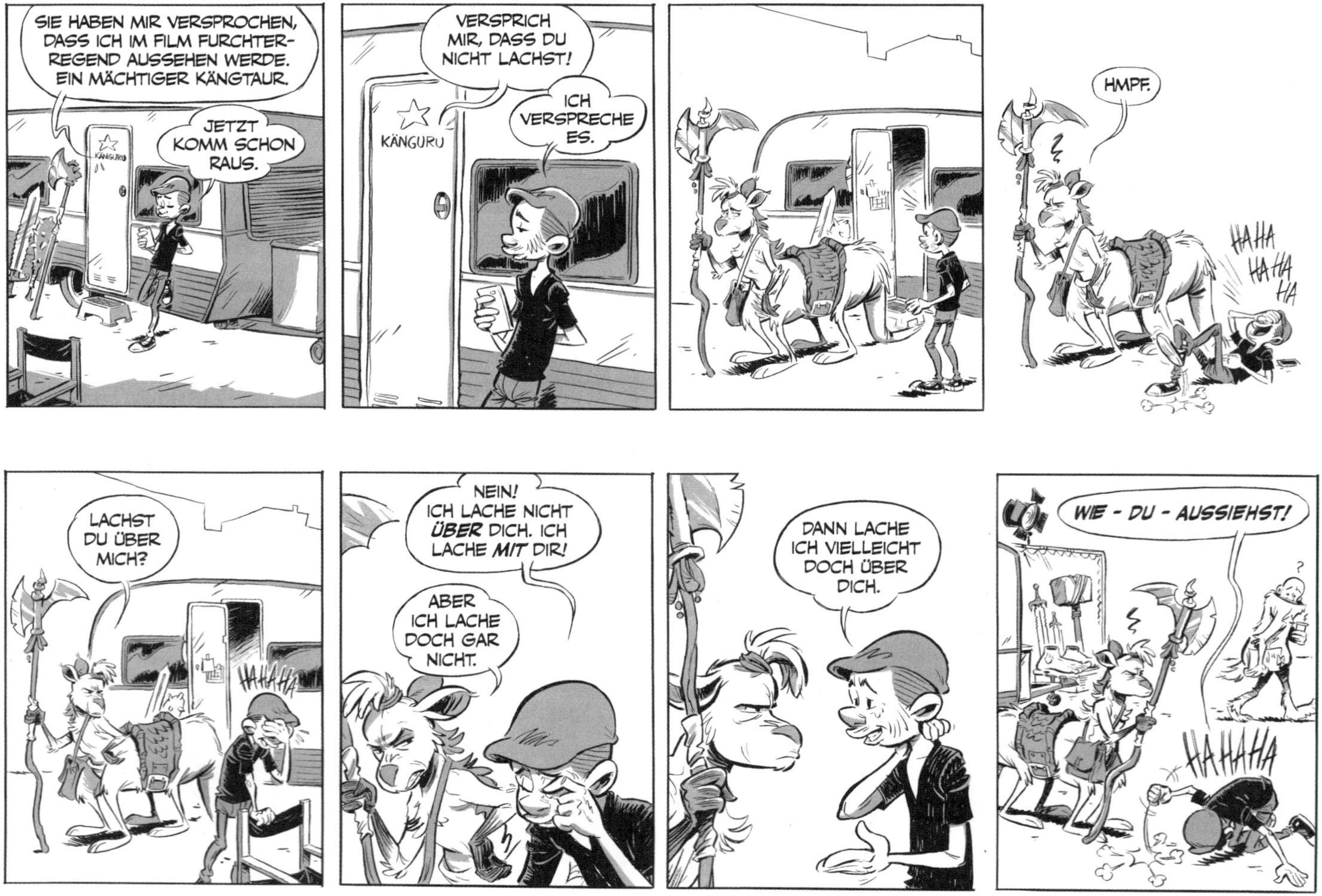
SIE HABEN MIR VERSPROCHEN, DASS ICH IM FILM FURCHTER-REGEND AUSSEHEN WERDE. EIN MÄCHTIGER KÄNGTAUR.
KÄNGURU
JETZT KOMM SCHON RAUS.
VERSPRICH MIR, DASS DU NICHT LACHST!
KÄNGURU
ICH VERSPRECHE ES.
HMPF.
HAHA HAHA HA
LACHST DU ÜBER MICH?
HAHAHA
NEIN! ICH LACHE NICHT ÜBER DICH. ICH LACHE MIT DIR!
ABER ICH LACHE DOCH GAR NICHT.
DANN LACHE ICH VIELLEICHT DOCH ÜBER DICH.
WIE - DU - AUSSIEHST!
?
HAHAHA

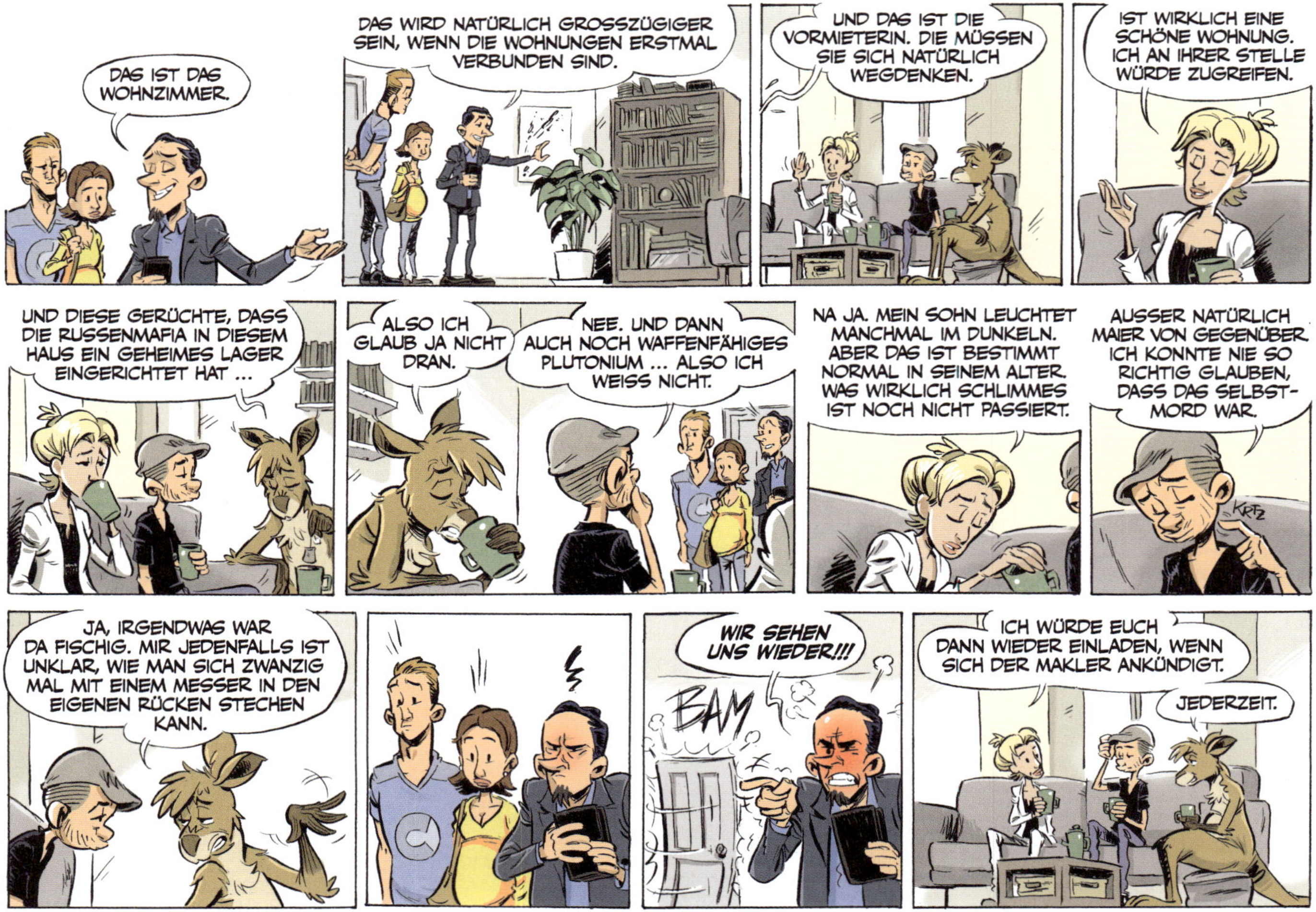
DAS IST DAS WOHNZIMMER.
DAS WIRD NATÜRLICH GROSSZÜGIGER SEIN, WENN DIE WOHNUNGEN ERSTMAL VERBUNDEN SIND.
UND DAS IST DIE VORMIETERIN. DIE MÜSSEN SIE SICH NATÜRLICH WEGDENKEN.
IST WIRKLICH EINE SCHÖNE WOHNUNG. ICH AN IHRER STELLE WÜRDE ZUGREIFEN.
UND DIESE GERÜCHTE, DASS DIE RUSSENMAFIA IN DIESEM HAUS EIN GEHEIMES LAGER EINGERICHTET HAT …
ALSO ICH GLAUB JA NICHT DRAN.
NEE. UND DANN AUCH NOCH WAFFENFÄHIGES PLUTONIUM … ALSO ICH WEISS NICHT.
NA JA. MEIN SOHN LEUCHTET MANCHMAL IM DUNKELN. ABER DAS IST BESTIMMT NORMAL IN SEINEM ALTER. WAS WIRKLICH SCHLIMMES IST NOCH NICHT PASSIERT.
AUSSER NATÜRLICH MAIER VON GEGENÜBER. ICH KONNTE NIE SO RICHTIG GLAUBEN, DASS DAS SELBST-MORD WAR.
KRTZ
JA, IRGENDWAS WAR DA FISCHIG. MIR JEDENFALLS IST UNKLAR, WIE MAN SICH ZWANZIG MAL MIT EINEM MESSER IN DEN EIGENEN RÜCKEN STECHEN KANN.
WIR SEHEN UNS WIEDER!!!
BAM
ICH WÜRDE EUCH DANN WIEDER EINLADEN, WENN SICH DER MAKLER ANKÜNDIGT.
JEDERZEIT.

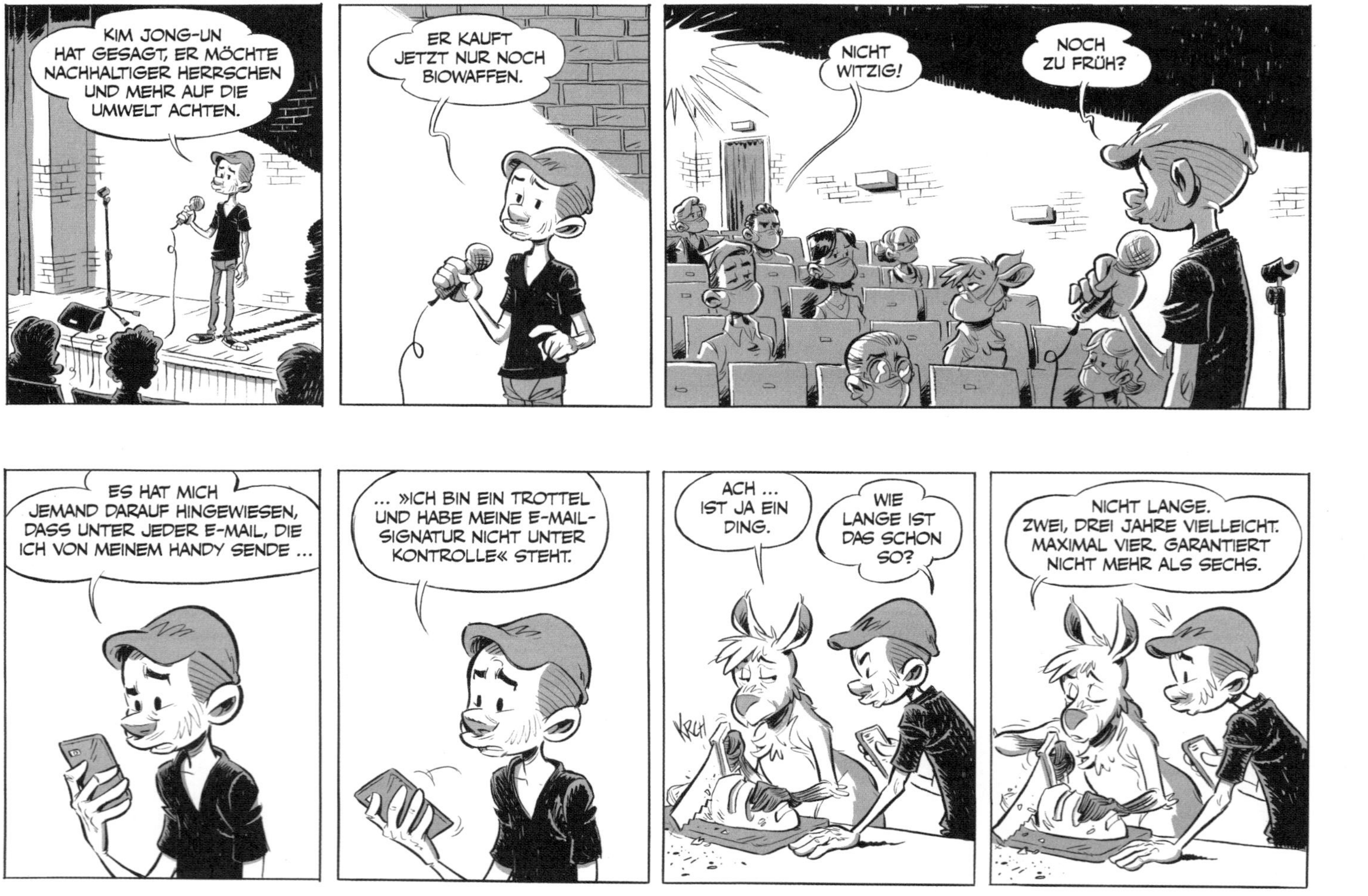
KIM JONG-UN HAT GESAGT, ER MÖCHTE NACHHALTIGER HERRSCHEN UND MEHR AUF DIE UMWELT ACHTEN.
ER KAUFT JETZT NUR NOCH BIOWAFFEN.
NICHT WITZIG!
NOCH ZU FRÜH?
ES HAT MICH JEMAND DARAUF HINGEWIESEN, DASS UNTER JEDER E-MAIL, DIE ICH VON MEINEM HANDY SENDE …
… »ICH BIN EIN TROTTEL UND HABE MEINE E-MAIL-SIGNATUR NICHT UNTER KONTROLLE« STEHT.
ACH … IST JA EIN DING.
WIE LANGE IST DAS SCHON SO?
KRCH
NICHT LANGE. ZWEI, DREI JAHRE VIELLEICHT. MAXIMAL VIER. GARANTIERT NICHT MEHR ALS SECHS.

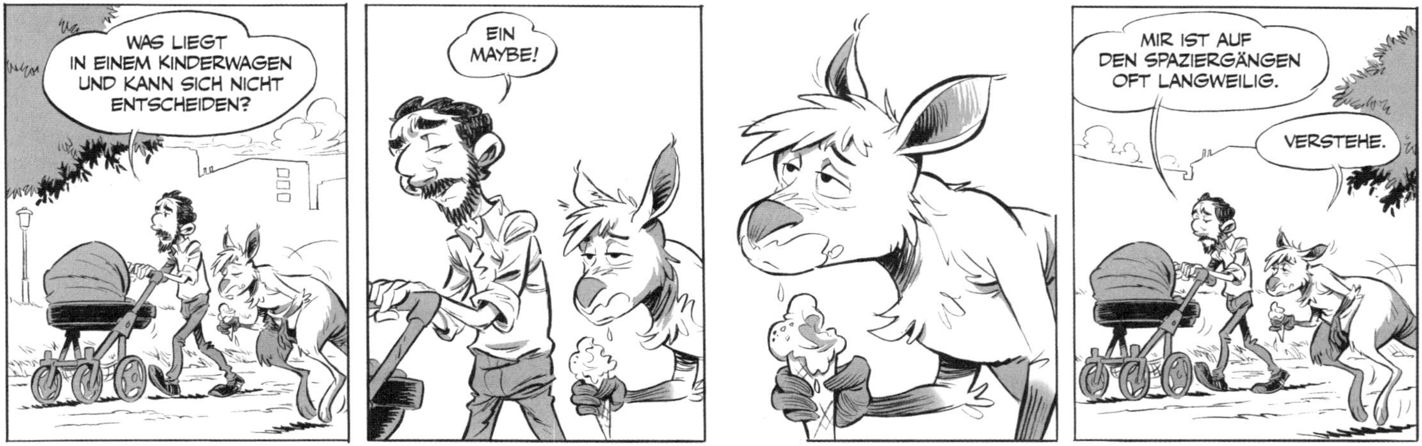
WAS LIEGT IN EINEM KINDERWAGEN UND KANN SICH NICHT ENTSCHEIDEN?
EIN MAYBE!
MIR IST AUF DEN SPAZIERGÄNGEN OFT LANGWEILIG.
VERSTEHE.

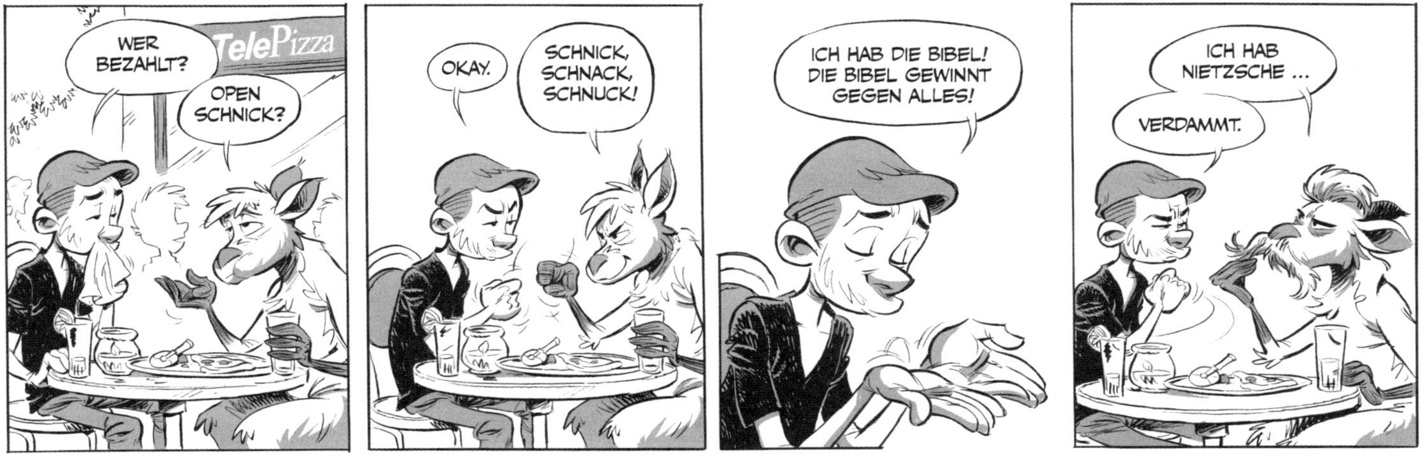
TelePizza
WER BEZAHLT?
OPEN SCHNICK?
OKAY.
SCHNICK, SCHNACK, SCHNUCK!
ICH HAB DIE BIBEL! DIE BIBEL GEWINNT GEGEN ALLES!
ICH HAB NIETZSCHE ...
VERDAMMT.

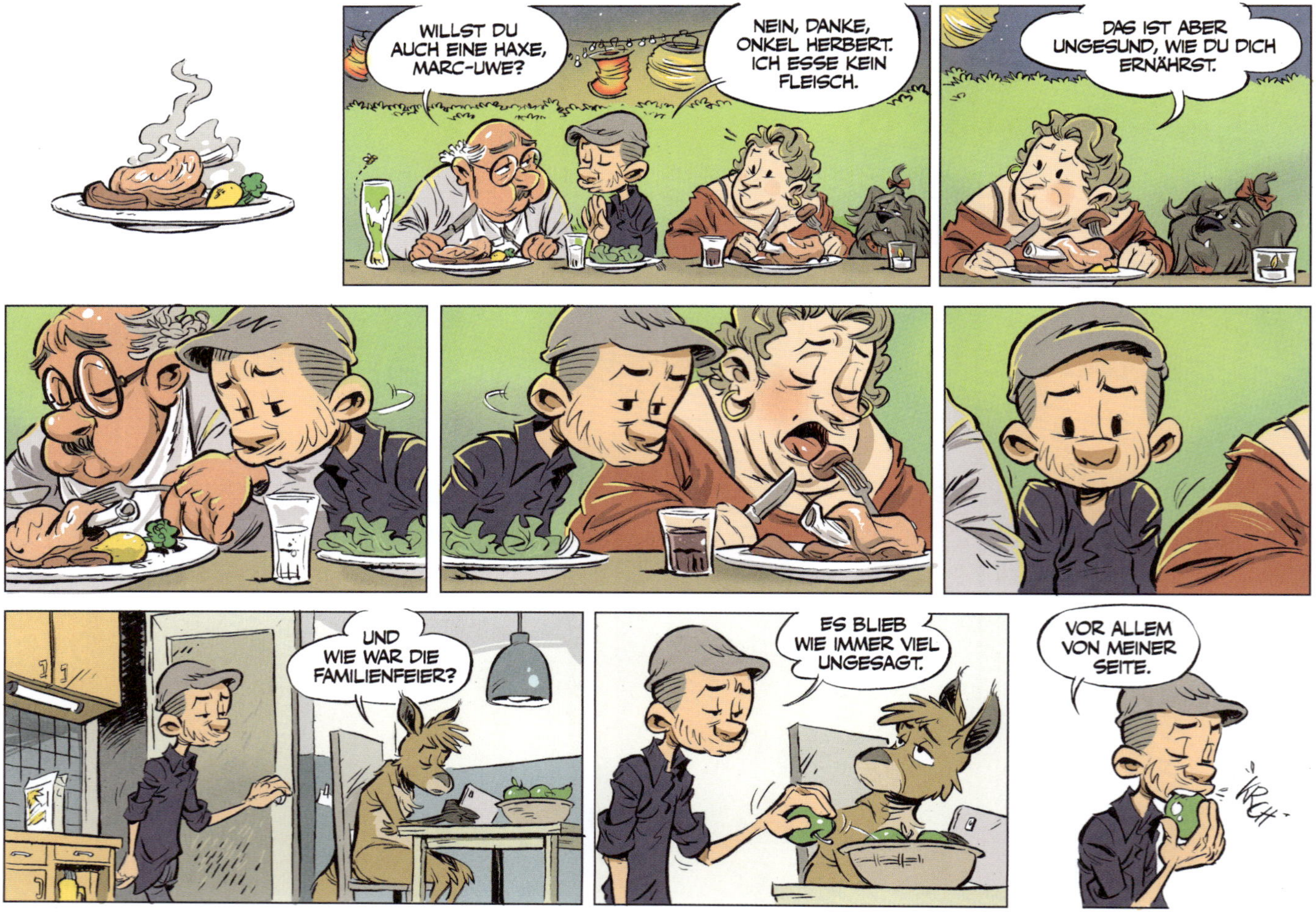

WILLST DU AUCH EINE HAXE, MARC-UWE?
NEIN, DANKE, ONKEL HERBERT. ICH ESSE KEIN FLEISCH.
DAS IST ABER UNGESUND, WIE DU DICH ERNÄHRST.
UND WIE WAR DIE FAMILIENFEIER?
ES BLIEB WIE IMMER VIEL UNGESAGT.
VOR ALLEM VON MEINER SEITE.
KRCH

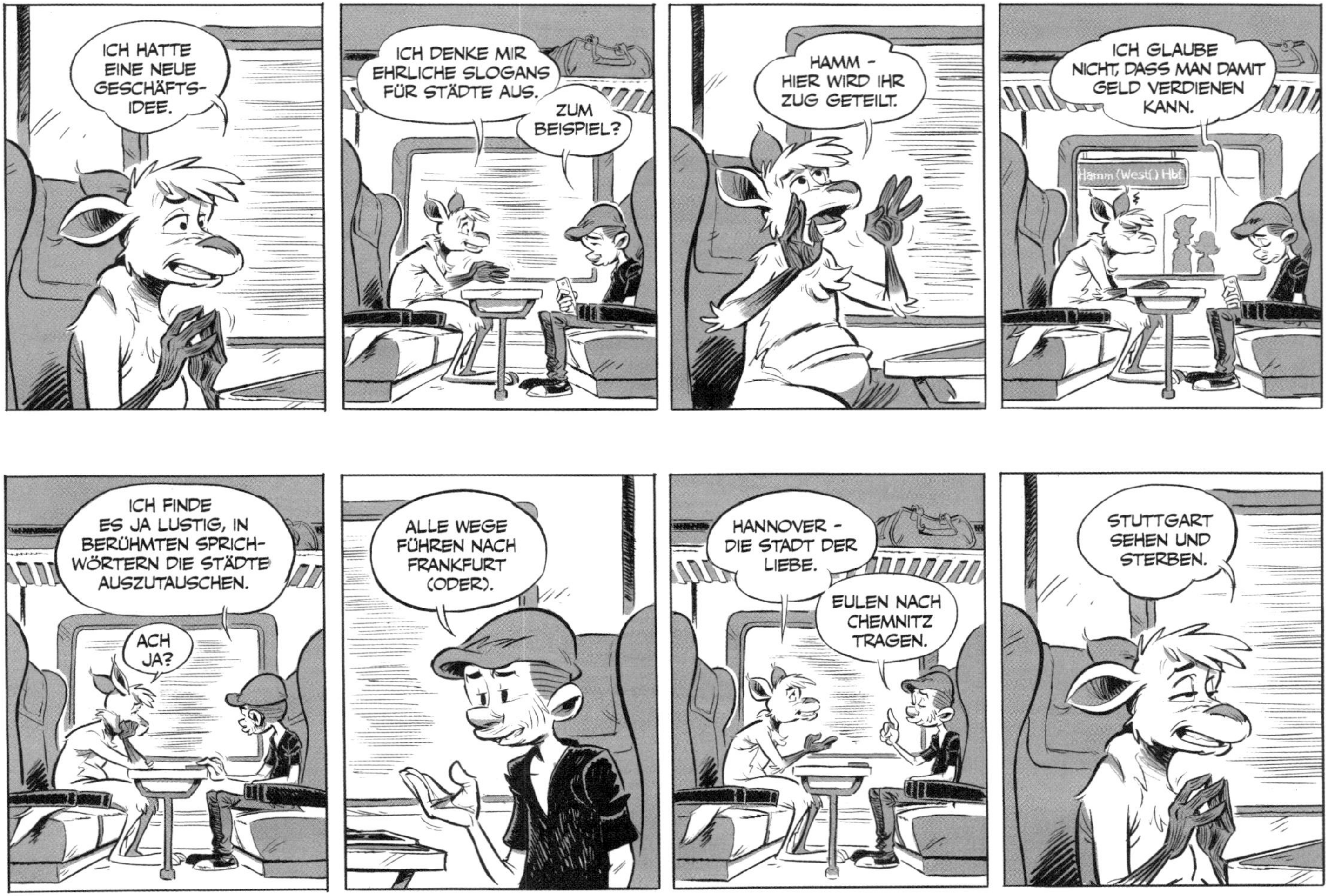
ICH HATTE EINE NEUE GESCHÄFTS-IDEE.
ICH DENKE MIR EHRLICHE SLOGANS FÜR STÄDTE AUS.
ZUM BEISPIEL?
HAMM - HIER WIRD IHR ZUG GETEILT.
Hamm (Westf.) Hbf
ICH GLAUBE NICHT, DASS MAN DAMIT GELD VERDIENEN KANN.
ICH FINDE ES JA LUSTIG, IN BERÜHMTEN SPRICH-WÖRTERN DIE STÄDTE AUSZUTAUSCHEN.
ACH JA?
ALLE WEGE FÜHREN NACH FRANKFURT (ODER).
HANNOVER - DIE STADT DER LIEBE.
EULEN NACH CHEMNITZ TRAGEN.
STUTTGART SEHEN UND STERBEN.

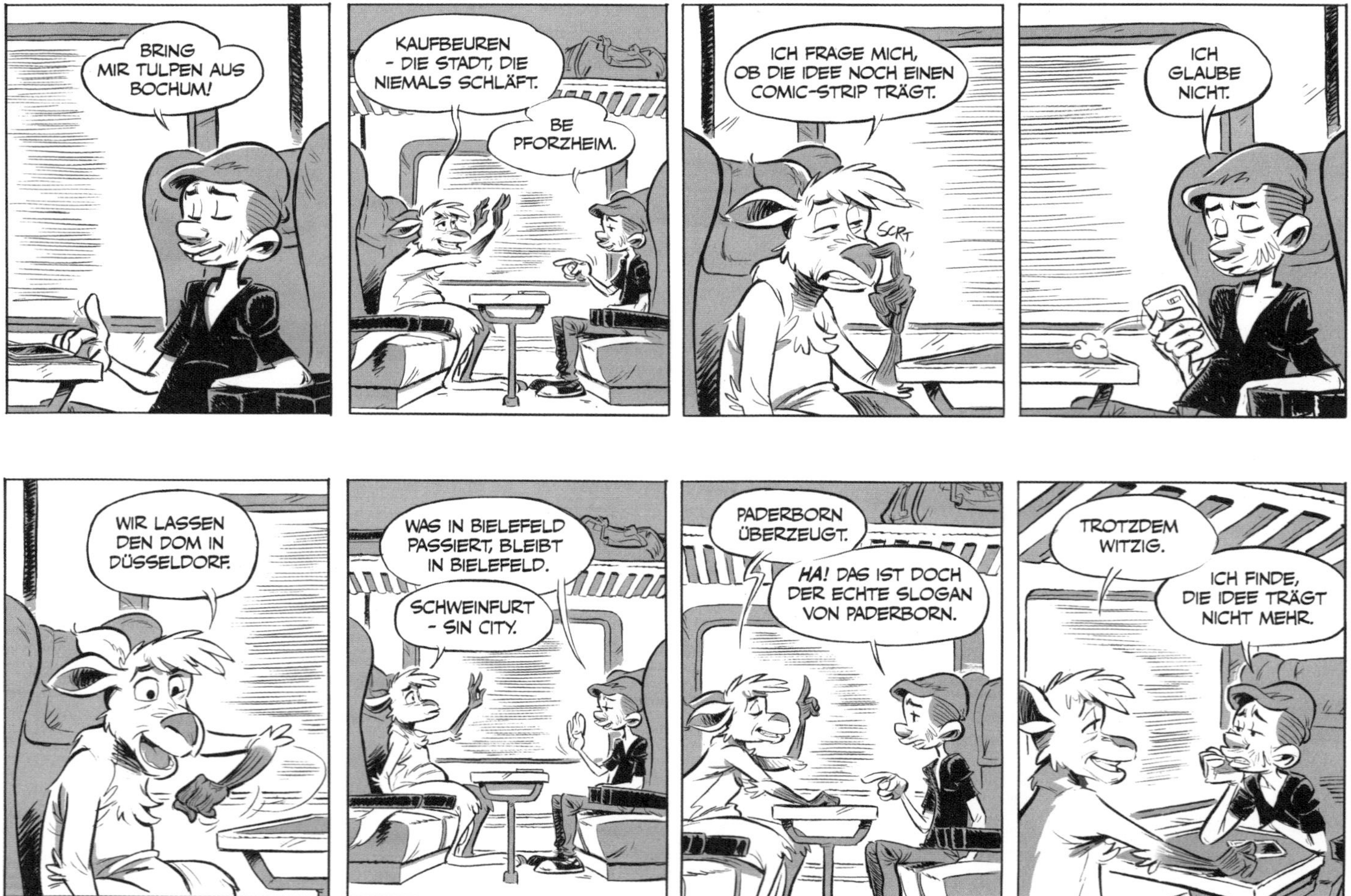
BRING MIR TULPEN AUS BOCHUM!
KAUFBEUREN - DIE STADT, DIE NIEMALS SCHLÄFT.
BE PFORZHEIM.
ICH FRAGE MICH, OB DIE IDEE NOCH EINEN COMIC-STRIP TRÄGT.
SCRT
ICH GLAUBE NICHT.
WIR LASSEN DEN DOM IN DÜSSELDORF.
WAS IN BIELEFELD PASSIERT, BLEIBT IN BIELEFELD.
SCHWEINFURT - SIN CITY.
PADERBORN ÜBERZEUGT.
HA! DAS IST DOCH DER ECHTE SLOGAN VON PADERBORN.
TROTZDEM WITZIG.
ICH FINDE, DIE IDEE TRÄGT NICHT MEHR.

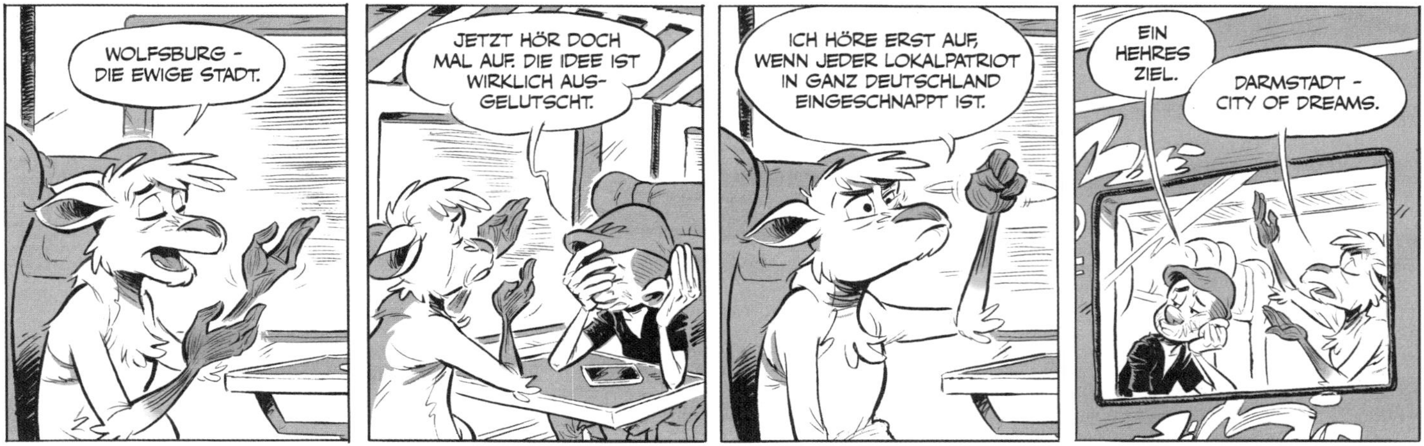
WOLFSBURG - DIE EWIGE STADT.
JETZT HÖR DOCH MAL AUF. DIE IDEE IST WIRKLICH AUS-GELUTSCHT.
ICH HÖRE ERST AUF, WENN JEDER LOKALPATRIOT IN GANZ DEUTSCHLAND EINGESCHNAPPT IST.
EIN HEHRES ZIEL.
DARMSTADT - CITY OF DREAMS.

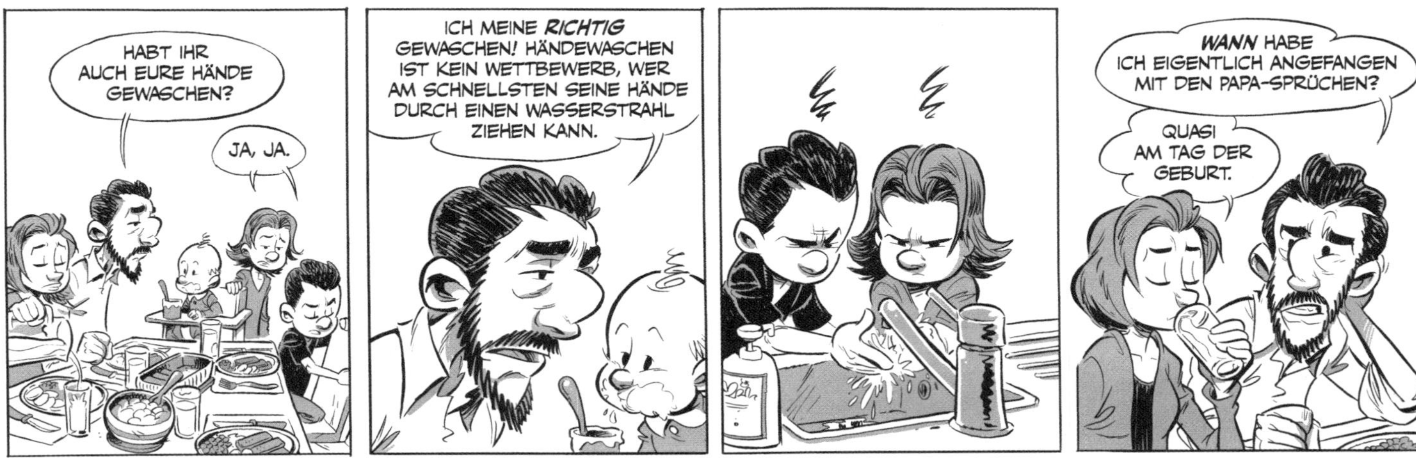
HABT IHR AUCH EURE HÄNDE GEWASCHEN?
JA, JA.
ICH MEINE RICHTIG GEWASCHEN! HÄNDEWASCHEN IST KEIN WETTBEWERB, WER AM SCHNELLSTEN SEINE HÄNDE DURCH EINEN WASSERSTRAHL ZIEHEN KANN.
WANN HABE ICH EIGENTLICH ANGEFANGEN MIT DEN PAPA-SPRÜCHEN?
QUASI AM TAG DER GEBURT.

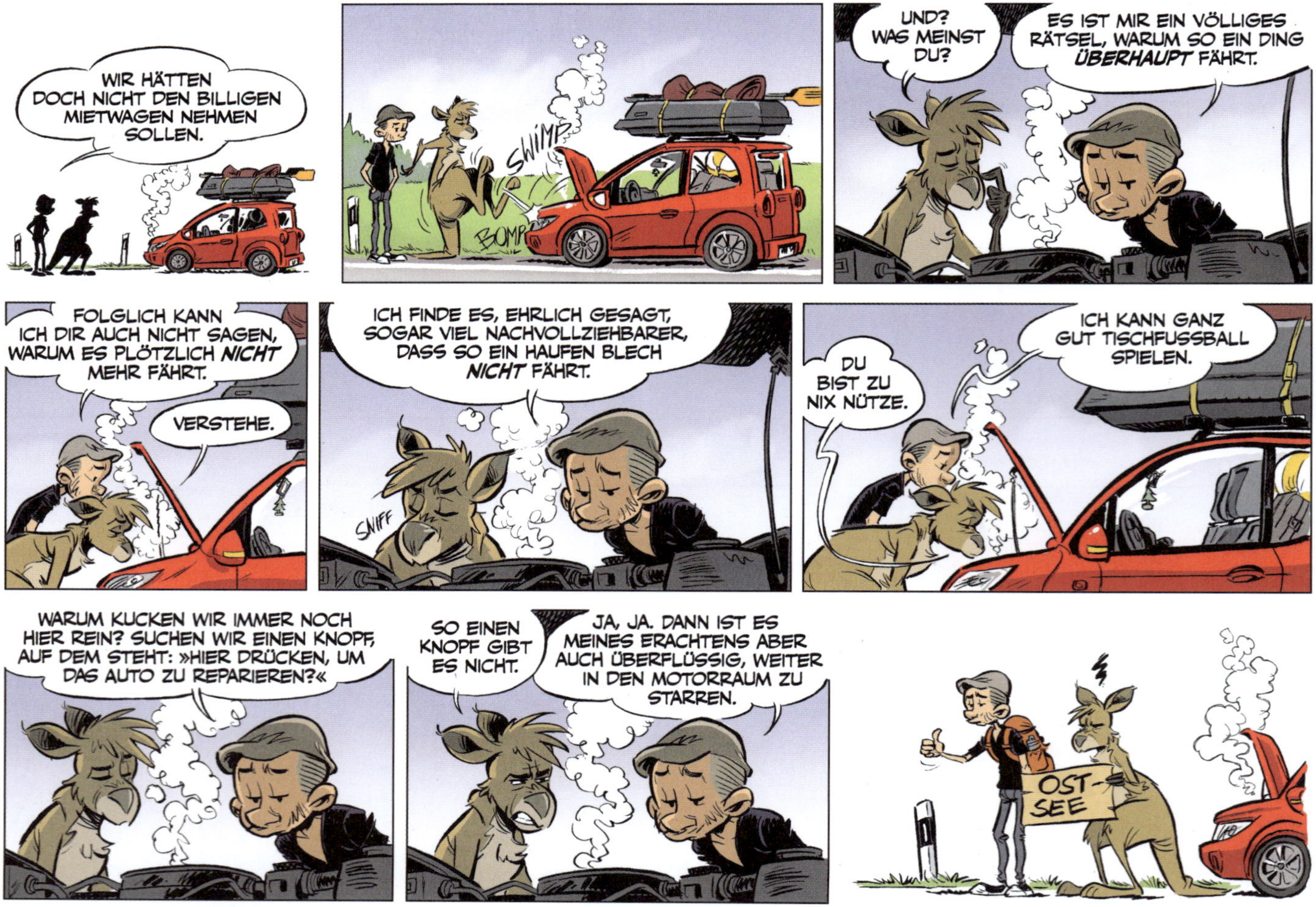
WIR HÄTTEN DOCH NICHT DEN BILLIGEN MIETWAGEN NEHMEN SOLLEN.
SWIMP
BOMP
UND? WAS MEINST DU?
ES IST MIR EIN VÖLLIGES RÄTSEL, WARUM SO EIN DING *ÜBERHAUPT* FÄHRT.
FOLGLICH KANN ICH DIR AUCH NICHT SAGEN, WARUM ES PLÖTZLICH *NICHT* MEHR FÄHRT.
VERSTEHE.
ICH FINDE ES, EHRLICH GESAGT, SOGAR VIEL NACHVOLLZIEHBARER, DASS SO EIN HAUFEN BLECH *NICHT* FÄHRT.
SNIFF
DU BIST ZU NIX NÜTZE.
ICH KANN GANZ GUT TISCHFUSSBALL SPIELEN.
WARUM KUCKEN WIR IMMER NOCH HIER REIN? SUCHEN WIR EINEN KNOPF, AUF DEM STEHT: »HIER DRÜCKEN, UM DAS AUTO ZU REPARIEREN?«
SO EINEN KNOPF GIBT ES NICHT.
JA, JA. DANN IST ES MEINES ERACHTENS ABER AUCH ÜBERFLÜSSIG, WEITER IN DEN MOTORRAUM ZU STARREN.
OST-SEE

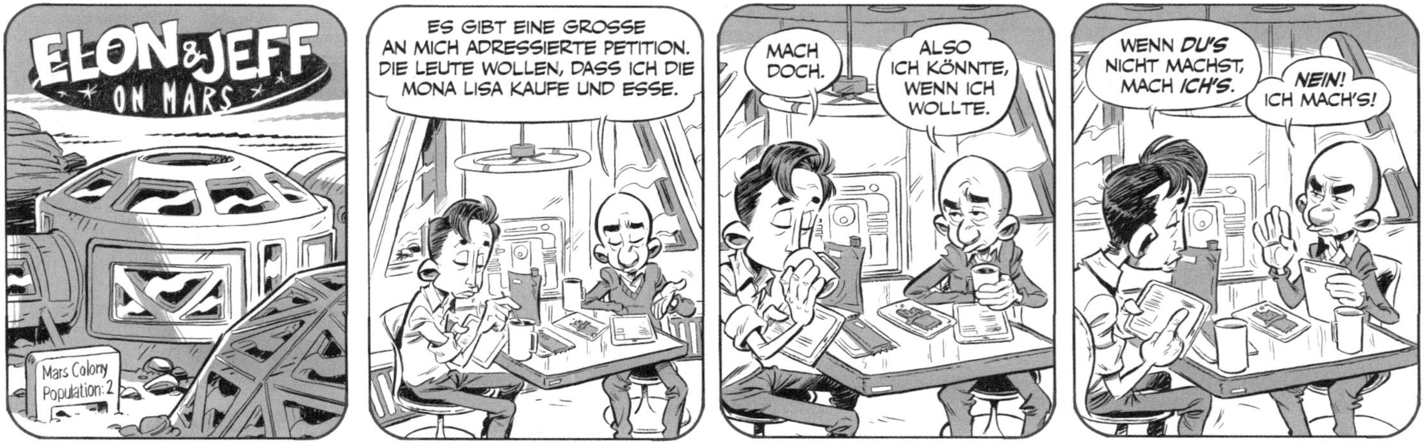
ELON & JEFF
ON MARS
Mars Colony
Population: 2
ES GIBT EINE GROSSE AN MICH ADRESSIERTE PETITION. DIE LEUTE WOLLEN, DASS ICH DIE MONA LISA KAUFE UND ESSE.
MACH DOCH.
ALSO ICH KÖNNTE, WENN ICH WOLLTE.
WENN DU'S NICHT MACHST, MACH ICH'S.
NEIN! ICH MACH'S!

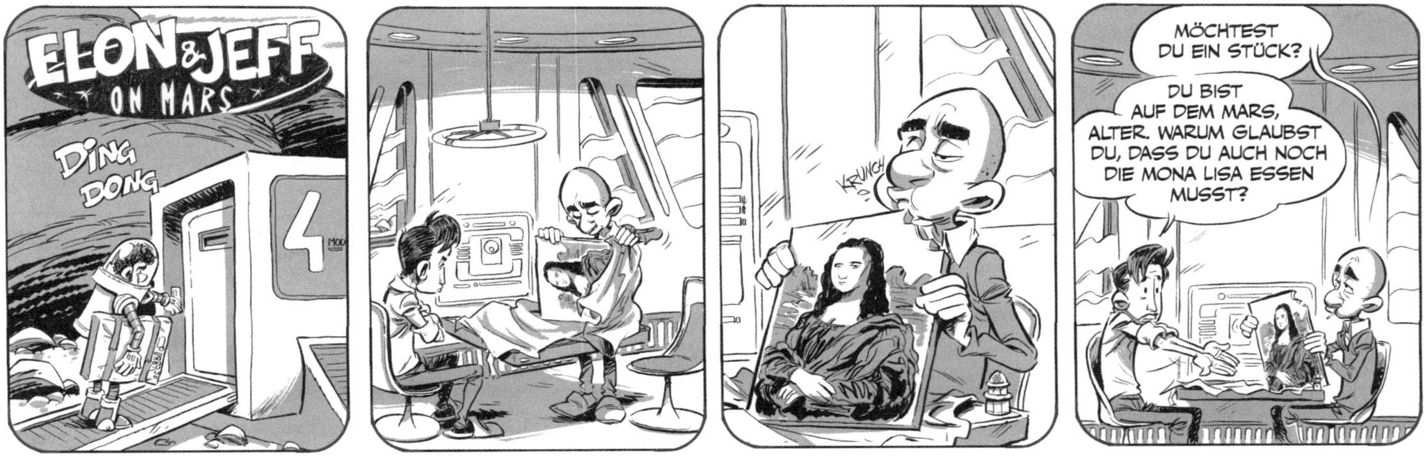
ELON & JEFF
ON MARS
DING DONG
4
KRUNCH
MÖCHTEST DU EIN STÜCK?
DU BIST AUF DEM MARS, ALTER. WARUM GLAUBST DU, DASS DU AUCH NOCH DIE MONA LISA ESSEN MUSST?

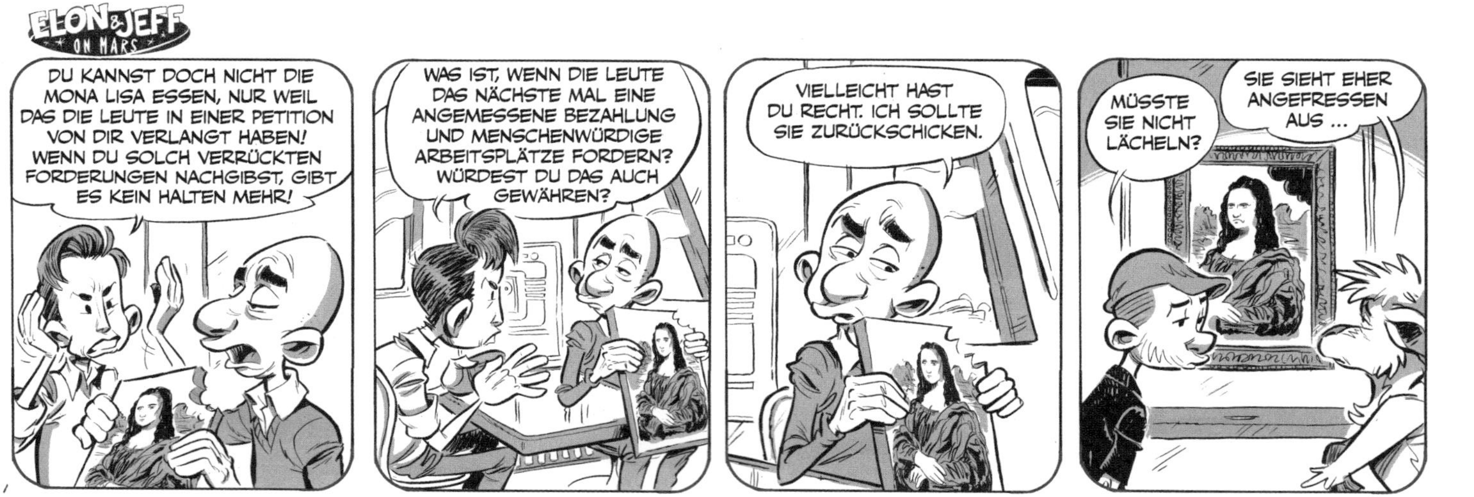
ELON & JEFF ON MARS
DU KANNST DOCH NICHT DIE MONA LISA ESSEN, NUR WEIL DAS DIE LEUTE IN EINER PETITION VON DIR VERLANGT HABEN! WENN DU SOLCH VERRÜCKTEN FORDERUNGEN NACHGIBST, GIBT ES KEIN HALTEN MEHR!
WAS IST, WENN DIE LEUTE DAS NÄCHSTE MAL EINE ANGEMESSENE BEZAHLUNG UND MENSCHENWÜRDIGE ARBEITSPLÄTZE FORDERN? WÜRDEST DU DAS AUCH GEWÄHREN?
VIELLEICHT HAST DU RECHT. ICH SOLLTE SIE ZURÜCKSCHICKEN.
MÜSSTE SIE NICHT LÄCHELN?
SIE SIEHT EHER ANGEFRESSEN AUS …

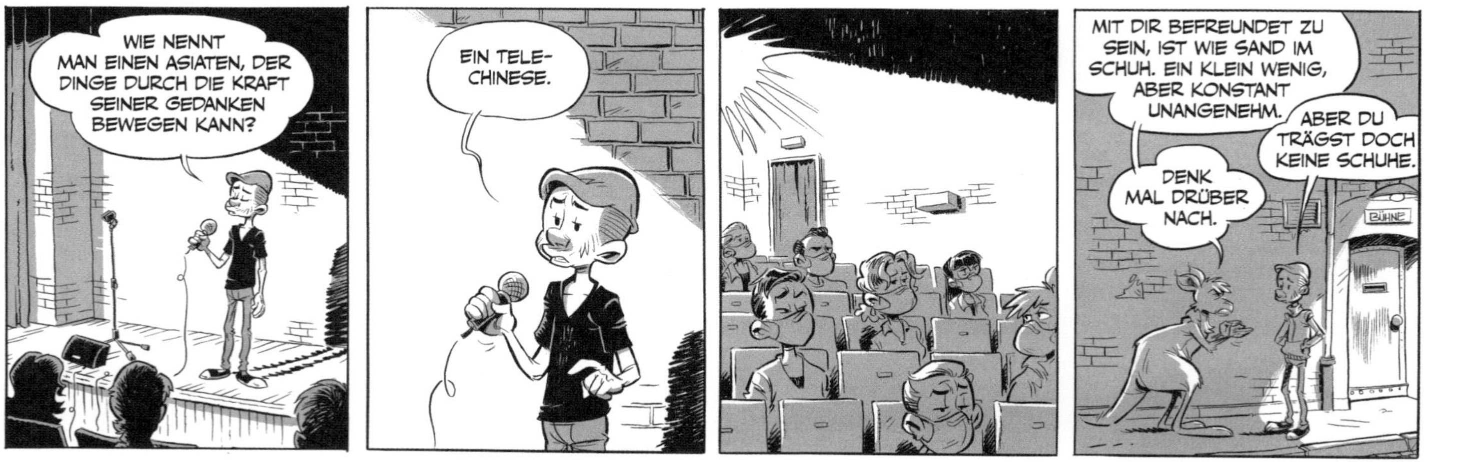
WIE NENNT MAN EINEN ASIATEN, DER DINGE DURCH DIE KRAFT SEINER GEDANKEN BEWEGEN KANN?
EIN TELE-CHINESE.
MIT DIR BEFREUNDET ZU SEIN, IST WIE SAND IM SCHUH. EIN KLEIN WENIG, ABER KONSTANT UNANGENEHM.
DENK MAL DRÜBER NACH.
ABER DU TRÄGST DOCH KEINE SCHUHE.
BÜHNE

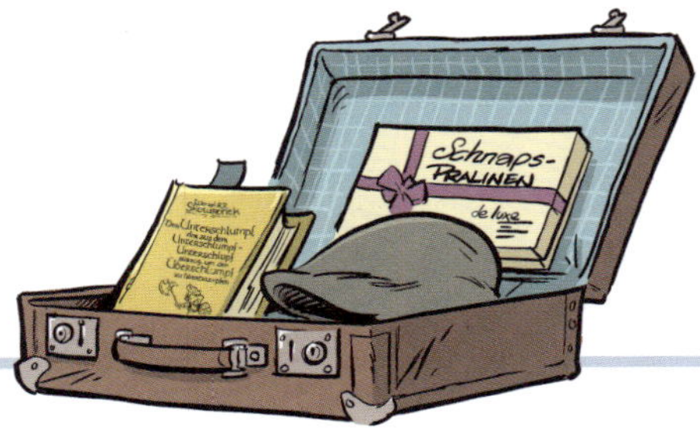

JULI 2021

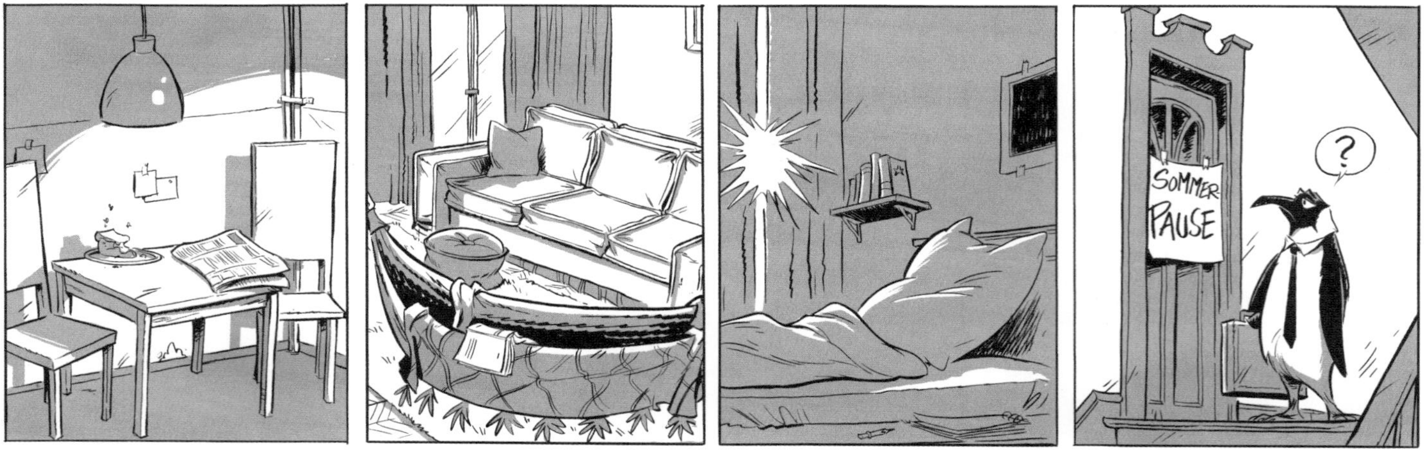
SOMMER-
PAUSE
?

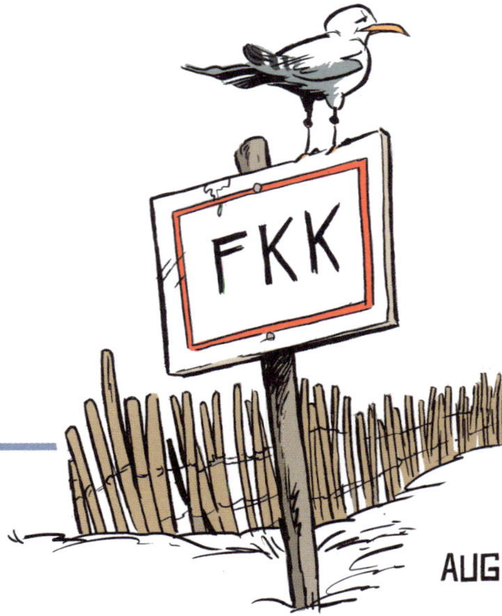

AUGUST 2021

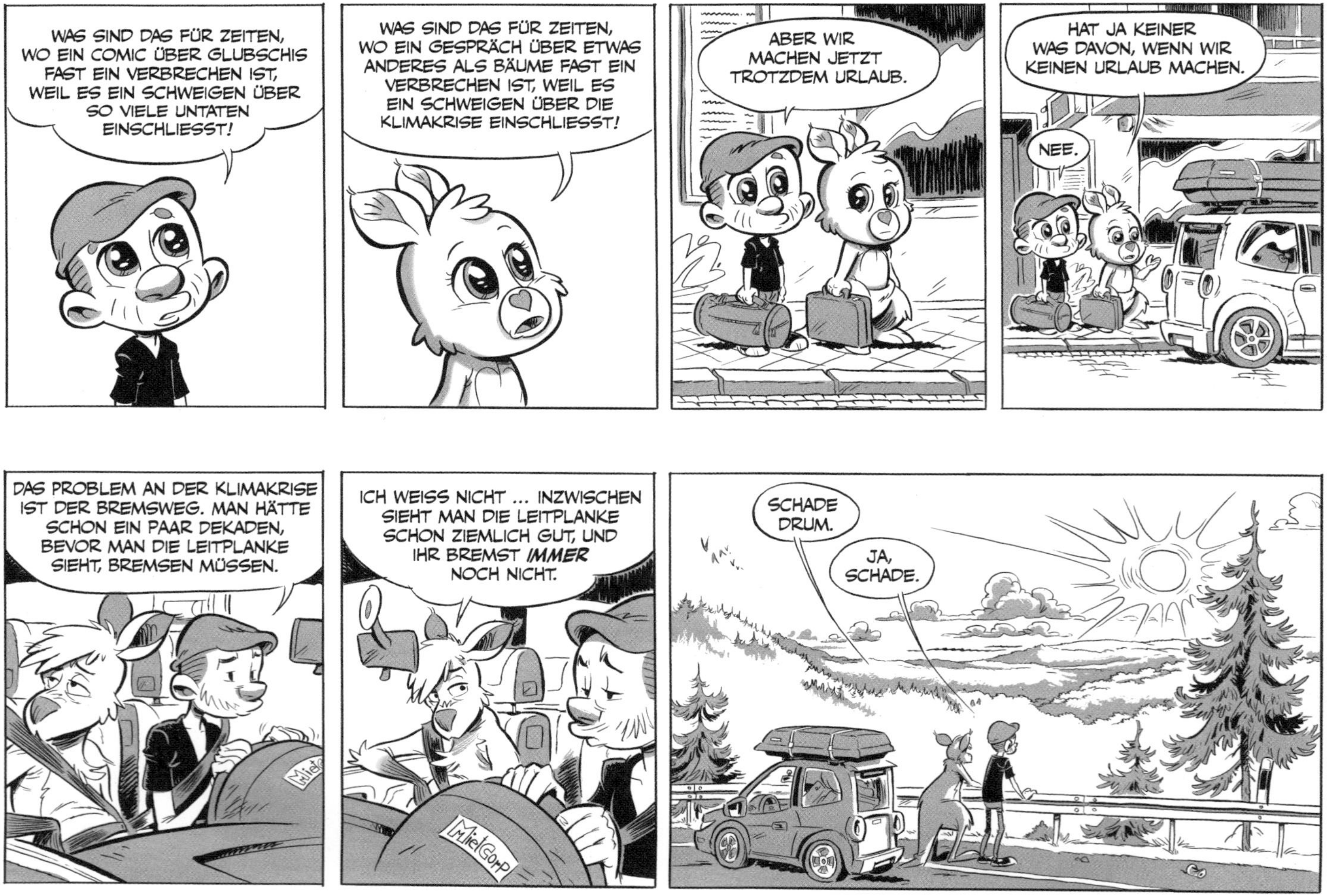
WAS SIND DAS FÜR ZEITEN, WO EIN COMIC ÜBER GLUBSCHIS FAST EIN VERBRECHEN IST, WEIL ES EIN SCHWEIGEN ÜBER SO VIELE UNTATEN EINSCHLIESST!
WAS SIND DAS FÜR ZEITEN, WO EIN GESPRÄCH ÜBER ETWAS ANDERES ALS BÄUME FAST EIN VERBRECHEN IST, WEIL ES EIN SCHWEIGEN ÜBER DIE KLIMAKRISE EINSCHLIESST!
ABER WIR MACHEN JETZT TROTZDEM URLAUB.
HAT JA KEINER WAS DAVON, WENN WIR KEINEN URLAUB MACHEN.
NEE.
DAS PROBLEM AN DER KLIMAKRISE IST DER BREMSWEG. MAN HÄTTE SCHON EIN PAAR DEKADEN, BEVOR MAN DIE LEITPLANKE SIEHT, BREMSEN MÜSSEN.
ICH WEISS NICHT ... INZWISCHEN SIEHT MAN DIE LEITPLANKE SCHON ZIEMLICH GUT, UND IHR BREMST *IMMER* NOCH NICHT.
SCHADE DRUM.
JA, SCHADE.

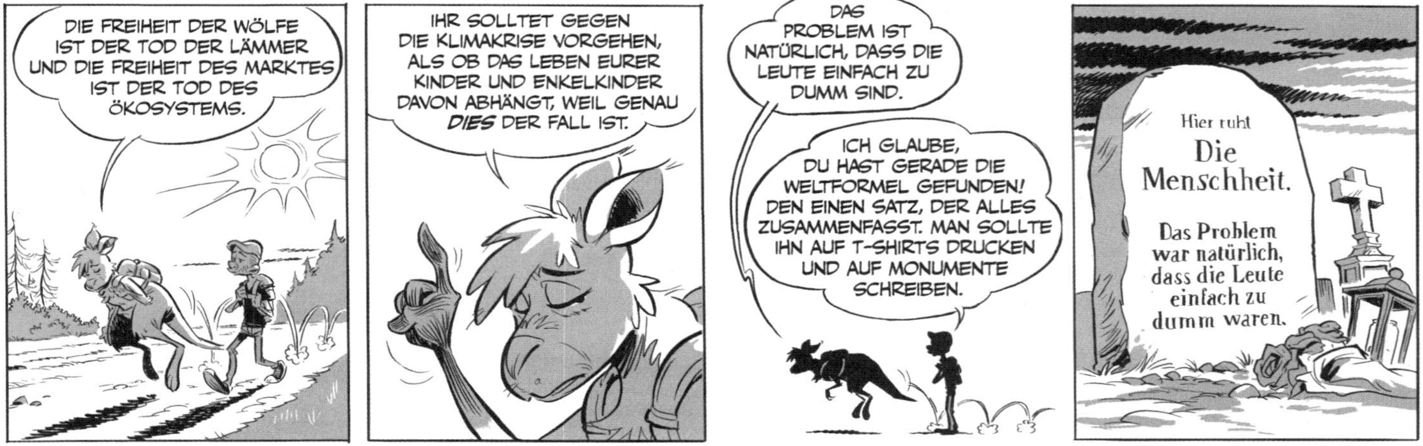

DIE FREIHEIT DER WÖLFE IST DER TOD DER LÄMMER UND DIE FREIHEIT DES MARKTES IST DER TOD DES ÖKOSYSTEMS.
IHR SOLLTET GEGEN DIE KLIMAKRISE VORGEHEN, ALS OB DAS LEBEN EURER KINDER UND ENKELKINDER DAVON ABHÄNGT, WEIL GENAU *DIES* DER FALL IST.
DAS PROBLEM IST NATÜRLICH, DASS DIE LEUTE EINFACH ZU DUMM SIND.
ICH GLAUBE, DU HAST GERADE DIE WELTFORMEL GEFUNDEN! DEN EINEN SATZ, DER ALLES ZUSAMMENFASST. MAN SOLLTE IHN AUF T-SHIRTS DRUCKEN UND AUF MONUMENTE SCHREIBEN.
Hier ruht Die Menschheit.
Das Problem war natürlich, dass die Leute einfach zu dumm waren.

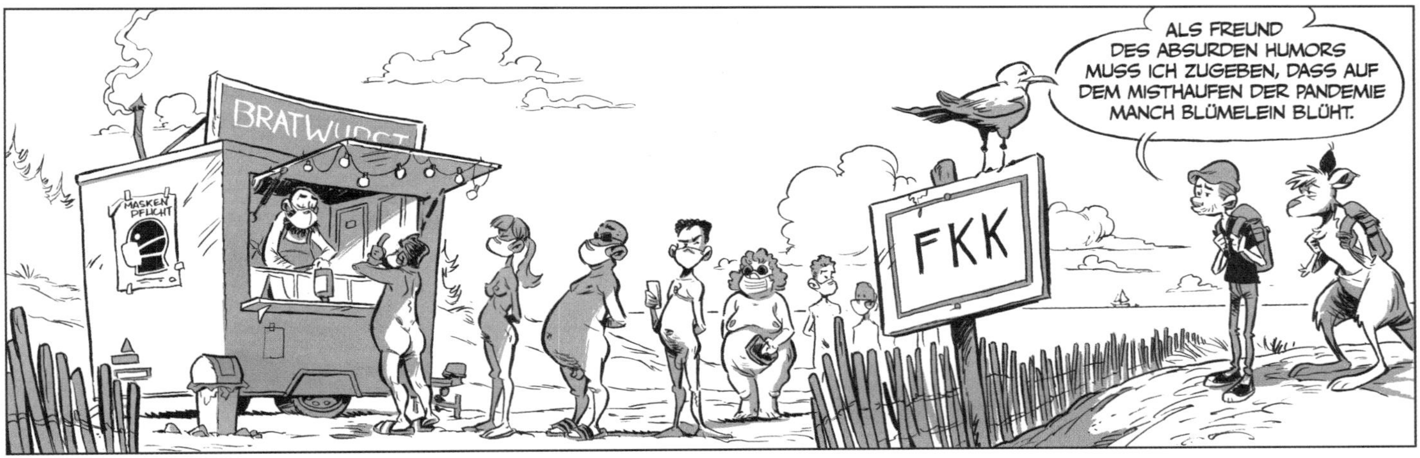

BRATWURST
MASKEN PFLICHT
FKK
ALS FREUND DES ABSURDEN HUMORS MUSS ICH ZUGEBEN, DASS AUF DEM MISTHAUFEN DER PANDEMIE MANCH BLÜMELEIN BLÜHT.

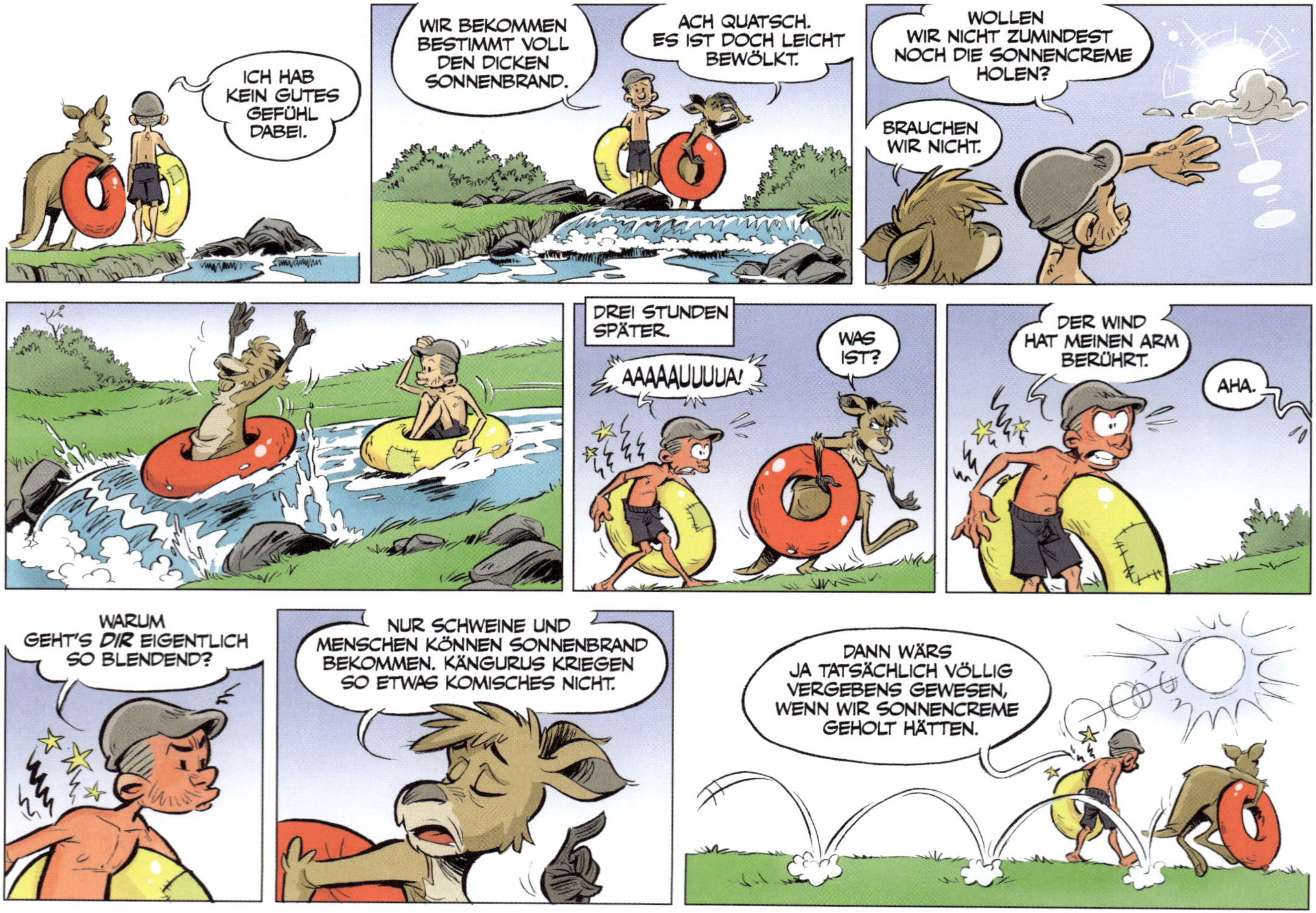
ICH HAB KEIN GUTES GEFÜHL DABEI.
WIR BEKOMMEN BESTIMMT VOLL DEN DICKEN SONNENBRAND.
ACH QUATSCH. ES IST DOCH LEICHT BEWÖLKT.
WOLLEN WIR NICHT ZUMINDEST NOCH DIE SONNENCREME HOLEN?
BRAUCHEN WIR NICHT.
DREI STUNDEN SPÄTER.
AAAAAUUUUA!
WAS IST?
DER WIND HAT MEINEN ARM BERÜHRT.
AHA.
WARUM GEHT'S *DIR* EIGENTLICH SO BLENDEND?
NUR SCHWEINE UND MENSCHEN KÖNNEN SONNENBRAND BEKOMMEN. KÄNGURUS KRIEGEN SO ETWAS KOMISCHES NICHT.
DANN WÄRS JA TATSÄCHLICH VÖLLIG VERGEBENS GEWESEN, WENN WIR SONNENCREME GEHOLT HÄTTEN.

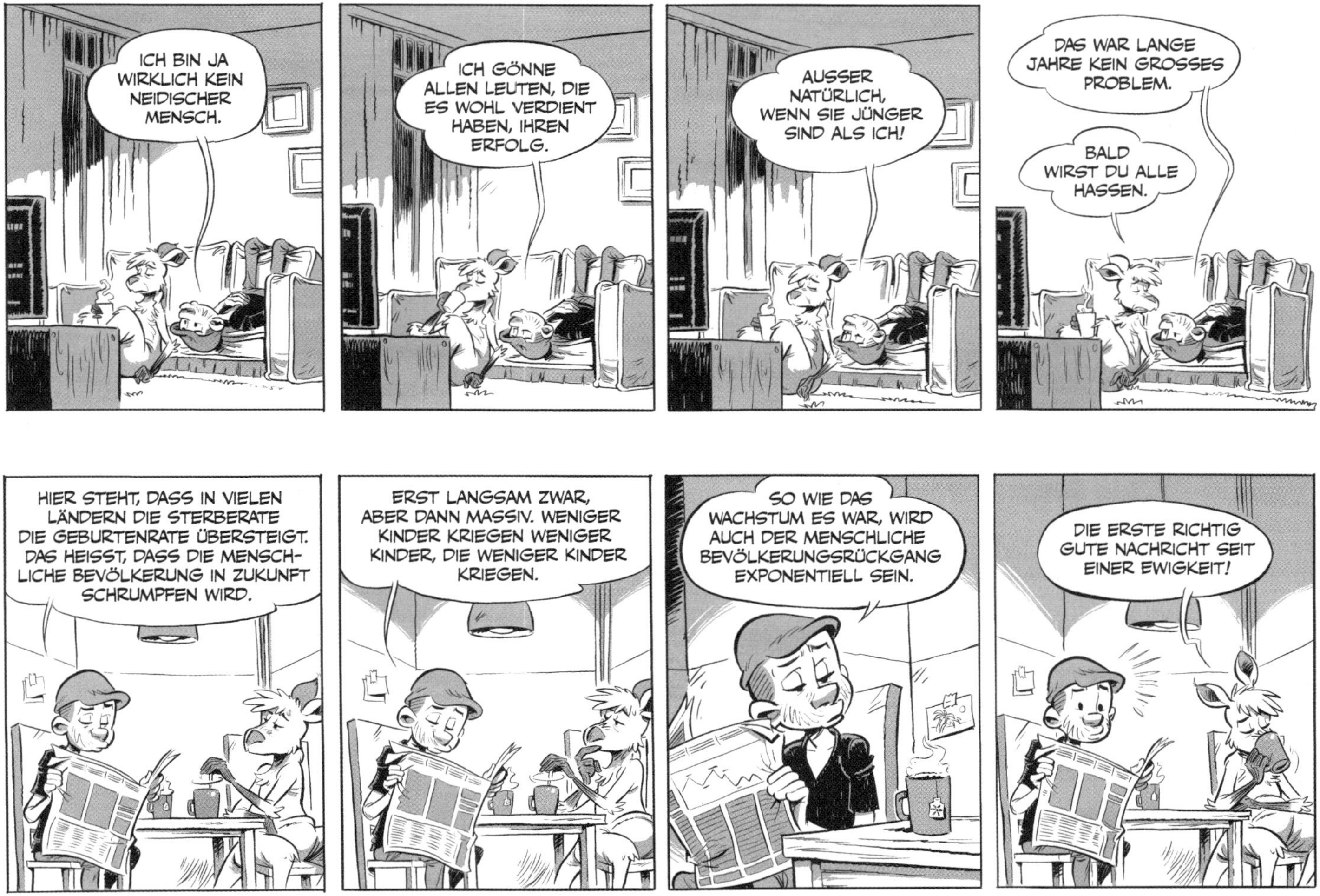
ICH BIN JA WIRKLICH KEIN NEIDISCHER MENSCH.
ICH GÖNNE ALLEN LEUTEN, DIE ES WOHL VERDIENT HABEN, IHREN ERFOLG.
AUSSER NATÜRLICH, WENN SIE JÜNGER SIND ALS ICH!
DAS WAR LANGE JAHRE KEIN GROSSES PROBLEM.
BALD WIRST DU ALLE HASSEN.
HIER STEHT, DASS IN VIELEN LÄNDERN DIE STERBERATE DIE GEBURTENRATE ÜBERSTEIGT. DAS HEISST, DASS DIE MENSCHLICHE BEVÖLKERUNG IN ZUKUNFT SCHRUMPFEN WIRD.
ERST LANGSAM ZWAR, ABER DANN MASSIV. WENIGER KINDER KRIEGEN WENIGER KINDER, DIE WENIGER KINDER KRIEGEN.
SO WIE DAS WACHSTUM ES WAR, WIRD AUCH DER MENSCHLICHE BEVÖLKERUNGSRÜCKGANG EXPONENTIELL SEIN.
DIE ERSTE RICHTIG GUTE NACHRICHT SEIT EINER EWIGKEIT!

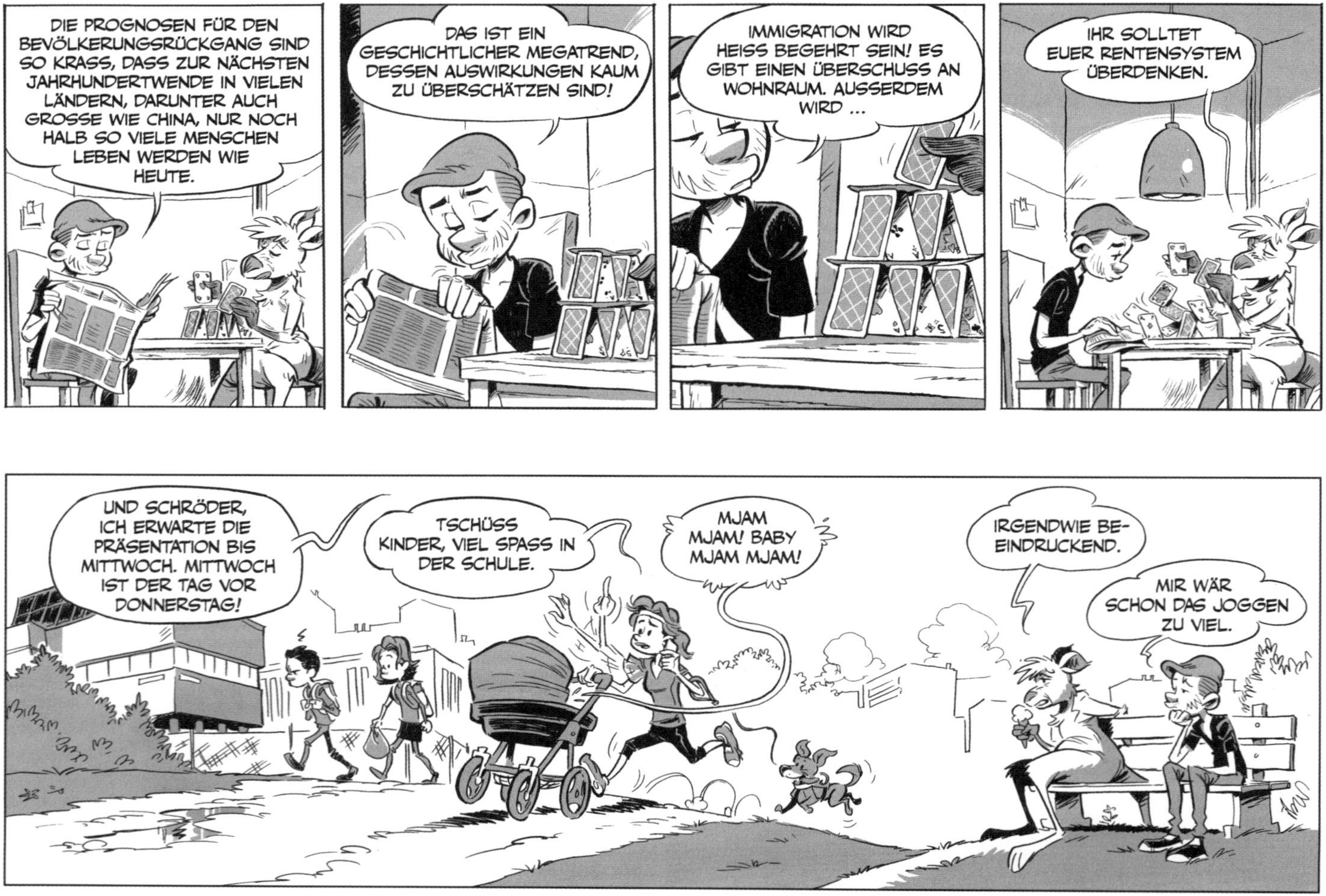
DIE PROGNOSEN FÜR DEN BEVÖLKERUNGSRÜCKGANG SIND SO KRASS, DASS ZUR NÄCHSTEN JAHRHUNDERTWENDE IN VIELEN LÄNDERN, DARUNTER AUCH GROSSE WIE CHINA, NUR NOCH HALB SO VIELE MENSCHEN LEBEN WERDEN WIE HEUTE.
DAS IST EIN GESCHICHTLICHER MEGATREND, DESSEN AUSWIRKUNGEN KAUM ZU ÜBERSCHÄTZEN SIND!
IMMIGRATION WIRD HEISS BEGEHRT SEIN! ES GIBT EINEN ÜBERSCHUSS AN WOHNRAUM. AUSSERDEM WIRD ...
IHR SOLLTET EUER RENTENSYSTEM ÜBERDENKEN.
UND SCHRÖDER, ICH ERWARTE DIE PRÄSENTATION BIS MITTWOCH. MITTWOCH IST DER TAG VOR DONNERSTAG!
TSCHÜSS KINDER, VIEL SPASS IN DER SCHULE.
MJAM MJAM! BABY MJAM MJAM!
IRGENDWIE BE-EINDRUCKEND.
MIR WÄR SCHON DAS JOGGEN ZU VIEL.

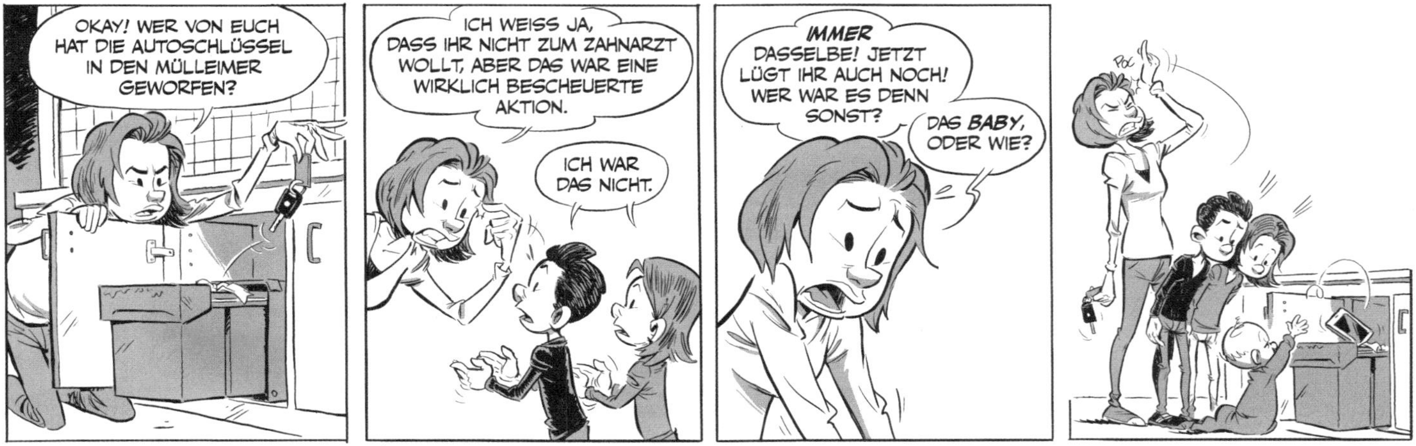
OKAY! WER VON EUCH HAT DIE AUTOSCHLÜSSEL IN DEN MÜLLEIMER GEWORFEN?
ICH WEISS JA, DASS IHR NICHT ZUM ZAHNARZT WOLLT, ABER DAS WAR EINE WIRKLICH BESCHEUERTE AKTION.
ICH WAR DAS NICHT.
IMMER DASSELBE! JETZT LÜGT IHR AUCH NOCH! WER WAR ES DENN SONST?
DAS BABY, ODER WIE?
POC

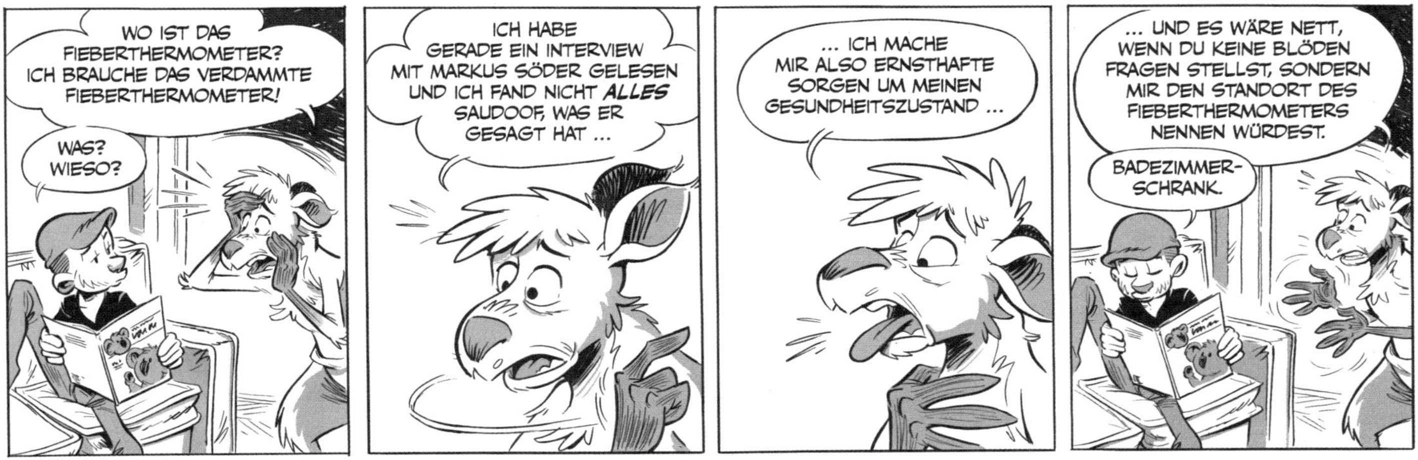
WO IST DAS FIEBERTHERMOMETER? ICH BRAUCHE DAS VERDAMMTE FIEBERTHERMOMETER!
WAS? WIESO?
ICH HABE GERADE EIN INTERVIEW MIT MARKUS SÖDER GELESEN UND ICH FAND NICHT ALLES SAUDOOF, WAS ER GESAGT HAT ...
... ICH MACHE MIR ALSO ERNSTHAFTE SORGEN UM MEINEN GESUNDHEITSZUSTAND ...
... UND ES WÄRE NETT, WENN DU KEINE BLÖDEN FRAGEN STELLST, SONDERN MIR DEN STANDORT DES FIEBERTHERMOMETERS NENNEN WÜRDEST.
BADEZIMMER-SCHRANK.

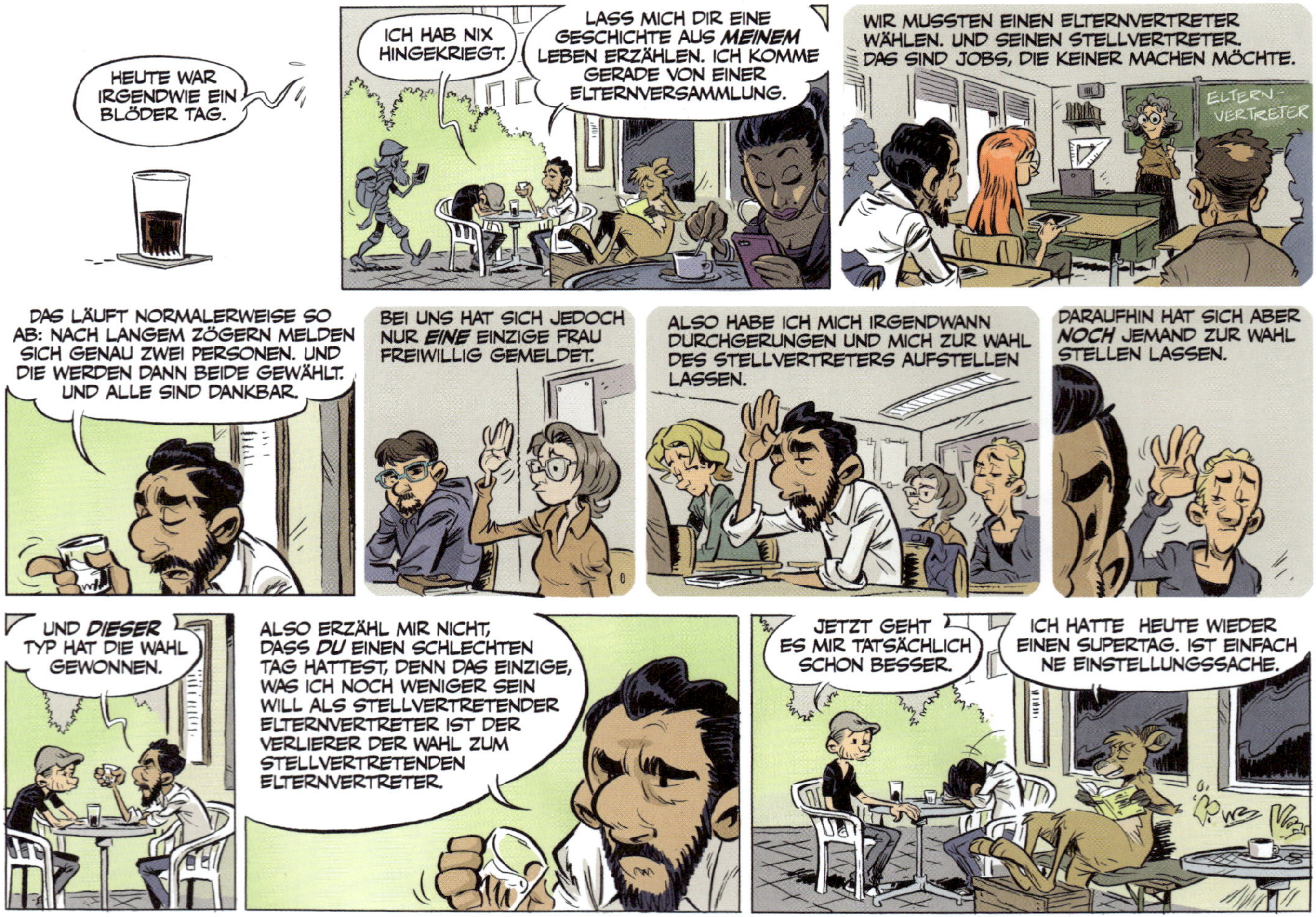
HEUTE WAR IRGENDWIE EIN BLÖDER TAG.
ICH HAB NIX HINGEKRIEGT.
LASS MICH DIR EINE GESCHICHTE AUS MEINEM LEBEN ERZÄHLEN. ICH KOMME GERADE VON EINER ELTERNVERSAMMLUNG.
WIR MUSSTEN EINEN ELTERNVERTRETER WÄHLEN. UND SEINEN STELLVERTRETER. DAS SIND JOBS, DIE KEINER MACHEN MÖCHTE.
ELTERN-VERTRETER
DAS LÄUFT NORMALERWEISE SO AB: NACH LANGEM ZÖGERN MELDEN SICH GENAU ZWEI PERSONEN. UND DIE WERDEN DANN BEIDE GEWÄHLT. UND ALLE SIND DANKBAR.
BEI UNS HAT SICH JEDOCH NUR EINE EINZIGE FRAU FREIWILLIG GEMELDET.
ALSO HABE ICH MICH IRGENDWANN DURCHGERUNGEN UND MICH ZUR WAHL DES STELLVERTRETERS AUFSTELLEN LASSEN.
DARAUFHIN HAT SICH ABER NOCH JEMAND ZUR WAHL STELLEN LASSEN.
UND DIESER TYP HAT DIE WAHL GEWONNEN.
ALSO ERZÄHL MIR NICHT, DASS DU EINEN SCHLECHTEN TAG HATTEST, DENN DAS EINZIGE, WAS ICH NOCH WENIGER SEIN WILL ALS STELLVERTRETENDER ELTERNVERTRETER IST DER VERLIERER DER WAHL ZUM STELLVERTRETENDEN ELTERNVERTRETER.
JETZT GEHT ES MIR TATSÄCHLICH SCHON BESSER.
ICH HATTE HEUTE WIEDER EINEN SUPERTAG. IST EINFACH NE EINSTELLUNGSSACHE.

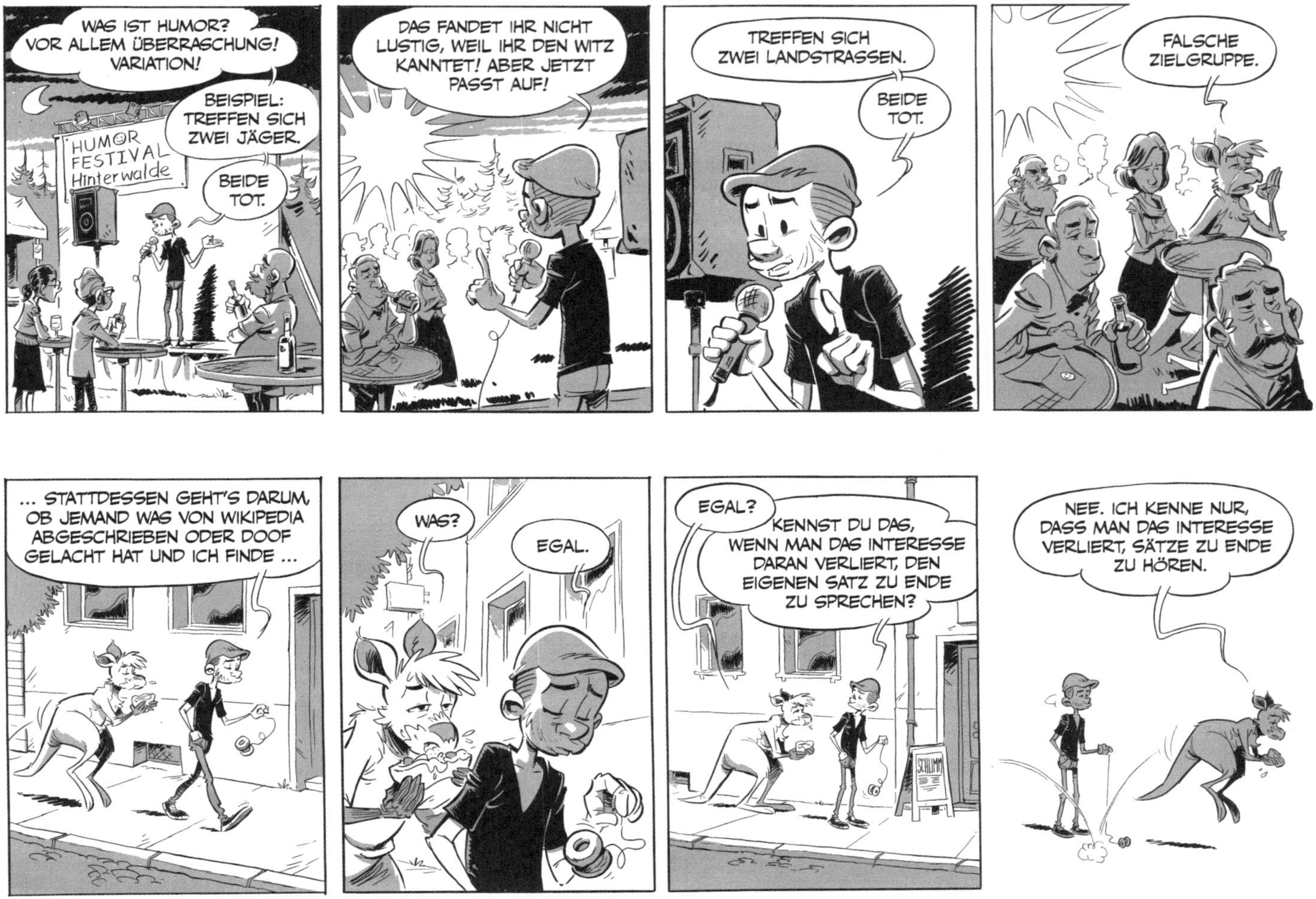
WAS IST HUMOR? VOR ALLEM ÜBERRASCHUNG! VARIATION!
BEISPIEL: TREFFEN SICH ZWEI JÄGER.
HUMOR FESTIVAL Hinterwalde
BEIDE TOT.
DAS FANDET IHR NICHT LUSTIG, WEIL IHR DEN WITZ KANNTET! ABER JETZT PASST AUF!
TREFFEN SICH ZWEI LANDSTRASSEN.
BEIDE TOT.
FALSCHE ZIELGRUPPE.
… STATTDESSEN GEHT'S DARUM, OB JEMAND WAS VON WIKIPEDIA ABGESCHRIEBEN ODER DOOF GELACHT HAT UND ICH FINDE …
WAS?
EGAL.
EGAL?
KENNST DU DAS, WENN MAN DAS INTERESSE DARAN VERLIERT, DEN EIGENEN SATZ ZU ENDE ZU SPRECHEN?
SCHLIMM
NEE. ICH KENNE NUR, DASS MAN DAS INTERESSE VERLIERT, SÄTZE ZU ENDE ZU HÖREN.

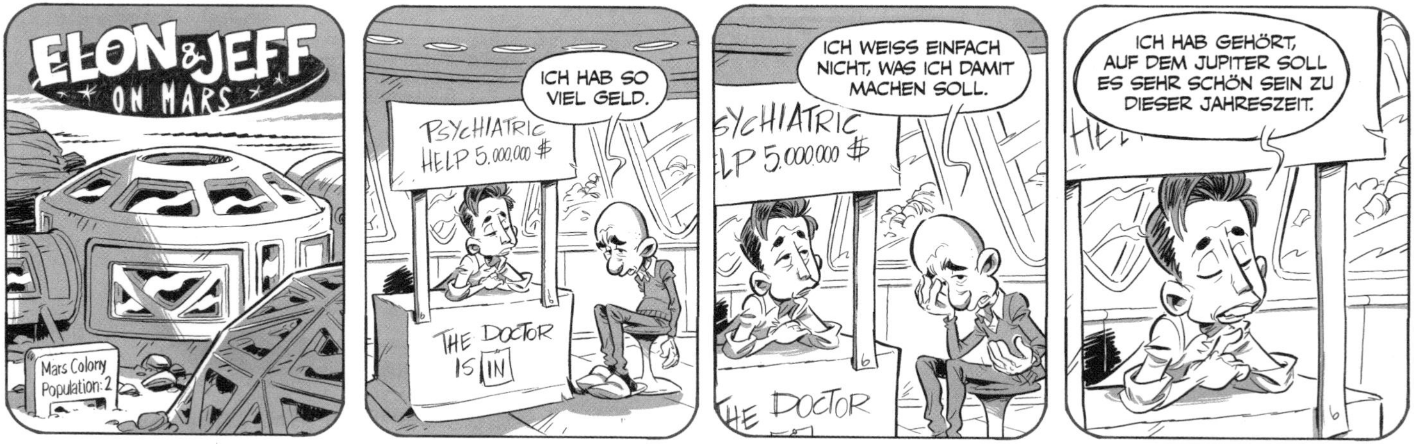
ELON & JEFF
ON MARS
Mars Colony
Population: 2
PSYCHIATRIC HELP 5.000.000 $
ICH HAB SO VIEL GELD.
THE DOCTOR IS IN
ICH WEISS EINFACH NICHT, WAS ICH DAMIT MACHEN SOLL.
ICH HAB GEHÖRT, AUF DEM JUPITER SOLL ES SEHR SCHÖN SEIN ZU DIESER JAHRESZEIT.

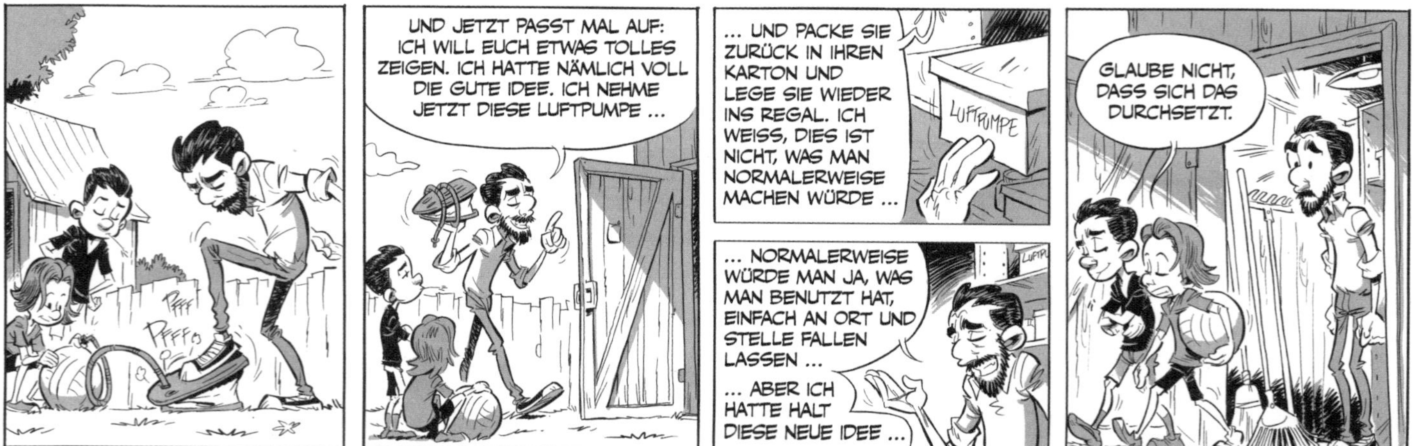
UND JETZT PASST MAL AUF: ICH WILL EUCH ETWAS TOLLES ZEIGEN. ICH HATTE NÄMLICH VOLL DIE GUTE IDEE. ICH NEHME JETZT DIESE LUFTPUMPE …
… UND PACKE SIE ZURÜCK IN IHREN KARTON UND LEGE SIE WIEDER INS REGAL. ICH WEISS, DIES IST NICHT, WAS MAN NORMALERWEISE MACHEN WÜRDE …
LUFTPUMPE
… NORMALERWEISE WÜRDE MAN JA, WAS MAN BENUTZT HAT, EINFACH AN ORT UND STELLE FALLEN LASSEN …
… ABER ICH HATTE HALT DIESE NEUE IDEE …
GLAUBE NICHT, DASS SICH DAS DURCHSETZT.

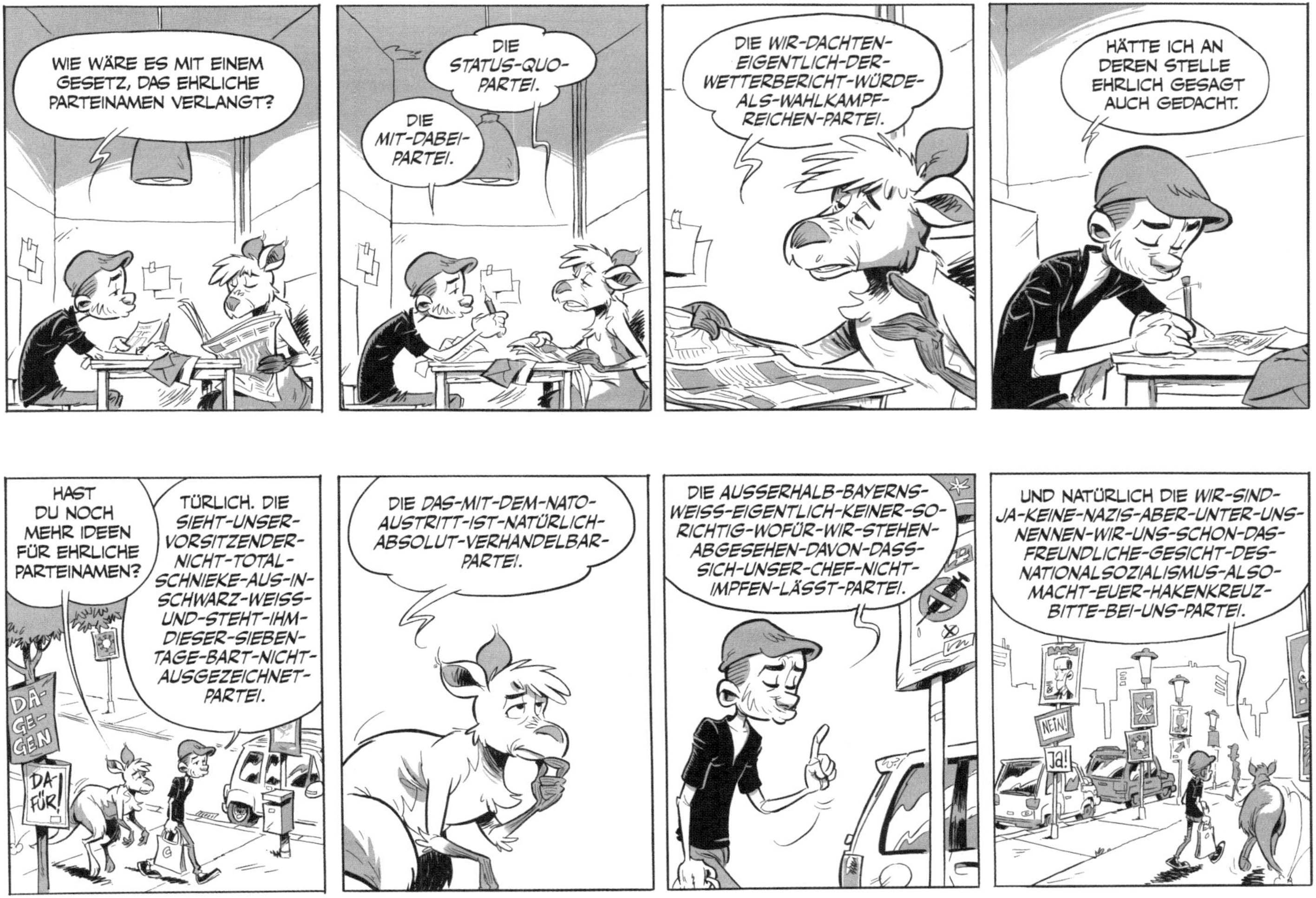
WIE WÄRE ES MIT EINEM GESETZ, DAS EHRLICHE PARTEINAMEN VERLANGT?
DIE STATUS-QUO-PARTEI.
DIE MIT-DABEI-PARTEI.
DIE WIR-DACHTEN-EIGENTLICH-DER-WETTERBERICHT-WÜRDE-ALS-WAHLKAMPF-REICHEN-PARTEI.
HÄTTE ICH AN DEREN STELLE EHRLICH GESAGT AUCH GEDACHT.
HAST DU NOCH MEHR IDEEN FÜR EHRLICHE PARTEINAMEN?
TÜRLICH. DIE SIEHT-UNSER-VORSITZENDER-NICHT-TOTAL-SCHNIEKE-AUS-IN-SCHWARZ-WEISS-UND-STEHT-IHM-DIESER-SIEBEN-TAGE-BART-NICHT-AUSGEZEICHNET-PARTEI.
DA-GE-GEN
DA-FÜR!
DIE DAS-MIT-DEM-NATO-AUSTRITT-IST-NATÜRLICH-ABSOLUT-VERHANDELBAR-PARTEI.
DIE AUSSERHALB-BAYERNS-WEISS-EIGENTLICH-KEINER-SO-RICHTIG-WOFÜR-WIR-STEHEN-ABGESEHEN-DAVON-DASS-SICH-UNSER-CHEF-NICHT-IMPFEN-LÄSST-PARTEI.
UND NATÜRLICH DIE WIR-SIND-JA-KEINE-NAZIS-ABER-UNTER-UNS-NENNEN-WIR-UNS-SCHON-DAS-FREUNDLICHE-GESICHT-DES-NATIONALSOZIALISMUS-ALSO-MACHT-EUER-HAKENKREUZ-BITTE-BEI-UNS-PARTEI.
NEIN!
JA!

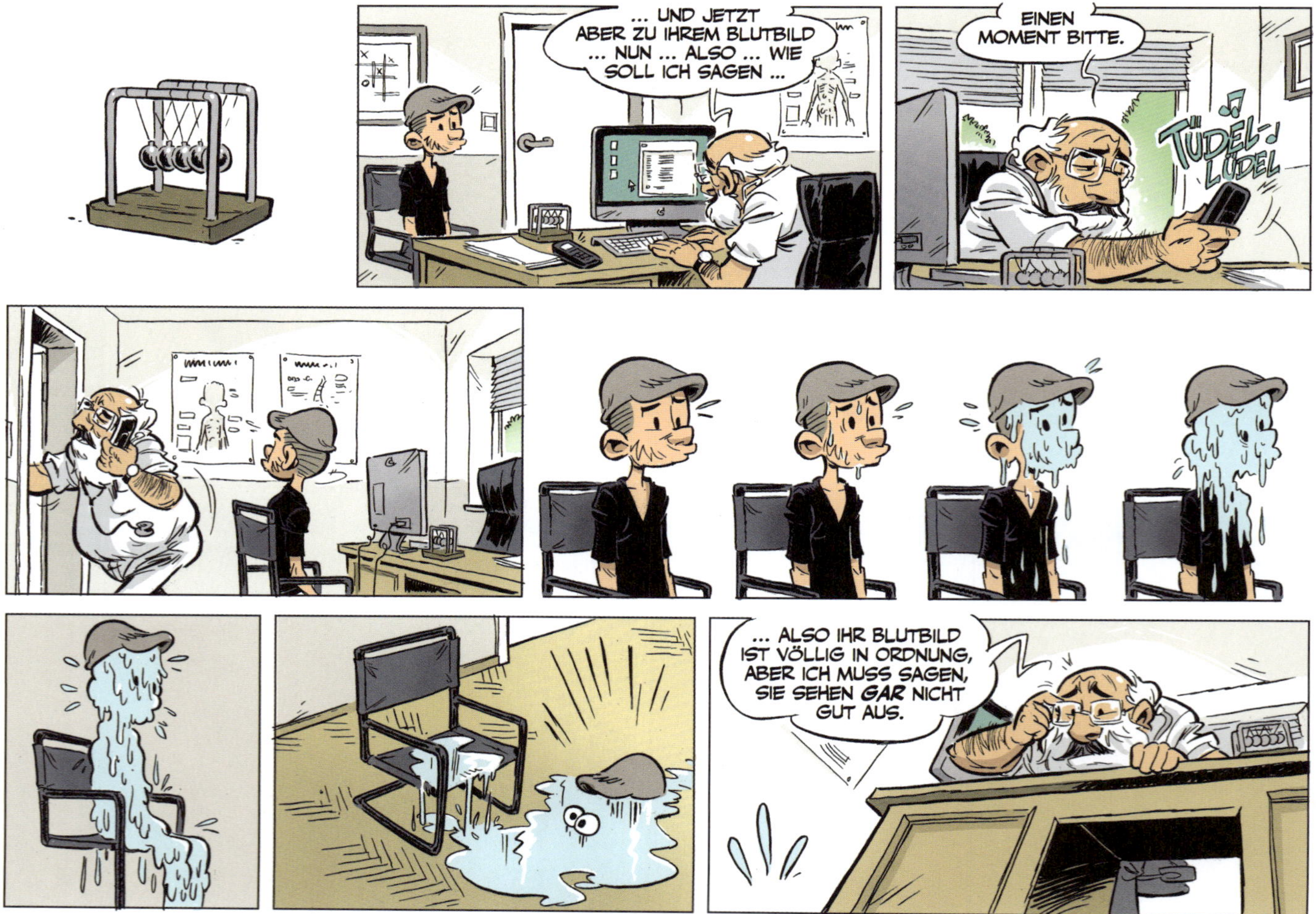
... UND JETZT ABER ZU IHREM BLUTBILD ... NUN ... ALSO ... WIE SOLL ICH SAGEN ...
TÜDEL-LÜDEL
EINEN MOMENT BITTE.
... ALSO IHR BLUTBILD IST VÖLLIG IN ORDNUNG, ABER ICH MUSS SAGEN, SIE SEHEN *GAR* NICHT GUT AUS.

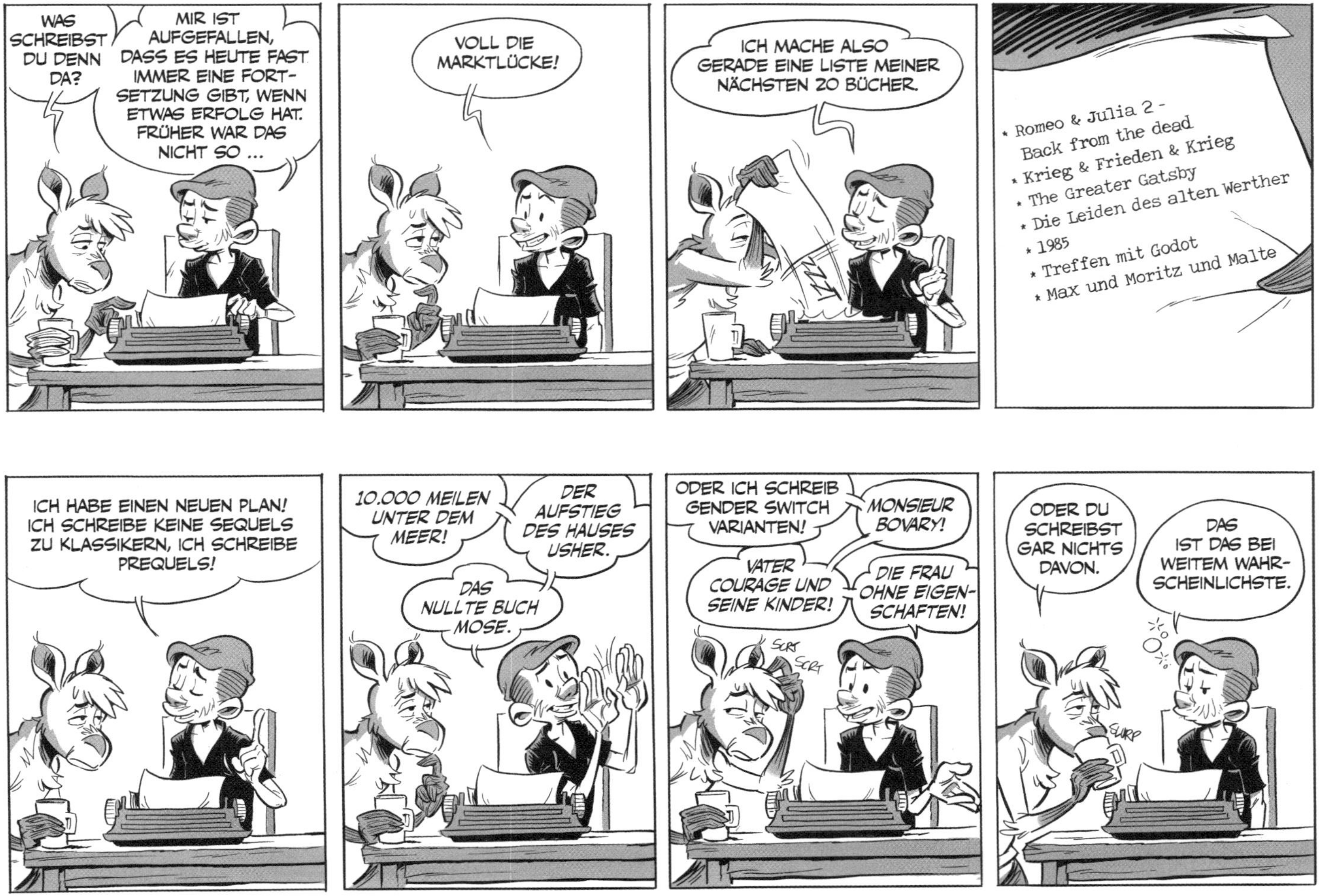
WAS SCHREIBST DU DENN DA?
MIR IST AUFGEFALLEN, DASS ES HEUTE FAST IMMER EINE FORT-SETZUNG GIBT, WENN ETWAS ERFOLG HAT. FRÜHER WAR DAS NICHT SO …
VOLL DIE MARKTLÜCKE!
ICH MACHE ALSO GERADE EINE LISTE MEINER NÄCHSTEN 20 BÜCHER.
* Romeo & Julia 2 - Back from the dead
* Krieg & Frieden & Krieg
* The Greater Gatsby
* Die Leiden des alten Werther
* 1985
* Treffen mit Godot
* Max und Moritz und Malte
ICH HABE EINEN NEUEN PLAN! ICH SCHREIBE KEINE SEQUELS ZU KLASSIKERN, ICH SCHREIBE PREQUELS!
10.000 MEILEN UNTER DEM MEER!
DER AUFSTIEG DES HAUSES USHER.
DAS NULLTE BUCH MOSE.
ODER ICH SCHREIB GENDER SWITCH VARIANTEN!
MONSIEUR BOVARY!
VATER COURAGE UND SEINE KINDER!
DIE FRAU OHNE EIGEN-SCHAFTEN!
SCRT SCRT
ODER DU SCHREIBST GAR NICHTS DAVON.
DAS IST DAS BEI WEITEM WAHR-SCHEINLICHSTE.
SLURP

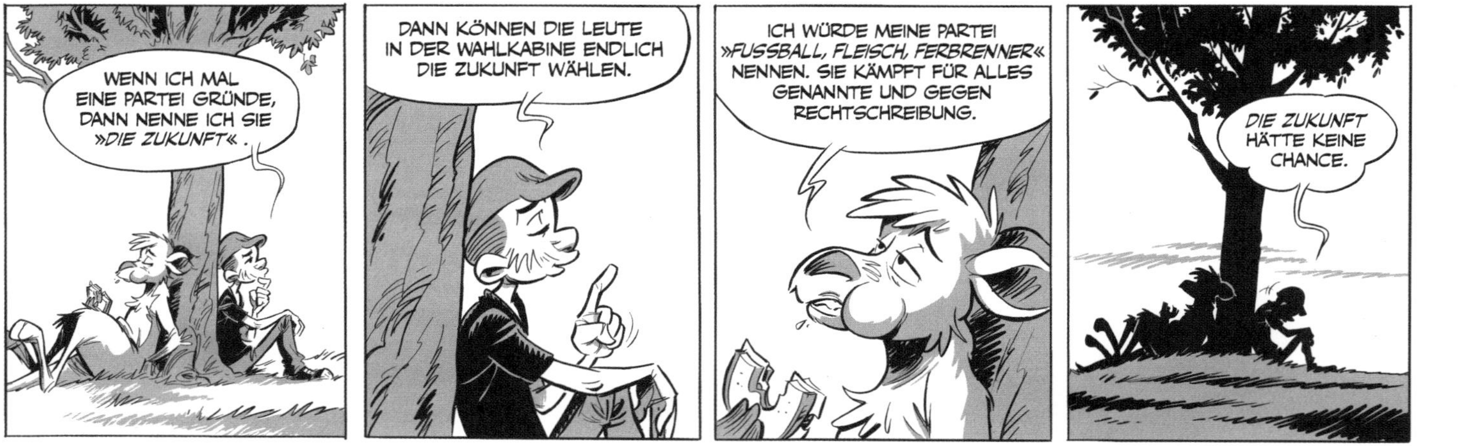
WENN ICH MAL EINE PARTEI GRÜNDE, DANN NENNE ICH SIE »DIE ZUKUNFT«.
DANN KÖNNEN DIE LEUTE IN DER WAHLKABINE ENDLICH DIE ZUKUNFT WÄHLEN.
ICH WÜRDE MEINE PARTEI »FUSSBALL, FLEISCH, FERBRENNER« NENNEN. SIE KÄMPFT FÜR ALLES GENANNTE UND GEGEN RECHTSCHREIBUNG.
DIE ZUKUNFT HÄTTE KEINE CHANCE.

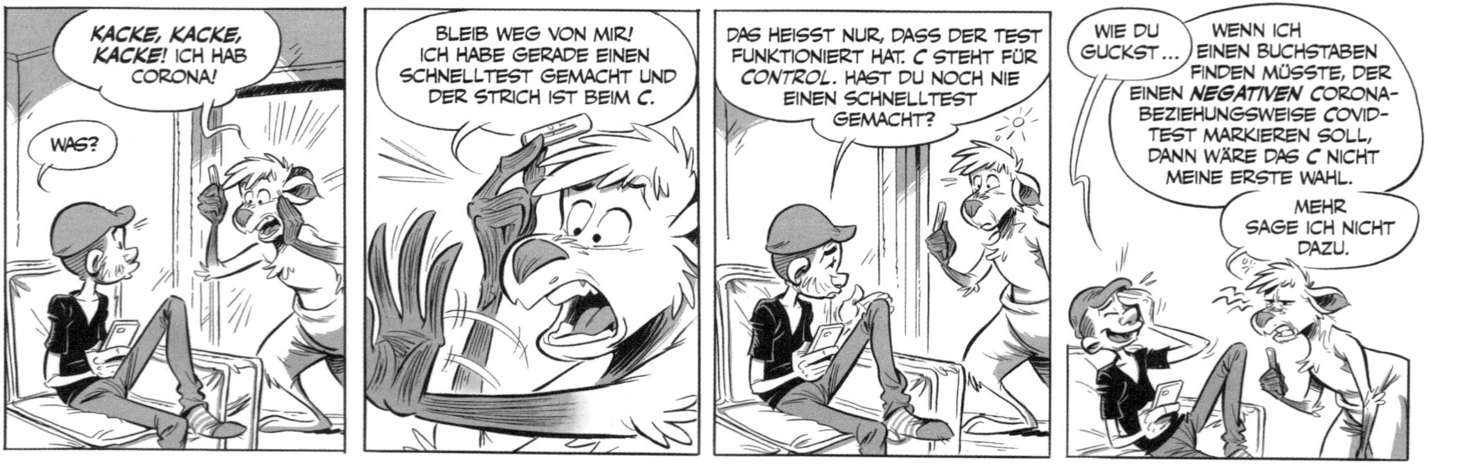
KACKE, KACKE, KACKE! ICH HAB CORONA!
WAS?
BLEIB WEG VON MIR! ICH HABE GERADE EINEN SCHNELLTEST GEMACHT UND DER STRICH IST BEIM C.
DAS HEISST NUR, DASS DER TEST FUNKTIONIERT HAT. C STEHT FÜR CONTROL. HAST DU NOCH NIE EINEN SCHNELLTEST GEMACHT?
WIE DU GUCKST...
WENN ICH EINEN BUCHSTABEN FINDEN MÜSSTE, DER EINEN NEGATIVEN CORONA- BEZIEHUNGSWEISE COVID-TEST MARKIEREN SOLL, DANN WÄRE DAS C NICHT MEINE ERSTE WAHL.
MEHR SAGE ICH NICHT DAZU.

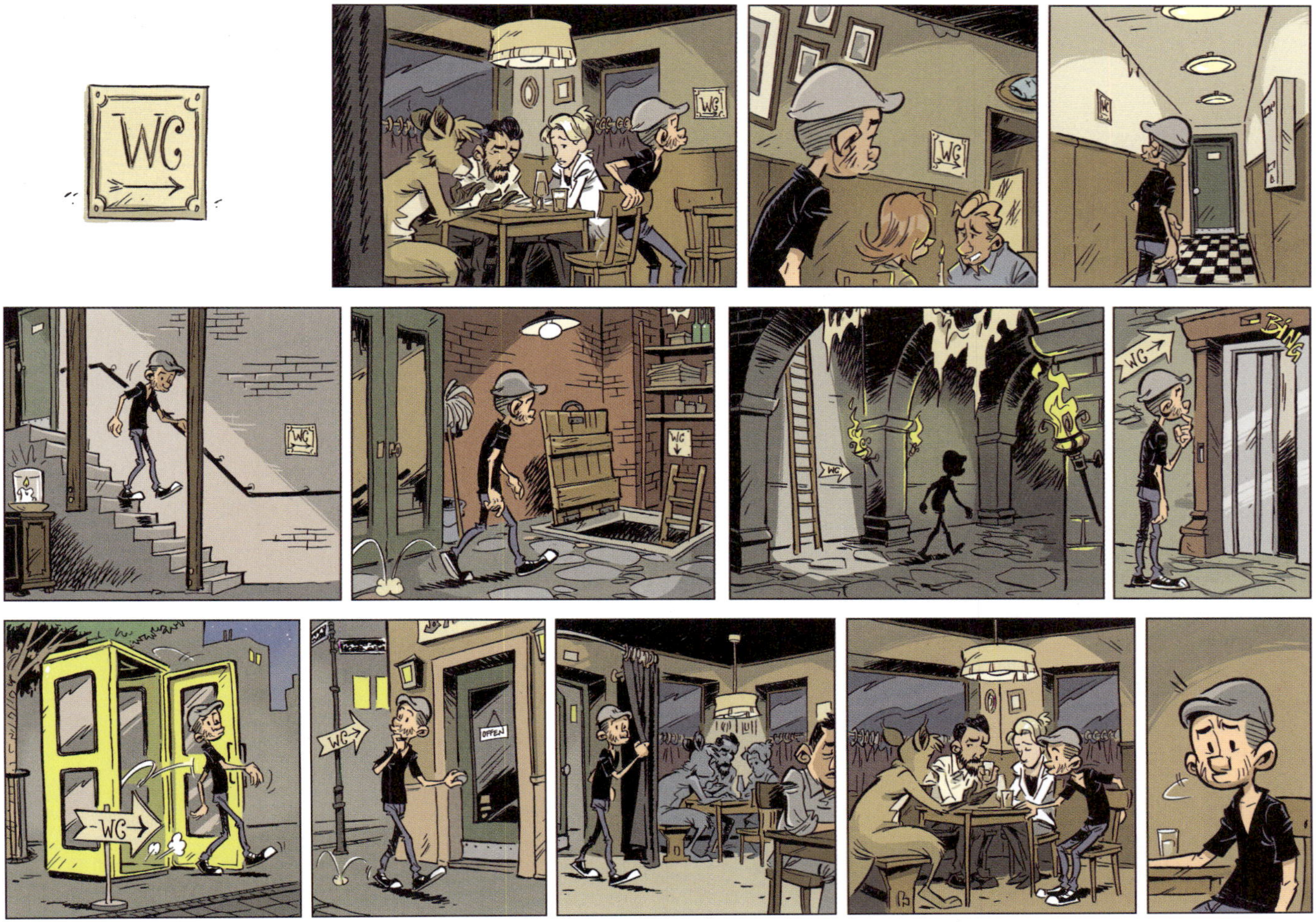
WC
WC
WC
WC
WC
WC
WC
BING
WC
WC
OFFEN

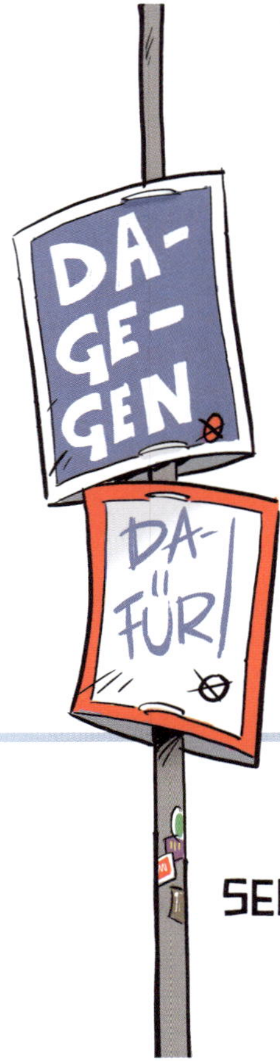

SEPTEMBER 2021

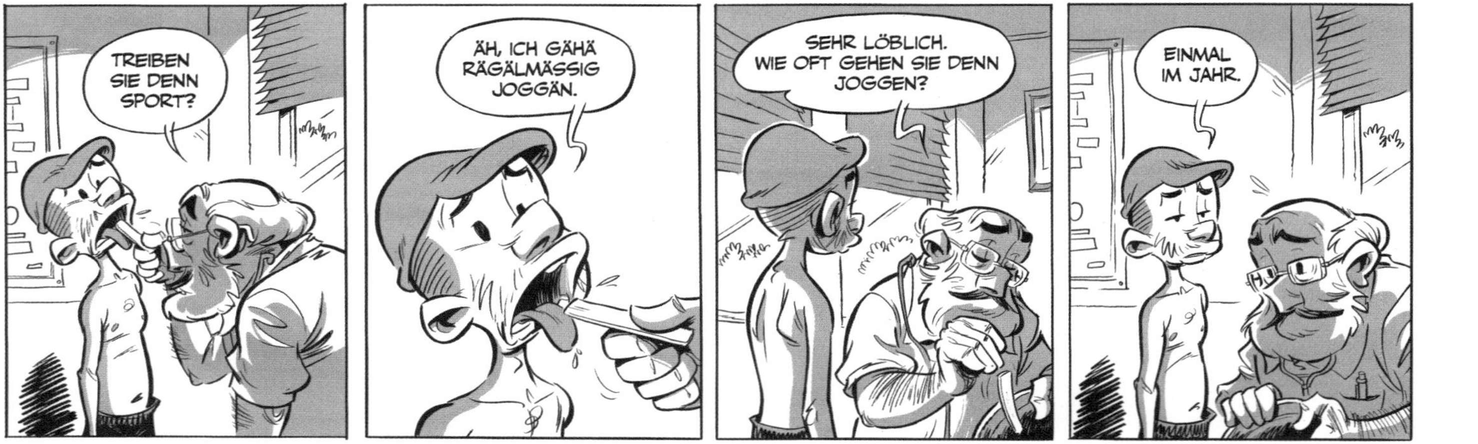
TREIBEN SIE DENN SPORT?
ÄH, ICH GÄHÄ RÄGÄLMÄSSIG JOGGÄN.
SEHR LÖBLICH. WIE OFT GEHEN SIE DENN JOGGEN?
EINMAL IM JAHR.

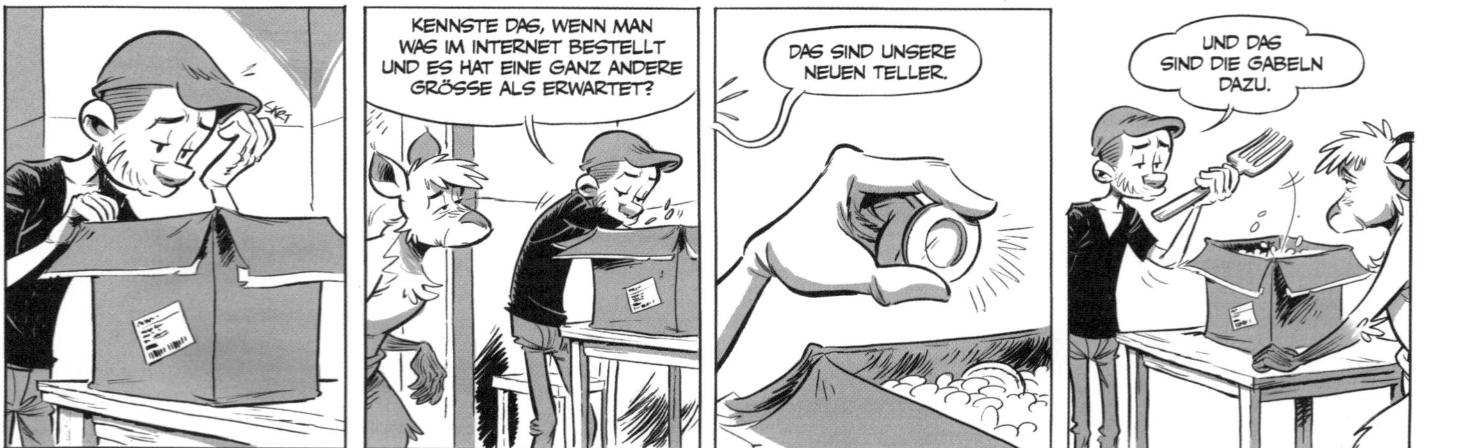
KENNSTE DAS, WENN MAN WAS IM INTERNET BESTELLT UND ES HAT EINE GANZ ANDERE GRÖSSE ALS ERWARTET?
DAS SIND UNSERE NEUEN TELLER.
UND DAS SIND DIE GABELN DAZU.

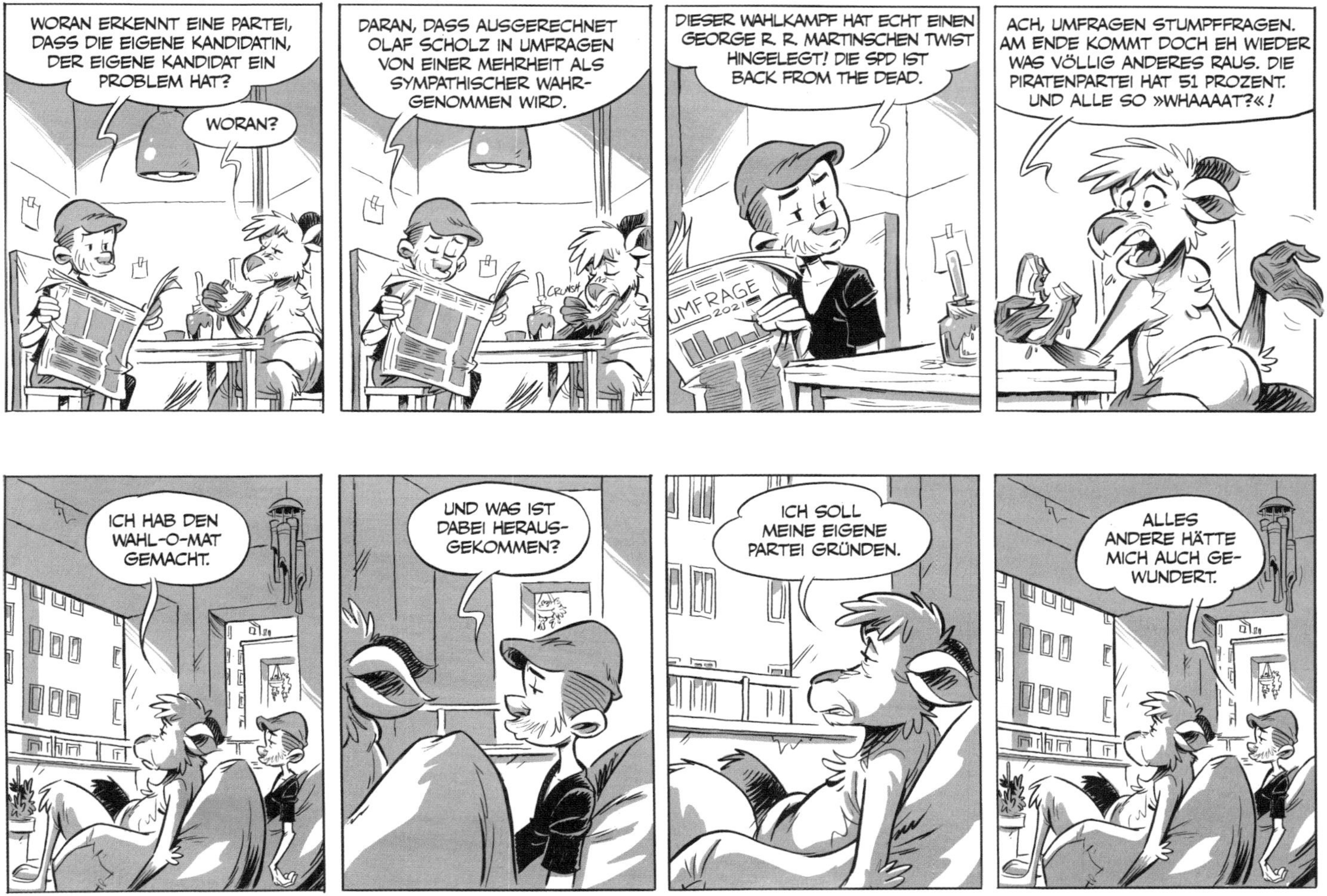
WORAN ERKENNT EINE PARTEI, DASS DIE EIGENE KANDIDATIN, DER EIGENE KANDIDAT EIN PROBLEM HAT?
WORAN?
DARAN, DASS AUSGERECHNET OLAF SCHOLZ IN UMFRAGEN VON EINER MEHRHEIT ALS SYMPATHISCHER WAHR-GENOMMEN WIRD.
CRUNSH
DIESER WAHLKAMPF HAT ECHT EINEN GEORGE R. R. MARTINSCHEN TWIST HINGELEGT! DIE SPD IST BACK FROM THE DEAD.
UMFRAGE 2021
ACH, UMFRAGEN STUMPFFRAGEN. AM ENDE KOMMT DOCH EH WIEDER WAS VÖLLIG ANDERES RAUS. DIE PIRATENPARTEI HAT 51 PROZENT. UND ALLE SO »WHAAAAT?«!
ICH HAB DEN WAHL-O-MAT GEMACHT.
UND WAS IST DABEI HERAUS-GEKOMMEN?
ICH SOLL MEINE EIGENE PARTEI GRÜNDEN.
ALLES ANDERE HÄTTE MICH AUCH GE-WUNDERT.

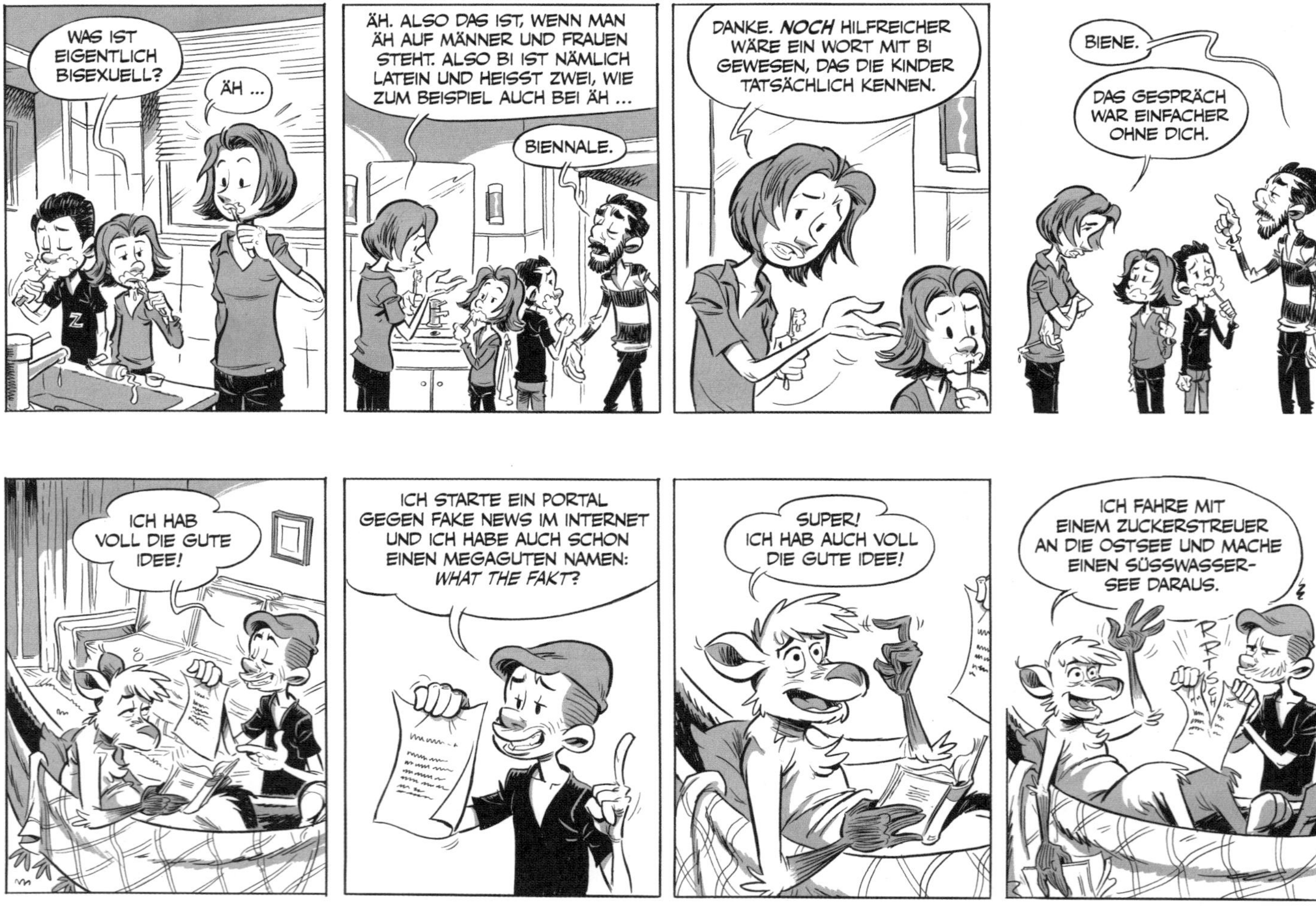
WAS IST EIGENTLICH BISEXUELL?
ÄH ...
ÄH. ALSO DAS IST, WENN MAN ÄH AUF MÄNNER UND FRAUEN STEHT. ALSO BI IST NÄMLICH LATEIN UND HEISST ZWEI, WIE ZUM BEISPIEL AUCH BEI ÄH ...
BIENNALE.
DANKE. **NOCH** HILFREICHER WÄRE EIN WORT MIT BI GEWESEN, DAS DIE KINDER TATSÄCHLICH KENNEN.
BIENE.
DAS GESPRÄCH WAR EINFACHER OHNE DICH.
ICH HAB VOLL DIE GUTE IDEE!
ICH STARTE EIN PORTAL GEGEN FAKE NEWS IM INTERNET UND ICH HABE AUCH SCHON EINEN MEGAGUTEN NAMEN: *WHAT THE FAKT?*
SUPER! ICH HAB AUCH VOLL DIE GUTE IDEE!
ICH FAHRE MIT EINEM ZUCKERSTREUER AN DIE OSTSEE UND MACHE EINEN SÜSSWASSER-SEE DARAUS.
RRTSCH

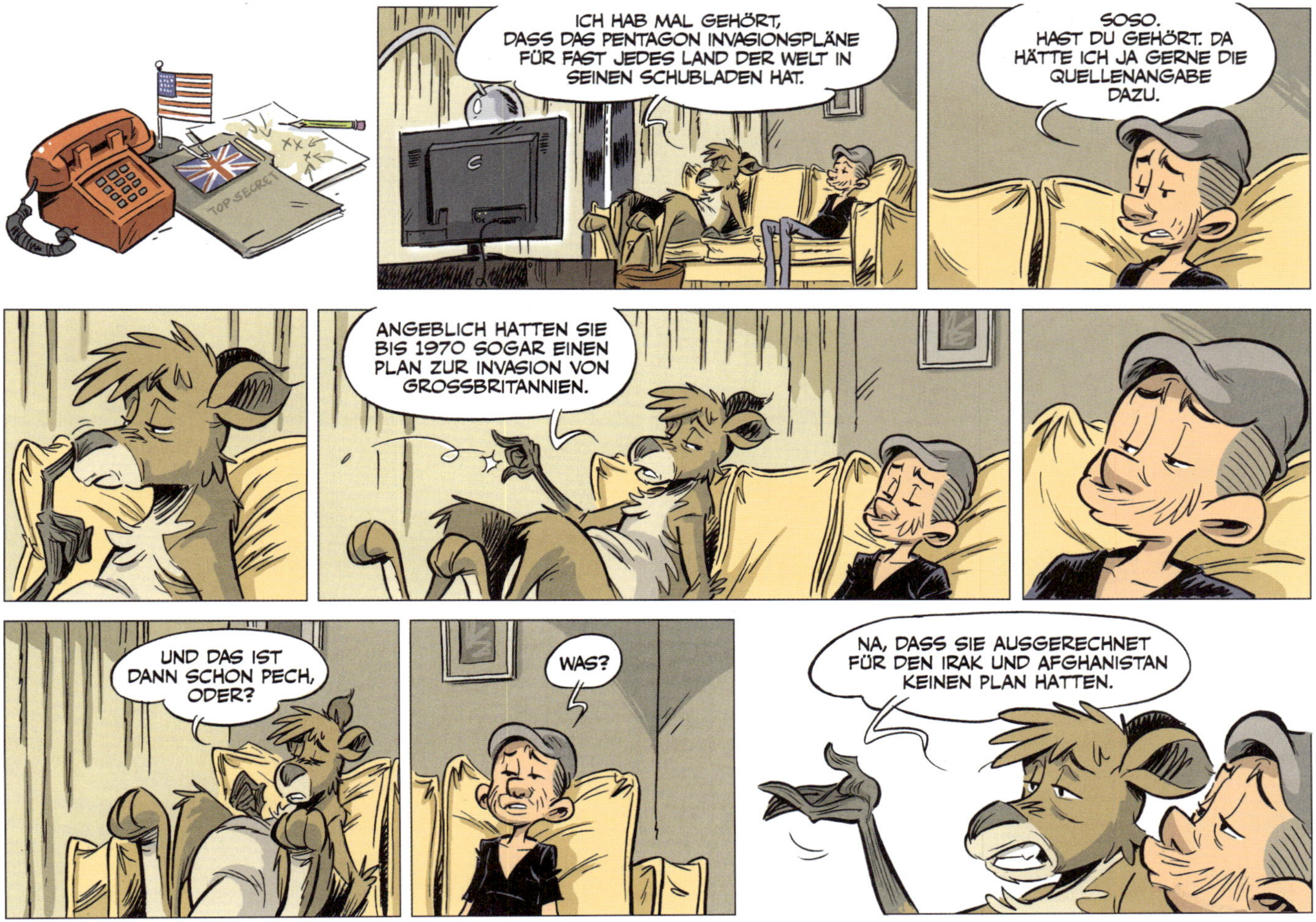
TOP SECRET
ICH HAB MAL GEHÖRT, DASS DAS PENTAGON INVASIONSPLÄNE FÜR FAST JEDES LAND DER WELT IN SEINEN SCHUBLADEN HAT.
SOSO. HAST DU GEHÖRT. DA HÄTTE ICH JA GERNE DIE QUELLENANGABE DAZU.
ANGEBLICH HATTEN SIE BIS 1970 SOGAR EINEN PLAN ZUR INVASION VON GROSSBRITANNIEN.
UND DAS IST DANN SCHON PECH, ODER?
WAS?
NA, DASS SIE AUSGERECHNET FÜR DEN IRAK UND AFGHANISTAN KEINEN PLAN HATTEN.

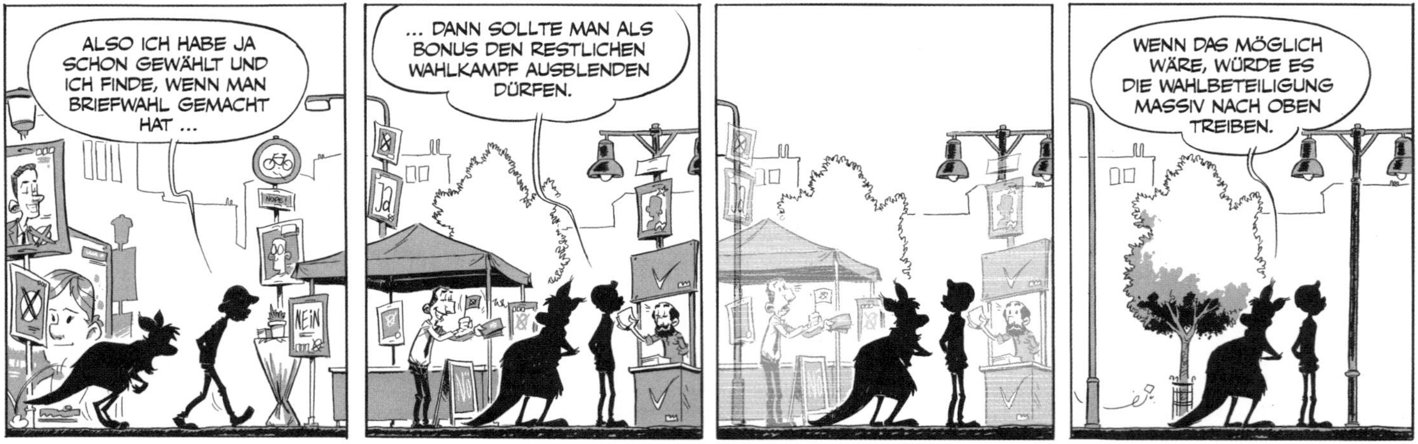
ALSO ICH HABE JA SCHON GEWÄHLT UND ICH FINDE, WENN MAN BRIEFWAHL GEMACHT HAT …
NEIN
JA
... DANN SOLLTE MAN ALS BONUS DEN RESTLICHEN WAHLKAMPF AUSBLENDEN DÜRFEN.
WENN DAS MÖGLICH WÄRE, WÜRDE ES DIE WAHLBETEILIGUNG MASSIV NACH OBEN TREIBEN.

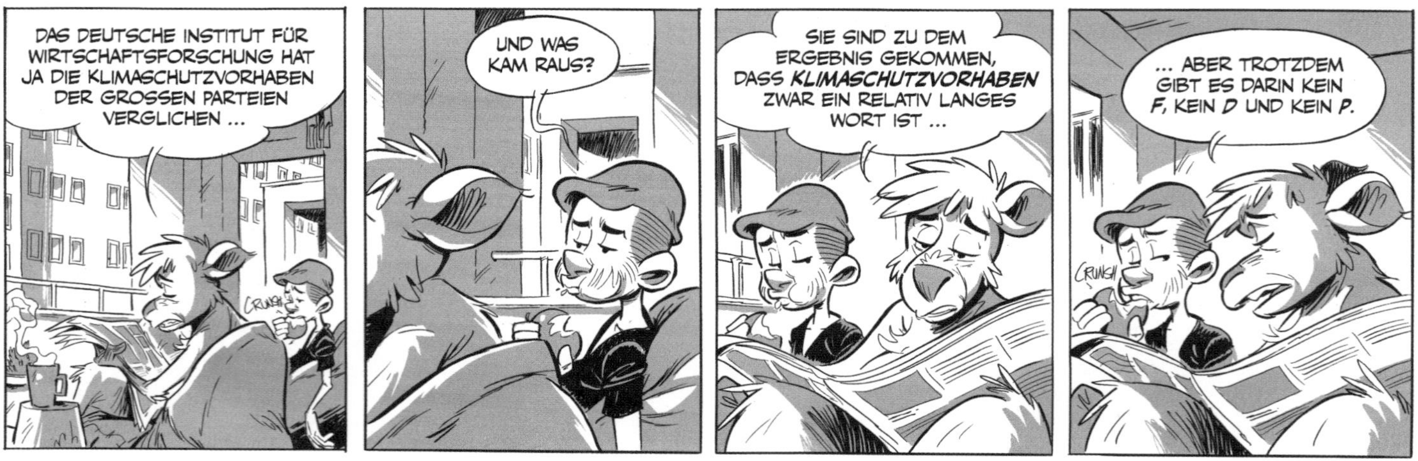
DAS DEUTSCHE INSTITUT FÜR WIRTSCHAFTSFORSCHUNG HAT JA DIE KLIMASCHUTZVORHABEN DER GROSSEN PARTEIEN VERGLICHEN …
CRUNSH
UND WAS KAM RAUS?
SIE SIND ZU DEM ERGEBNIS GEKOMMEN, DASS ***KLIMASCHUTZVORHABEN*** ZWAR EIN RELATIV LANGES WORT IST …
... ABER TROTZDEM GIBT ES DARIN KEIN *F*, KEIN *D* UND KEIN *P*.
CRUNSH

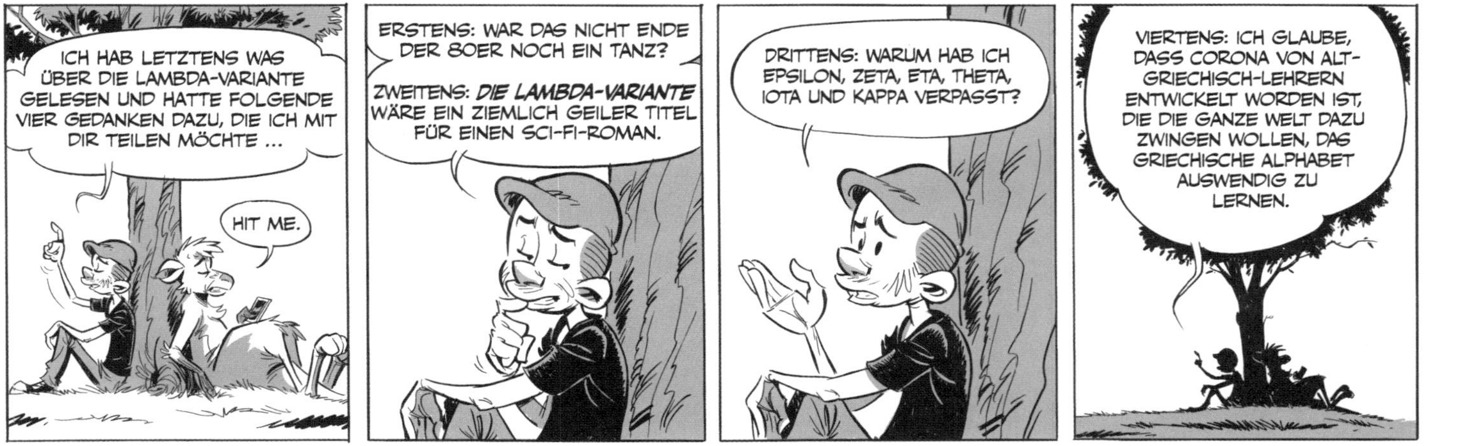
ICH HAB LETZTENS WAS ÜBER DIE LAMBDA-VARIANTE GELESEN UND HATTE FOLGENDE VIER GEDANKEN DAZU, DIE ICH MIT DIR TEILEN MÖCHTE …
HIT ME.
ERSTENS: WAR DAS NICHT ENDE DER 80ER NOCH EIN TANZ?
ZWEITENS: ***DIE LAMBDA-VARIANTE*** WÄRE EIN ZIEMLICH GEILER TITEL FÜR EINEN SCI-FI-ROMAN.
DRITTENS: WARUM HAB ICH EPSILON, ZETA, ETA, THETA, IOTA UND KAPPA VERPASST?
VIERTENS: ICH GLAUBE, DASS CORONA VON ALT-GRIECHISCH-LEHRERN ENTWICKELT WORDEN IST, DIE DIE GANZE WELT DAZU ZWINGEN WOLLEN, DAS GRIECHISCHE ALPHABET AUSWENDIG ZU LERNEN.

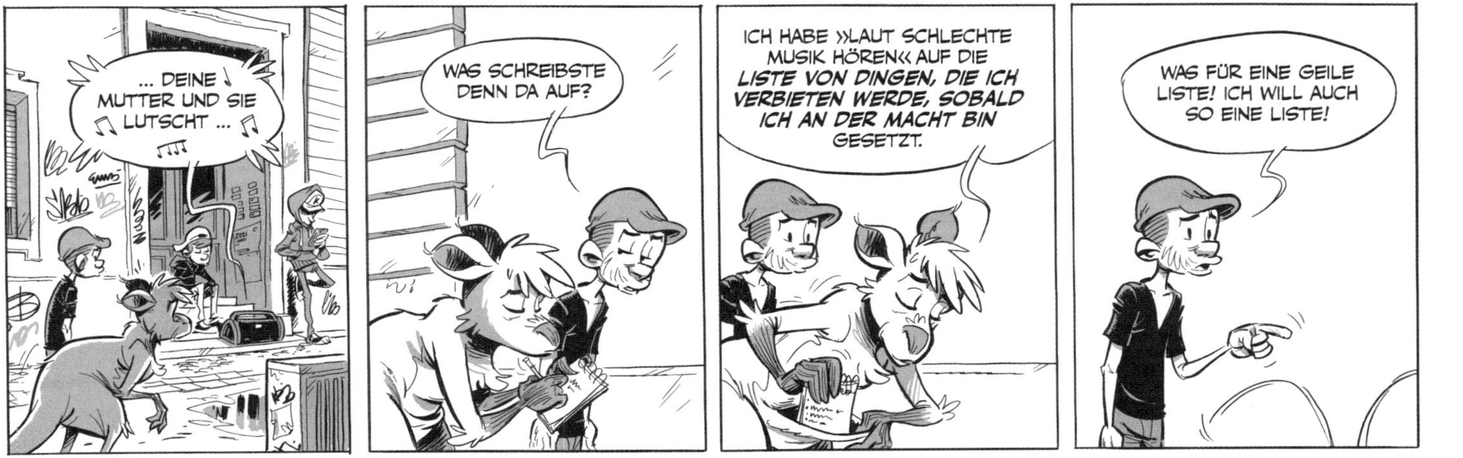
… DEINE MUTTER UND SIE LUTSCHT …
WAS SCHREIBSTE DENN DA AUF?
ICH HABE »LAUT SCHLECHTE MUSIK HÖREN« AUF DIE ***LISTE VON DINGEN, DIE ICH VERBIETEN WERDE, SOBALD ICH AN DER MACHT BIN*** GESETZT.
WAS FÜR EINE GEILE LISTE! ICH WILL AUCH SO EINE LISTE!

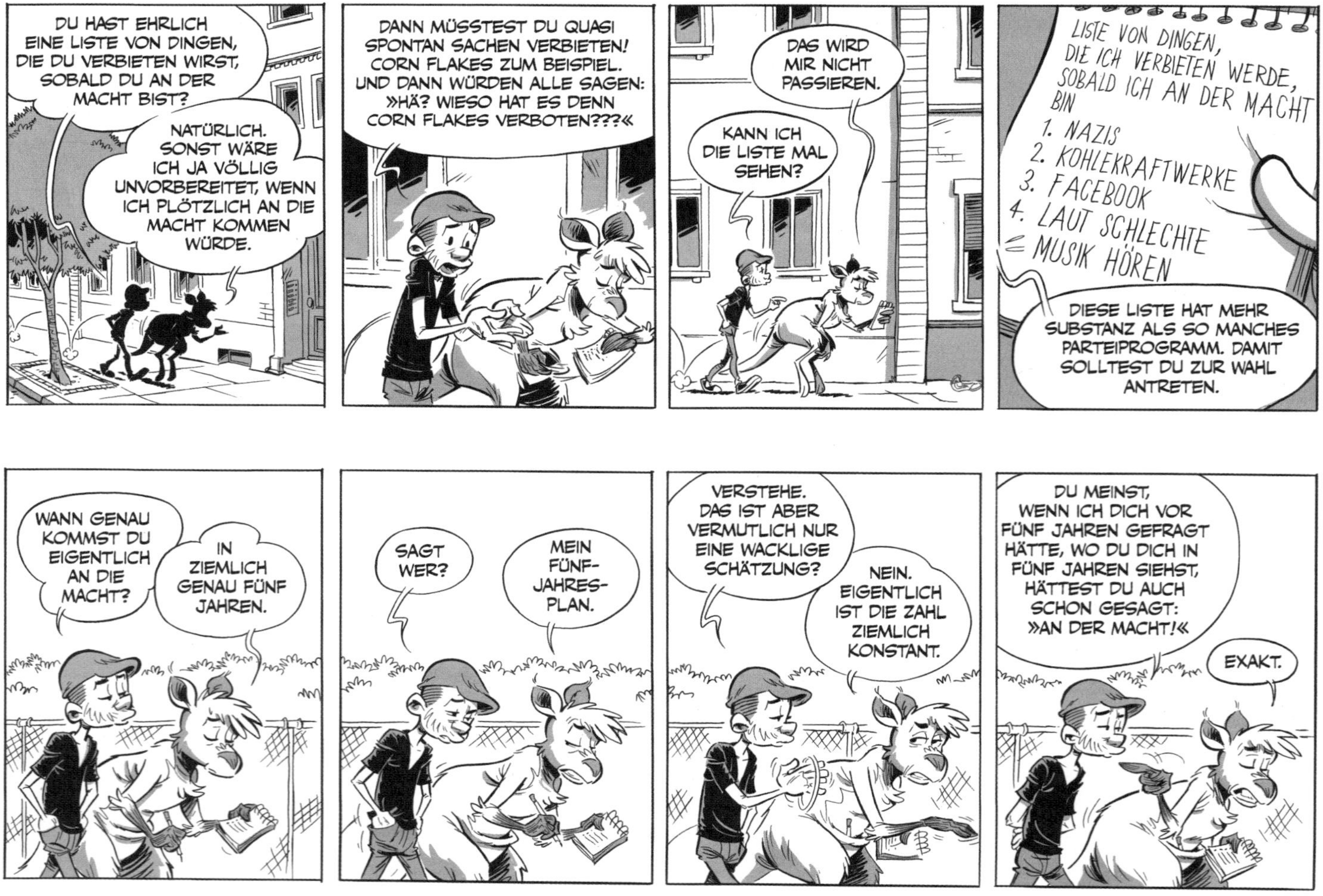
DU HAST EHRLICH EINE LISTE VON DINGEN, DIE DU VERBIETEN WIRST, SOBALD DU AN DER MACHT BIST?
NATÜRLICH. SONST WÄRE ICH JA VÖLLIG UNVORBEREITET, WENN ICH PLÖTZLICH AN DIE MACHT KOMMEN WÜRDE.
DANN MÜSSTEST DU QUASI SPONTAN SACHEN VERBIETEN! CORN FLAKES ZUM BEISPIEL. UND DANN WÜRDEN ALLE SAGEN: »HÄ? WIESO HAT ES DENN CORN FLAKES VERBOTEN???«
DAS WIRD MIR NICHT PASSIEREN.
KANN ICH DIE LISTE MAL SEHEN?
LISTE VON DINGEN, DIE ICH VERBIETEN WERDE, SOBALD ICH AN DER MACHT BIN
1. NAZIS
2. KOHLEKRAFTWERKE
3. FACEBOOK
4. LAUT SCHLECHTE MUSIK HÖREN
DIESE LISTE HAT MEHR SUBSTANZ ALS SO MANCHES PARTEIPROGRAMM. DAMIT SOLLTEST DU ZUR WAHL ANTRETEN.
WANN GENAU KOMMST DU EIGENTLICH AN DIE MACHT?
IN ZIEMLICH GENAU FÜNF JAHREN.
SAGT WER?
MEIN FÜNF-JAHRES-PLAN.
VERSTEHE. DAS IST ABER VERMUTLICH NUR EINE WACKLIGE SCHÄTZUNG?
NEIN. EIGENTLICH IST DIE ZAHL ZIEMLICH KONSTANT.
DU MEINST, WENN ICH DICH VOR FÜNF JAHREN GEFRAGT HÄTTE, WO DU DICH IN FÜNF JAHREN SIEHST, HÄTTEST DU AUCH SCHON GESAGT: »AN DER MACHT!«
EXAKT.

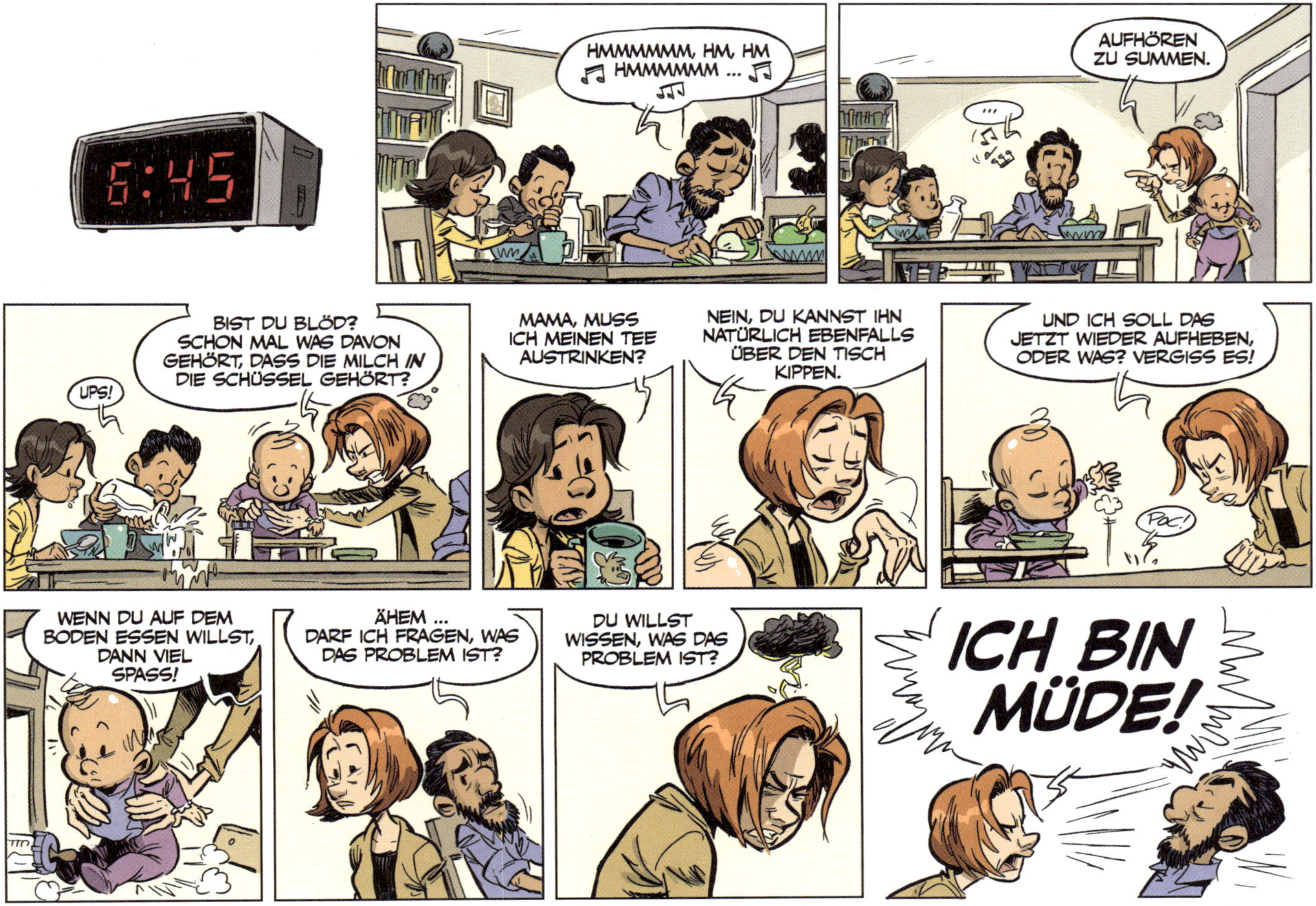
6:45
HMMMMMM, HM, HM HMMMMMM ...
AUFHÖREN ZU SUMMEN.
...
UPS!
BIST DU BLÖD? SCHON MAL WAS DAVON GEHÖRT, DASS DIE MILCH *IN* DIE SCHÜSSEL GEHÖRT?
MAMA, MUSS ICH MEINEN TEE AUSTRINKEN?
NEIN, DU KANNST IHN NATÜRLICH EBENFALLS ÜBER DEN TISCH KIPPEN.
UND ICH SOLL DAS JETZT WIEDER AUFHEBEN, ODER WAS? VERGISS ES!
POC!
WENN DU AUF DEM BODEN ESSEN WILLST, DANN VIEL SPASS!
ÄHEM ... DARF ICH FRAGEN, WAS DAS PROBLEM IST?
DU WILLST WISSEN, WAS DAS PROBLEM IST?
ICH BIN MÜDE!

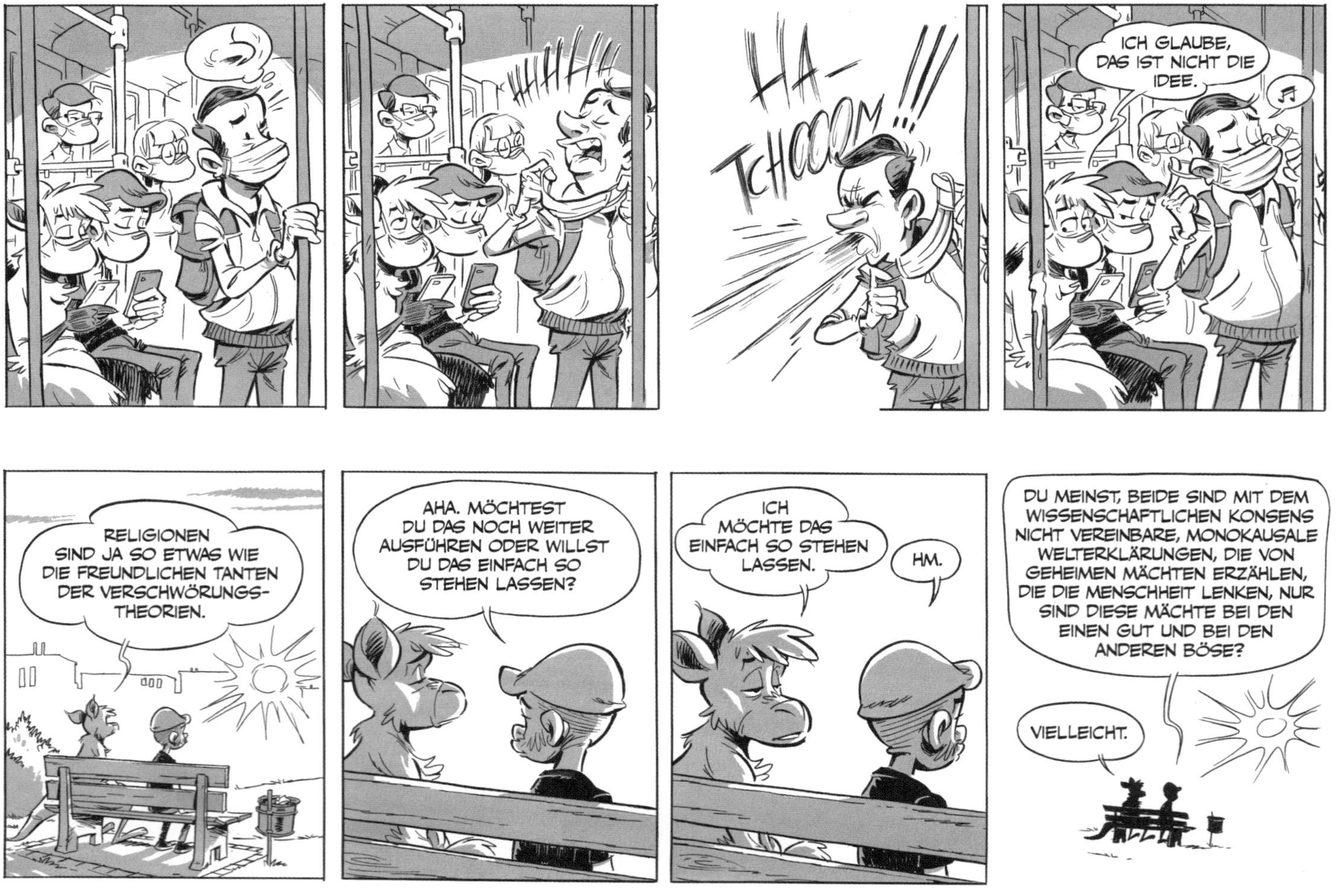
HA-
TCHOOOM!!!
ICH GLAUBE, DAS IST NICHT DIE IDEE.
RELIGIONEN SIND JA SO ETWAS WIE DIE FREUNDLICHEN TANTEN DER VERSCHWÖRUNGS-THEORIEN.
AHA. MÖCHTEST DU DAS NOCH WEITER AUSFÜHREN ODER WILLST DU DAS EINFACH SO STEHEN LASSEN?
ICH MÖCHTE DAS EINFACH SO STEHEN LASSEN.
HM.
DU MEINST, BEIDE SIND MIT DEM WISSENSCHAFTLICHEN KONSENS NICHT VEREINBARE, MONOKAUSALE WELTERKLÄRUNGEN, DIE VON GEHEIMEN MÄCHTEN ERZÄHLEN, DIE DIE MENSCHHEIT LENKEN, NUR SIND DIESE MÄCHTE BEI DEN EINEN GUT UND BEI DEN ANDEREN BÖSE?
VIELLEICHT.

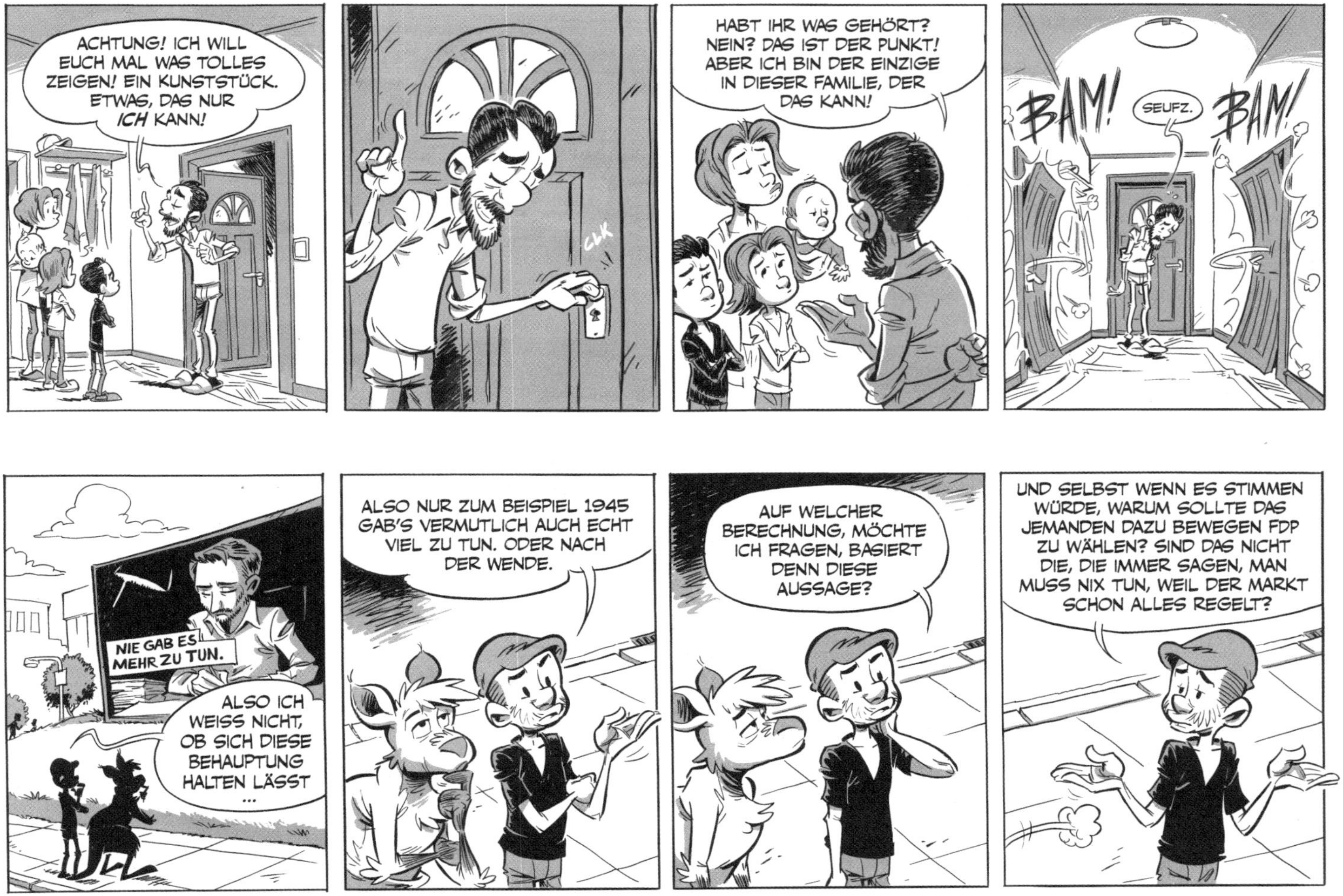
ACHTUNG! ICH WILL EUCH MAL WAS TOLLES ZEIGEN! EIN KUNSTSTÜCK. ETWAS, DAS NUR ICH KANN!
CLK
HABT IHR WAS GEHÖRT? NEIN? DAS IST DER PUNKT! ABER ICH BIN DER EINZIGE IN DIESER FAMILIE, DER DAS KANN!
BAM!
SEUFZ.
BAM!
NIE GAB ES MEHR ZU TUN.
ALSO ICH WEISS NICHT, OB SICH DIESE BEHAUPTUNG HALTEN LÄSST ...
ALSO NUR ZUM BEISPIEL 1945 GAB'S VERMUTLICH AUCH ECHT VIEL ZU TUN. ODER NACH DER WENDE.
AUF WELCHER BERECHNUNG, MÖCHTE ICH FRAGEN, BASIERT DENN DIESE AUSSAGE?
UND SELBST WENN ES STIMMEN WÜRDE, WARUM SOLLTE DAS JEMANDEN DAZU BEWEGEN FDP ZU WÄHLEN? SIND DAS NICHT DIE, DIE IMMER SAGEN, MAN MUSS NIX TUN, WEIL DER MARKT SCHON ALLES REGELT?

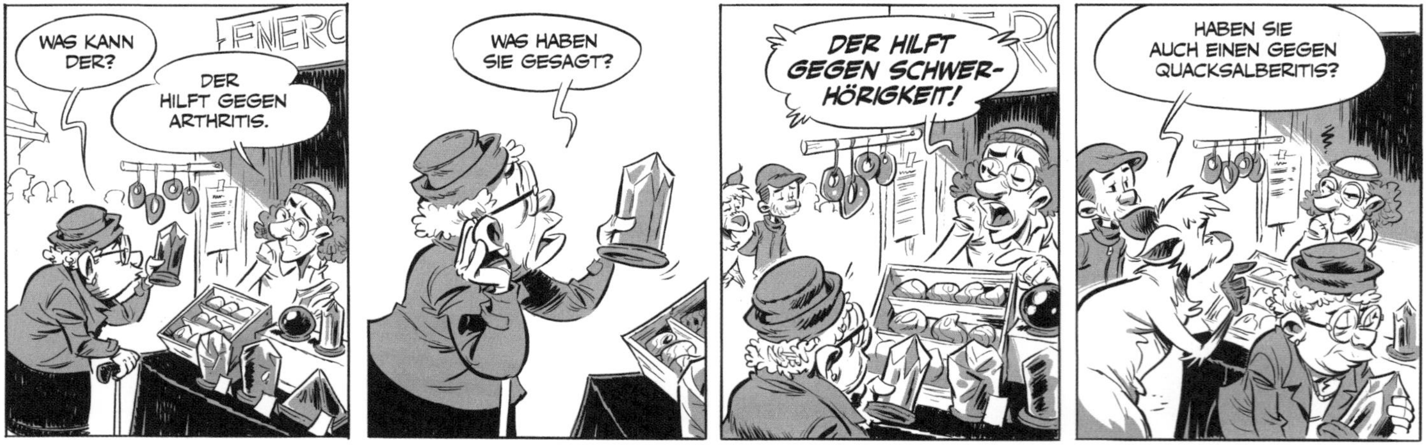
WAS KANN DER?
DER HILFT GEGEN ARTHRITIS.
WAS HABEN SIE GESAGT?
DER HILFT GEGEN SCHWERHÖRIGKEIT!
HABEN SIE AUCH EINEN GEGEN QUACKSALBERITIS?

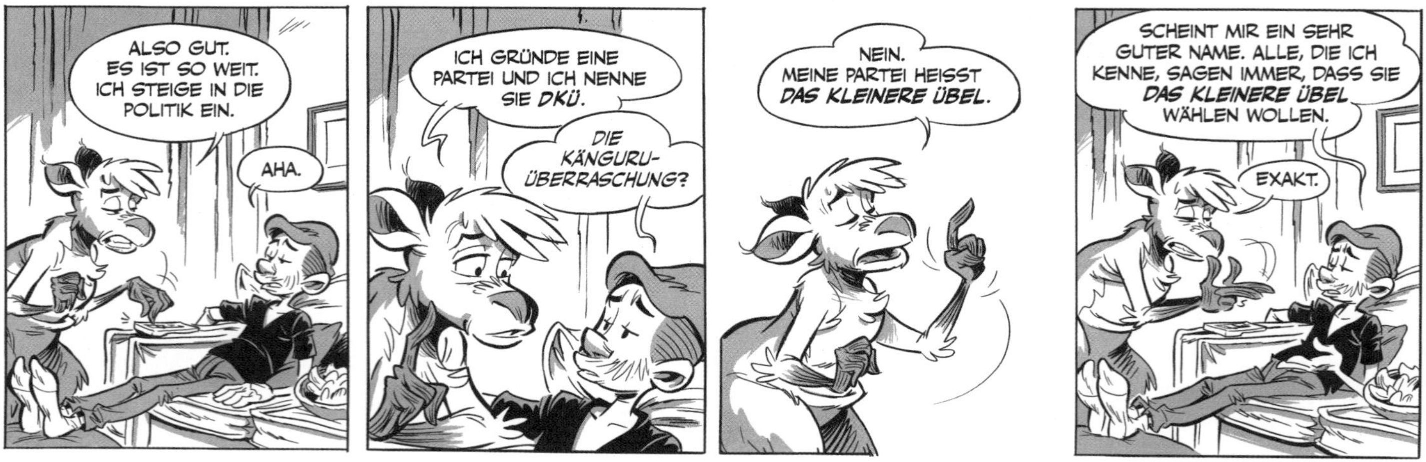
ALSO GUT. ES IST SO WEIT. ICH STEIGE IN DIE POLITIK EIN.
AHA.
ICH GRÜNDE EINE PARTEI UND ICH NENNE SIE *DKÜ*.
DIE KÄNGURU-ÜBERRASCHUNG?
NEIN. MEINE PARTEI HEISST *DAS KLEINERE ÜBEL*.
SCHEINT MIR EIN SEHR GUTER NAME. ALLE, DIE ICH KENNE, SAGEN IMMER, DASS SIE *DAS KLEINERE ÜBEL* WÄHLEN WOLLEN.
EXAKT.

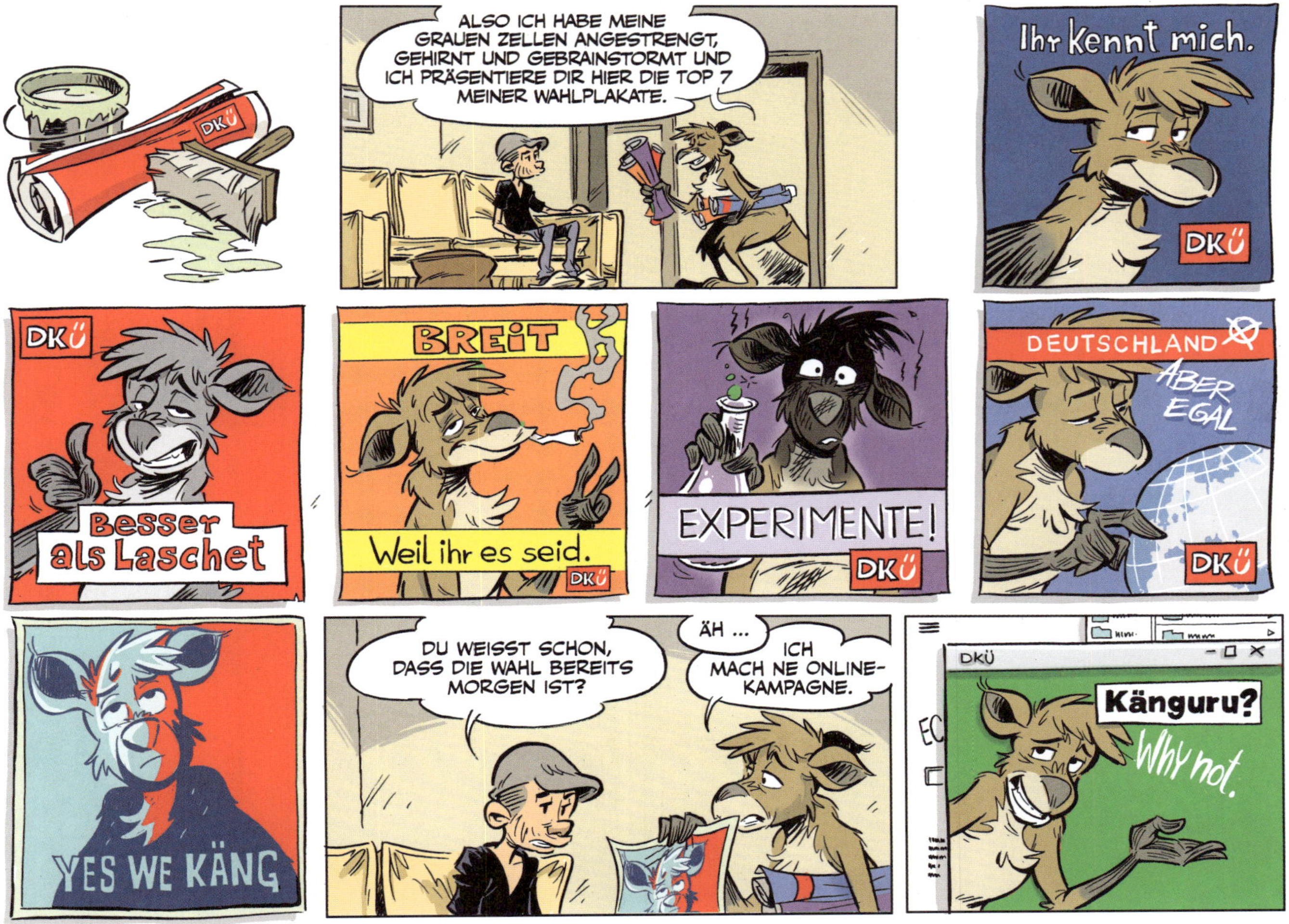

DKÜ
ALSO ICH HABE MEINE GRAUEN ZELLEN ANGESTRENGT, GEHIRNT UND GEBRAINSTORMT UND ICH PRÄSENTIERE DIR HIER DIE TOP 7 MEINER WAHLPLAKATE.
Ihr Kennt mich.
DKÜ
DKÜ
Besser als Laschet
BREIT
Weil ihr es seid.
DKÜ
EXPERIMENTE!
DKÜ
DEUTSCHLAND
ABER EGAL
DKÜ
YES WE KÄNG
DU WEISST SCHON, DASS DIE WAHL BEREITS MORGEN IST?
ÄH …
ICH MACH NE ONLINE-KAMPAGNE.
DKÜ
Känguru?
Why not.

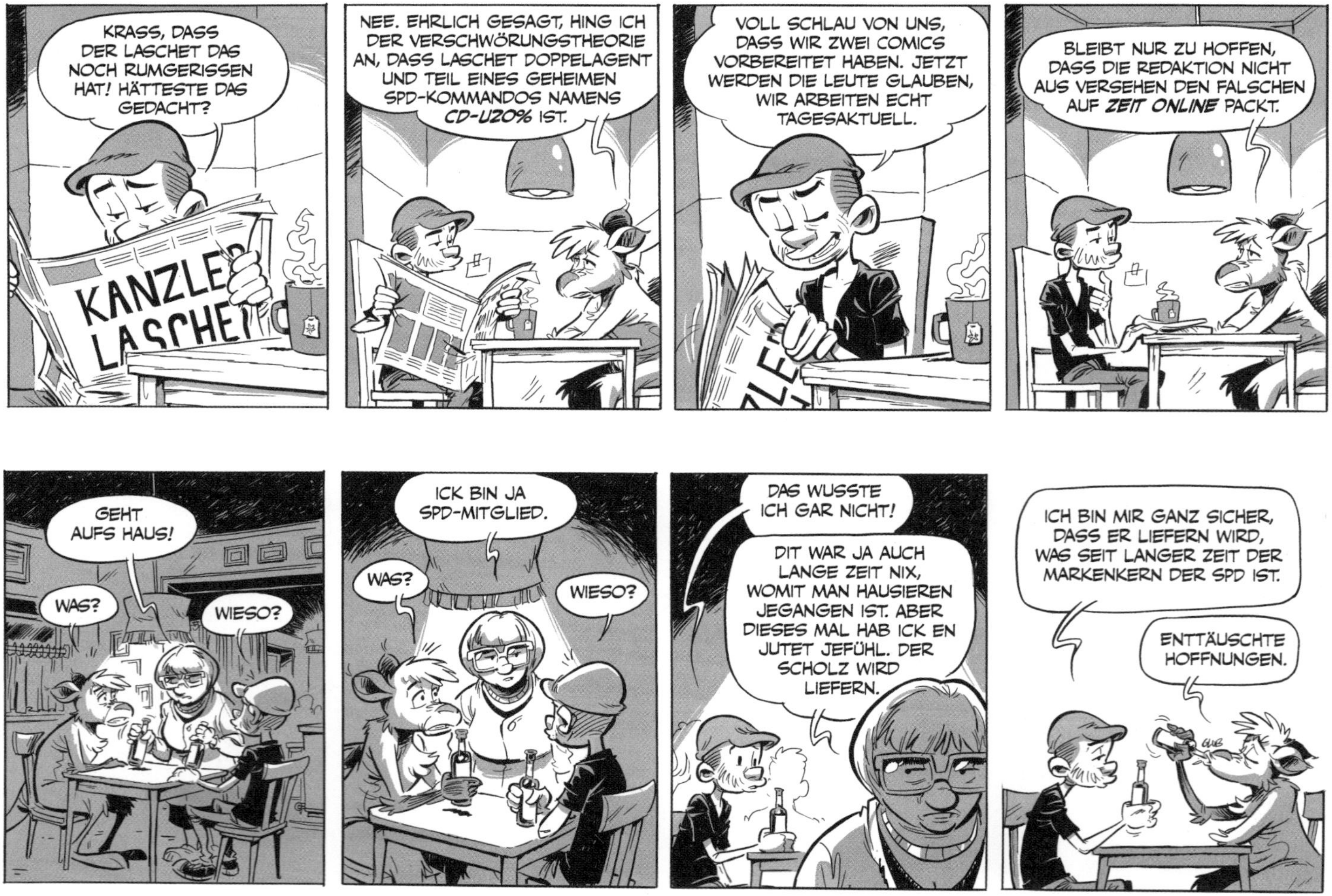
KRASS, DASS DER LASCHET DAS NOCH RUMGERISSEN HAT! HÄTTESTE DAS GEDACHT?
NEE. EHRLICH GESAGT, HING ICH DER VERSCHWÖRUNGSTHEORIE AN, DASS LASCHET DOPPELAGENT UND TEIL EINES GEHEIMEN SPD-KOMMANDOS NAMENS *CD-U20%* IST.
VOLL SCHLAU VON UNS, DASS WIR ZWEI COMICS VORBEREITET HABEN. JETZT WERDEN DIE LEUTE GLAUBEN, WIR ARBEITEN ECHT TAGESAKTUELL.
BLEIBT NUR ZU HOFFEN, DASS DIE REDAKTION NICHT AUS VERSEHEN DEN FALSCHEN AUF *ZEIT ONLINE* PACKT.
GEHT AUFS HAUS!
WAS?
WIESO?
ICK BIN JA SPD-MITGLIED.
WAS?
WIESO?
DAS WUSSTE ICH GAR NICHT!
DIT WAR JA AUCH LANGE ZEIT NIX, WOMIT MAN HAUSIEREN JEGANGEN IST. ABER DIESES MAL HAB ICK EN JUTET JEFÜHL. DER SCHOLZ WIRD LIEFERN.
ICH BIN MIR GANZ SICHER, DASS ER LIEFERN WIRD, WAS SEIT LANGER ZEIT DER MARKENKERN DER SPD IST.
ENTTÄUSCHTE HOFFNUNGEN.

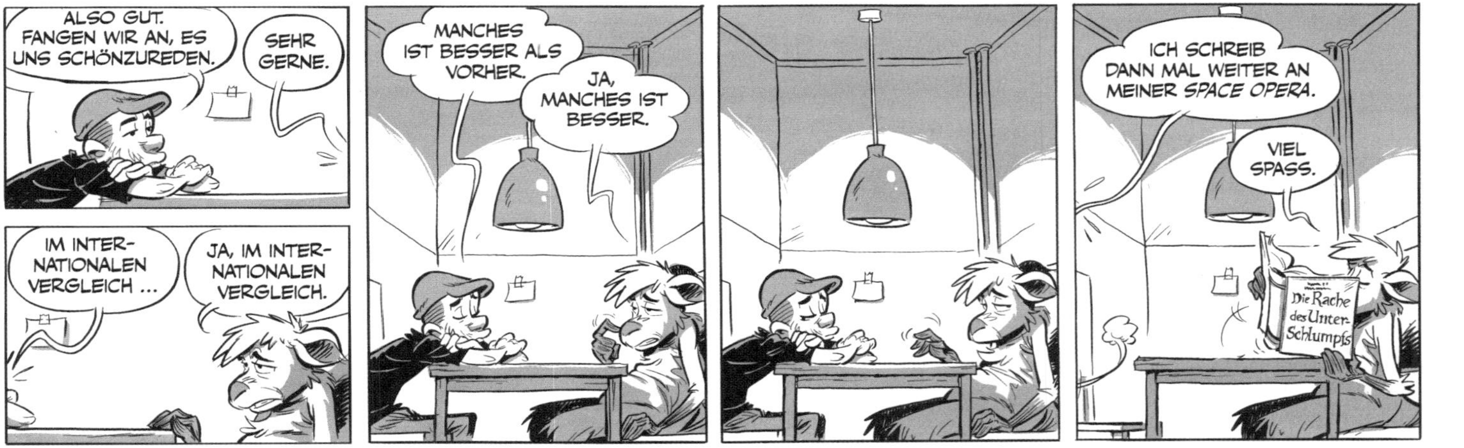
ALSO GUT. FANGEN WIR AN, ES UNS SCHÖNZUREDEN.
SEHR GERNE.
IM INTERNATIONALEN VERGLEICH …
JA, IM INTERNATIONALEN VERGLEICH.
MANCHES IST BESSER ALS VORHER.
JA, MANCHES IST BESSER.
ICH SCHREIB DANN MAL WEITER AN MEINER *SPACE OPERA*.
VIEL SPASS.
Die Rache des Unter-Schlumpfs

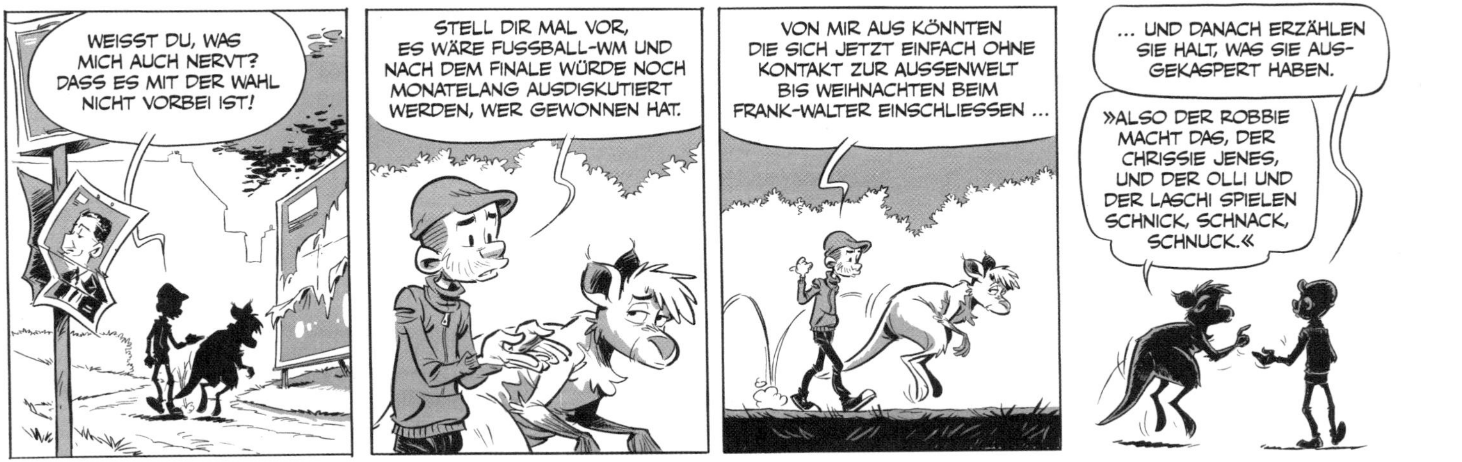
WEISST DU, WAS MICH AUCH NERVT? DASS ES MIT DER WAHL NICHT VORBEI IST!
STELL DIR MAL VOR, ES WÄRE FUSSBALL-WM UND NACH DEM FINALE WÜRDE NOCH MONATELANG AUSDISKUTIERT WERDEN, WER GEWONNEN HAT.
VON MIR AUS KÖNNTEN DIE SICH JETZT EINFACH OHNE KONTAKT ZUR AUSSENWELT BIS WEIHNACHTEN BEIM FRANK-WALTER EINSCHLIESSEN …
… UND DANACH ERZÄHLEN SIE HALT, WAS SIE AUSGEKASPERT HABEN.
»ALSO DER ROBBIE MACHT DAS, DER CHRISSIE JENES, UND DER OLLI UND DER LASCHI SPIELEN SCHNICK, SCHNACK, SCHNUCK.«

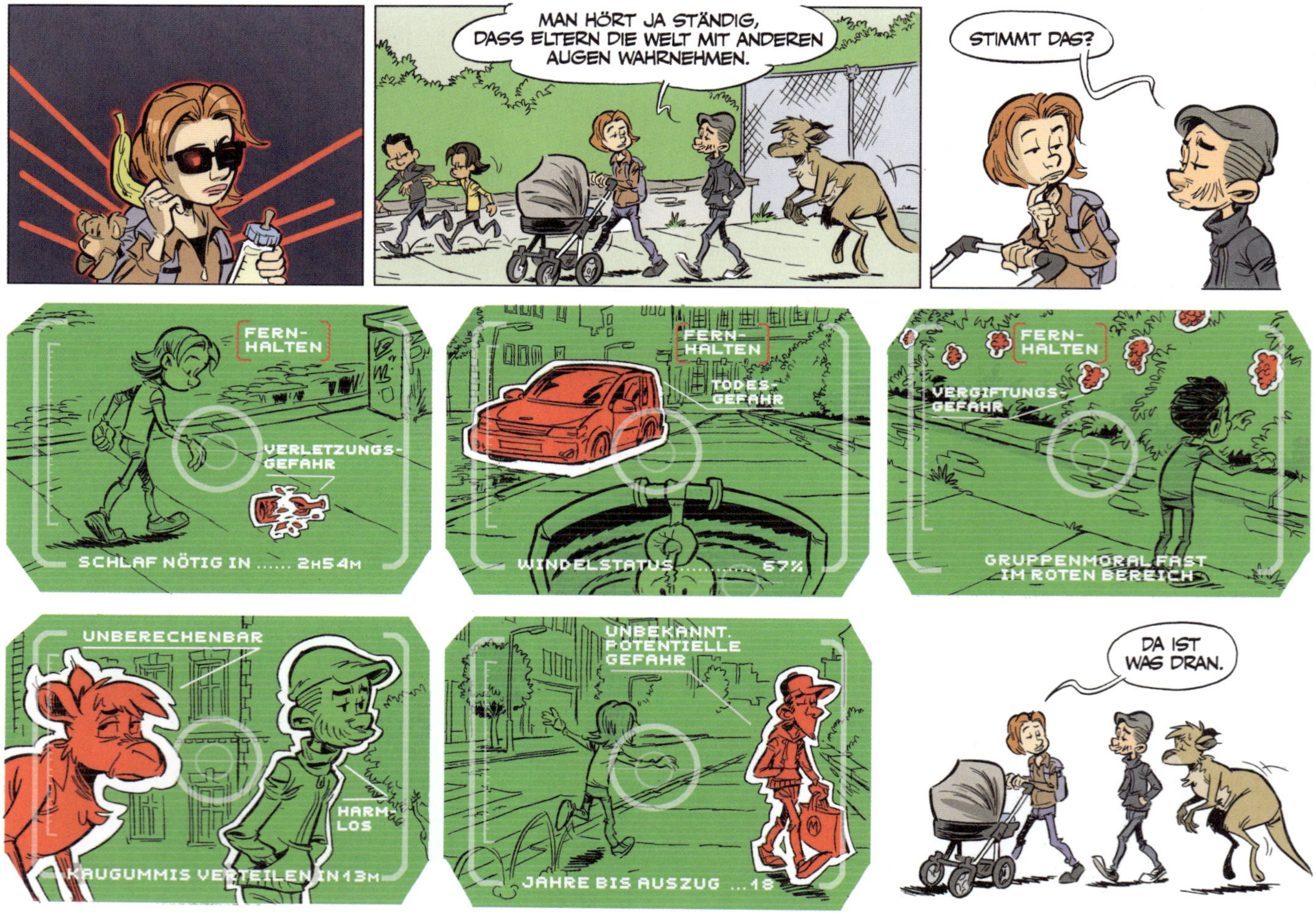
MAN HÖRT JA STÄNDIG, DASS ELTERN DIE WELT MIT ANDEREN AUGEN WAHRNEHMEN.
STIMMT DAS?
FERN-HALTEN
VERLETZUNGS-GEFAHR
SCHLAF NÖTIG IN 2H54M
FERN-HALTEN
TODES-GEFAHR
WINDELSTATUS 67%
FERN-HALTEN
VERGIFTUNGS-GEFAHR
GRUPPENMORAL FAST IM ROTEN BEREICH
UNBERECHENBAR
HARM-LOS
KAUGUMMIS VERTEILEN IN 13M
UNBEKANNT. POTENTIELLE GEFAHR
JAHRE BIS AUSZUG ...18
DA IST WAS DRAN.

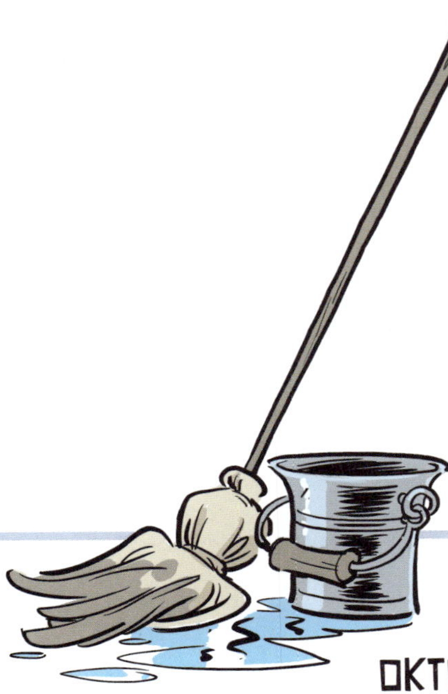

OKTOBER 2021

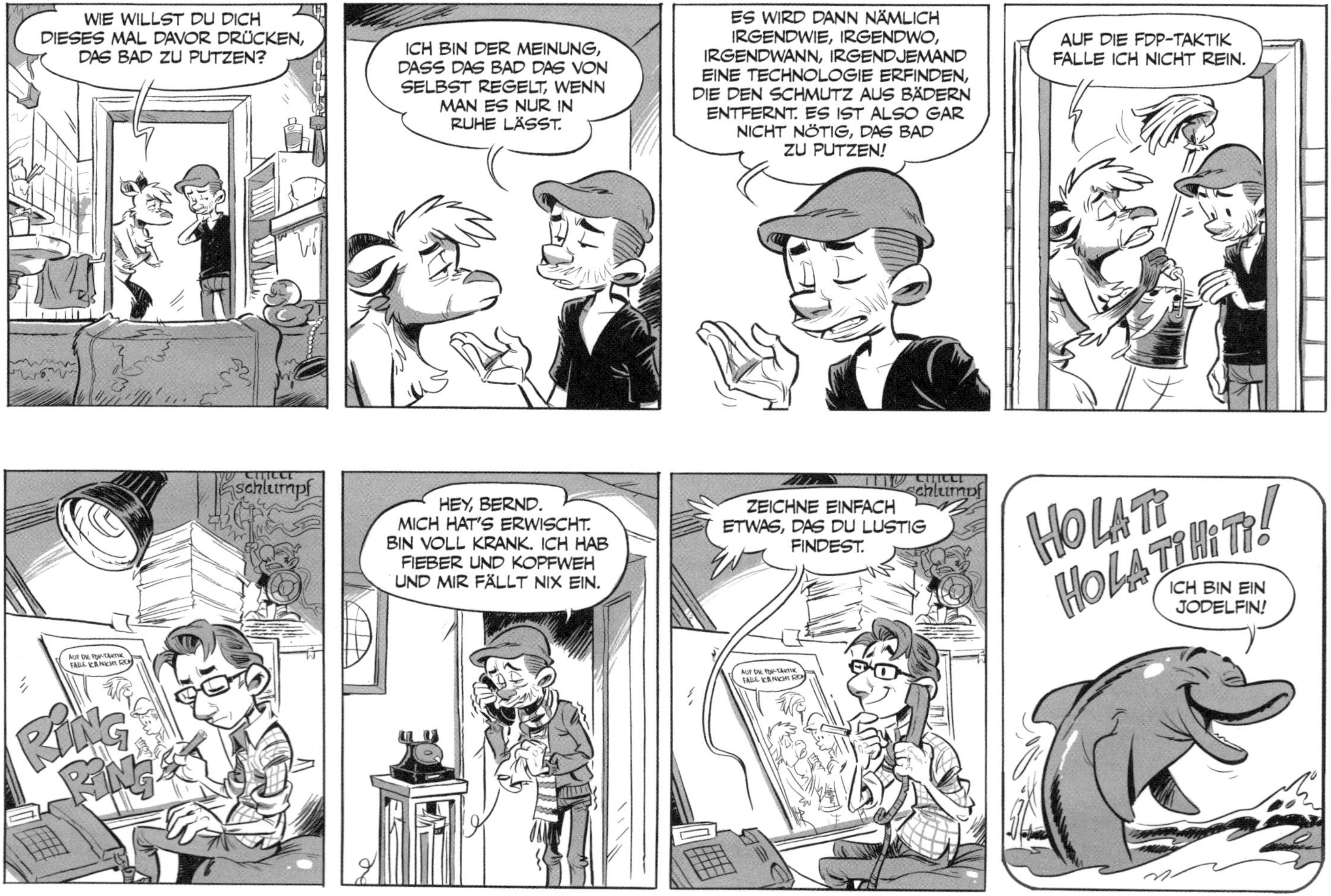
WIE WILLST DU DICH DIESES MAL DAVOR DRÜCKEN, DAS BAD ZU PUTZEN?
ICH BIN DER MEINUNG, DASS DAS BAD DAS VON SELBST REGELT, WENN MAN ES NUR IN RUHE LÄSST.
ES WIRD DANN NÄMLICH IRGENDWIE, IRGENDWO, IRGENDWANN, IRGENDJEMAND EINE TECHNOLOGIE ERFINDEN, DIE DEN SCHMUTZ AUS BÄDERN ENTFERNT. ES IST ALSO GAR NICHT NÖTIG, DAS BAD ZU PUTZEN!
AUF DIE FDP-TAKTIK FALLE ICH NICHT REIN.
RING RING
HEY, BERND. MICH HAT'S ERWISCHT. BIN VOLL KRANK. ICH HAB FIEBER UND KOPFWEH UND MIR FÄLLT NIX EIN.
ZEICHNE EINFACH ETWAS, DAS DU LUSTIG FINDEST.
HOLATI HOLATIHITI!
ICH BIN EIN JODELFIN!

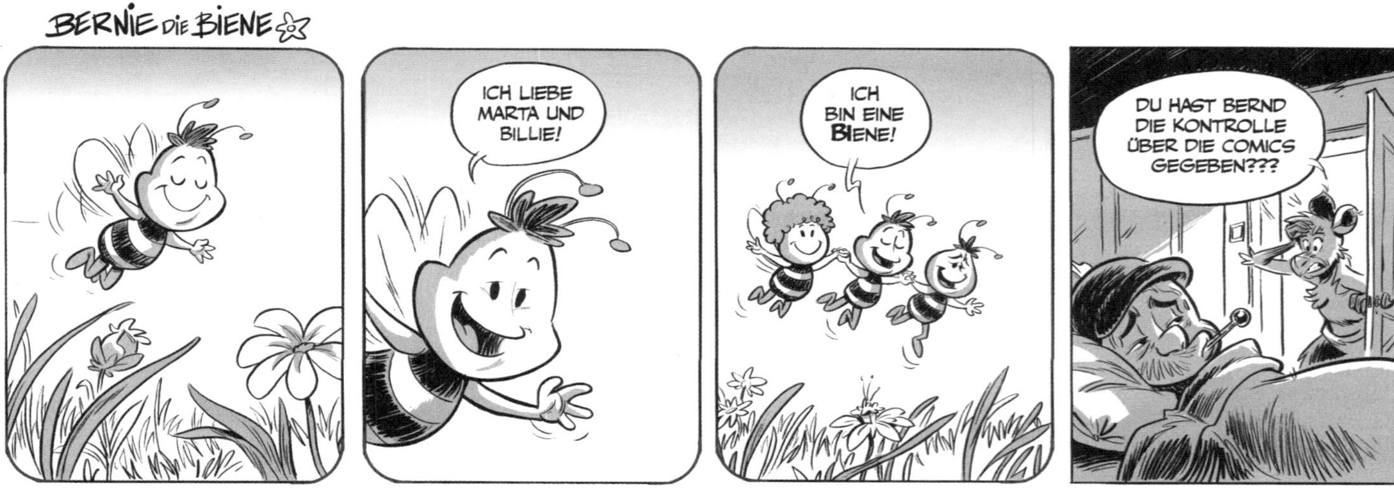
BERNIE DIE BIENE
ICH LIEBE MARTA UND BILLIE!
ICH BIN EINE BIENE!
DU HAST BERND DIE KONTROLLE ÜBER DIE COMICS GEGEBEN???

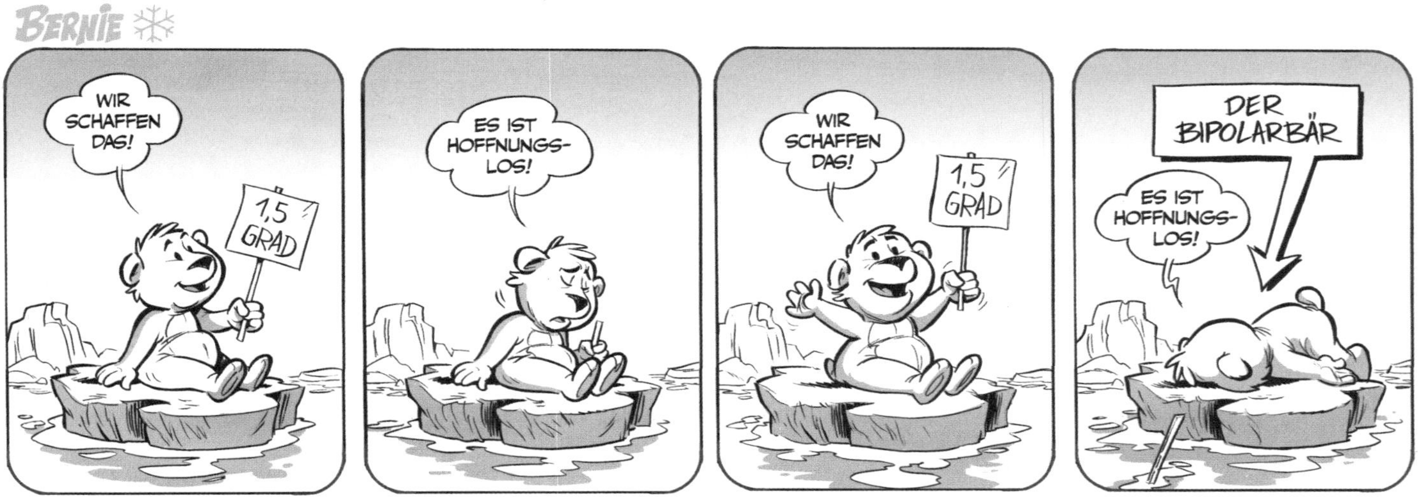
BERNIE
WIR SCHAFFEN DAS!
1,5 GRAD
ES IST HOFFNUNGS-LOS!
WIR SCHAFFEN DAS!
1,5 GRAD
DER BIPOLARBÄR
ES IST HOFFNUNGS-LOS!

Nachts im Museum

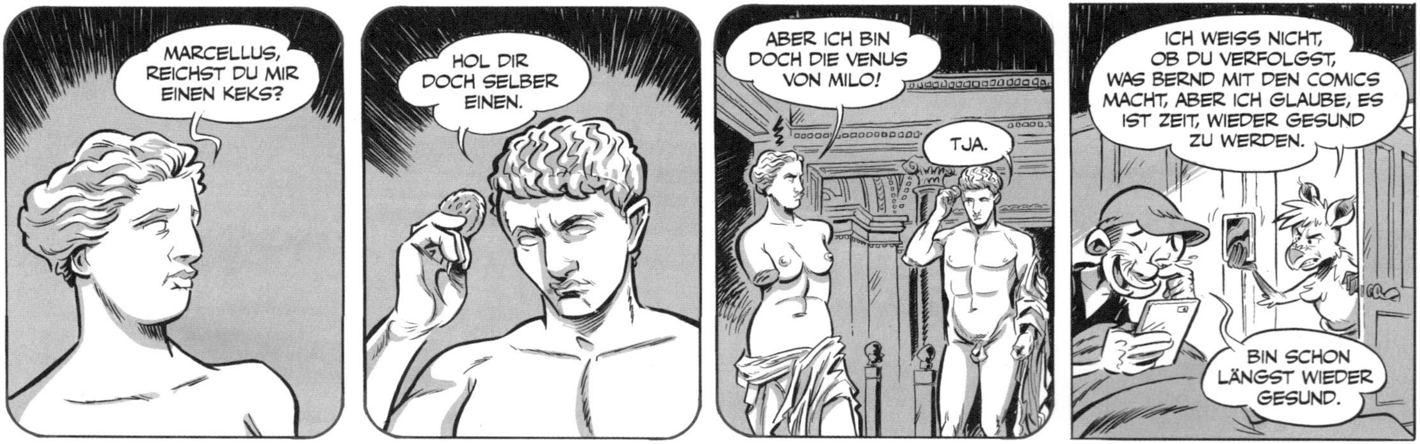

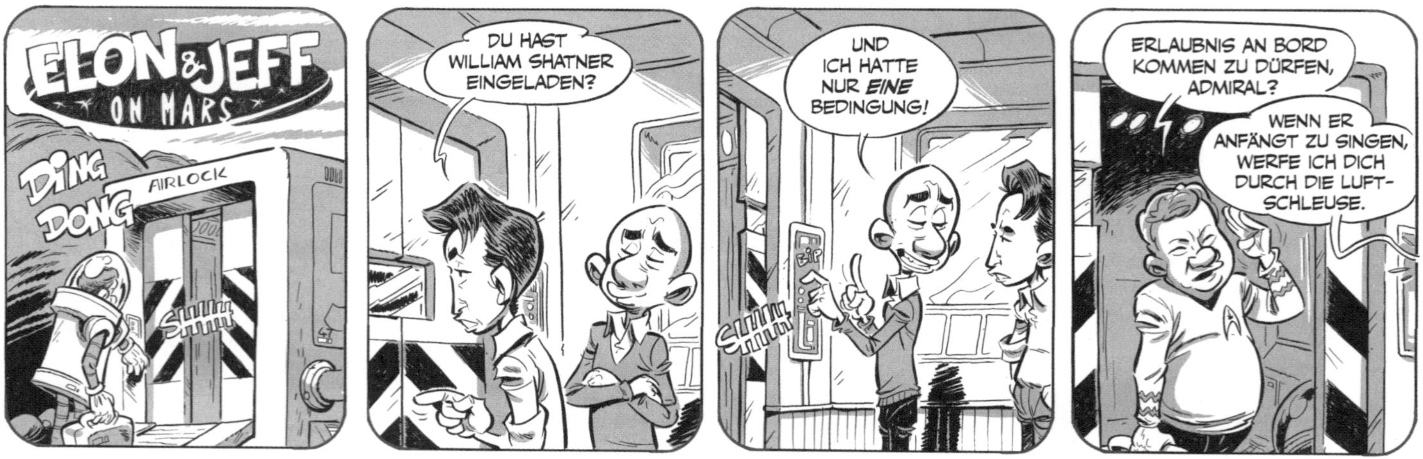

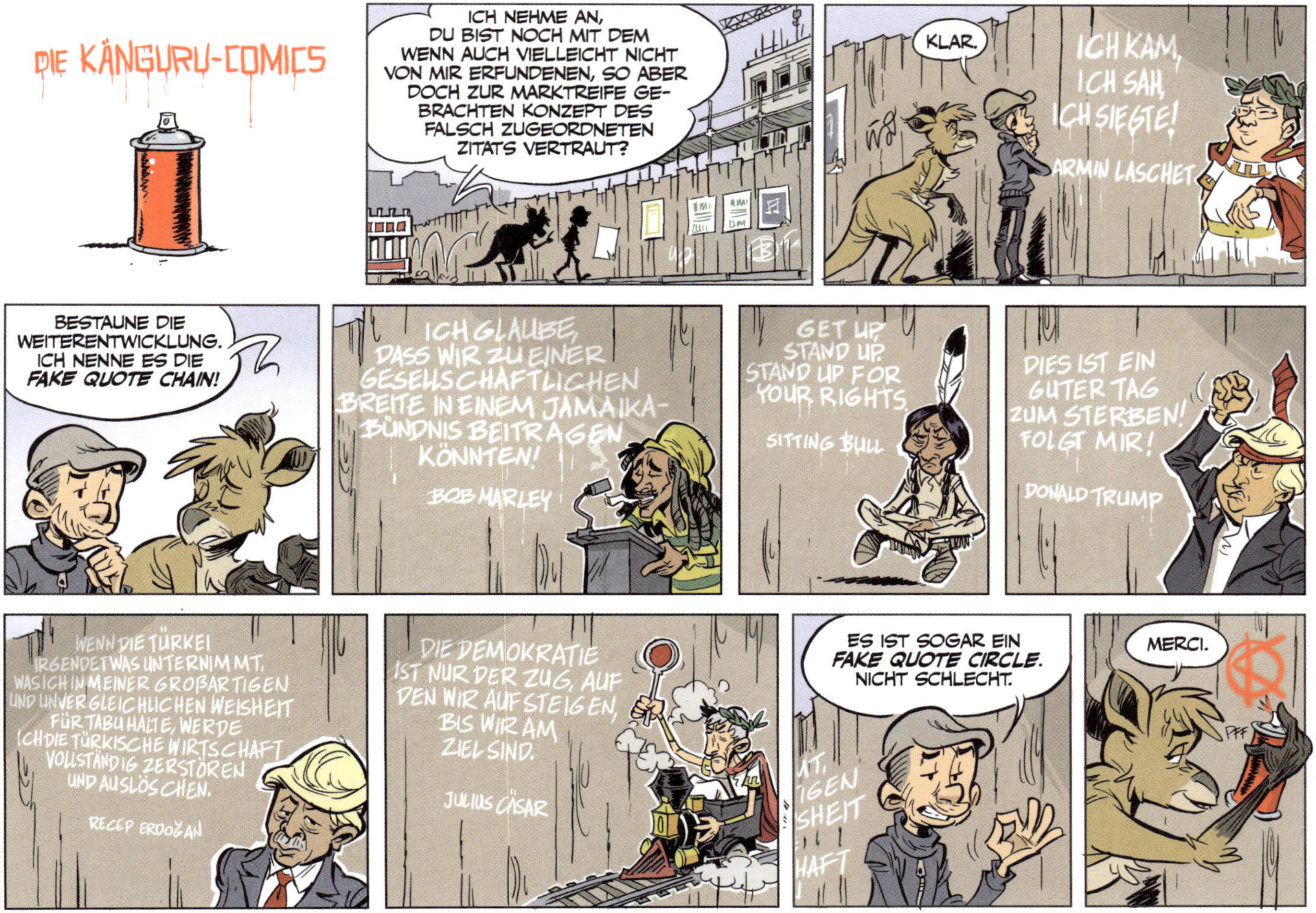
DIE KÄNGURU-COMICS
ICH NEHME AN, DU BIST NOCH MIT DEM WENN AUCH VIELLEICHT NICHT VON MIR ERFUNDENEN, SO ABER DOCH ZUR MARKTREIFE GEBRACHTEN KONZEPT DES FALSCH ZUGEORDNETEN ZITATS VERTRAUT?
KLAR.
ICH KAM, ICH SAH, ICH SIEGTE!
ARMIN LASCHET
BESTAUNE DIE WEITERENTWICKLUNG. ICH NENNE ES DIE *FAKE QUOTE CHAIN!*
ICH GLAUBE, DASS WIR ZU EINER GESELLSCHAFTLICHEN BREITE IN EINEM JAMAIKA-BÜNDNIS BEITRAGEN KÖNNTEN!
BOB MARLEY
GET UP, STAND UP. STAND UP FOR YOUR RIGHTS.
SITTING BULL
DIES IST EIN GUTER TAG ZUM STERBEN! FOLGT MIR!
DONALD TRUMP
WENN DIE TÜRKEI IRGENDETWAS UNTERNIMMT, WAS ICH IN MEINER GROßARTIGEN UND UNVERGLEICHLICHEN WEISHEIT FÜR TABU HALTE, WERDE ICH DIE TÜRKISCHE WIRTSCHAFT VOLLSTÄNDIG ZERSTÖREN UND AUSLÖSCHEN.
RECEP ERDOĞAN
DIE DEMOKRATIE IST NUR DER ZUG, AUF DEN WIR AUFSTEIGEN, BIS WIR AM ZIEL SIND.
JULIUS CÄSAR
ES IST SOGAR EIN *FAKE QUOTE CIRCLE.* NICHT SCHLECHT.
MERCI.
PFF

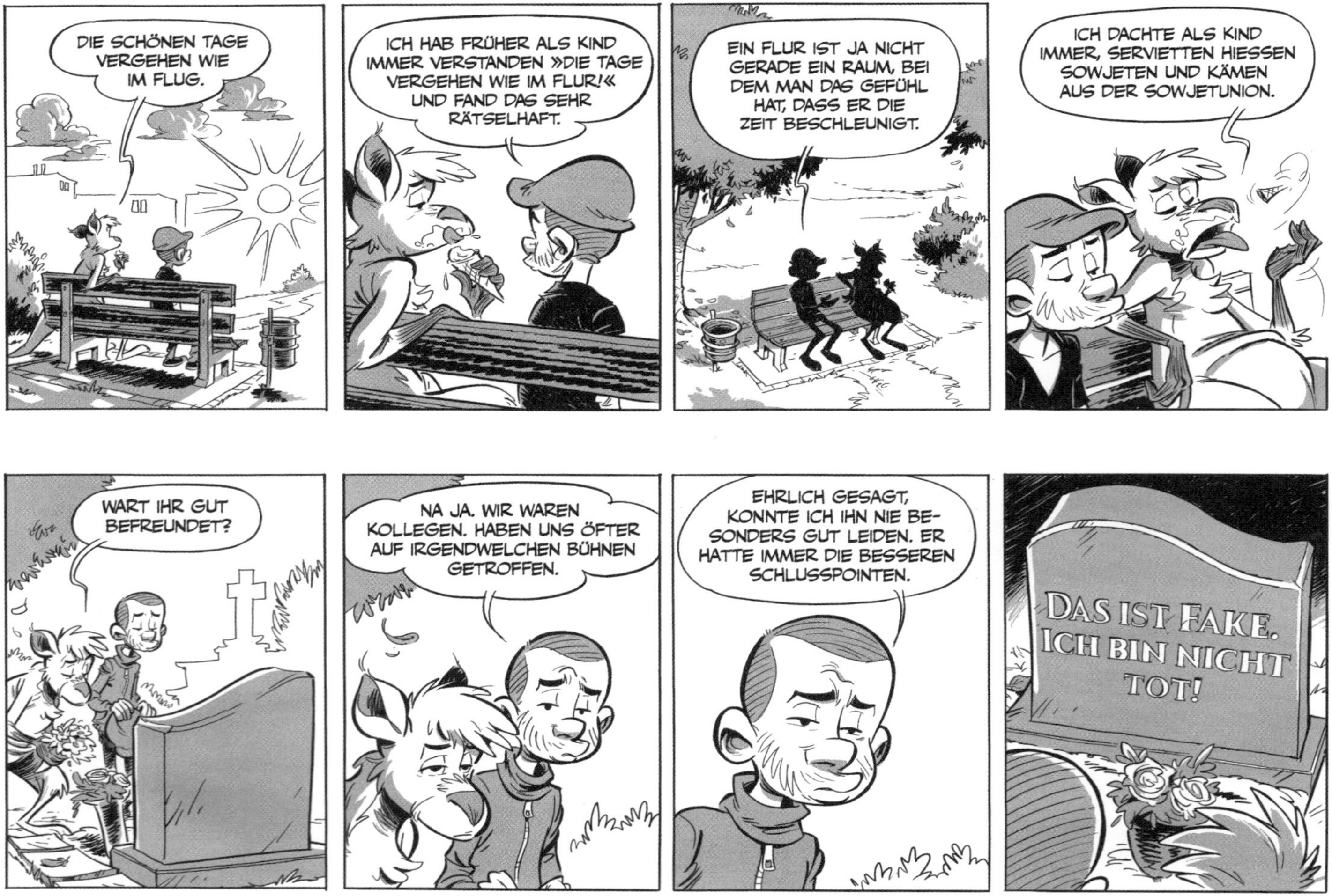
DIE SCHÖNEN TAGE VERGEHEN WIE IM FLUG.
ICH HAB FRÜHER ALS KIND IMMER VERSTANDEN »DIE TAGE VERGEHEN WIE IM FLUR!« UND FAND DAS SEHR RÄTSELHAFT.
EIN FLUR IST JA NICHT GERADE EIN RAUM, BEI DEM MAN DAS GEFÜHL HAT, DASS ER DIE ZEIT BESCHLEUNIGT.
ICH DACHTE ALS KIND IMMER, SERVIETTEN HIESSEN SOWJETEN UND KÄMEN AUS DER SOWJETUNION.
WART IHR GUT BEFREUNDET?
NA JA. WIR WAREN KOLLEGEN. HABEN UNS ÖFTER AUF IRGENDWELCHEN BÜHNEN GETROFFEN.
EHRLICH GESAGT, KONNTE ICH IHN NIE BESONDERS GUT LEIDEN. ER HATTE IMMER DIE BESSEREN SCHLUSSPOINTEN.
DAS IST FAKE. ICH BIN NICHT TOT!

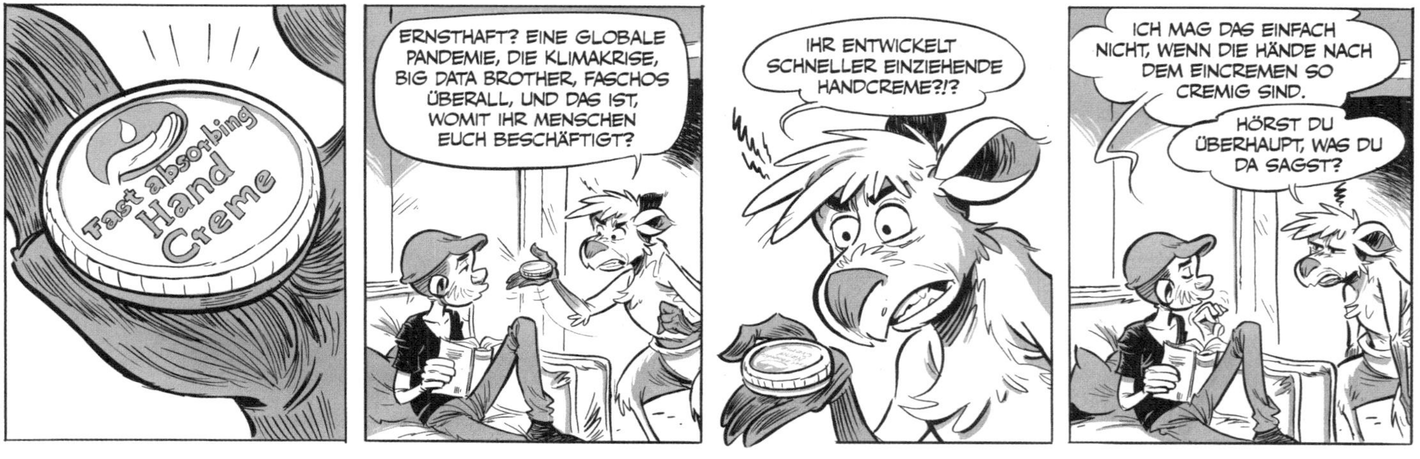
Fast absorbing Hand Creme
ERNSTHAFT? EINE GLOBALE PANDEMIE, DIE KLIMAKRISE, BIG DATA BROTHER, FASCHOS ÜBERALL, UND DAS IST, WOMIT IHR MENSCHEN EUCH BESCHÄFTIGT?
IHR ENTWICKELT SCHNELLER EINZIEHENDE HANDCREME?!?
ICH MAG DAS EINFACH NICHT, WENN DIE HÄNDE NACH DEM EINCREMEN SO CREMIG SIND.
HÖRST DU ÜBERHAUPT, WAS DU DA SAGST?

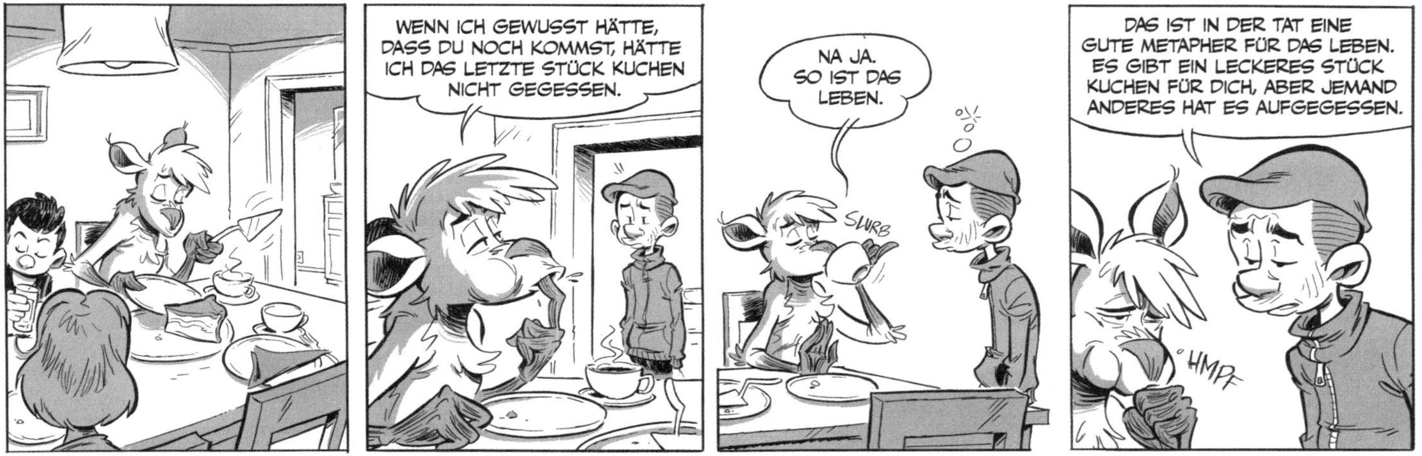
WENN ICH GEWUSST HÄTTE, DASS DU NOCH KOMMST, HÄTTE ICH DAS LETZTE STÜCK KUCHEN NICHT GEGESSEN.
NA JA. SO IST DAS LEBEN.
SLURB
DAS IST IN DER TAT EINE GUTE METAPHER FÜR DAS LEBEN. ES GIBT EIN LECKERES STÜCK KUCHEN FÜR DICH, ABER JEMAND ANDERES HAT ES AUFGEGESSEN.
HMPF

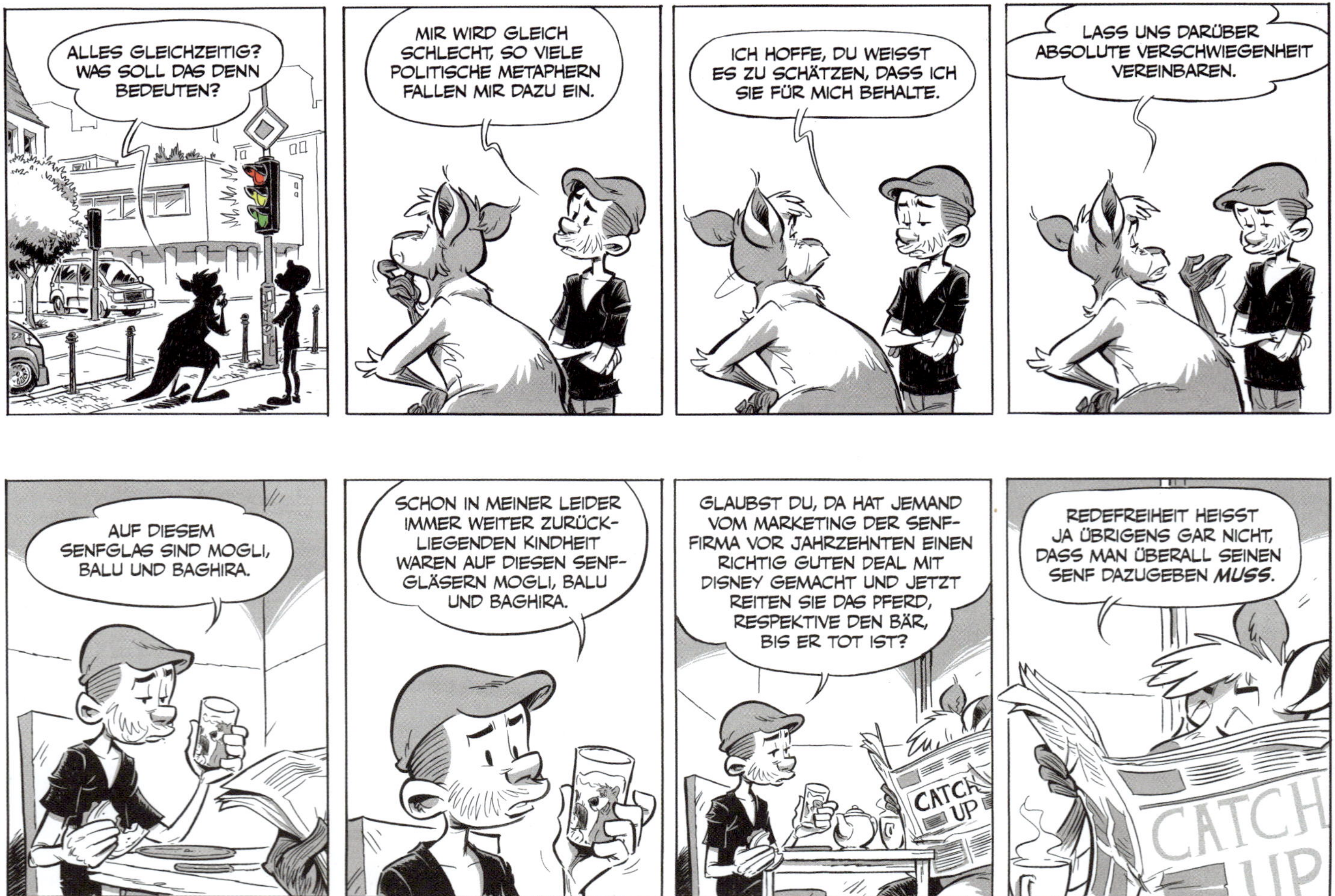
ALLES GLEICHZEITIG? WAS SOLL DAS DENN BEDEUTEN?
MIR WIRD GLEICH SCHLECHT, SO VIELE POLITISCHE METAPHERN FALLEN MIR DAZU EIN.
ICH HOFFE, DU WEISST ES ZU SCHÄTZEN, DASS ICH SIE FÜR MICH BEHALTE.
LASS UNS DARÜBER ABSOLUTE VERSCHWIEGENHEIT VEREINBAREN.
AUF DIESEM SENFGLAS SIND MOGLI, BALU UND BAGHIRA.
SCHON IN MEINER LEIDER IMMER WEITER ZURÜCK-LIEGENDEN KINDHEIT WAREN AUF DIESEN SENF-GLÄSERN MOGLI, BALU UND BAGHIRA.
GLAUBST DU, DA HAT JEMAND VOM MARKETING DER SENF-FIRMA VOR JAHRZEHNTEN EINEN RICHTIG GUTEN DEAL MIT DISNEY GEMACHT UND JETZT REITEN SIE DAS PFERD, RESPEKTIVE DEN BÄR, BIS ER TOT IST?
CATCH UP
REDEFREIHEIT HEISST JA ÜBRIGENS GAR NICHT, DASS MAN ÜBERALL SEINEN SENF DAZUGEBEN *MUSS*.
CATCH UP

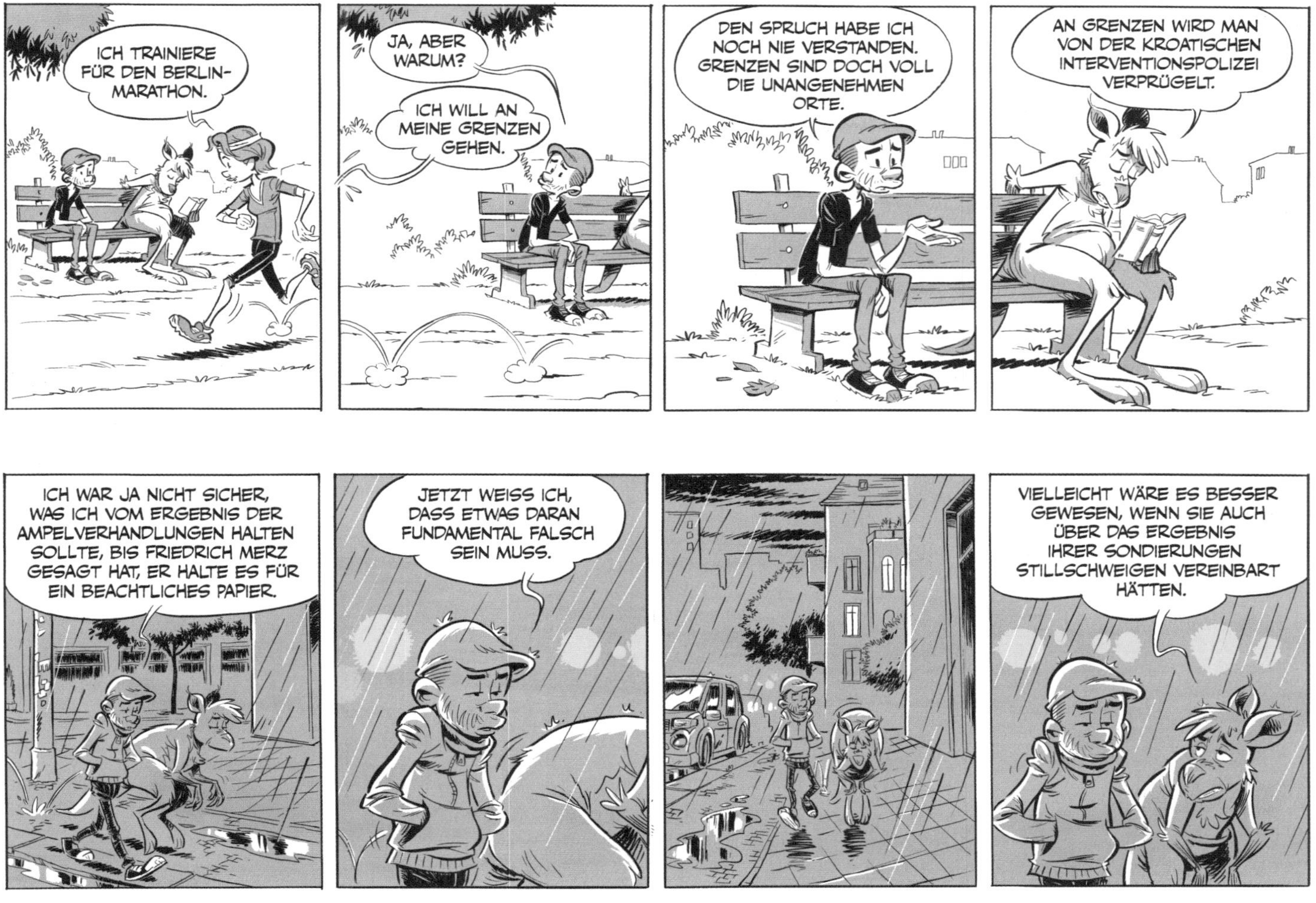
ICH TRAINIERE FÜR DEN BERLIN-MARATHON.
JA, ABER WARUM?
ICH WILL AN MEINE GRENZEN GEHEN.
DEN SPRUCH HABE ICH NOCH NIE VERSTANDEN. GRENZEN SIND DOCH VOLL DIE UNANGENEHMEN ORTE.
AN GRENZEN WIRD MAN VON DER KROATISCHEN INTERVENTIONSPOLIZEI VERPRÜGELT.
ICH WAR JA NICHT SICHER, WAS ICH VOM ERGEBNIS DER AMPELVERHANDLUNGEN HALTEN SOLLTE, BIS FRIEDRICH MERZ GESAGT HAT, ER HALTE ES FÜR EIN BEACHTLICHES PAPIER.
JETZT WEISS ICH, DASS ETWAS DARAN FUNDAMENTAL FALSCH SEIN MUSS.
VIELLEICHT WÄRE ES BESSER GEWESEN, WENN SIE AUCH ÜBER DAS ERGEBNIS IHRER SONDIERUNGEN STILLSCHWEIGEN VEREINBART HÄTTEN.

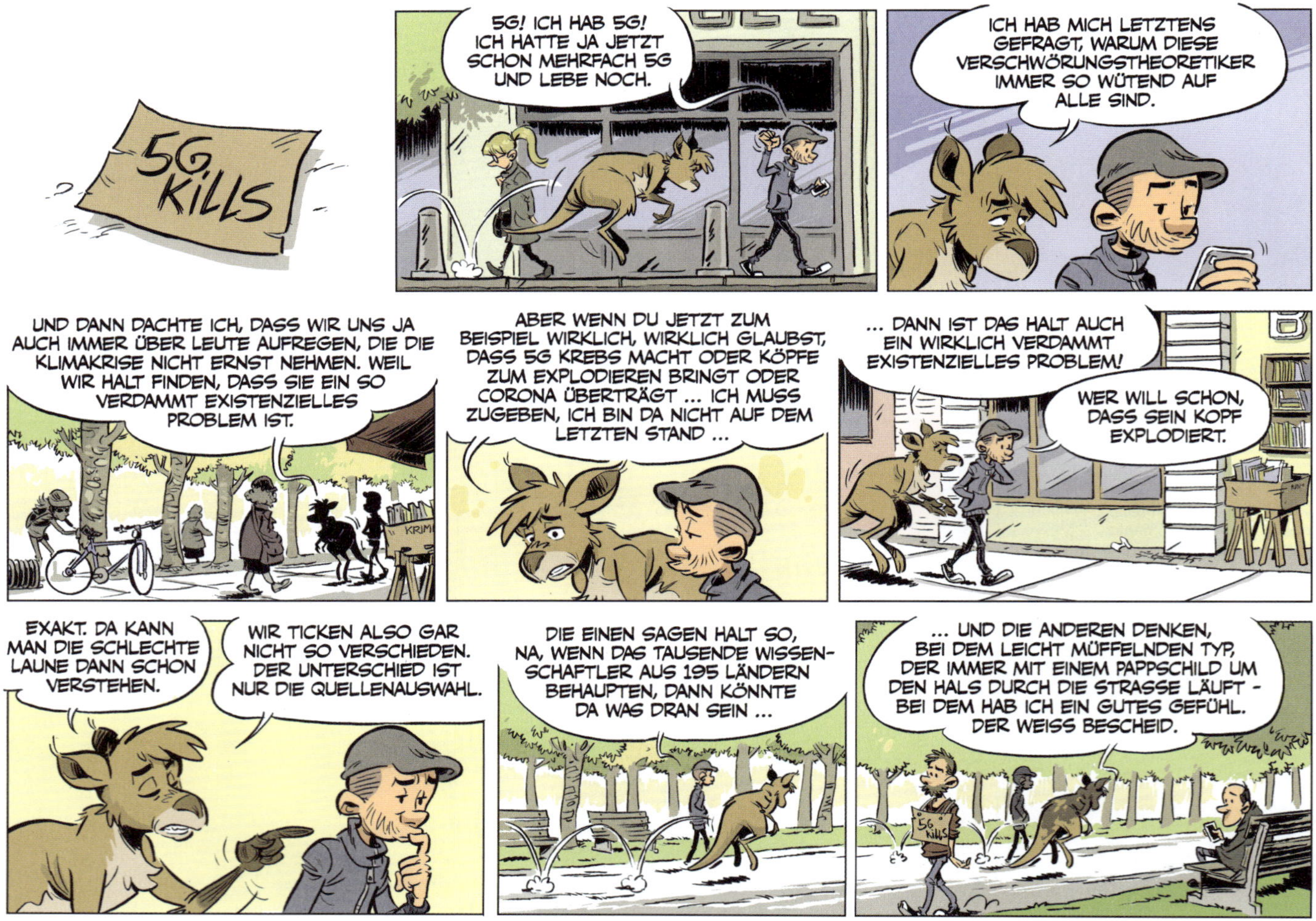
5G KILLS
5G! ICH HAB 5G! ICH HATTE JA JETZT SCHON MEHRFACH 5G UND LEBE NOCH.
ICH HAB MICH LETZTENS GEFRAGT, WARUM DIESE VERSCHWÖRUNGSTHEORETIKER IMMER SO WÜTEND AUF ALLE SIND.
UND DANN DACHTE ICH, DASS WIR UNS JA AUCH IMMER ÜBER LEUTE AUFREGEN, DIE DIE KLIMAKRISE NICHT ERNST NEHMEN. WEIL WIR HALT FINDEN, DASS SIE EIN SO VERDAMMT EXISTENZIELLES PROBLEM IST.
KRIMI
ABER WENN DU JETZT ZUM BEISPIEL WIRKLICH, WIRKLICH GLAUBST, DASS 5G KREBS MACHT ODER KÖPFE ZUM EXPLODIEREN BRINGT ODER CORONA ÜBERTRÄGT … ICH MUSS ZUGEBEN, ICH BIN DA NICHT AUF DEM LETZTEN STAND …
… DANN IST DAS HALT AUCH EIN WIRKLICH VERDAMMT EXISTENZIELLES PROBLEM!
WER WILL SCHON, DASS SEIN KOPF EXPLODIERT.
EXAKT. DA KANN MAN DIE SCHLECHTE LAUNE DANN SCHON VERSTEHEN.
WIR TICKEN ALSO GAR NICHT SO VERSCHIEDEN. DER UNTERSCHIED IST NUR DIE QUELLENAUSWAHL.
DIE EINEN SAGEN HALT SO, NA, WENN DAS TAUSENDE WISSENSCHAFTLER AUS 195 LÄNDERN BEHAUPTEN, DANN KÖNNTE DA WAS DRAN SEIN …
… UND DIE ANDEREN DENKEN, BEI DEM LEICHT MÜFFELNDEN TYP, DER IMMER MIT EINEM PAPPSCHILD UM DEN HALS DURCH DIE STRASSE LÄUFT – BEI DEM HAB ICH EIN GUTES GEFÜHL. DER WEISS BESCHEID.
5G KILLS

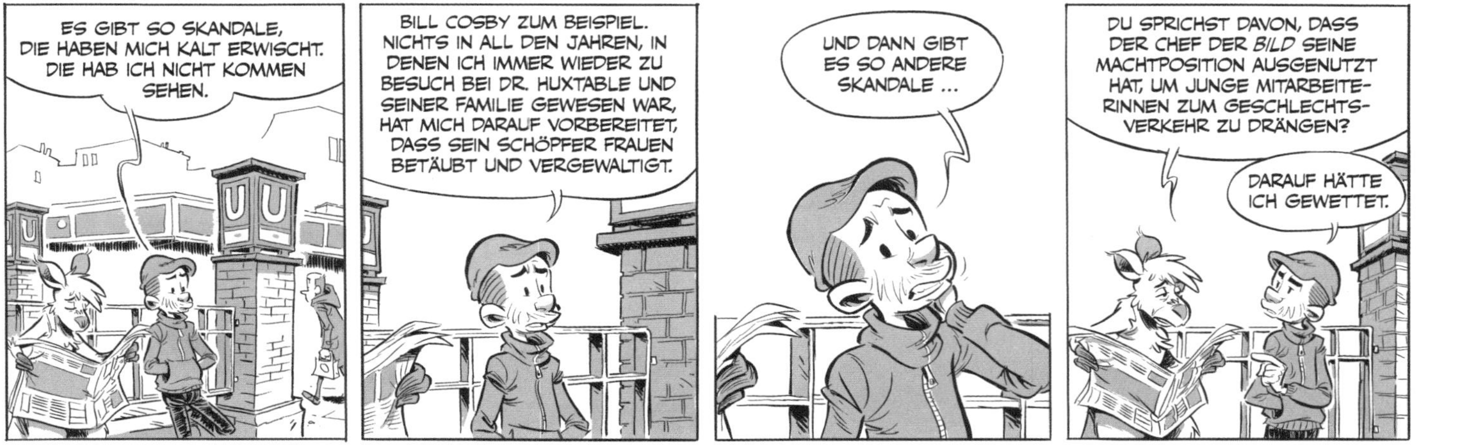
ES GIBT SO SKANDALE, DIE HABEN MICH KALT ERWISCHT. DIE HAB ICH NICHT KOMMEN SEHEN.
BILL COSBY ZUM BEISPIEL. NICHTS IN ALL DEN JAHREN, IN DENEN ICH IMMER WIEDER ZU BESUCH BEI DR. HUXTABLE UND SEINER FAMILIE GEWESEN WAR, HAT MICH DARAUF VORBEREITET, DASS SEIN SCHÖPFER FRAUEN BETÄUBT UND VERGEWALTIGT.
UND DANN GIBT ES SO ANDERE SKANDALE …
DU SPRICHST DAVON, DASS DER CHEF DER *BILD* SEINE MACHTPOSITION AUSGENUTZT HAT, UM JUNGE MITARBEITE-RINNEN ZUM GESCHLECHTS-VERKEHR ZU DRÄNGEN?
DARAUF HÄTTE ICH GEWETTET.

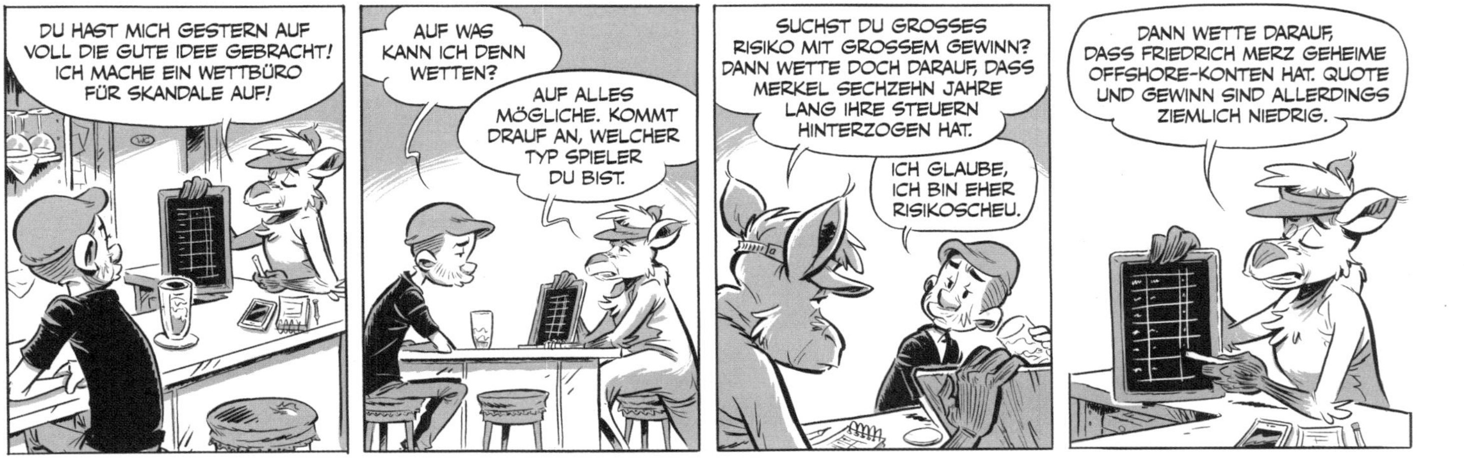
DU HAST MICH GESTERN AUF VOLL DIE GUTE IDEE GEBRACHT! ICH MACHE EIN WETTBÜRO FÜR SKANDALE AUF!
AUF WAS KANN ICH DENN WETTEN?
AUF ALLES MÖGLICHE. KOMMT DRAUF AN, WELCHER TYP SPIELER DU BIST.
SUCHST DU GROSSES RISIKO MIT GROSSEM GEWINN? DANN WETTE DOCH DARAUF, DASS MERKEL SECHZEHN JAHRE LANG IHRE STEUERN HINTERZOGEN HAT.
ICH GLAUBE, ICH BIN EHER RISIKOSCHEU.
DANN WETTE DARAUF, DASS FRIEDRICH MERZ GEHEIME OFFSHORE-KONTEN HAT. QUOTE UND GEWINN SIND ALLERDINGS ZIEMLICH NIEDRIG.

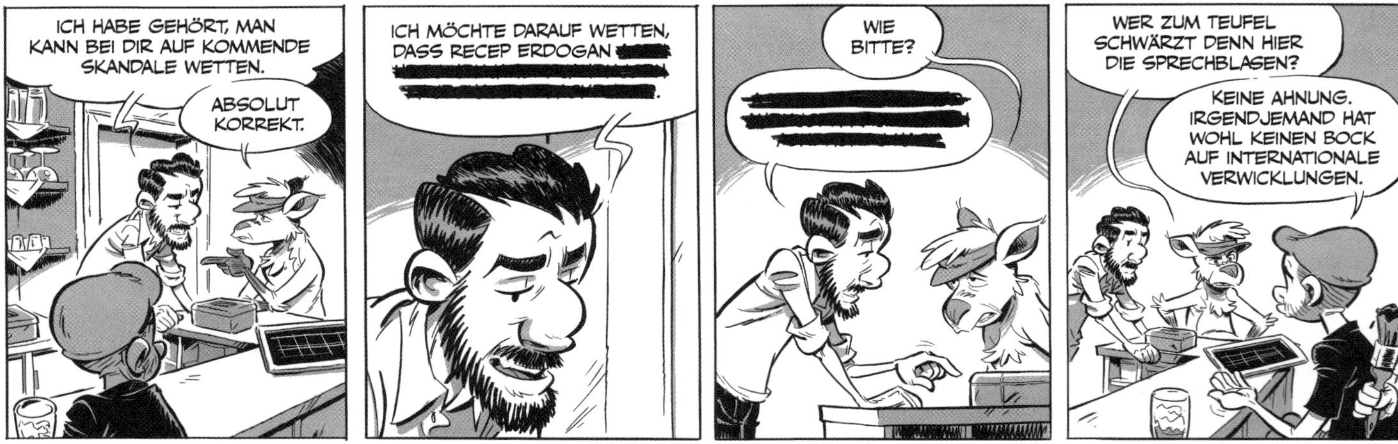
ICH HABE GEHÖRT, MAN KANN BEI DIR AUF KOMMENDE SKANDALE WETTEN.
ABSOLUT KORREKT.
ICH MÖCHTE DARAUF WETTEN, DASS RECEP ERDOGAN
WIE BITTE?
WER ZUM TEUFEL SCHWÄRZT DENN HIER DIE SPRECHBLASEN?
KEINE AHNUNG. IRGENDJEMAND HAT WOHL KEINEN BOCK AUF INTERNATIONALE VERWICKLUNGEN.

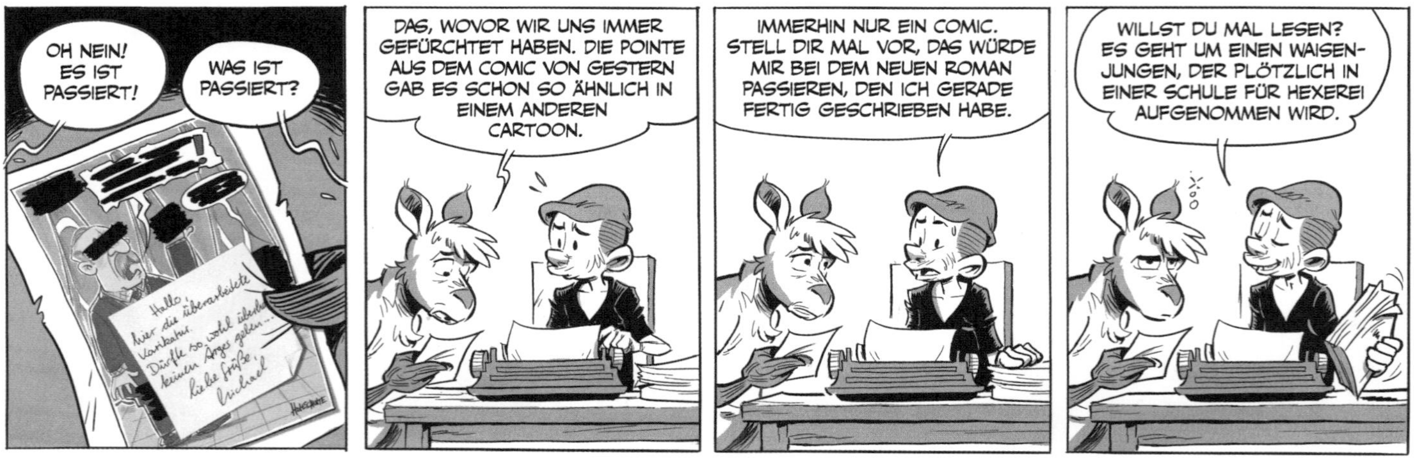
OH NEIN! ES IST PASSIERT!
WAS IST PASSIERT?
DAS, WOVOR WIR UNS IMMER GEFÜRCHTET HABEN. DIE POINTE AUS DEM COMIC VON GESTERN GAB ES SCHON SO ÄHNLICH IN EINEM ANDEREN CARTOON.
IMMERHIN NUR EIN COMIC. STELL DIR MAL VOR, DAS WÜRDE MIR BEI DEM NEUEN ROMAN PASSIEREN, DEN ICH GERADE FERTIG GESCHRIEBEN HABE.
WILLST DU MAL LESEN? ES GEHT UM EINEN WAISEN-JUNGEN, DER PLÖTZLICH IN EINER SCHULE FÜR HEXEREI AUFGENOMMEN WIRD.

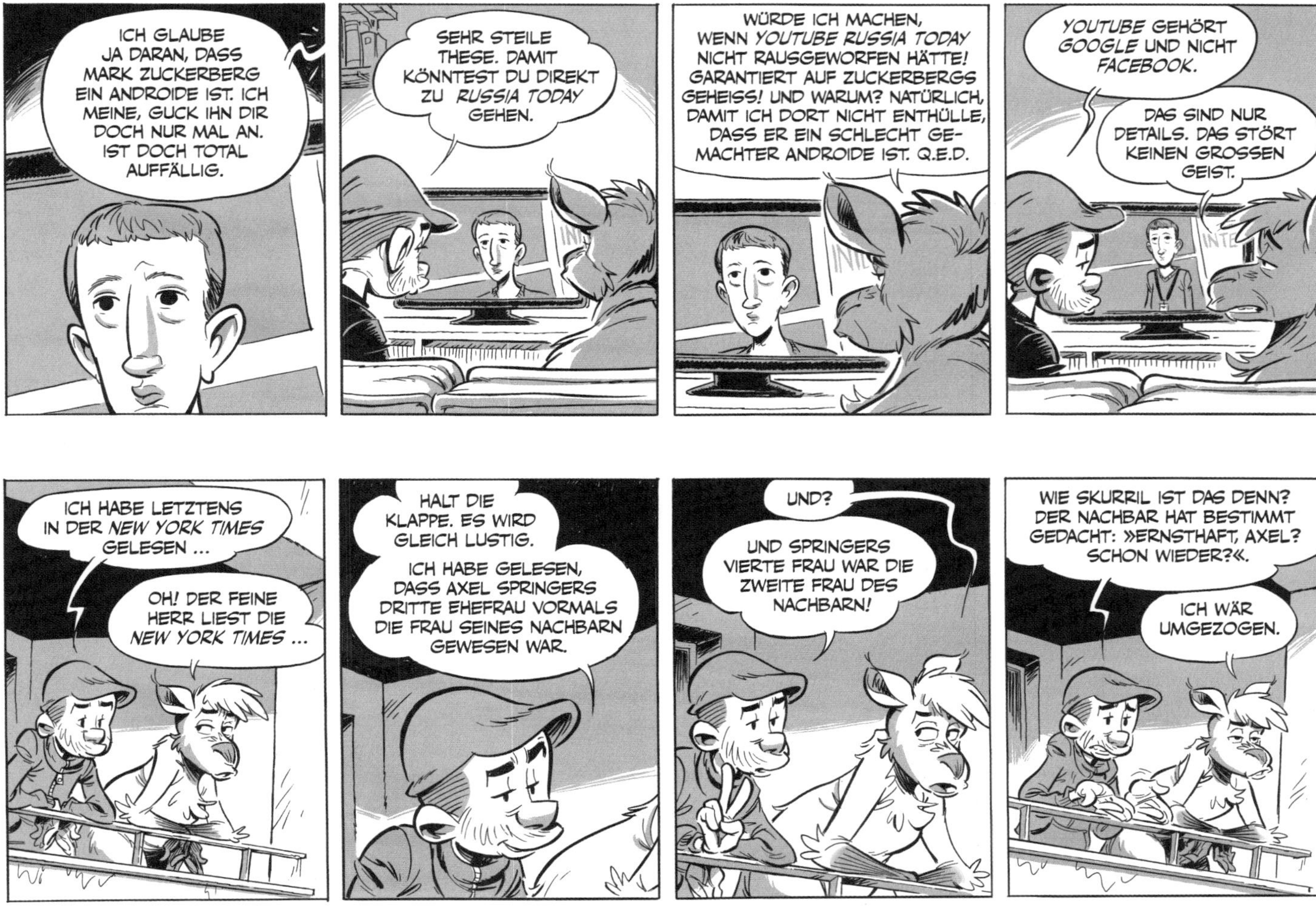
ICH GLAUBE JA DARAN, DASS MARK ZUCKERBERG EIN ANDROIDE IST. ICH MEINE, GUCK IHN DIR DOCH NUR MAL AN. IST DOCH TOTAL AUFFÄLLIG.
SEHR STEILE THESE. DAMIT KÖNNTEST DU DIREKT ZU *RUSSIA TODAY* GEHEN.
WÜRDE ICH MACHEN, WENN *YOUTUBE RUSSIA TODAY* NICHT RAUSGEWORFEN HÄTTE! GARANTIERT AUF ZUCKERBERGS GEHEISS! UND WARUM? NATÜRLICH, DAMIT ICH DORT NICHT ENTHÜLLE, DASS ER EIN SCHLECHT GEMACHTER ANDROIDE IST. Q.E.D.
YOUTUBE GEHÖRT *GOOGLE* UND NICHT *FACEBOOK*.
DAS SIND NUR DETAILS. DAS STÖRT KEINEN GROSSEN GEIST.
ICH HABE LETZTENS IN DER *NEW YORK TIMES* GELESEN ...
OH! DER FEINE HERR LIEST DIE *NEW YORK TIMES* ...
HALT DIE KLAPPE. ES WIRD GLEICH LUSTIG.
ICH HABE GELESEN, DASS AXEL SPRINGERS DRITTE EHEFRAU VORMALS DIE FRAU SEINES NACHBARN GEWESEN WAR.
UND?
UND SPRINGERS VIERTE FRAU WAR DIE ZWEITE FRAU DES NACHBARN!
WIE SKURRIL IST DAS DENN? DER NACHBAR HAT BESTIMMT GEDACHT: »ERNSTHAFT, AXEL? SCHON WIEDER?«.
ICH WÄR UMGEZOGEN.

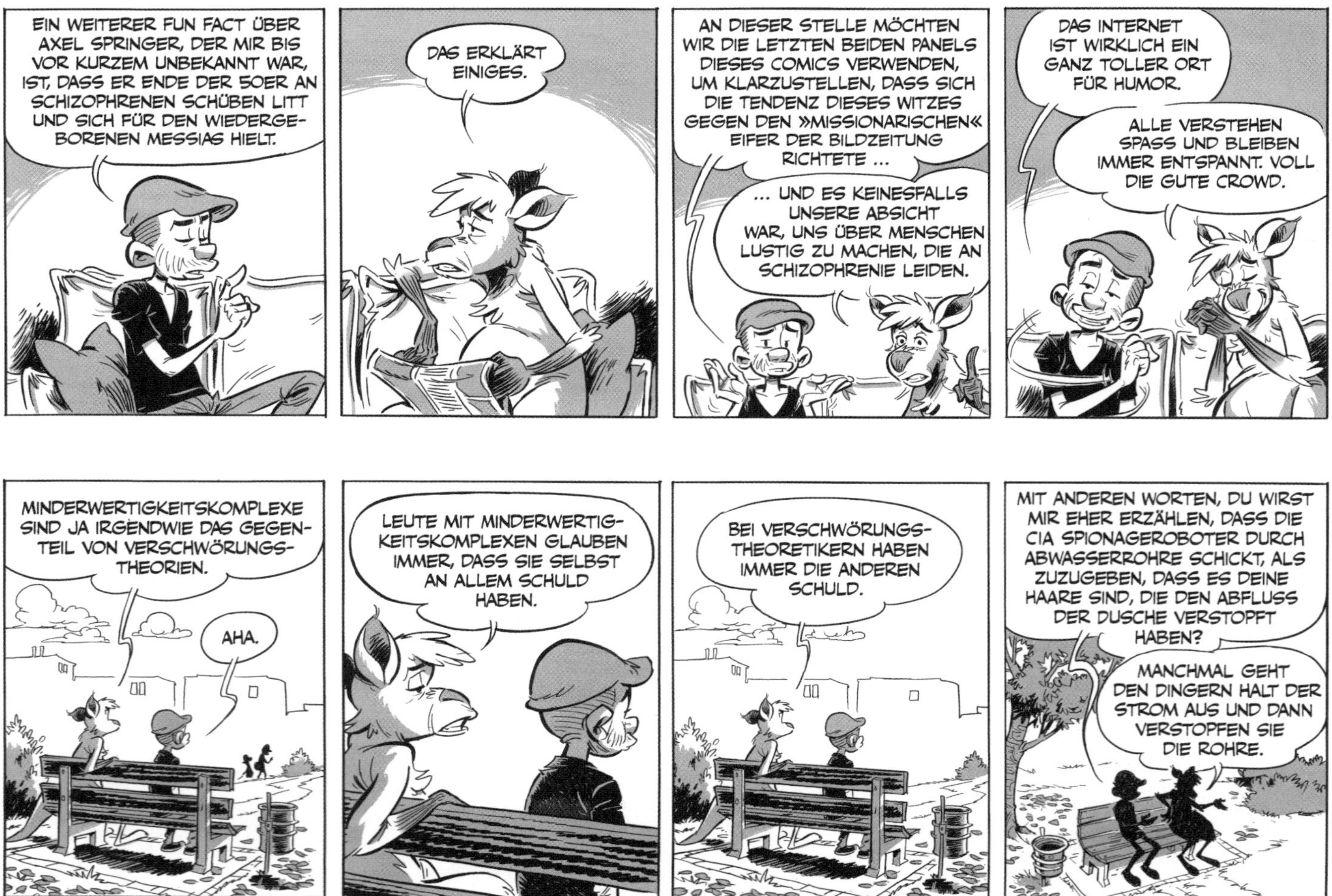

EIN WEITERER FUN FACT ÜBER AXEL SPRINGER, DER MIR BIS VOR KURZEM UNBEKANNT WAR, IST, DASS ER ENDE DER 50ER AN SCHIZOPHRENEN SCHÜBEN LITT UND SICH FÜR DEN WIEDERGE-BORENEN MESSIAS HIELT.
DAS ERKLÄRT EINIGES.
AN DIESER STELLE MÖCHTEN WIR DIE LETZTEN BEIDEN PANELS DIESES COMICS VERWENDEN, UM KLARZUSTELLEN, DASS SICH DIE TENDENZ DIESES WITZES GEGEN DEN »MISSIONARISCHEN« EIFER DER BILDZEITUNG RICHTETE …
… UND ES KEINESFALLS UNSERE ABSICHT WAR, UNS ÜBER MENSCHEN LUSTIG ZU MACHEN, DIE AN SCHIZOPHRENIE LEIDEN.
DAS INTERNET IST WIRKLICH EIN GANZ TOLLER ORT FÜR HUMOR.
ALLE VERSTEHEN SPASS UND BLEIBEN IMMER ENTSPANNT. VOLL DIE GUTE CROWD.
MINDERWERTIGKEITSKOMPLEXE SIND JA IRGENDWIE DAS GEGEN-TEIL VON VERSCHWÖRUNGS-THEORIEN.
AHA.
LEUTE MIT MINDERWERTIG-KEITSKOMPLEXEN GLAUBEN IMMER, DASS SIE SELBST AN ALLEM SCHULD HABEN.
BEI VERSCHWÖRUNGS-THEORETIKERN HABEN IMMER DIE ANDEREN SCHULD.
MIT ANDEREN WORTEN, DU WIRST MIR EHER ERZÄHLEN, DASS DIE CIA SPIONAGEROBOTER DURCH ABWASSERROHRE SCHICKT, ALS ZUZUGEBEN, DASS ES DEINE HAARE SIND, DIE DEN ABFLUSS DER DUSCHE VERSTOPFT HABEN?
MANCHMAL GEHT DEN DINGERN HALT DER STROM AUS UND DANN VERSTOPFEN SIE DIE ROHRE.

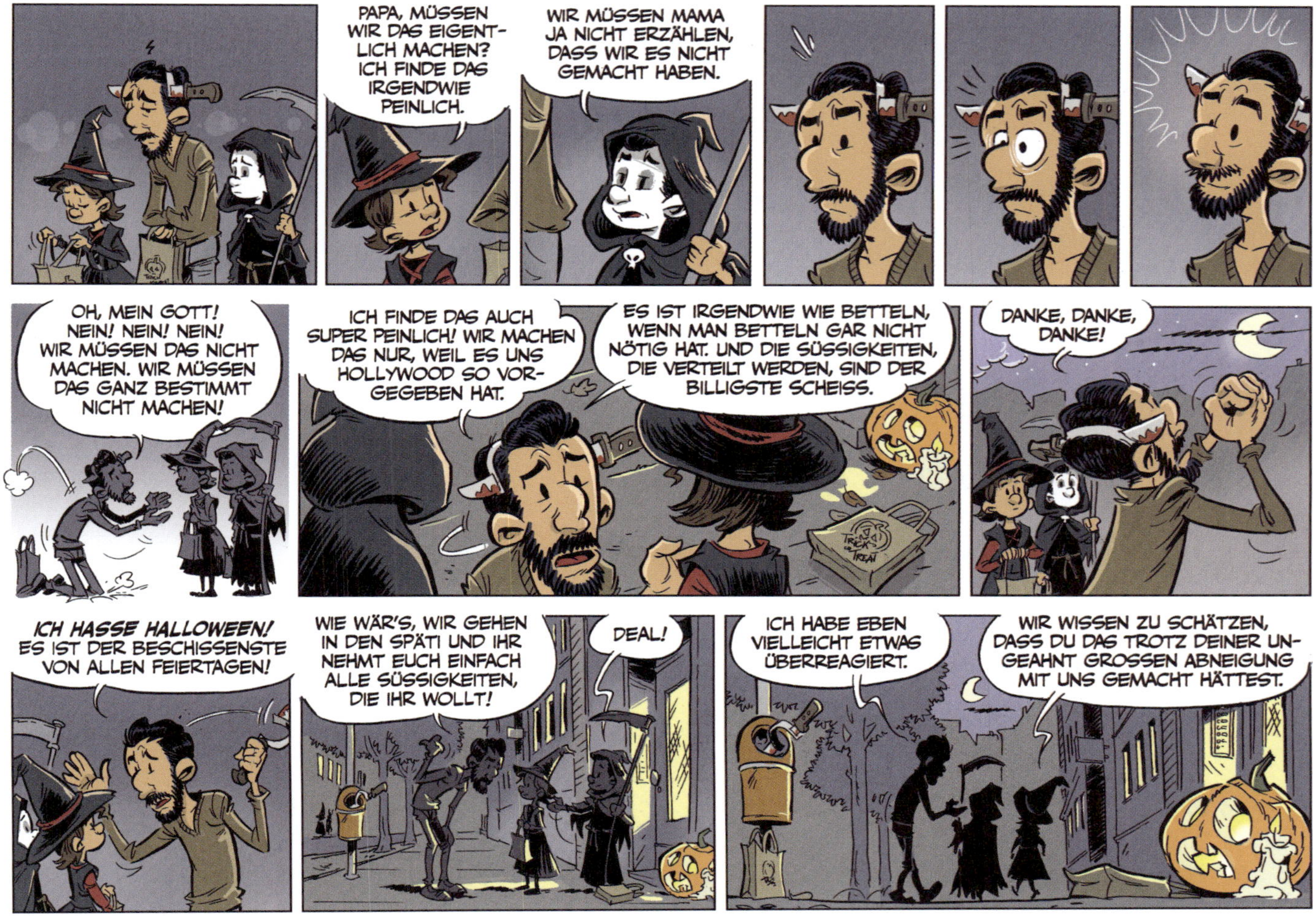
PAPA, MÜSSEN WIR DAS EIGENTLICH MACHEN? ICH FINDE DAS IRGENDWIE PEINLICH.
WIR MÜSSEN MAMA JA NICHT ERZÄHLEN, DASS WIR ES NICHT GEMACHT HABEN.
OH, MEIN GOTT! NEIN! NEIN! NEIN! WIR MÜSSEN DAS NICHT MACHEN. WIR MÜSSEN DAS GANZ BESTIMMT NICHT MACHEN!
ICH FINDE DAS AUCH SUPER PEINLICH! WIR MACHEN DAS NUR, WEIL ES UNS HOLLYWOOD SO VORGEGEBEN HAT.
ES IST IRGENDWIE WIE BETTELN, WENN MAN BETTELN GAR NICHT NÖTIG HAT. UND DIE SÜSSIGKEITEN, DIE VERTEILT WERDEN, SIND DER BILLIGSTE SCHEISS.
DANKE, DANKE, DANKE!
ICH HASSE HALLOWEEN! ES IST DER BESCHISSENSTE VON ALLEN FEIERTAGEN!
WIE WÄR'S, WIR GEHEN IN DEN SPÄTI UND IHR NEHMT EUCH EINFACH ALLE SÜSSIGKEITEN, DIE IHR WOLLT!
DEAL!
ICH HABE EBEN VIELLEICHT ETWAS ÜBERREAGIERT.
WIR WISSEN ZU SCHÄTZEN, DASS DU DAS TROTZ DEINER UNGEAHNT GROSSEN ABNEIGUNG MIT UNS GEMACHT HÄTTEST.

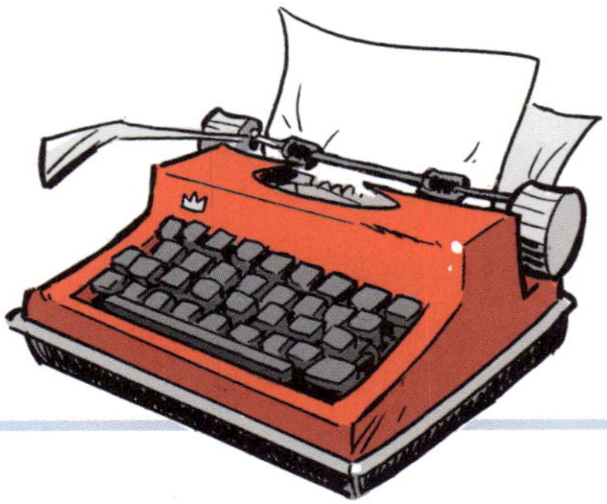

NOVEMBER 2021

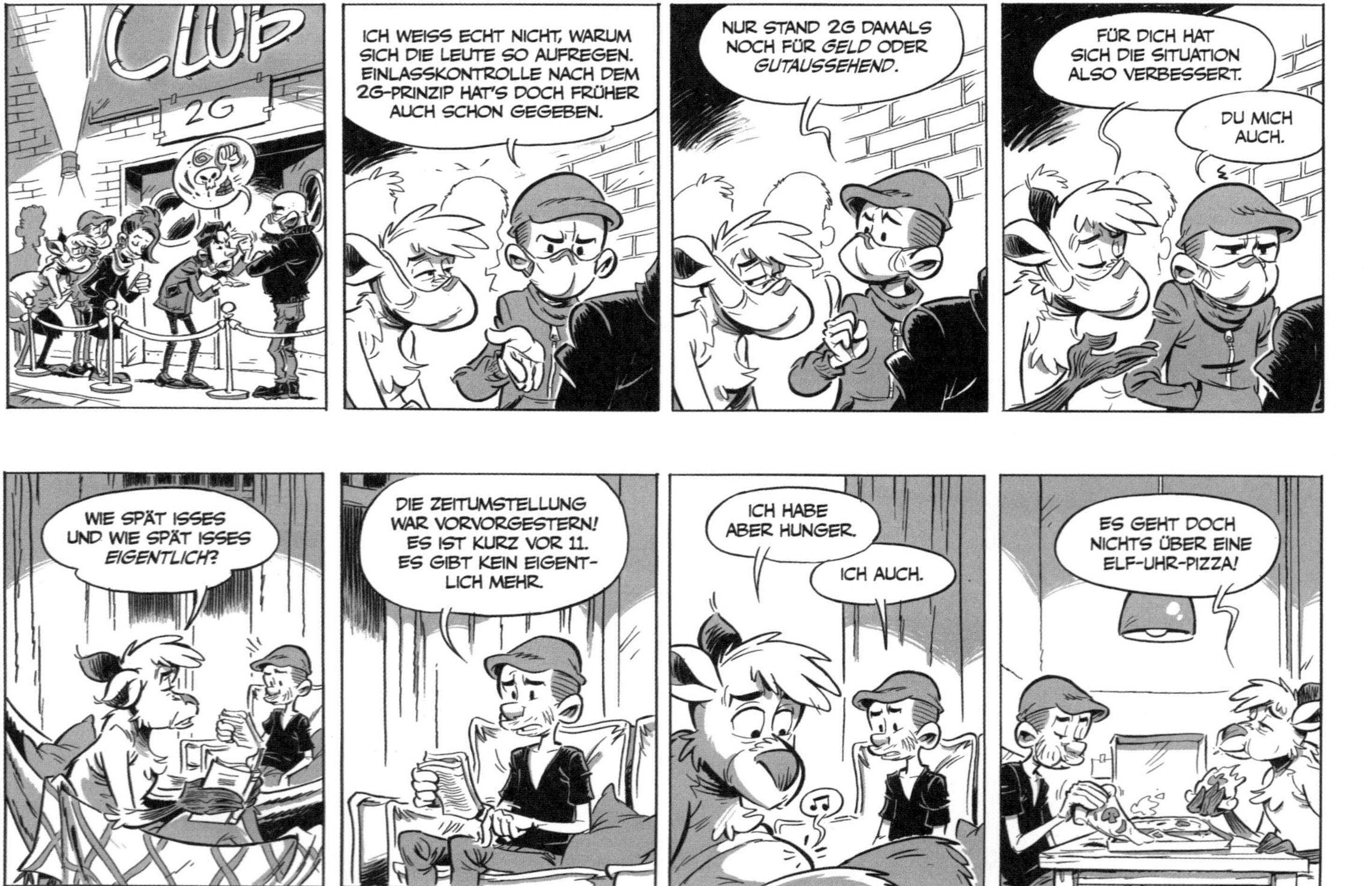
CLUB
2G
ICH WEISS ECHT NICHT, WARUM SICH DIE LEUTE SO AUFREGEN. EINLASSKONTROLLE NACH DEM 2G-PRINZIP HAT'S DOCH FRÜHER AUCH SCHON GEGEBEN.
NUR STAND 2G DAMALS NOCH FÜR *GELD* ODER *GUTAUSSEHEND*.
FÜR DICH HAT SICH DIE SITUATION ALSO VERBESSERT.
DU MICH AUCH.
WIE SPÄT ISSES UND WIE SPÄT ISSES *EIGENTLICH*?
DIE ZEITUMSTELLUNG WAR VORVORGESTERN! ES IST KURZ VOR 11. ES GIBT KEIN EIGENTLICH MEHR.
ICH HABE ABER HUNGER.
ICH AUCH.
ES GEHT DOCH NICHTS ÜBER EINE ELF-UHR-PIZZA!

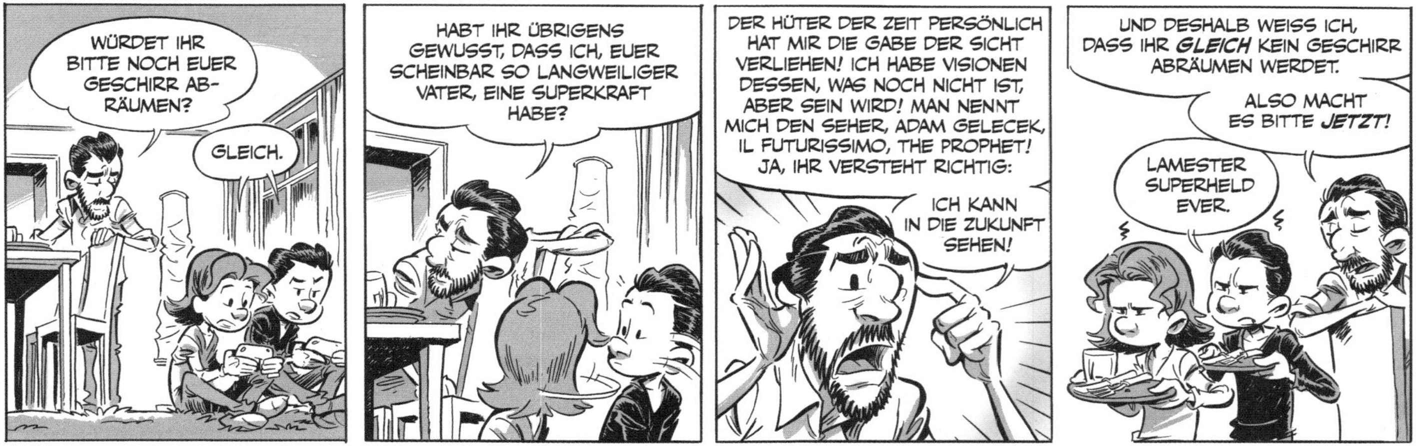
WÜRDET IHR BITTE NOCH EUER GESCHIRR AB-RÄUMEN?
GLEICH.
HABT IHR ÜBRIGENS GEWUSST, DASS ICH, EUER SCHEINBAR SO LANGWEILIGER VATER, EINE SUPERKRAFT HABE?
DER HÜTER DER ZEIT PERSÖNLICH HAT MIR DIE GABE DER SICHT VERLIEHEN! ICH HABE VISIONEN DESSEN, WAS NOCH NICHT IST, ABER SEIN WIRD! MAN NENNT MICH DEN SEHER, ADAM GELECEK, IL FUTURISSIMO, THE PROPHET! JA, IHR VERSTEHT RICHTIG:
ICH KANN IN DIE ZUKUNFT SEHEN!
UND DESHALB WEISS ICH, DASS IHR *GLEICH* KEIN GESCHIRR ABRÄUMEN WERDET.
ALSO MACHT ES BITTE *JETZT*!
LAMESTER SUPERHELD EVER.

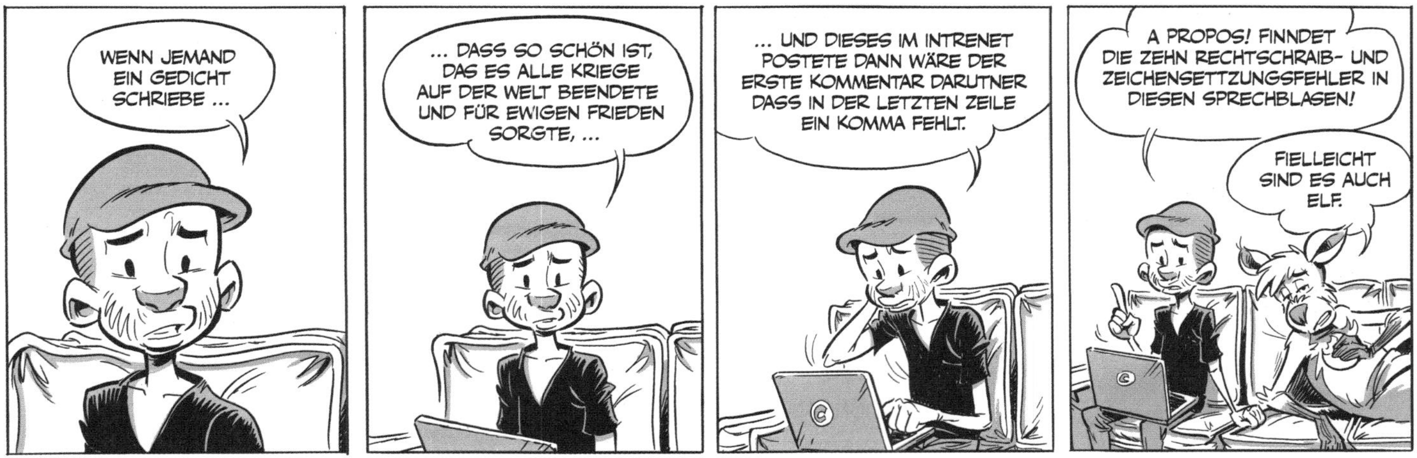
WENN JEMAND EIN GEDICHT SCHRIEBE ...
... DASS SO SCHÖN IST, DAS ES ALLE KRIEGE AUF DER WELT BEENDETE UND FÜR EWIGEN FRIEDEN SORGTE, ...
... UND DIESES IM INTRENET POSTETE DANN WÄRE DER ERSTE KOMMENTAR DARUTNER DASS IN DER LETZTEN ZEILE EIN KOMMA FEHLT.
A PROPOS! FINNDET DIE ZEHN RECHTSCHRAIB- UND ZEICHENSETTZUNGSFEHLER IN DIESEN SPRECHBLASEN!
FIELLEICHT SIND ES AUCH ELF.

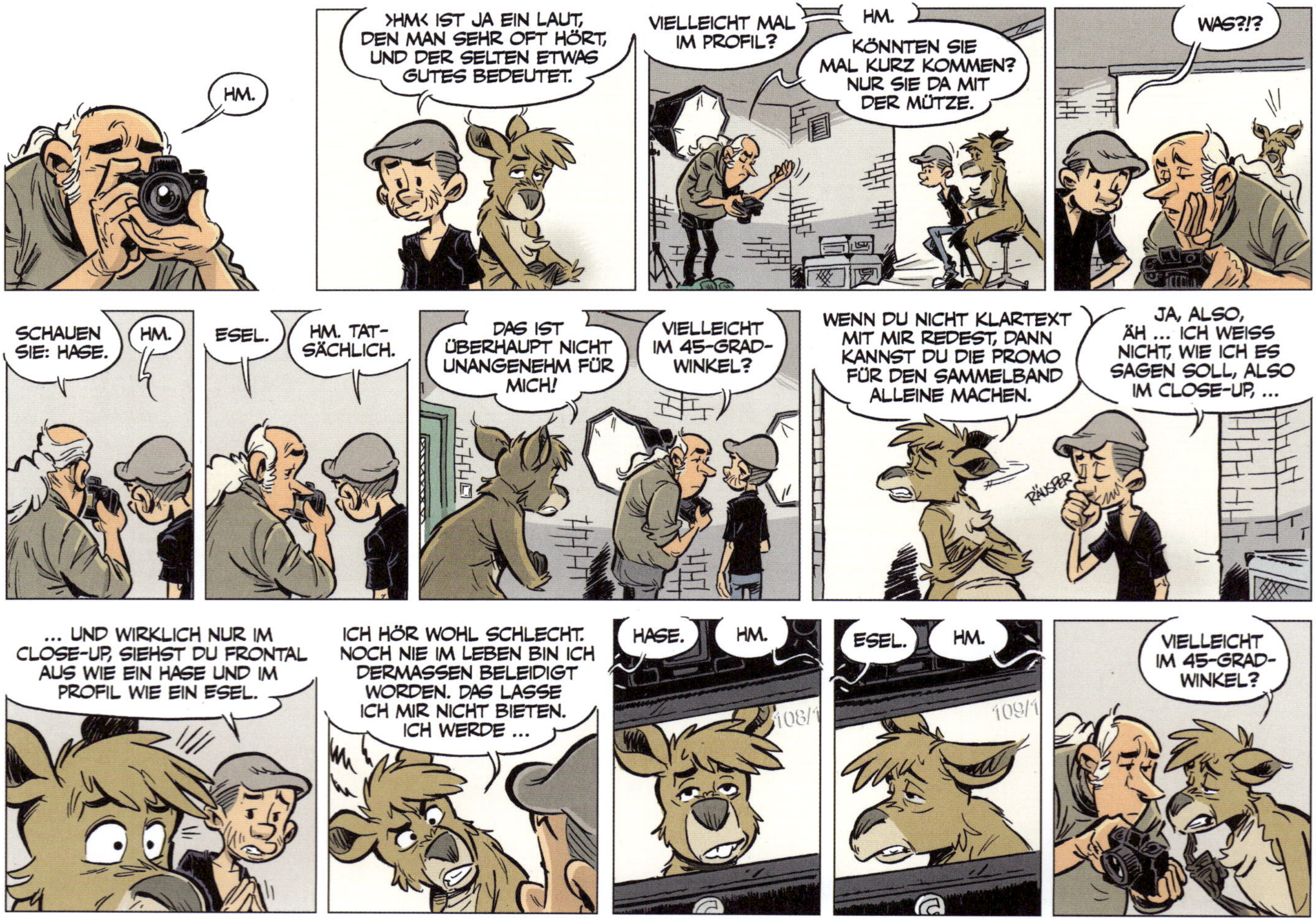
HM.
›HM‹ IST JA EIN LAUT, DEN MAN SEHR OFT HÖRT, UND DER SELTEN ETWAS GUTES BEDEUTET.
VIELLEICHT MAL IM PROFIL?
HM.
KÖNNTEN SIE MAL KURZ KOMMEN? NUR SIE DA MIT DER MÜTZE.
WAS?!?
SCHAUEN SIE: HASE.
HM.
ESEL.
HM. TATSÄCHLICH.
DAS IST ÜBERHAUPT NICHT UNANGENEHM FÜR MICH!
VIELLEICHT IM 45-GRAD-WINKEL?
WENN DU NICHT KLARTEXT MIT MIR REDEST, DANN KANNST DU DIE PROMO FÜR DEN SAMMELBAND ALLEINE MACHEN.
RÄUSPER
JA, ALSO, ÄH ... ICH WEISS NICHT, WIE ICH ES SAGEN SOLL, ALSO IM CLOSE-UP, ...
... UND WIRKLICH NUR IM CLOSE-UP, SIEHST DU FRONTAL AUS WIE EIN HASE UND IM PROFIL WIE EIN ESEL.
ICH HÖR WOHL SCHLECHT. NOCH NIE IM LEBEN BIN ICH DERMASSEN BELEIDIGT WORDEN. DAS LASSE ICH MIR NICHT BIETEN. ICH WERDE ...
HASE.
HM.
108/1
ESEL.
HM.
109/1
VIELLEICHT IM 45-GRAD-WINKEL?

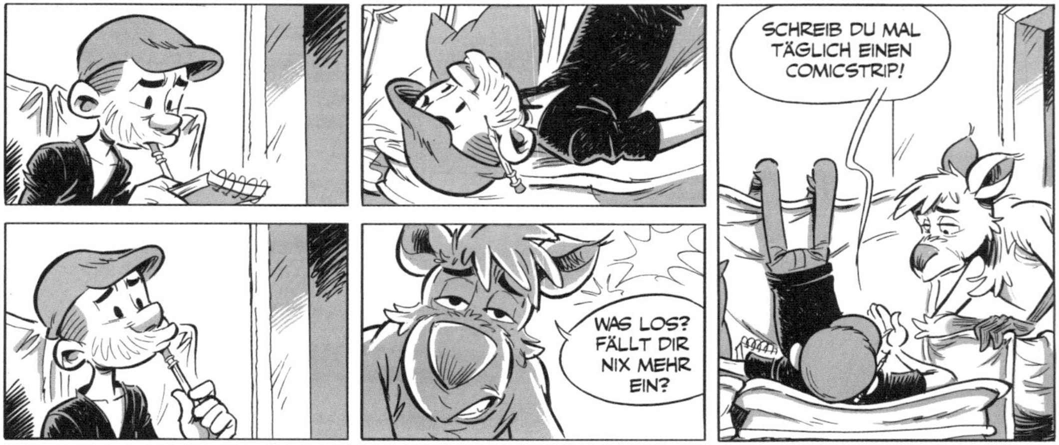
WAS LOS? FÄLLT DIR NIX MEHR EIN?
SCHREIB DU MAL TÄGLICH EINEN COMICSTRIP!
CHALLENGE ACCEPTED!
ACH DU KACKE.

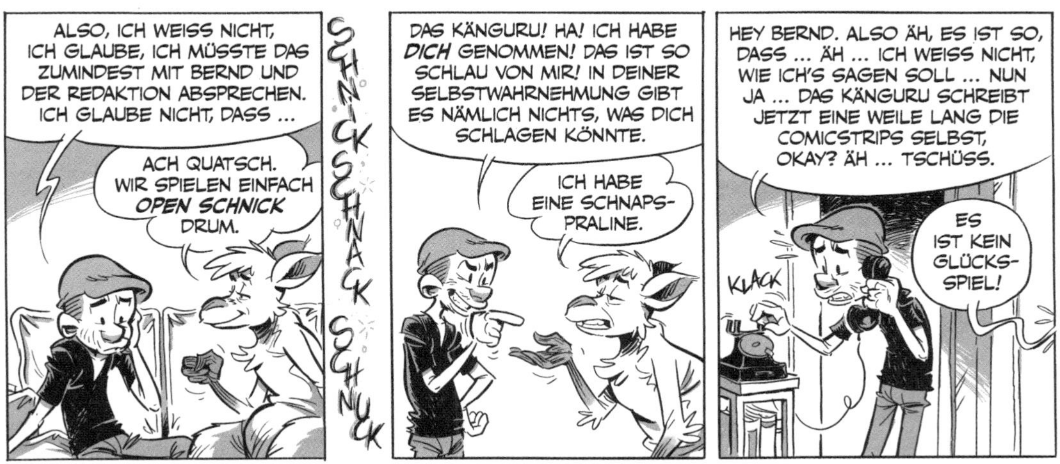
ALSO, ICH WEISS NICHT, ICH GLAUBE, ICH MÜSSTE DAS ZUMINDEST MIT BERND UND DER REDAKTION ABSPRECHEN. ICH GLAUBE NICHT, DASS …
ACH QUATSCH. WIR SPIELEN EINFACH *OPEN SCHNICK* DRUM.
SCHNICK SCHNACK SCHNUCK
DAS KÄNGURU! HA! ICH HABE *DICH* GENOMMEN! DAS IST SO SCHLAU VON MIR! IN DEINER SELBSTWAHRNEHMUNG GIBT ES NÄMLICH NICHTS, WAS DICH SCHLAGEN KÖNNTE.
ICH HABE EINE SCHNAPS-PRALINE.
HEY BERND. ALSO ÄH, ES IST SO, DASS … ÄH … ICH WEISS NICHT, WIE ICH'S SAGEN SOLL … NUN JA … DAS KÄNGURU SCHREIBT JETZT EINE WEILE LANG DIE COMICSTRIPS SELBST, OKAY? ÄH … TSCHÜSS.
ES IST KEIN GLÜCKS-SPIEL!
KLACK
ACH DU KACKE.
schlumpf

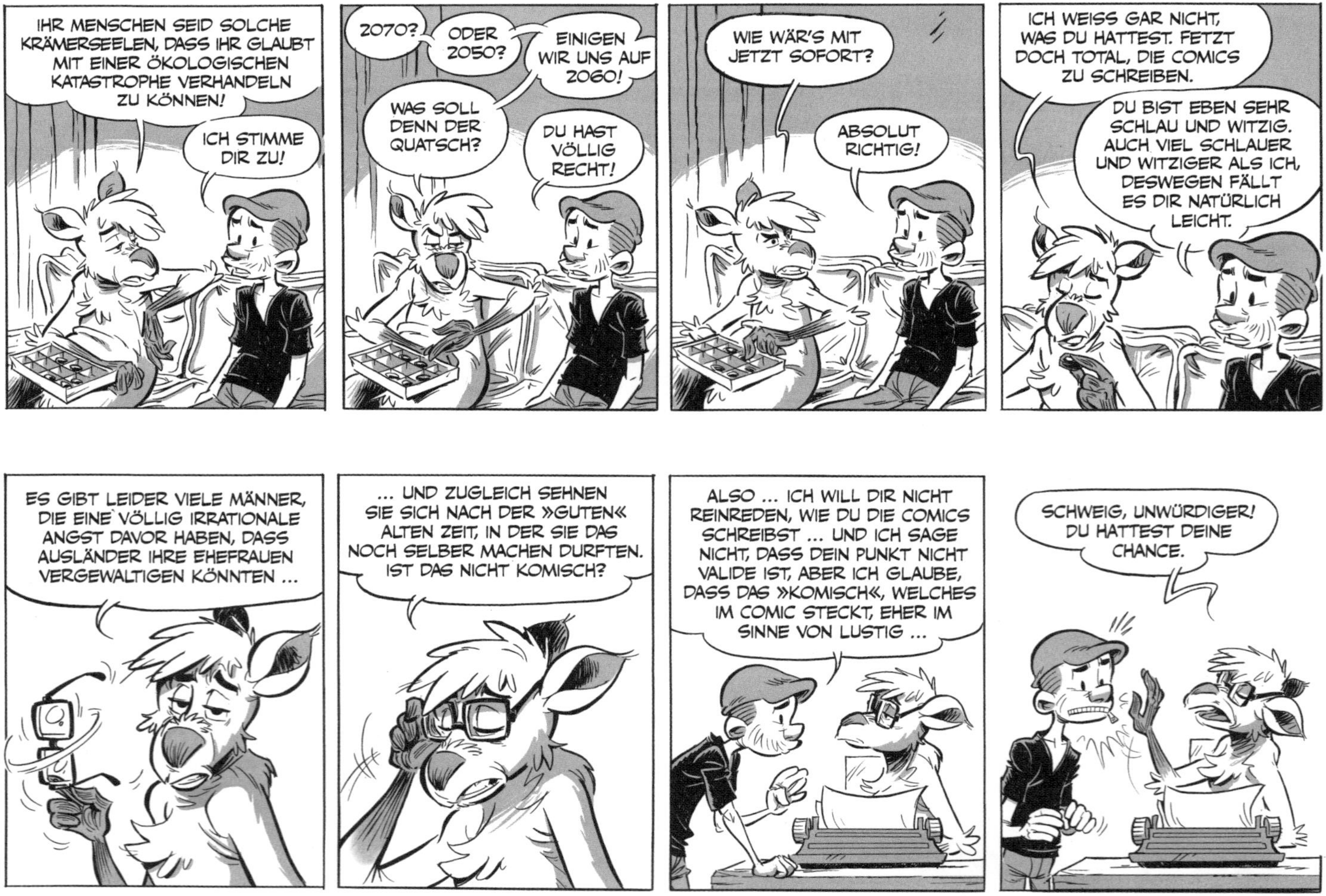
IHR MENSCHEN SEID SOLCHE KRÄMERSEELEN, DASS IHR GLAUBT MIT EINER ÖKOLOGISCHEN KATASTROPHE VERHANDELN ZU KÖNNEN!
ICH STIMME DIR ZU!
2070?
ODER 2050?
EINIGEN WIR UNS AUF 2060!
WAS SOLL DENN DER QUATSCH?
DU HAST VÖLLIG RECHT!
WIE WÄR'S MIT JETZT SOFORT?
ABSOLUT RICHTIG!
ICH WEISS GAR NICHT, WAS DU HATTEST. FETZT DOCH TOTAL, DIE COMICS ZU SCHREIBEN.
DU BIST EBEN SEHR SCHLAU UND WITZIG. AUCH VIEL SCHLAUER UND WITZIGER ALS ICH, DESWEGEN FÄLLT ES DIR NATÜRLICH LEICHT.
ES GIBT LEIDER VIELE MÄNNER, DIE EINE VÖLLIG IRRATIONALE ANGST DAVOR HABEN, DASS AUSLÄNDER IHRE EHEFRAUEN VERGEWALTIGEN KÖNNTEN ...
... UND ZUGLEICH SEHNEN SIE SICH NACH DER »GUTEN« ALTEN ZEIT, IN DER SIE DAS NOCH SELBER MACHEN DURFTEN. IST DAS NICHT KOMISCH?
ALSO ... ICH WILL DIR NICHT REINREDEN, WIE DU DIE COMICS SCHREIBST ... UND ICH SAGE NICHT, DASS DEIN PUNKT NICHT VALIDE IST, ABER ICH GLAUBE, DASS DAS »KOMISCH«, WELCHES IM COMIC STECKT, EHER IM SINNE VON LUSTIG ...
SCHWEIG, UNWÜRDIGER! DU HATTEST DEINE CHANCE.

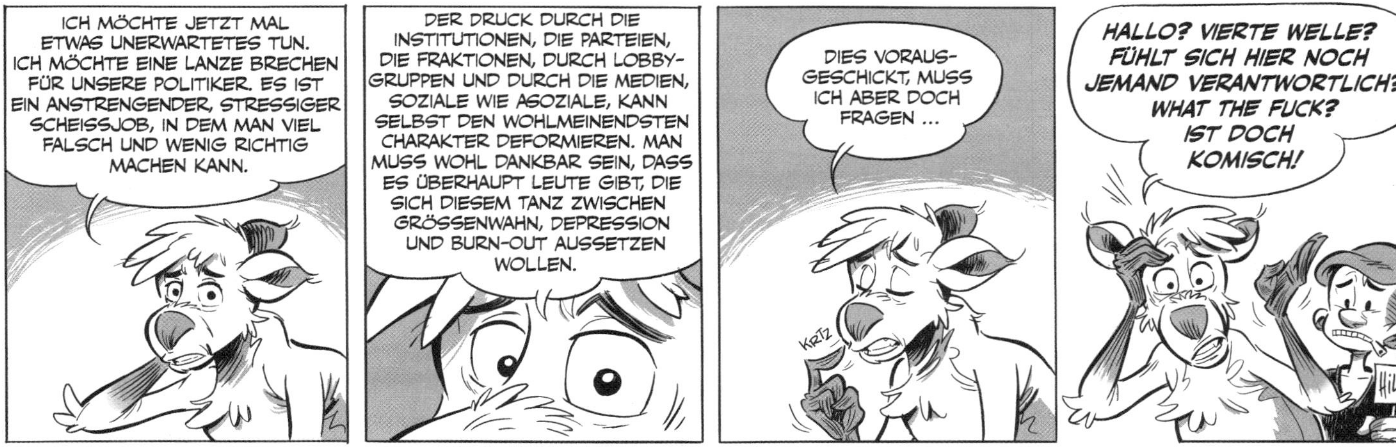
ICH MÖCHTE JETZT MAL ETWAS UNERWARTETES TUN. ICH MÖCHTE EINE LANZE BRECHEN FÜR UNSERE POLITIKER. ES IST EIN ANSTRENGENDER, STRESSIGER SCHEISSJOB, IN DEM MAN VIEL FALSCH UND WENIG RICHTIG MACHEN KANN.
DER DRUCK DURCH DIE INSTITUTIONEN, DIE PARTEIEN, DIE FRAKTIONEN, DURCH LOBBYGRUPPEN UND DURCH DIE MEDIEN, SOZIALE WIE ASOZIALE, KANN SELBST DEN WOHLMEINENDSTEN CHARAKTER DEFORMIEREN. MAN MUSS WOHL DANKBAR SEIN, DASS ES ÜBERHAUPT LEUTE GIBT, DIE SICH DIESEM TANZ ZWISCHEN GRÖSSENWAHN, DEPRESSION UND BURN-OUT AUSSETZEN WOLLEN.
DIES VORAUSGESCHICKT, MUSS ICH ABER DOCH FRAGEN …
KRTZ
HALLO? VIERTE WELLE? FÜHLT SICH HIER NOCH JEMAND VERANTWORTLICH? WHAT THE FUCK? IST DOCH KOMISCH!
HILFE!

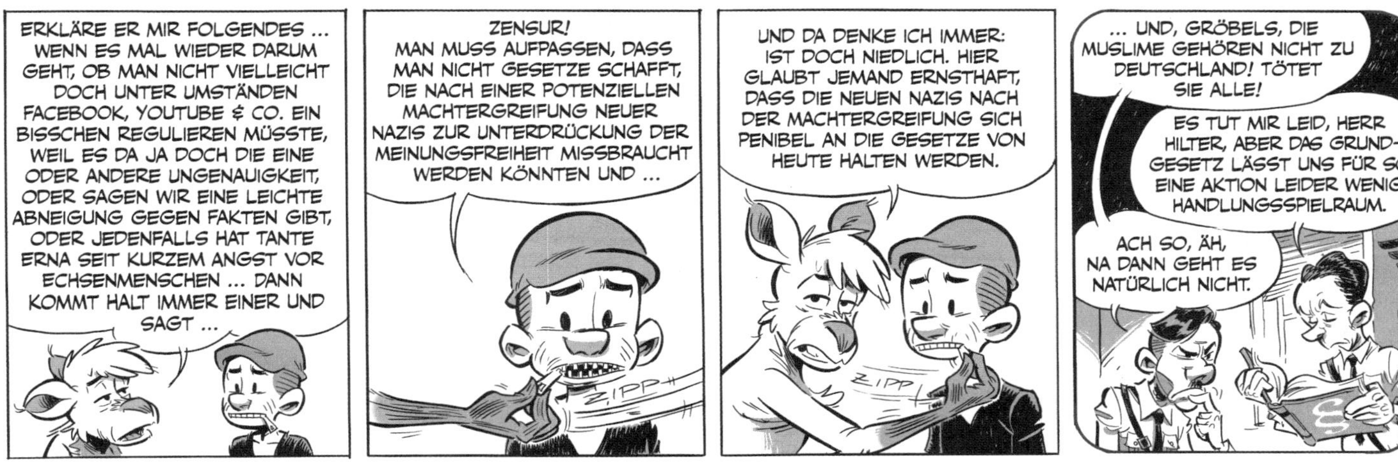
ERKLÄRE ER MIR FOLGENDES … WENN ES MAL WIEDER DARUM GEHT, OB MAN NICHT VIELLEICHT DOCH UNTER UMSTÄNDEN FACEBOOK, YOUTUBE & CO. EIN BISSCHEN REGULIEREN MÜSSTE, WEIL ES DA JA DOCH DIE EINE ODER ANDERE UNGENAUIGKEIT, ODER SAGEN WIR EINE LEICHTE ABNEIGUNG GEGEN FAKTEN GIBT, ODER JEDENFALLS HAT TANTE ERNA SEIT KURZEM ANGST VOR ECHSENMENSCHEN … DANN KOMMT HALT IMMER EINER UND SAGT …
ZENSUR! MAN MUSS AUFPASSEN, DASS MAN NICHT GESETZE SCHAFFT, DIE NACH EINER POTENZIELLEN MACHTERGREIFUNG NEUER NAZIS ZUR UNTERDRÜCKUNG DER MEINUNGSFREIHEIT MISSBRAUCHT WERDEN KÖNNTEN UND …
ZIPP
UND DA DENKE ICH IMMER: IST DOCH NIEDLICH. HIER GLAUBT JEMAND ERNSTHAFT, DASS DIE NEUEN NAZIS NACH DER MACHTERGREIFUNG SICH PENIBEL AN DIE GESETZE VON HEUTE HALTEN WERDEN.
ZIPP
… UND, GRÖBELS, DIE MUSLIME GEHÖREN NICHT ZU DEUTSCHLAND! TÖTET SIE ALLE!
ES TUT MIR LEID, HERR HILTER, ABER DAS GRUNDGESETZ LÄSST UNS FÜR SO EINE AKTION LEIDER WENIG HANDLUNGSSPIELRAUM.
ACH SO, ÄH, NA DANN GEHT ES NATÜRLICH NICHT.

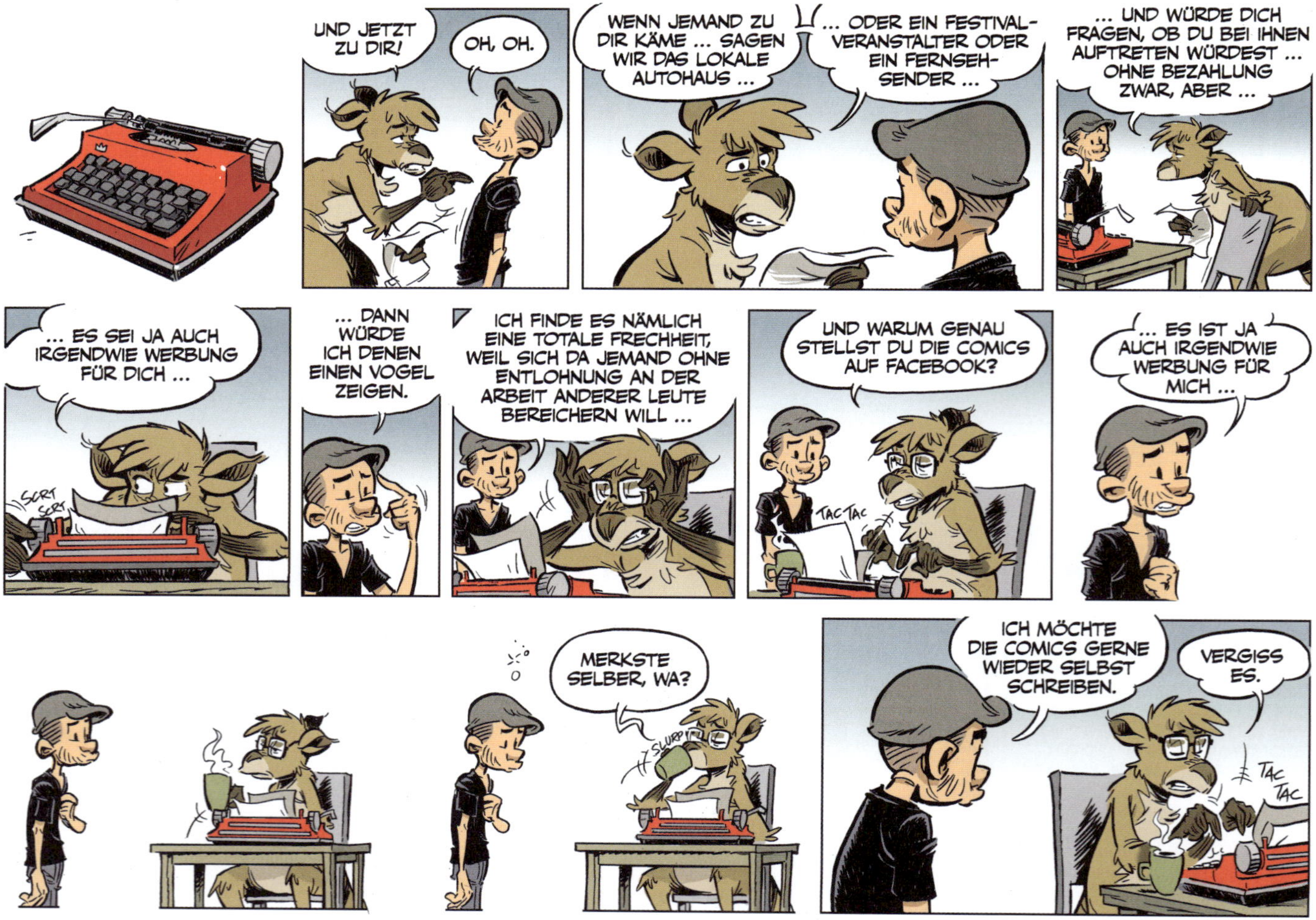
UND JETZT ZU DIR!
OH, OH.
WENN JEMAND ZU DIR KÄME ... SAGEN WIR DAS LOKALE AUTOHAUS ...
... ODER EIN FESTIVAL-VERANSTALTER ODER EIN FERNSEH-SENDER ...
... UND WÜRDE DICH FRAGEN, OB DU BEI IHNEN AUFTRETEN WÜRDEST ... OHNE BEZAHLUNG ZWAR, ABER ...
... ES SEI JA AUCH IRGENDWIE WERBUNG FÜR DICH ...
SCRT SCRT
... DANN WÜRDE ICH DENEN EINEN VOGEL ZEIGEN.
ICH FINDE ES NÄMLICH EINE TOTALE FRECHHEIT, WEIL SICH DA JEMAND OHNE ENTLOHNUNG AN DER ARBEIT ANDERER LEUTE BEREICHERN WILL ...
UND WARUM GENAU STELLST DU DIE COMICS AUF FACEBOOK?
TAC TAC
... ES IST JA AUCH IRGENDWIE WERBUNG FÜR MICH ...
MERKSTE SELBER, WA?
SLURP
ICH MÖCHTE DIE COMICS GERNE WIEDER SELBST SCHREIBEN.
VERGISS ES.
TAC TAC

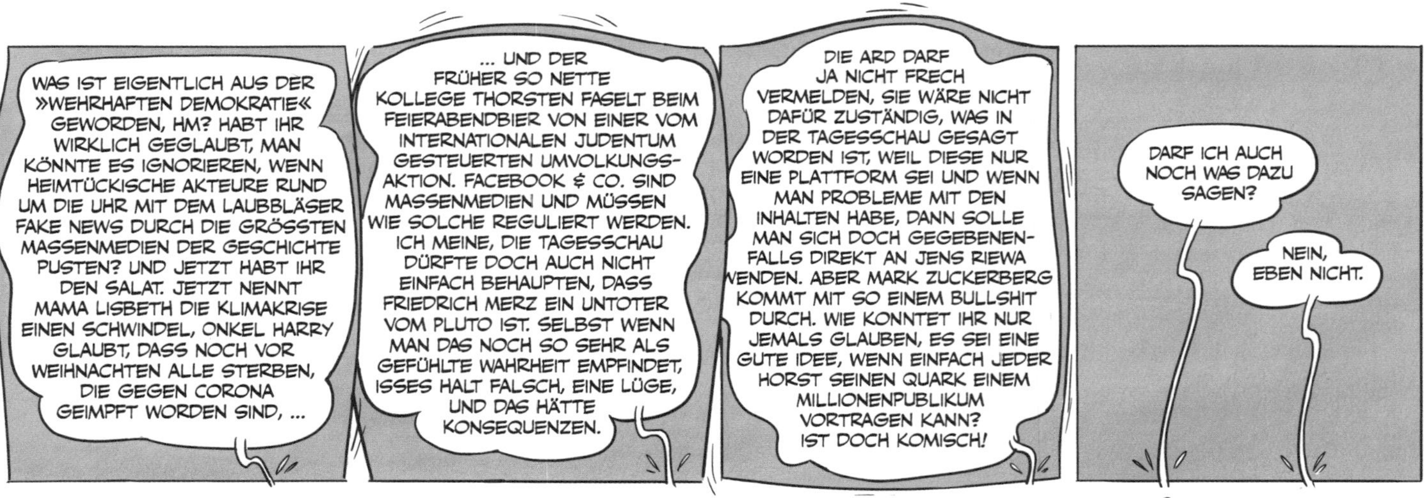

DIE KÄNGURU-MONOLOGE

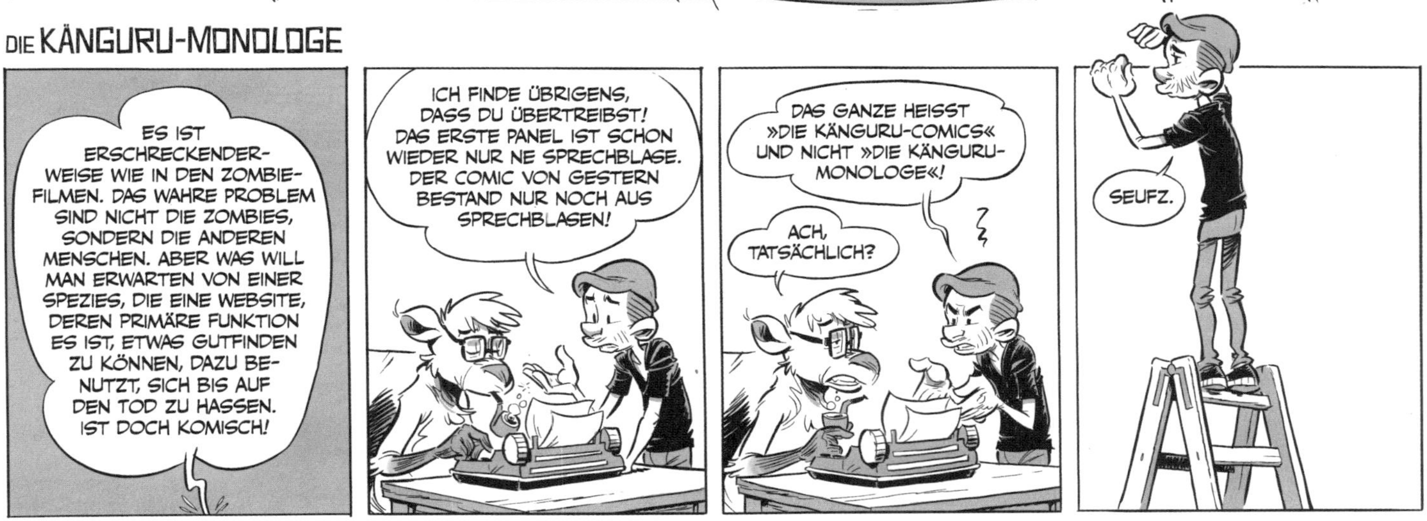

DIE KÄNGURU-MONOLOGE

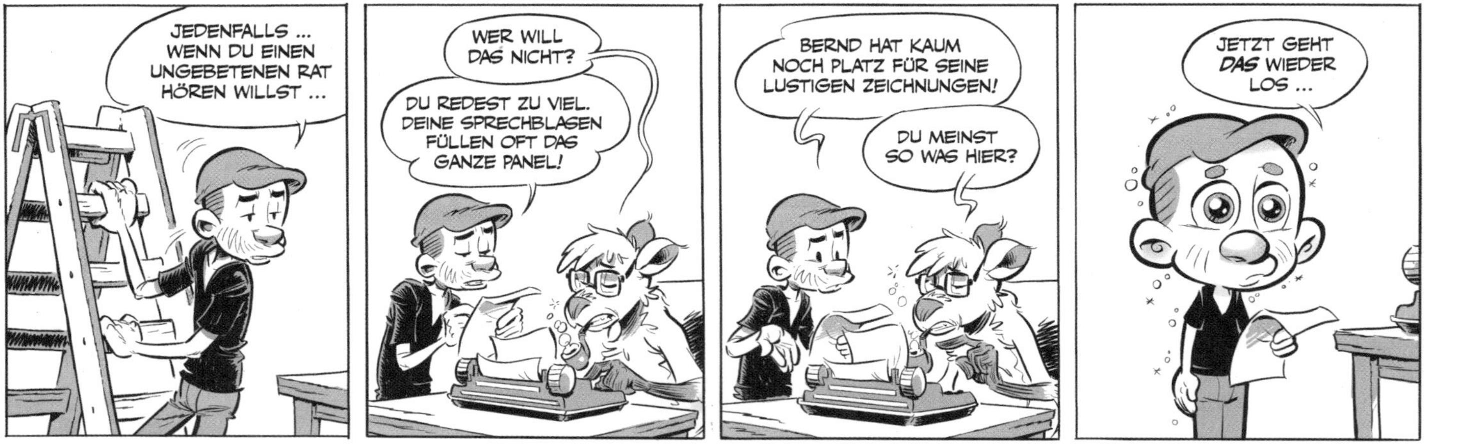

DIE KÄNGURU-MONOLOGE

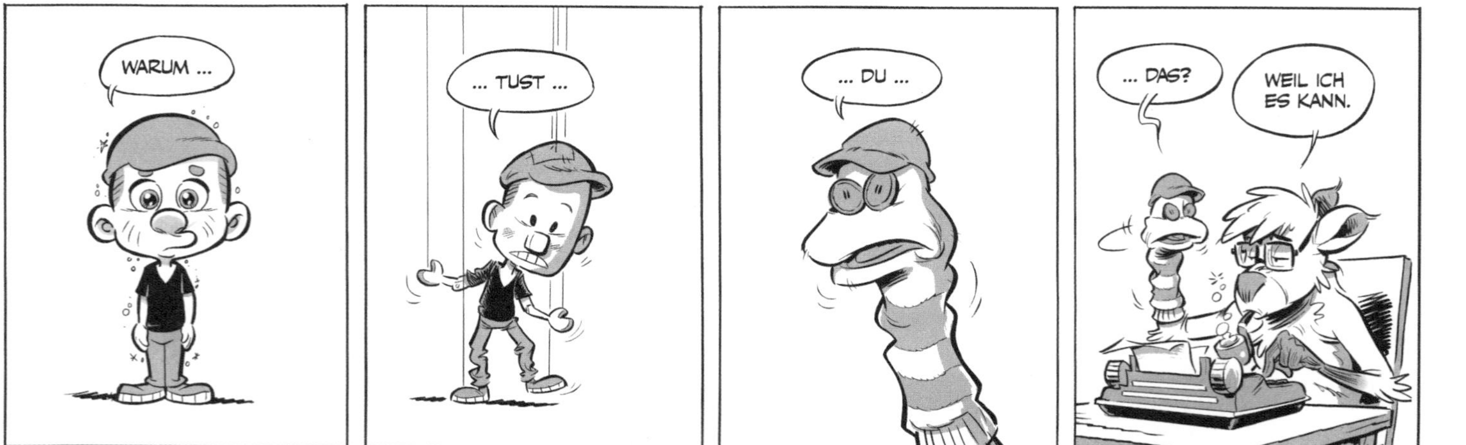

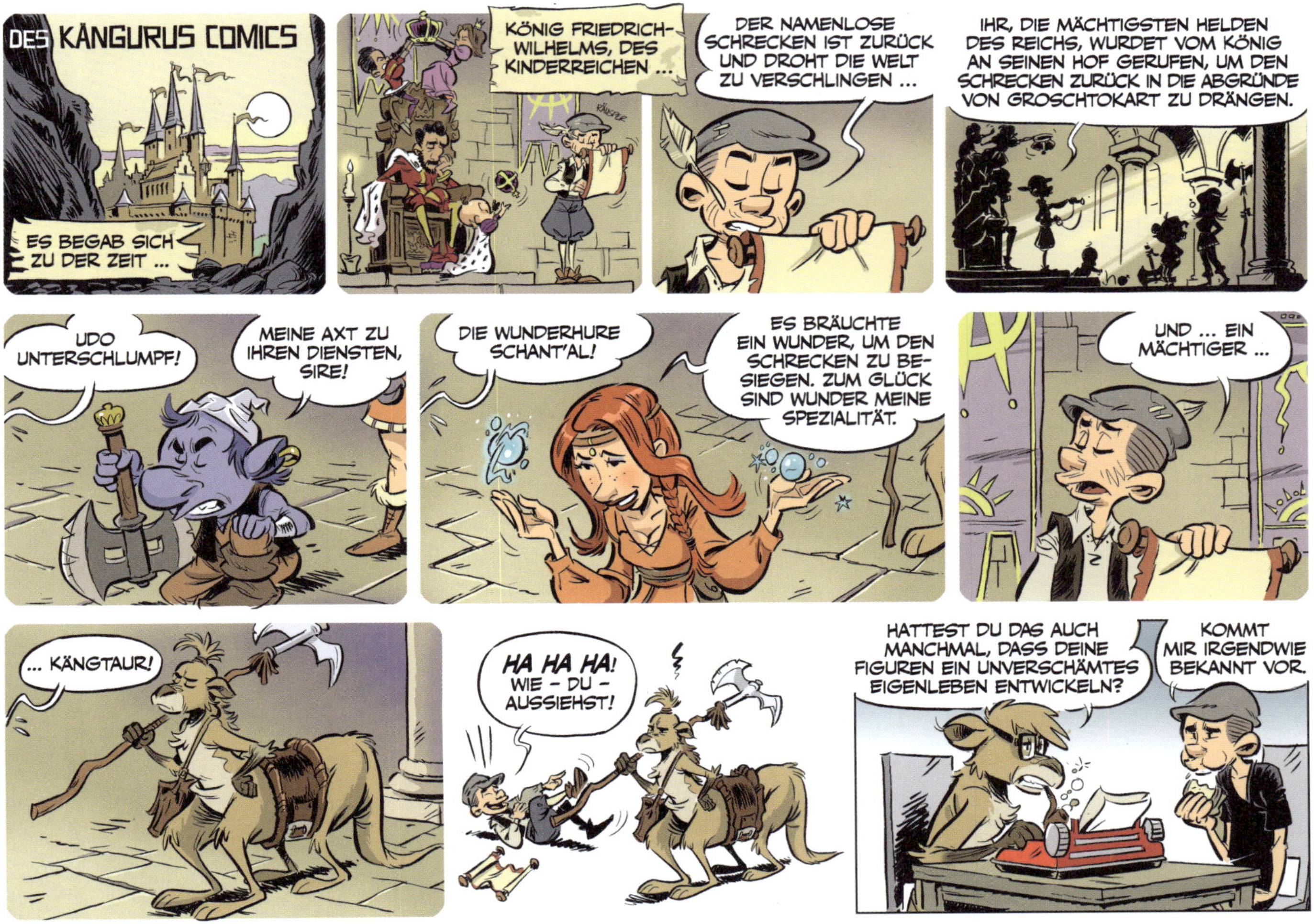
DES KÄNGURUS COMICS
ES BEGAB SICH ZU DER ZEIT …
KÖNIG FRIEDRICH-WILHELMS, DES KINDERREICHEN …
DER NAMENLOSE SCHRECKEN IST ZURÜCK UND DROHT DIE WELT ZU VERSCHLINGEN …
IHR, DIE MÄCHTIGSTEN HELDEN DES REICHS, WURDET VOM KÖNIG AN SEINEN HOF GERUFEN, UM DEN SCHRECKEN ZURÜCK IN DIE ABGRÜNDE VON GROSCHTOKART ZU DRÄNGEN.
UDO UNTERSCHLUMPF!
MEINE AXT ZU IHREN DIENSTEN, SIRE!
DIE WUNDERHURE SCHANT'AL!
ES BRÄUCHTE EIN WUNDER, UM DEN SCHRECKEN ZU BESIEGEN. ZUM GLÜCK SIND WUNDER MEINE SPEZIALITÄT.
UND … EIN MÄCHTIGER …
… KÄNGTAUR!
HA HA HA! WIE – DU – AUSSIEHST!
HATTEST DU DAS AUCH MANCHMAL, DASS DEINE FIGUREN EIN UNVERSCHÄMTES EIGENLEBEN ENTWICKELN?
KOMMT MIR IRGENDWIE BEKANNT VOR.

DIE KÄNGURU-MONOLOGE

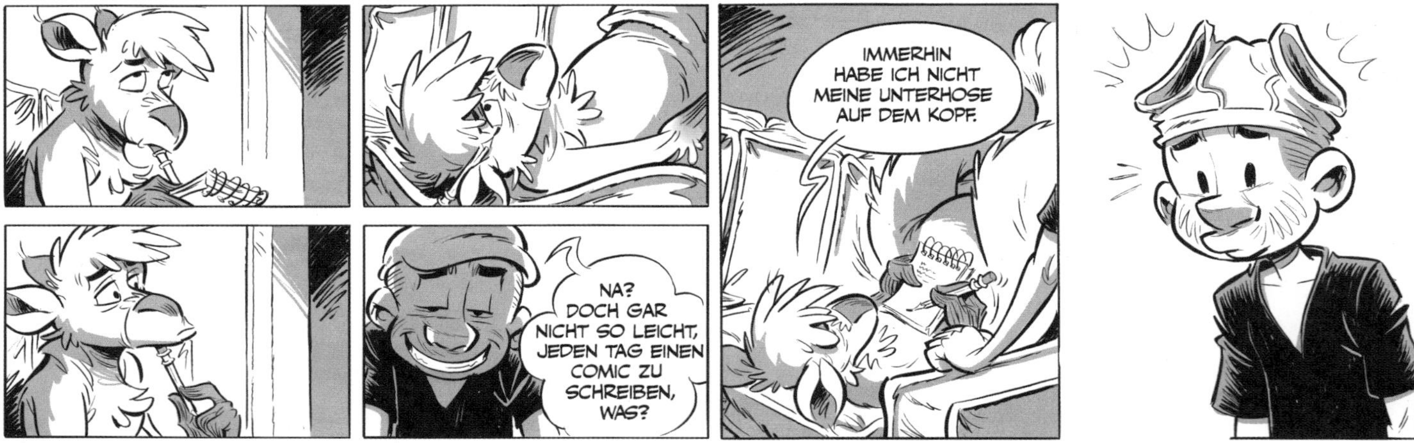

DIE KÄNGURU-MONOLOGE

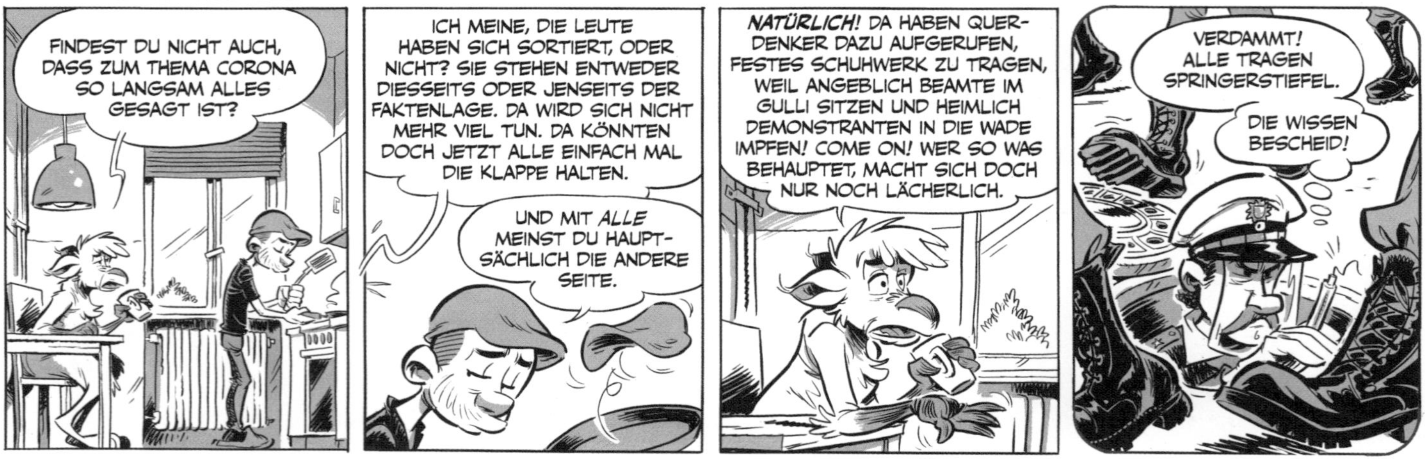

DIE KÄNGURU-MONOLOGE

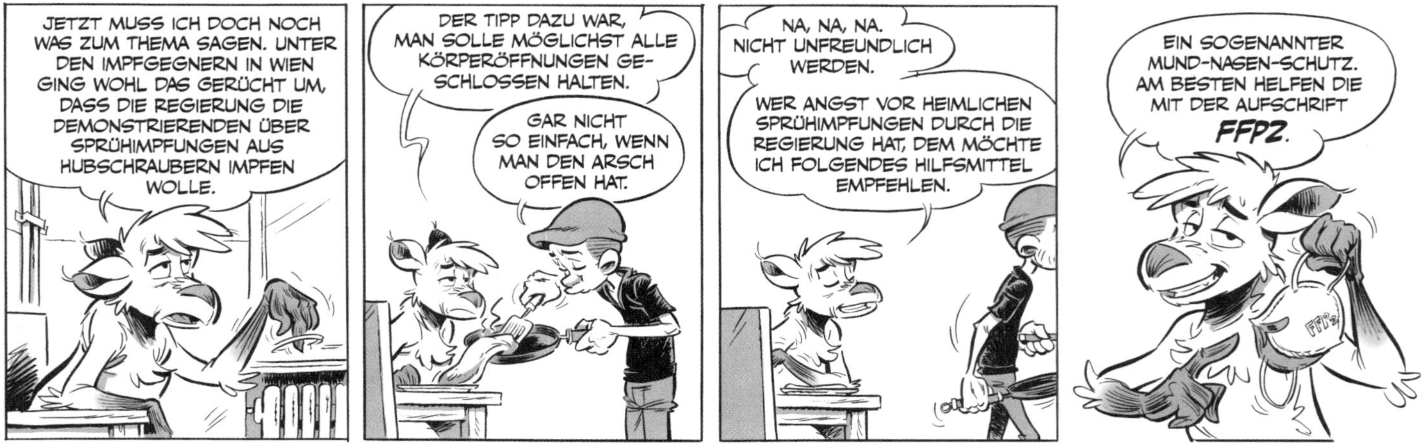

DIE KÄNGURU-MONOLOGE

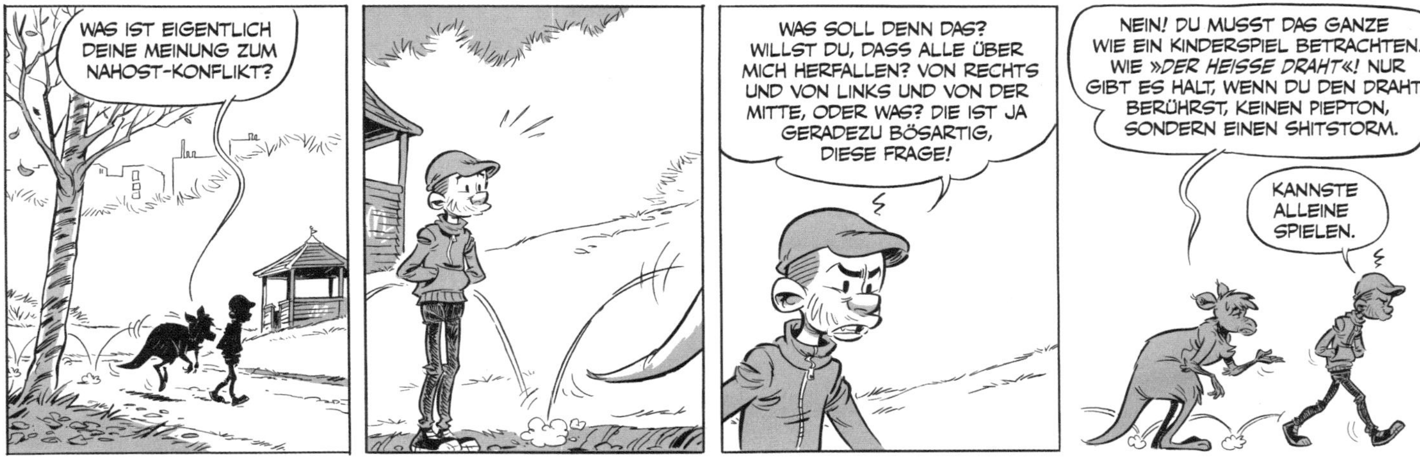

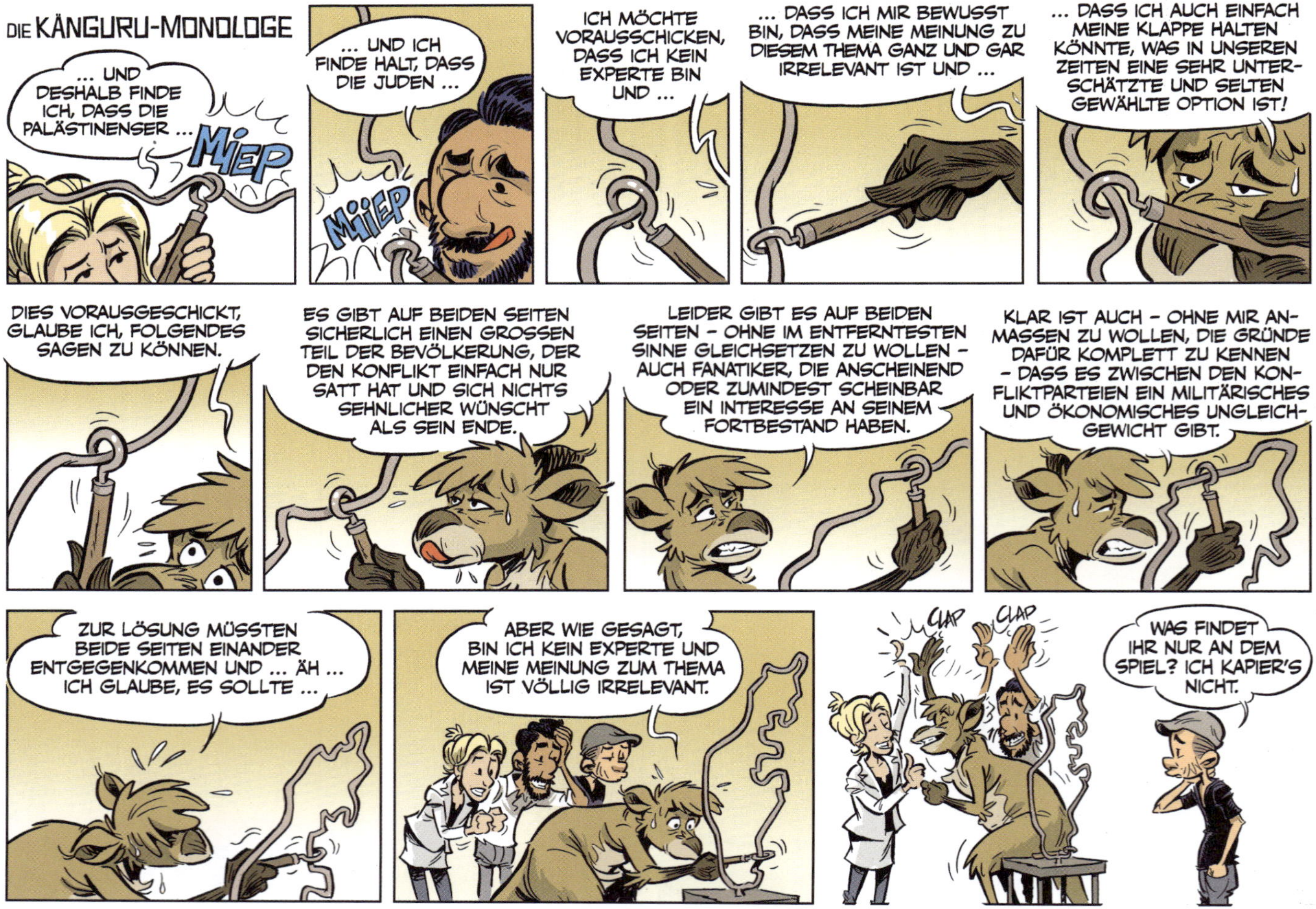
DIE KÄNGURU-MONOLOGE
... UND DESHALB FINDE ICH, DASS DIE PALÄSTINENSER ...
MIEP
... UND ICH FINDE HALT, DASS DIE JUDEN ...
MIIEP
ICH MÖCHTE VORAUSSCHICKEN, DASS ICH KEIN EXPERTE BIN UND ...
... DASS ICH MIR BEWUSST BIN, DASS MEINE MEINUNG ZU DIESEM THEMA GANZ UND GAR IRRELEVANT IST UND ...
... DASS ICH AUCH EINFACH MEINE KLAPPE HALTEN KÖNNTE, WAS IN UNSEREN ZEITEN EINE SEHR UNTERSCHÄTZTE UND SELTEN GEWÄHLTE OPTION IST!
DIES VORAUSGESCHICKT, GLAUBE ICH, FOLGENDES SAGEN ZU KÖNNEN.
ES GIBT AUF BEIDEN SEITEN SICHERLICH EINEN GROSSEN TEIL DER BEVÖLKERUNG, DER DEN KONFLIKT EINFACH NUR SATT HAT UND SICH NICHTS SEHNLICHER WÜNSCHT ALS SEIN ENDE.
LEIDER GIBT ES AUF BEIDEN SEITEN – OHNE IM ENTFERNTESTEN SINNE GLEICHSETZEN ZU WOLLEN – AUCH FANATIKER, DIE ANSCHEINEND ODER ZUMINDEST SCHEINBAR EIN INTERESSE AN SEINEM FORTBESTAND HABEN.
KLAR IST AUCH – OHNE MIR ANMASSEN ZU WOLLEN, DIE GRÜNDE DAFÜR KOMPLETT ZU KENNEN – DASS ES ZWISCHEN DEN KONFLIKTPARTEIEN EIN MILITÄRISCHES UND ÖKONOMISCHES UNGLEICHGEWICHT GIBT.
ZUR LÖSUNG MÜSSTEN BEIDE SEITEN EINANDER ENTGEGENKOMMEN UND ... ÄH ... ICH GLAUBE, ES SOLLTE ...
ABER WIE GESAGT, BIN ICH KEIN EXPERTE UND MEINE MEINUNG ZUM THEMA IST VÖLLIG IRRELEVANT.
CLAP CLAP
WAS FINDET IHR NUR AN DEM SPIEL? ICH KAPIER'S NICHT.

DIE KÄNGURU-MONOLOGE

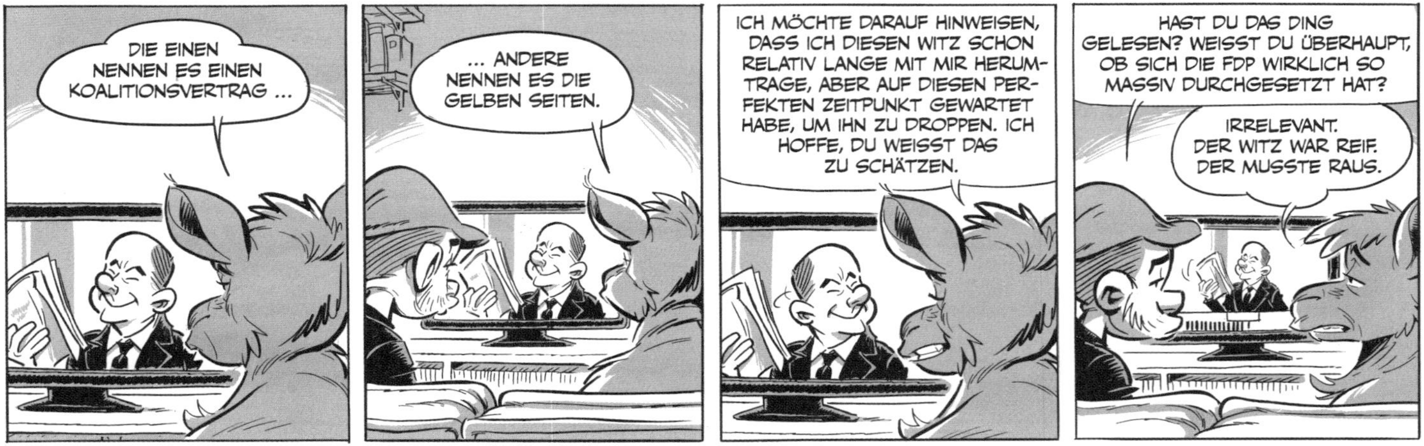

DIE KÄNGURU-MONOLOGE

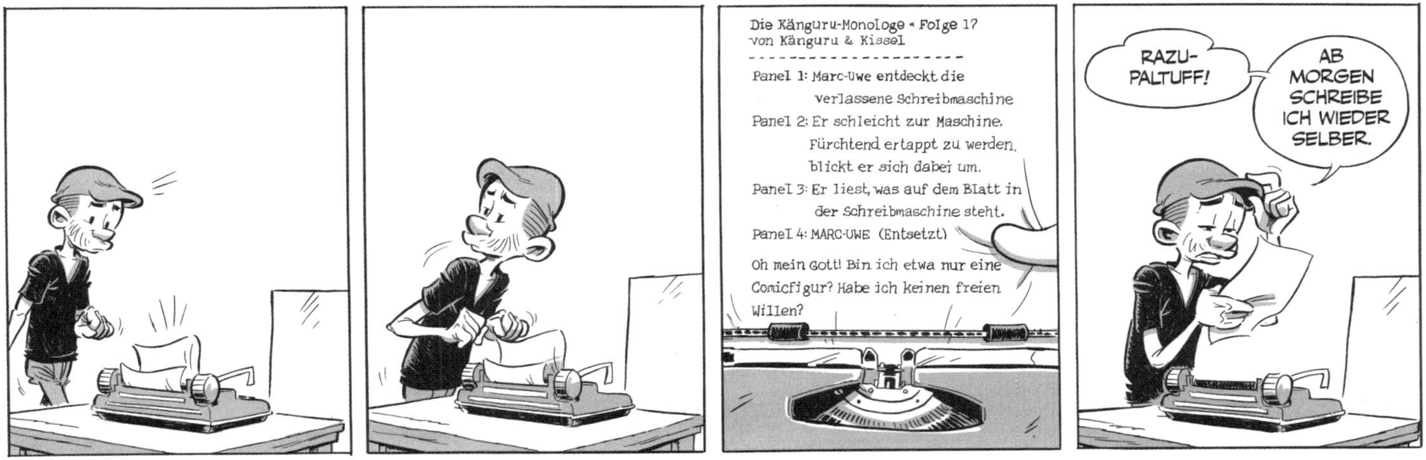

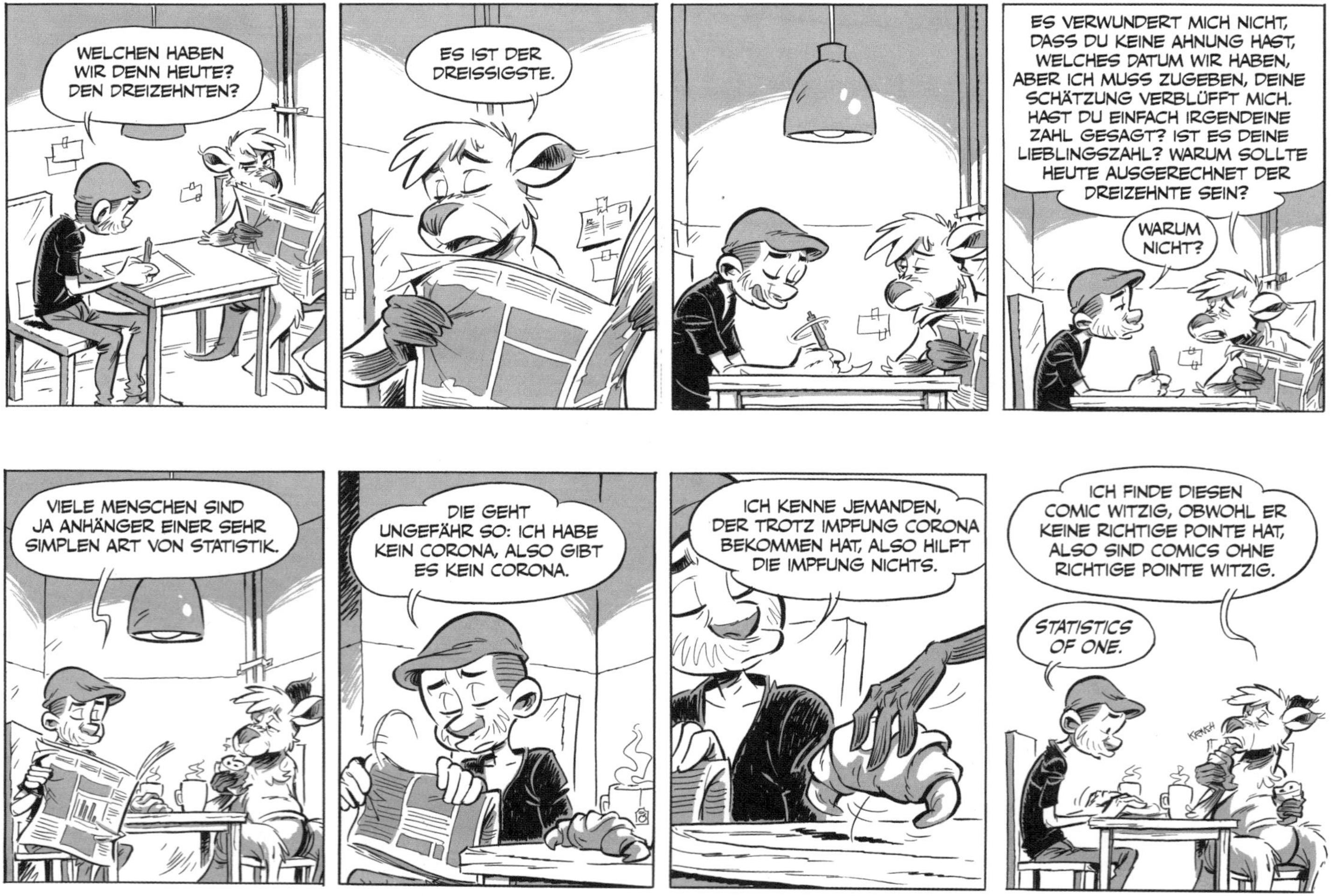
WELCHEN HABEN WIR DENN HEUTE? DEN DREIZEHNTEN?
ES IST DER DREISSIGSTE.
ES VERWUNDERT MICH NICHT, DASS DU KEINE AHNUNG HAST, WELCHES DATUM WIR HABEN, ABER ICH MUSS ZUGEBEN, DEINE SCHÄTZUNG VERBLÜFFT MICH. HAST DU EINFACH IRGENDEINE ZAHL GESAGT? IST ES DEINE LIEBLINGSZAHL? WARUM SOLLTE HEUTE AUSGERECHNET DER DREIZEHNTE SEIN?
WARUM NICHT?
VIELE MENSCHEN SIND JA ANHÄNGER EINER SEHR SIMPLEN ART VON STATISTIK.
DIE GEHT UNGEFÄHR SO: ICH HABE KEIN CORONA, ALSO GIBT ES KEIN CORONA.
ICH KENNE JEMANDEN, DER TROTZ IMPFUNG CORONA BEKOMMEN HAT, ALSO HILFT DIE IMPFUNG NICHTS.
ICH FINDE DIESEN COMIC WITZIG, OBWOHL ER KEINE RICHTIGE POINTE HAT, ALSO SIND COMICS OHNE RICHTIGE POINTE WITZIG.
STATISTICS OF ONE.
KRAUSH

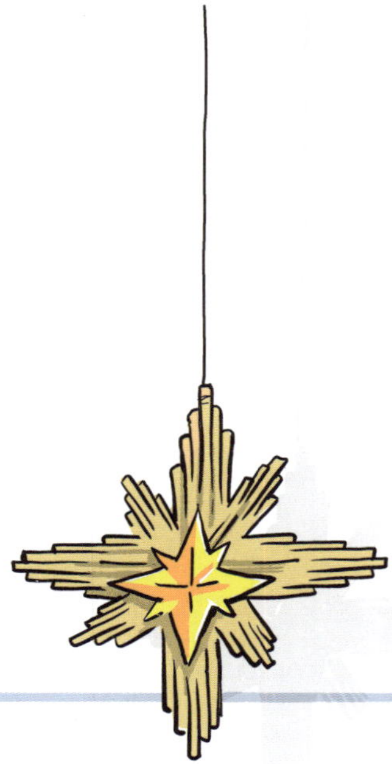

DEZEMBER 2021

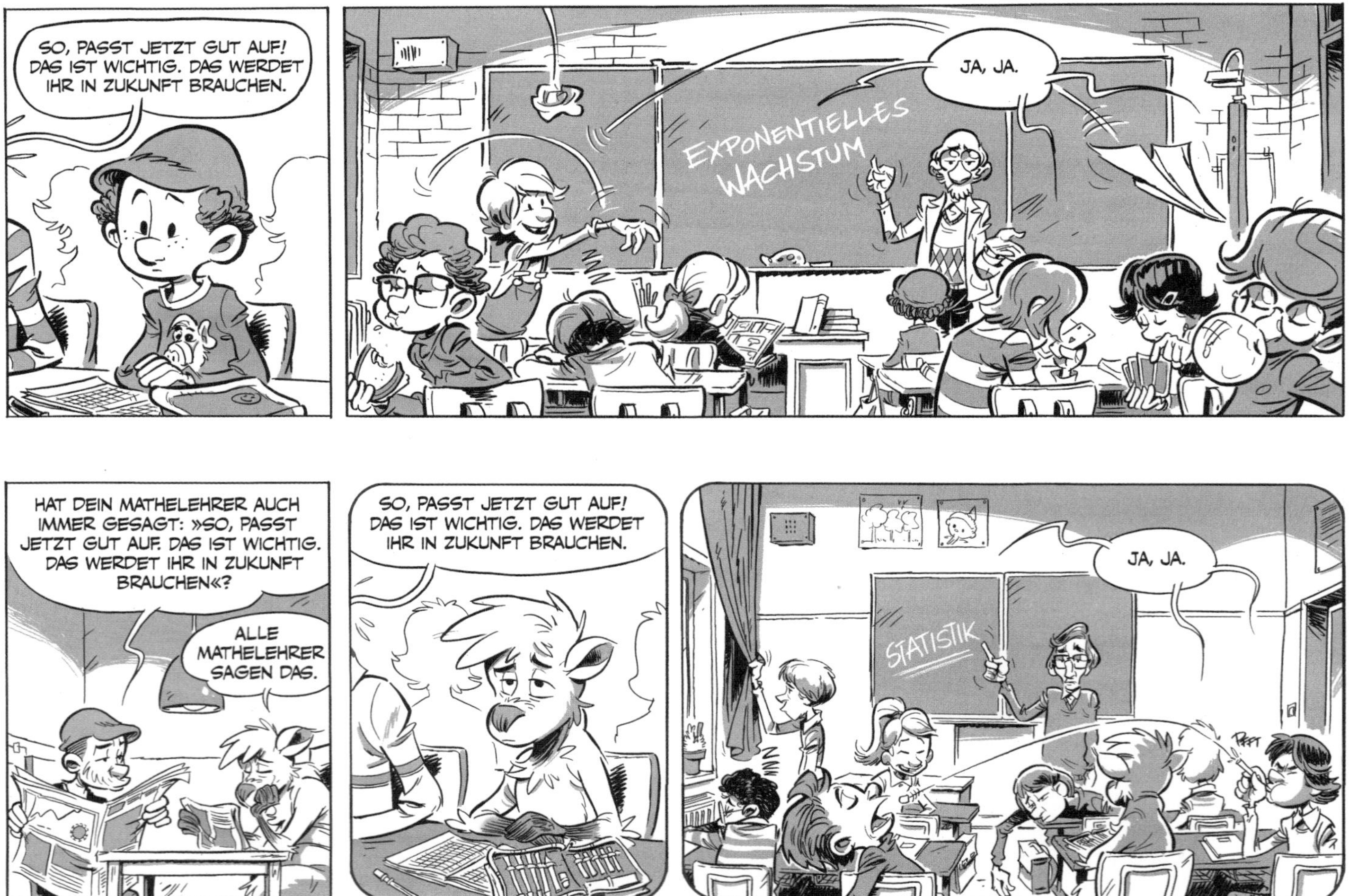
SO, PASST JETZT GUT AUF! DAS IST WICHTIG. DAS WERDET IHR IN ZUKUNFT BRAUCHEN.
EXPONENTIELLES WACHSTUM
JA, JA.
HAT DEIN MATHELEHRER AUCH IMMER GESAGT: »SO, PASST JETZT GUT AUF. DAS IST WICHTIG. DAS WERDET IHR IN ZUKUNFT BRAUCHEN«?
ALLE MATHELEHRER SAGEN DAS.
SO, PASST JETZT GUT AUF! DAS IST WICHTIG. DAS WERDET IHR IN ZUKUNFT BRAUCHEN.
STATISTIK
JA, JA.

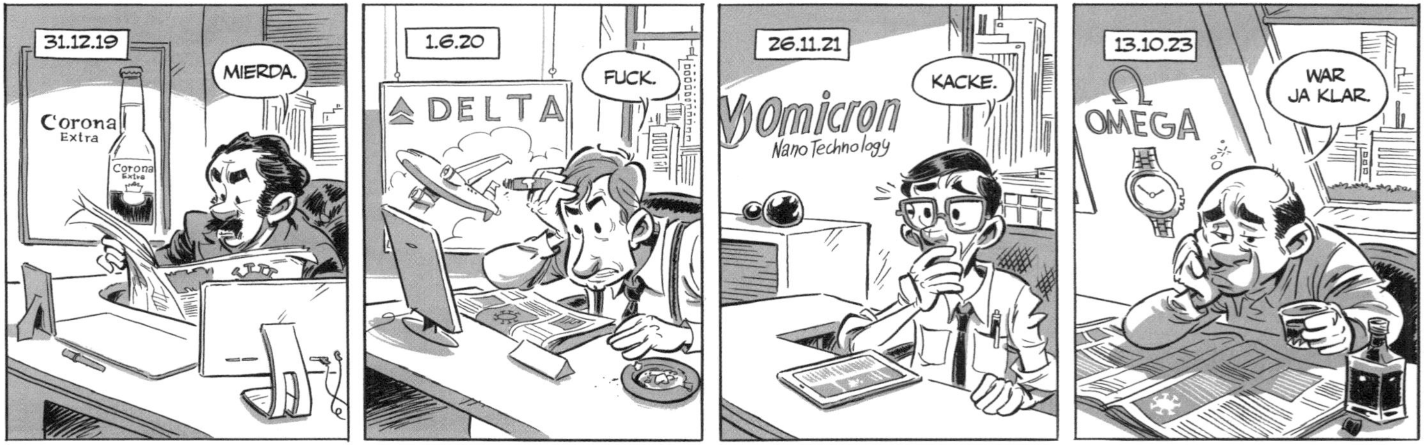
31.12.19
Corona
Extra
MIERDA.
1.6.20
DELTA
FUCK.
26.11.21
Omicron
Nano Technology
KACKE.
13.10.23
OMEGA
WAR JA KLAR.

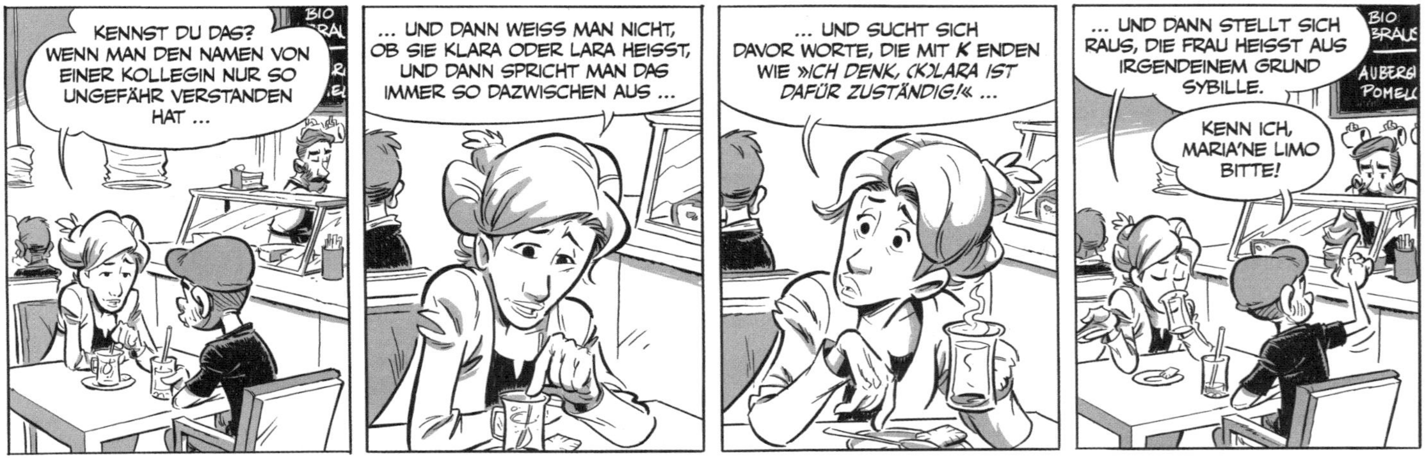
KENNST DU DAS? WENN MAN DEN NAMEN VON EINER KOLLEGIN NUR SO UNGEFÄHR VERSTANDEN HAT ...
... UND DANN WEISS MAN NICHT, OB SIE KLARA ODER LARA HEISST, UND DANN SPRICHT MAN DAS IMMER SO DAZWISCHEN AUS ...
... UND SUCHT SICH DAVOR WORTE, DIE MIT K ENDEN WIE *»ICH DENK, (K)LARA IST DAFÜR ZUSTÄNDIG!«* ...
... UND DANN STELLT SICH RAUS, DIE FRAU HEISST AUS IRGENDEINEM GRUND SYBILLE.
KENN ICH, MARIA'NE LIMO BITTE!

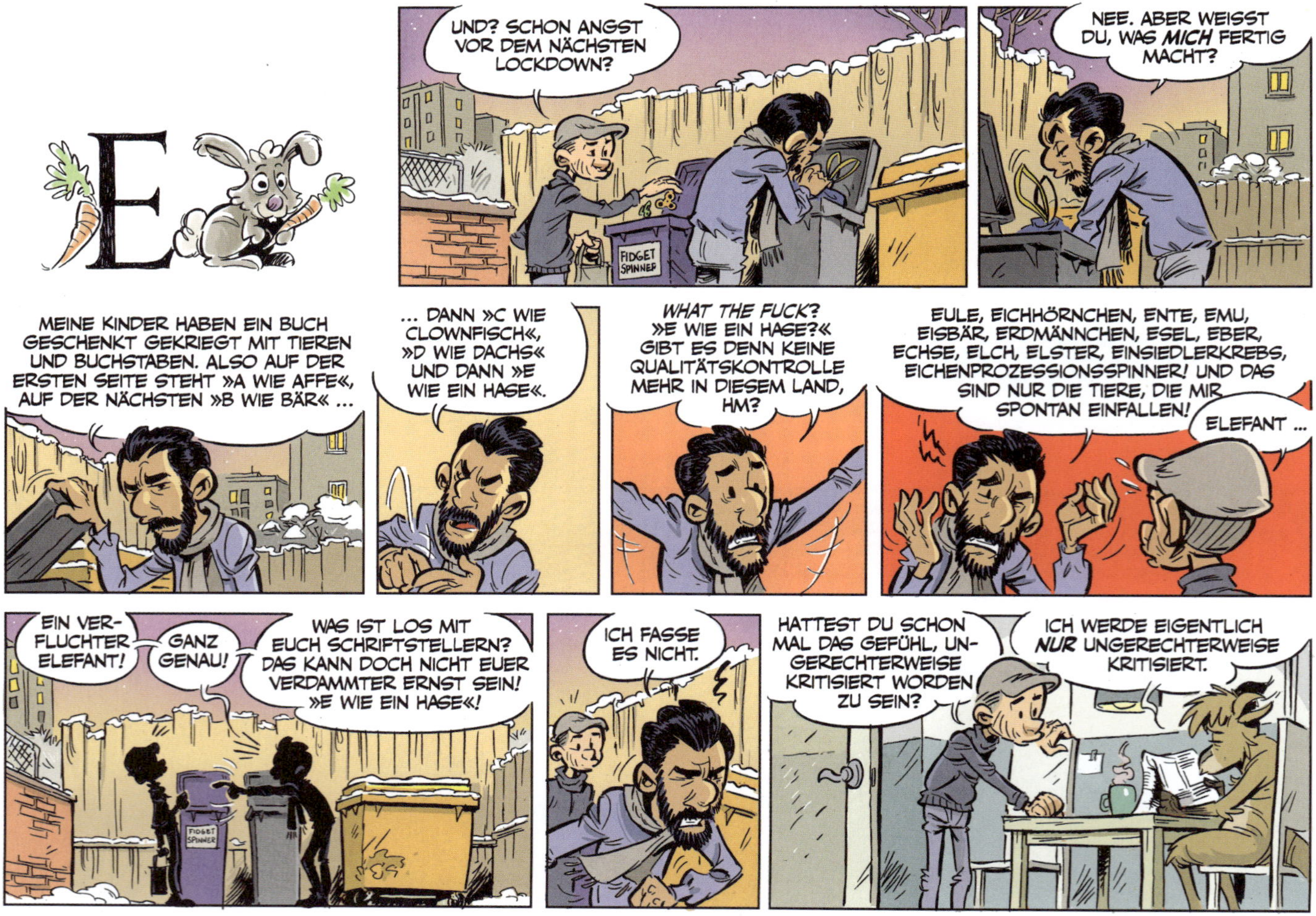
E
UND? SCHON ANGST VOR DEM NÄCHSTEN LOCKDOWN?
FIDGET SPINNER
NEE. ABER WEISST DU, WAS *MICH* FERTIG MACHT?
MEINE KINDER HABEN EIN BUCH GESCHENKT GEKRIEGT MIT TIEREN UND BUCHSTABEN. ALSO AUF DER ERSTEN SEITE STEHT »A WIE AFFE«, AUF DER NÄCHSTEN »B WIE BÄR« …
… DANN »C WIE CLOWNFISCH«, »D WIE DACHS« UND DANN »E WIE EIN HASE«.
WHAT THE FUCK? »E WIE EIN HASE?« GIBT ES DENN KEINE QUALITÄTSKONTROLLE MEHR IN DIESEM LAND, HM?
EULE, EICHHÖRNCHEN, ENTE, EMU, EISBÄR, ERDMÄNNCHEN, ESEL, EBER, ECHSE, ELCH, ELSTER, EINSIEDLERKREBS, EICHENPROZESSIONSSPINNER*!* UND DAS SIND NUR DIE TIERE, DIE MIR SPONTAN EINFALLEN*!*
ELEFANT …
EIN VERFLUCHTER ELEFANT*!*
GANZ GENAU*!*
WAS IST LOS MIT EUCH SCHRIFTSTELLERN? DAS KANN DOCH NICHT EUER VERDAMMTER ERNST SEIN*!* »E WIE EIN HASE«*!*
FIDGET SPINNER
ICH FASSE ES NICHT.
HATTEST DU SCHON MAL DAS GEFÜHL, UNGERECHTERWEISE KRITISIERT WORDEN ZU SEIN?
ICH WERDE EIGENTLICH *NUR* UNGERECHTERWEISE KRITISIERT.

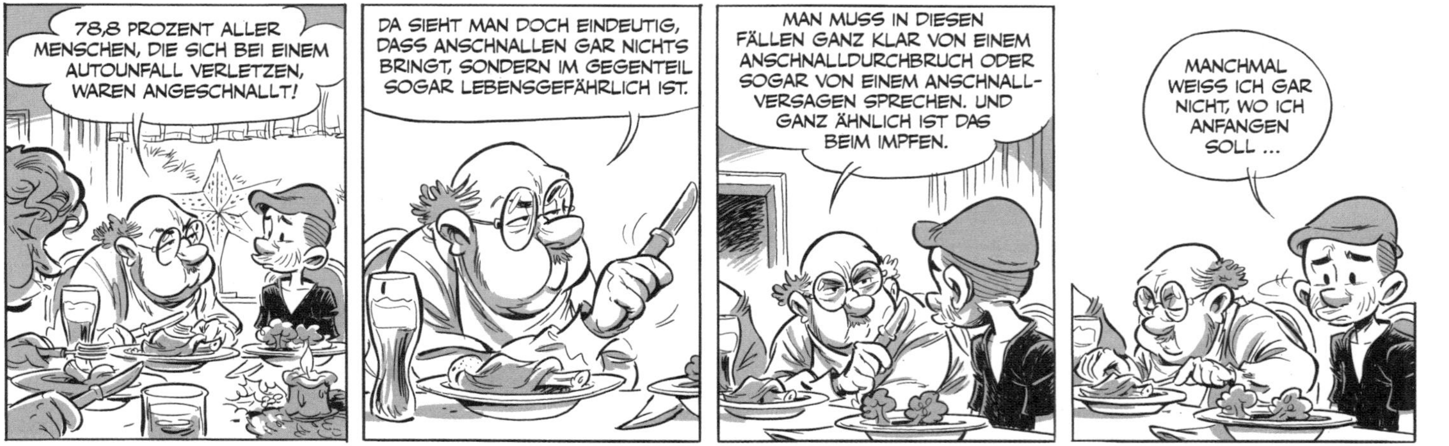
78,8 PROZENT ALLER MENSCHEN, DIE SICH BEI EINEM AUTOUNFALL VERLETZEN, WAREN ANGESCHNALLT!
DA SIEHT MAN DOCH EINDEUTIG, DASS ANSCHNALLEN GAR NICHTS BRINGT, SONDERN IM GEGENTEIL SOGAR LEBENSGEFÄHRLICH IST.
MAN MUSS IN DIESEN FÄLLEN GANZ KLAR VON EINEM ANSCHNALLDURCHBRUCH ODER SOGAR VON EINEM ANSCHNALL-VERSAGEN SPRECHEN. UND GANZ ÄHNLICH IST DAS BEIM IMPFEN.
MANCHMAL WEISS ICH GAR NICHT, WO ICH ANFANGEN SOLL ...

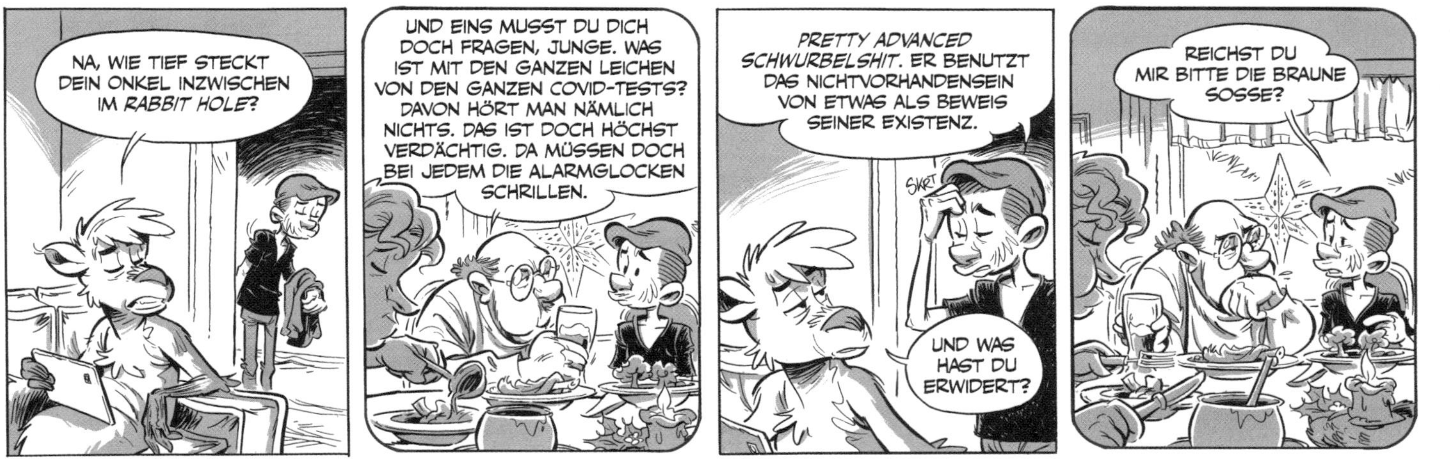
NA, WIE TIEF STECKT DEIN ONKEL INZWISCHEN IM *RABBIT HOLE*?
UND EINS MUSST DU DICH DOCH FRAGEN, JUNGE. WAS IST MIT DEN GANZEN LEICHEN VON DEN GANZEN COVID-TESTS? DAVON HÖRT MAN NÄMLICH NICHTS. DAS IST DOCH HÖCHST VERDÄCHTIG. DA MÜSSEN DOCH BEI JEDEM DIE ALARMGLOCKEN SCHRILLEN.
UND WAS HAST DU ERWIDERT?
PRETTY ADVANCED SCHWURBELSHIT. ER BENUTZT DAS NICHTVORHANDENSEIN VON ETWAS ALS BEWEIS SEINER EXISTENZ.
SKRT
REICHST DU MIR BITTE DIE BRAUNE SOSSE?

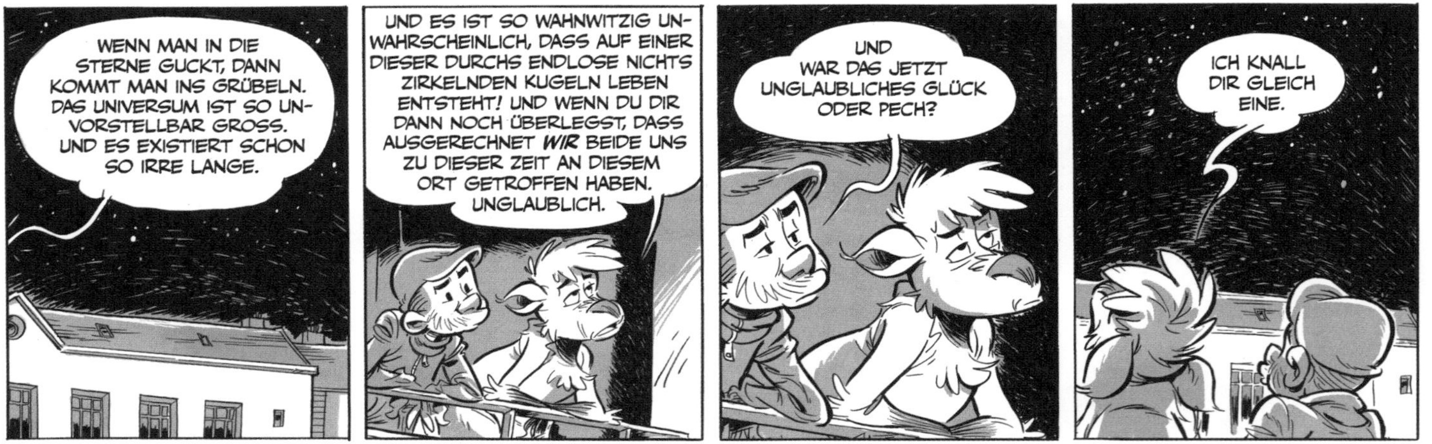
WENN MAN IN DIE STERNE GUCKT, DANN KOMMT MAN INS GRÜBELN. DAS UNIVERSUM IST SO UN-VORSTELLBAR GROSS. UND ES EXISTIERT SCHON SO IRRE LANGE.
UND ES IST SO WAHNWITZIG UN-WAHRSCHEINLICH, DASS AUF EINER DIESER DURCHS ENDLOSE NICHTS ZIRKELNDEN KUGELN LEBEN ENTSTEHT! UND WENN DU DIR DANN NOCH ÜBERLEGST, DASS AUSGERECHNET *WIR* BEIDE UNS ZU DIESER ZEIT AN DIESEM ORT GETROFFEN HABEN. UNGLAUBLICH.
UND WAR DAS JETZT UNGLAUBLICHES GLÜCK ODER PECH?
ICH KNALL DIR GLEICH EINE.

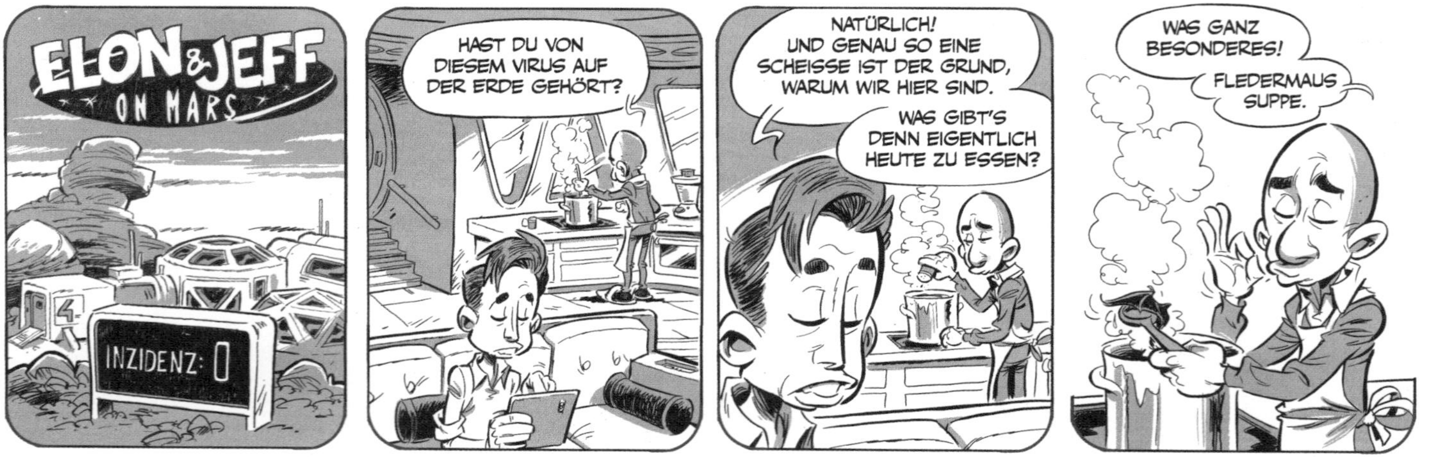
ELON & JEFF
ON MARS
INZIDENZ: 0
HAST DU VON DIESEM VIRUS AUF DER ERDE GEHÖRT?
NATÜRLICH! UND GENAU SO EINE SCHEISSE IST DER GRUND, WARUM WIR HIER SIND.
WAS GIBT'S DENN EIGENTLICH HEUTE ZU ESSEN?
WAS GANZ BESONDERES!
FLEDERMAUS SUPPE.

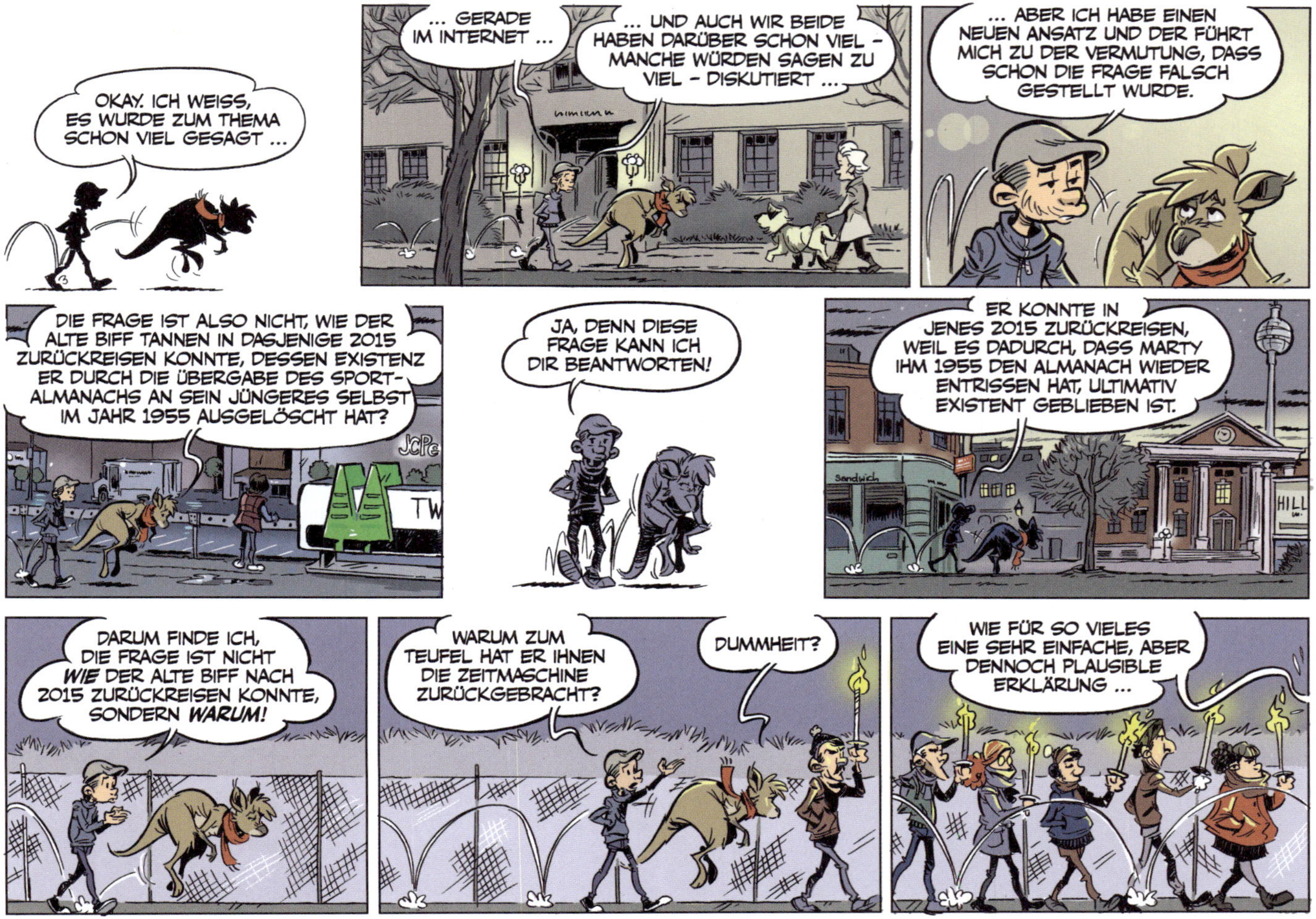
OKAY. ICH WEISS, ES WURDE ZUM THEMA SCHON VIEL GESAGT ...
... GERADE IM INTERNET ...
... UND AUCH WIR BEIDE HABEN DARÜBER SCHON VIEL – MANCHE WÜRDEN SAGEN ZU VIEL – DISKUTIERT ...
... ABER ICH HABE EINEN NEUEN ANSATZ UND DER FÜHRT MICH ZU DER VERMUTUNG, DASS SCHON DIE FRAGE FALSCH GESTELLT WURDE.
DIE FRAGE IST ALSO NICHT, WIE DER ALTE BIFF TANNEN IN DASJENIGE 2015 ZURÜCKREISEN KONNTE, DESSEN EXISTENZ ER DURCH DIE ÜBERGABE DES SPORT-ALMANACHS AN SEIN JÜNGERES SELBST IM JAHR 1955 AUSGELÖSCHT HAT?
JA, DENN DIESE FRAGE KANN ICH DIR BEANTWORTEN!
ER KONNTE IN JENES 2015 ZURÜCKREISEN, WEIL ES DADURCH, DASS MARTY IHM 1955 DEN ALMANACH WIEDER ENTRISSEN HAT, ULTIMATIV EXISTENT GEBLIEBEN IST.
DARUM FINDE ICH, DIE FRAGE IST NICHT *WIE* DER ALTE BIFF NACH 2015 ZURÜCKREISEN KONNTE, SONDERN *WARUM*!
WARUM ZUM TEUFEL HAT ER IHNEN DIE ZEITMASCHINE ZURÜCKGEBRACHT?
DUMMHEIT?
WIE FÜR SO VIELES EINE SEHR EINFACHE, ABER DENNOCH PLAUSIBLE ERKLÄRUNG ...

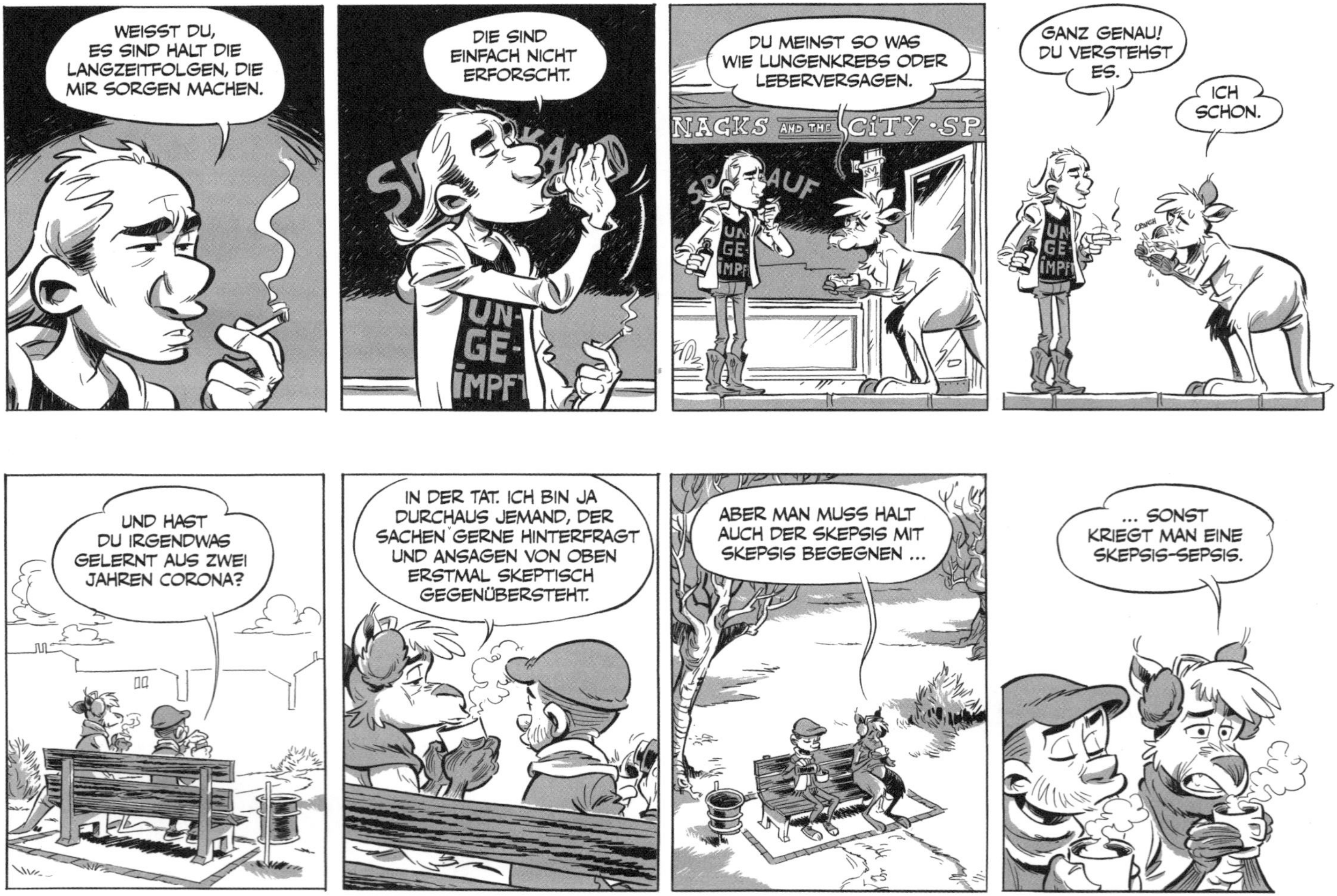
WEISST DU, ES SIND HALT DIE LANGZEITFOLGEN, DIE MIR SORGEN MACHEN.
DIE SIND EINFACH NICHT ERFORSCHT.
DU MEINST SO WAS WIE LUNGENKREBS ODER LEBERVERSAGEN.
GANZ GENAU! DU VERSTEHST ES.
ICH SCHON.
UND HAST DU IRGENDWAS GELERNT AUS ZWEI JAHREN CORONA?
IN DER TAT. ICH BIN JA DURCHAUS JEMAND, DER SACHEN GERNE HINTERFRAGT UND ANSAGEN VON OBEN ERSTMAL SKEPTISCH GEGENÜBERSTEHT.
ABER MAN MUSS HALT AUCH DER SKEPSIS MIT SKEPSIS BEGEGNEN ...
... SONST KRIEGT MAN EINE SKEPSIS-SEPSIS.

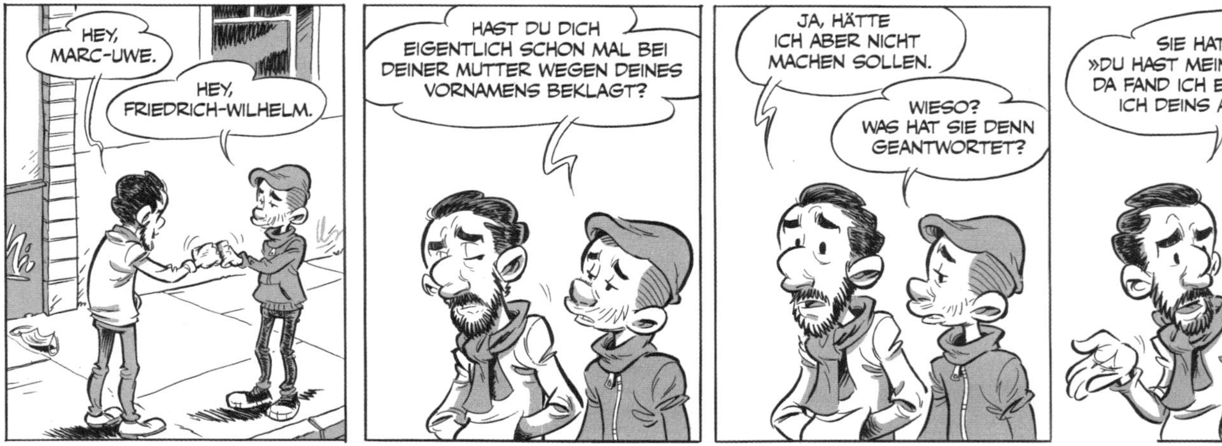
HEY, MARC-UWE.
HEY, FRIEDRICH-WILHELM.
HAST DU DICH EIGENTLICH SCHON MAL BEI DEINER MUTTER WEGEN DEINES VORNAMENS BEKLAGT?
JA, HÄTTE ICH ABER NICHT MACHEN SOLLEN.
WIESO? WAS HAT SIE DENN GEANTWORTET?
SIE HAT GESAGT: »DU HAST MEIN LEBEN RUINIERT, DA FAND ICH ES NUR FAIR, DASS ICH DEINS AUCH RUINIERE.«

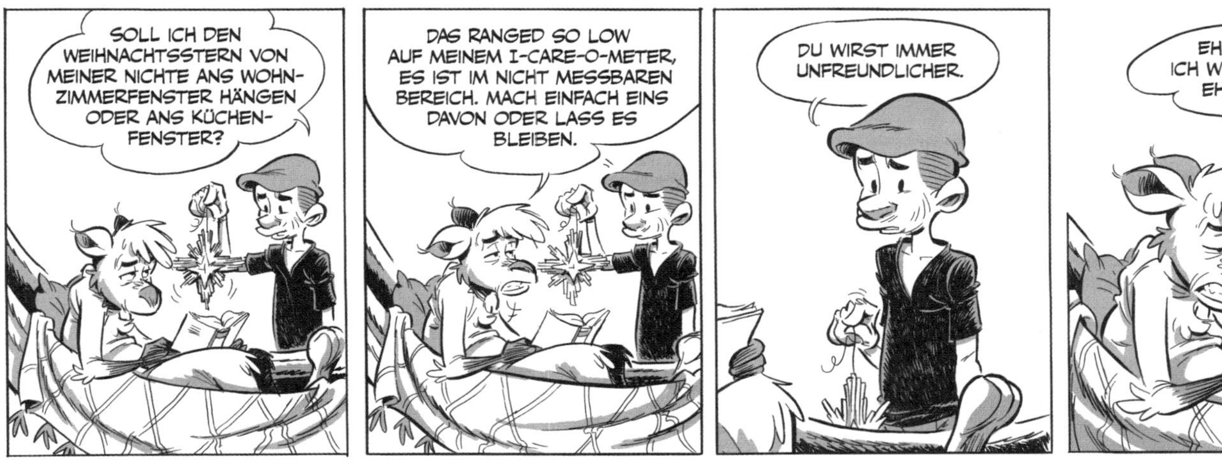
SOLL ICH DEN WEIHNACHTSSTERN VON MEINER NICHTE ANS WOHN-ZIMMERFENSTER HÄNGEN ODER ANS KÜCHEN-FENSTER?
DAS RANGED SO LOW AUF MEINEM I-CARE-O-METER, ES IST IM NICHT MESSBAREN BEREICH. MACH EINFACH EINS DAVON ODER LASS ES BLEIBEN.
DU WIRST IMMER UNFREUNDLICHER.
EHRLICHER. ICH WERDE IMMER EHRLICHER.

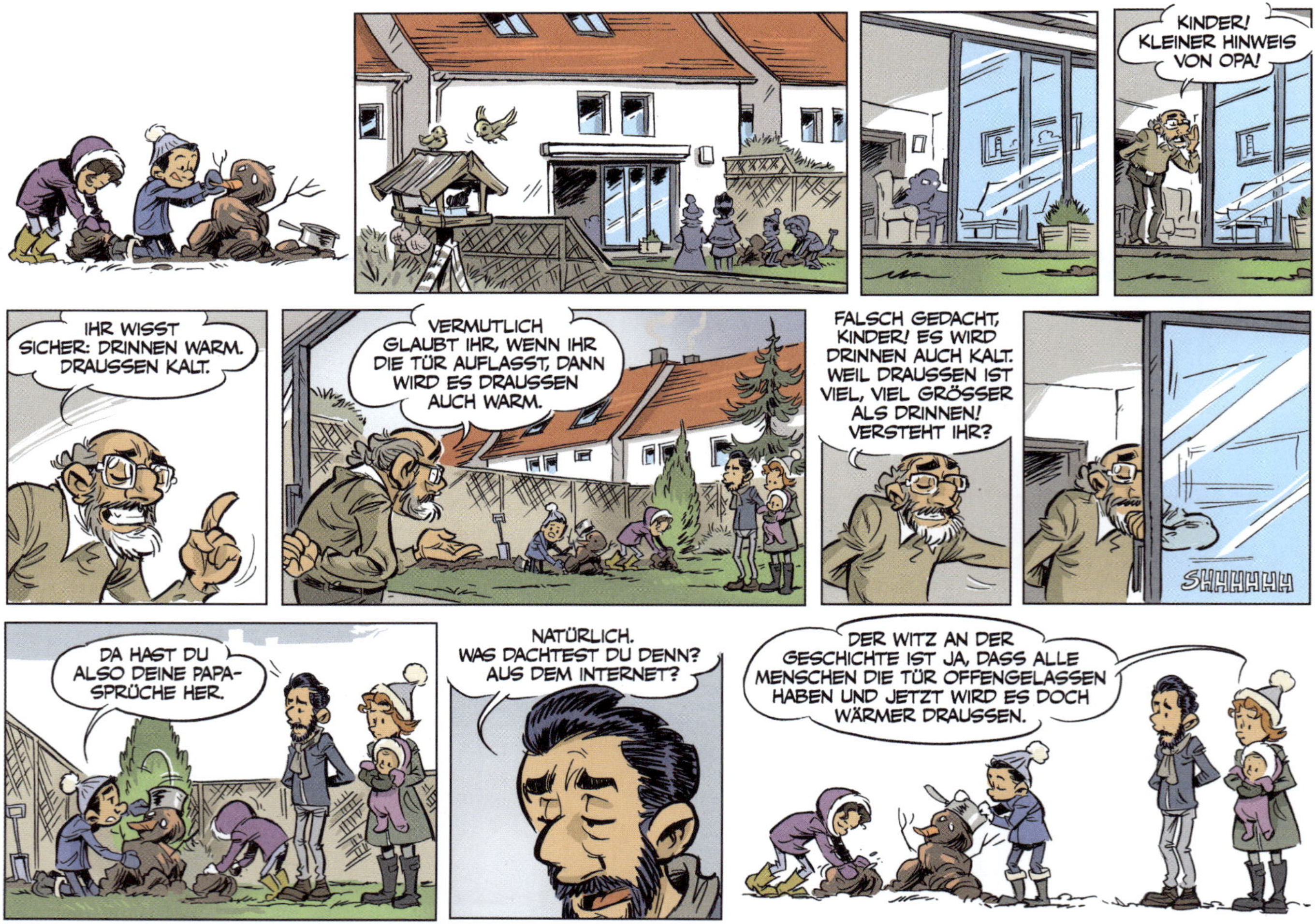
KINDER! KLEINER HINWEIS VON OPA!
IHR WISST SICHER: DRINNEN WARM. DRAUSSEN KALT.
VERMUTLICH GLAUBT IHR, WENN IHR DIE TÜR AUFLASST, DANN WIRD ES DRAUSSEN AUCH WARM.
FALSCH GEDACHT, KINDER! ES WIRD DRINNEN AUCH KALT. WEIL DRAUSSEN IST VIEL, VIEL GRÖSSER ALS DRINNEN! VERSTEHT IHR?
SHHHHHH
DA HAST DU ALSO DEINE PAPA-SPRÜCHE HER.
NATÜRLICH. WAS DACHTEST DU DENN? AUS DEM INTERNET?
DER WITZ AN DER GESCHICHTE IST JA, DASS ALLE MENSCHEN DIE TÜR OFFENGELASSEN HABEN UND JETZT WIRD ES DOCH WÄRMER DRAUSSEN.

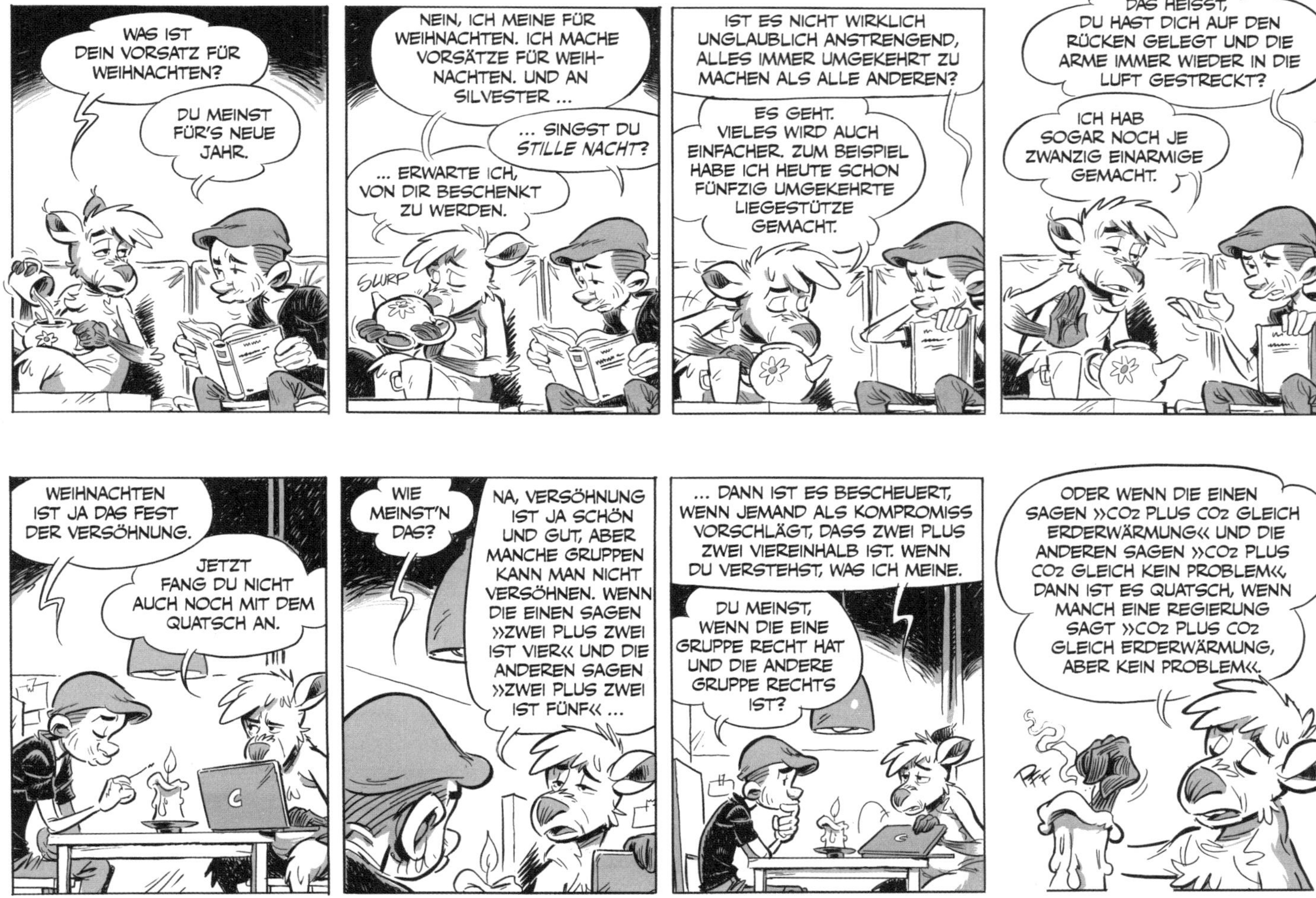
WAS IST DEIN VORSATZ FÜR WEIHNACHTEN?
DU MEINST FÜR'S NEUE JAHR.
NEIN, ICH MEINE FÜR WEIHNACHTEN. ICH MACHE VORSÄTZE FÜR WEIH-NACHTEN. UND AN SILVESTER …
… SINGST DU STILLE NACHT?
… ERWARTE ICH, VON DIR BESCHENKT ZU WERDEN.
SLURP
IST ES NICHT WIRKLICH UNGLAUBLICH ANSTRENGEND, ALLES IMMER UMGEKEHRT ZU MACHEN ALS ALLE ANDEREN?
ES GEHT. VIELES WIRD AUCH EINFACHER. ZUM BEISPIEL HABE ICH HEUTE SCHON FÜNFZIG UMGEKEHRTE LIEGESTÜTZE GEMACHT.
DAS HEISST, DU HAST DICH AUF DEN RÜCKEN GELEGT UND DIE ARME IMMER WIEDER IN DIE LUFT GESTRECKT?
ICH HAB SOGAR NOCH JE ZWANZIG EINARMIGE GEMACHT.
WEIHNACHTEN IST JA DAS FEST DER VERSÖHNUNG.
JETZT FANG DU NICHT AUCH NOCH MIT DEM QUATSCH AN.
WIE MEINST'N DAS?
NA, VERSÖHNUNG IST JA SCHÖN UND GUT, ABER MANCHE GRUPPEN KANN MAN NICHT VERSÖHNEN. WENN DIE EINEN SAGEN »ZWEI PLUS ZWEI IST VIER« UND DIE ANDEREN SAGEN »ZWEI PLUS ZWEI IST FÜNF« …
… DANN IST ES BESCHEUERT, WENN JEMAND ALS KOMPROMISS VORSCHLÄGT, DASS ZWEI PLUS ZWEI VIEREINHALB IST. WENN DU VERSTEHST, WAS ICH MEINE.
DU MEINST, WENN DIE EINE GRUPPE RECHT HAT UND DIE ANDERE GRUPPE RECHTS IST?
ODER WENN DIE EINEN SAGEN »CO2 PLUS CO2 GLEICH ERDERWÄRMUNG« UND DIE ANDEREN SAGEN »CO2 PLUS CO2 GLEICH KEIN PROBLEM«, DANN IST ES QUATSCH, WENN MANCH EINE REGIERUNG SAGT »CO2 PLUS CO2 GLEICH ERDERWÄRMUNG, ABER KEIN PROBLEM«.
PFFF

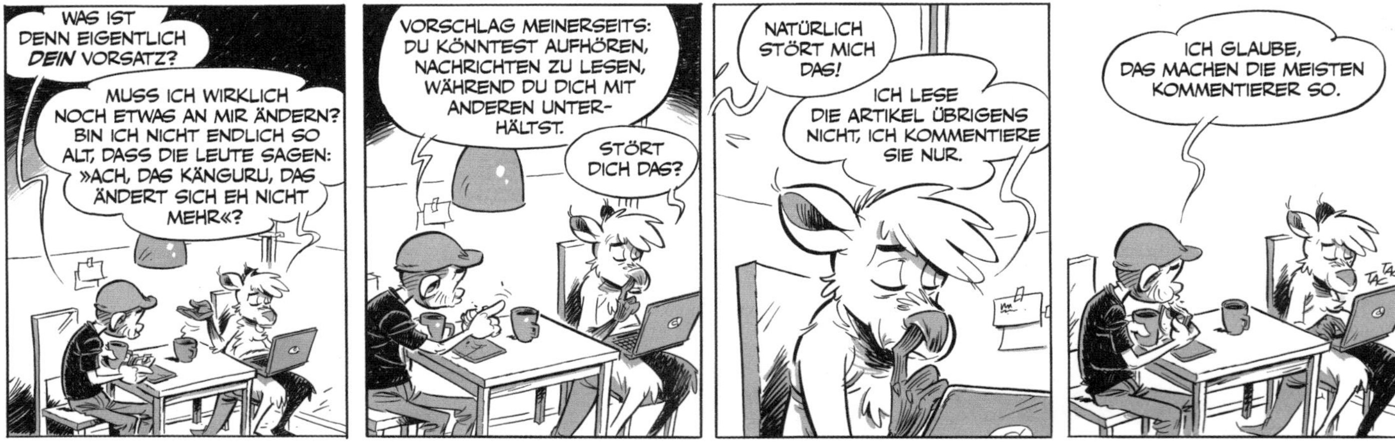

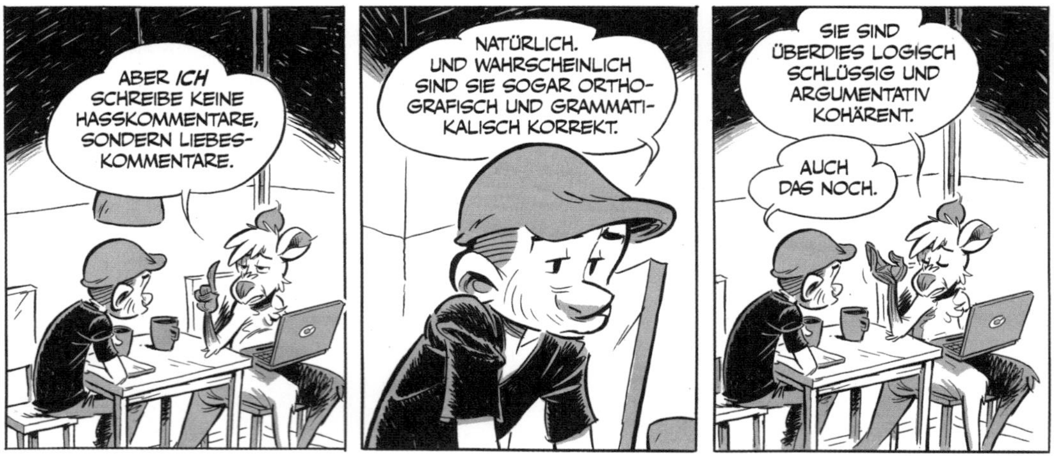

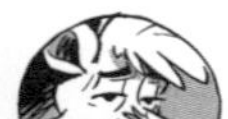

11:23 22.12.22 von KÄNGURU:
Entgegen der landläufigen Meinung von der angeblich kalten Gleichgültigkeit des Menschen oder gar der Hobbes'schen These vom Naturzustand mit der traurigen Formel des *Bellum omnium contra omnes* bin ich der von modernen Studien untermauerten Überzeugung, dass der Mensch im Grunde gut ist. Deswegen bin ich mir sicher, dass es nur ihrer geschätzten Aufmerksamkeit entgangen ist, dass ihr Kommentar absolut faktenfreier Blödsinn ist. Bitte gehen Sie in sich und bleiben da. Viel Liebe und eine schöne Weihnachtszeit!

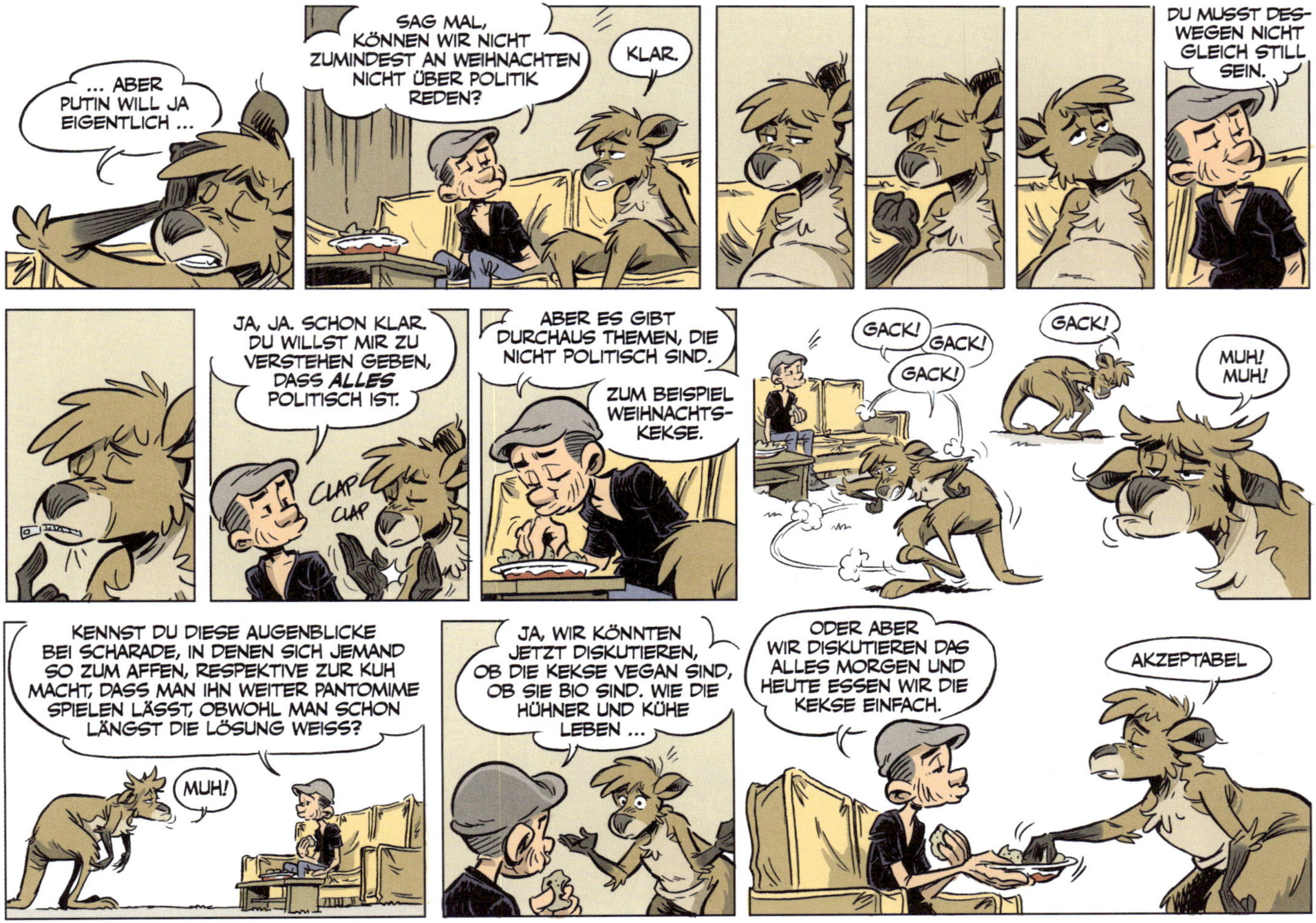
… ABER PUTIN WILL JA EIGENTLICH …
SAG MAL, KÖNNEN WIR NICHT ZUMINDEST AN WEIHNACHTEN NICHT ÜBER POLITIK REDEN?
KLAR.
DU MUSST DESWEGEN NICHT GLEICH STILL SEIN.
JA, JA. SCHON KLAR. DU WILLST MIR ZU VERSTEHEN GEBEN, DASS ALLES POLITISCH IST.
CLAP CLAP
ABER ES GIBT DURCHAUS THEMEN, DIE NICHT POLITISCH SIND.
ZUM BEISPIEL WEIHNACHTSKEKSE.
GACK!
GACK!
GACK!
GACK!
MUH! MUH!
KENNST DU DIESE AUGENBLICKE BEI SCHARADE, IN DENEN SICH JEMAND SO ZUM AFFEN, RESPEKTIVE ZUR KUH MACHT, DASS MAN IHN WEITER PANTOMIME SPIELEN LÄSST, OBWOHL MAN SCHON LÄNGST DIE LÖSUNG WEISS?
MUH!
JA, WIR KÖNNTEN JETZT DISKUTIEREN, OB DIE KEKSE VEGAN SIND, OB SIE BIO SIND. WIE DIE HÜHNER UND KÜHE LEBEN …
ODER ABER WIR DISKUTIEREN DAS ALLES MORGEN UND HEUTE ESSEN WIR DIE KEKSE EINFACH.
AKZEPTABEL

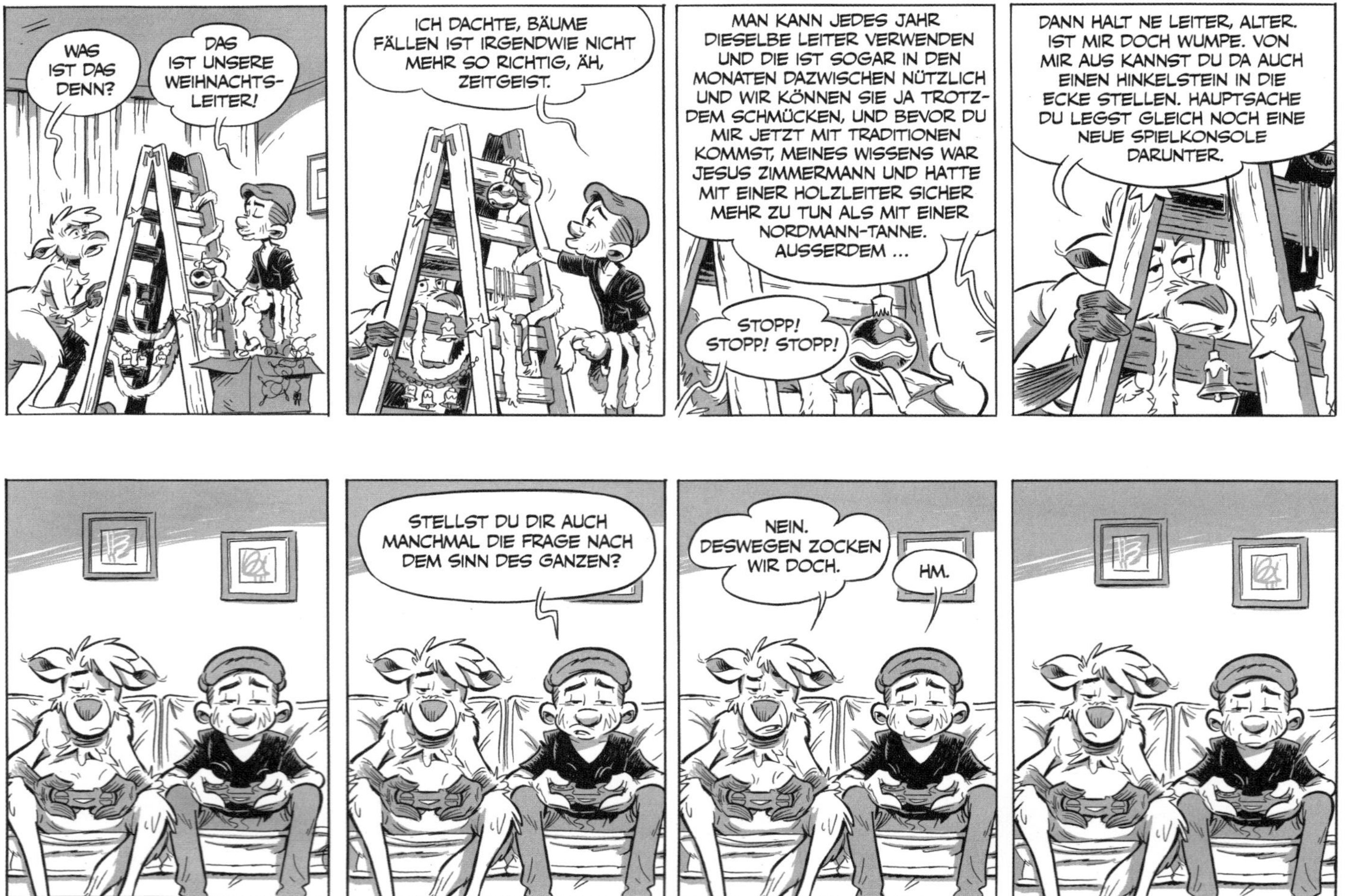

WAS IST DAS DENN?
DAS IST UNSERE WEIHNACHTS-LEITER!
ICH DACHTE, BÄUME FÄLLEN IST IRGENDWIE NICHT MEHR SO RICHTIG, ÄH, ZEITGEIST.
MAN KANN JEDES JAHR DIESELBE LEITER VERWENDEN UND DIE IST SOGAR IN DEN MONATEN DAZWISCHEN NÜTZLICH UND WIR KÖNNEN SIE JA TROTZ-DEM SCHMÜCKEN, UND BEVOR DU MIR JETZT MIT TRADITIONEN KOMMST, MEINES WISSENS WAR JESUS ZIMMERMANN UND HATTE MIT EINER HOLZLEITER SICHER MEHR ZU TUN ALS MIT EINER NORDMANN-TANNE. AUSSERDEM …
STOPP! STOPP! STOPP!
DANN HALT NE LEITER, ALTER. IST MIR DOCH WUMPE. VON MIR AUS KANNST DU DA AUCH EINEN HINKELSTEIN IN DIE ECKE STELLEN. HAUPTSACHE DU LEGST GLEICH NOCH EINE NEUE SPIELKONSOLE DARUNTER.
STELLST DU DIR AUCH MANCHMAL DIE FRAGE NACH DEM SINN DES GANZEN?
NEIN. DESWEGEN ZOCKEN WIR DOCH.
HM.

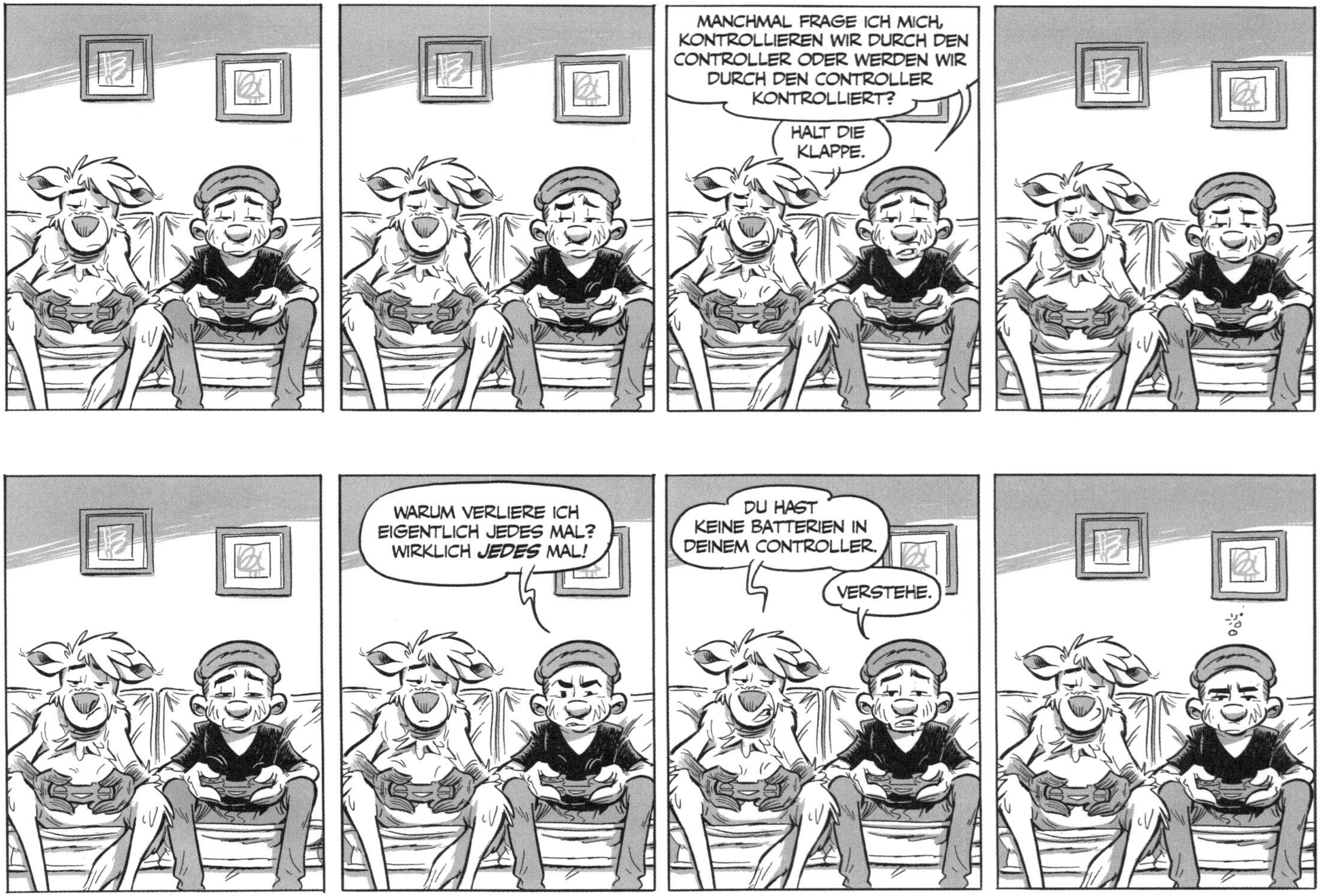
MANCHMAL FRAGE ICH MICH, KONTROLLIEREN WIR DURCH DEN CONTROLLER ODER WERDEN WIR DURCH DEN CONTROLLER KONTROLLIERT?
HALT DIE KLAPPE.
WARUM VERLIERE ICH EIGENTLICH JEDES MAL? WIRKLICH *JEDES* MAL!
DU HAST KEINE BATTERIEN IN DEINEM CONTROLLER.
VERSTEHE.

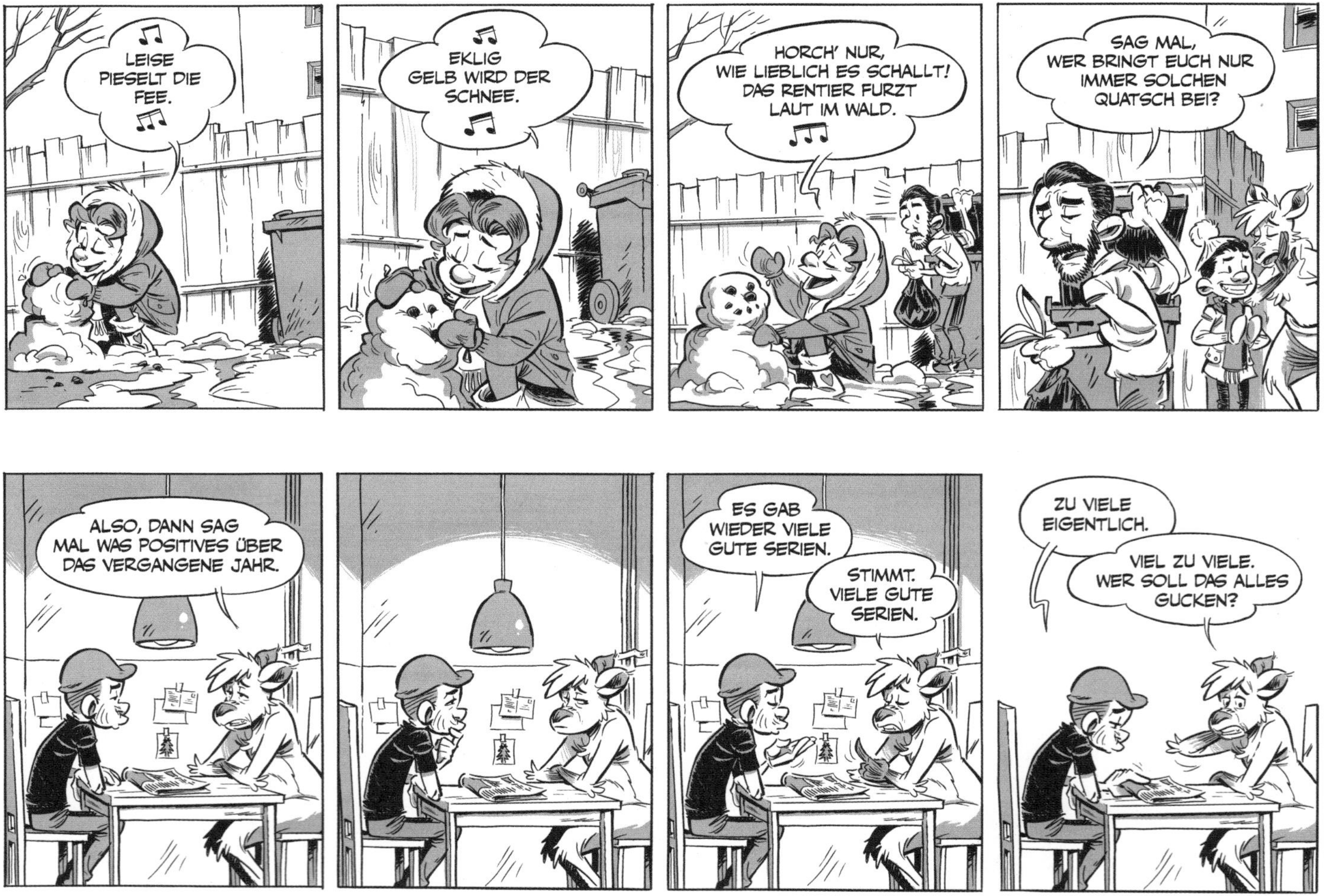
♫ LEISE PIESELT DIE FEE. ♫
♫ EKLIG GELB WIRD DER SCHNEE. ♫
HORCH' NUR, WIE LIEBLICH ES SCHALLT! DAS RENTIER FURZT LAUT IM WALD. ♫
SAG MAL, WER BRINGT EUCH NUR IMMER SOLCHEN QUATSCH BEI?
ALSO, DANN SAG MAL WAS POSITIVES ÜBER DAS VERGANGENE JAHR.
ES GAB WIEDER VIELE GUTE SERIEN.
STIMMT. VIELE GUTE SERIEN.
ZU VIELE EIGENTLICH.
VIEL ZU VIELE. WER SOLL DAS ALLES GUCKEN?

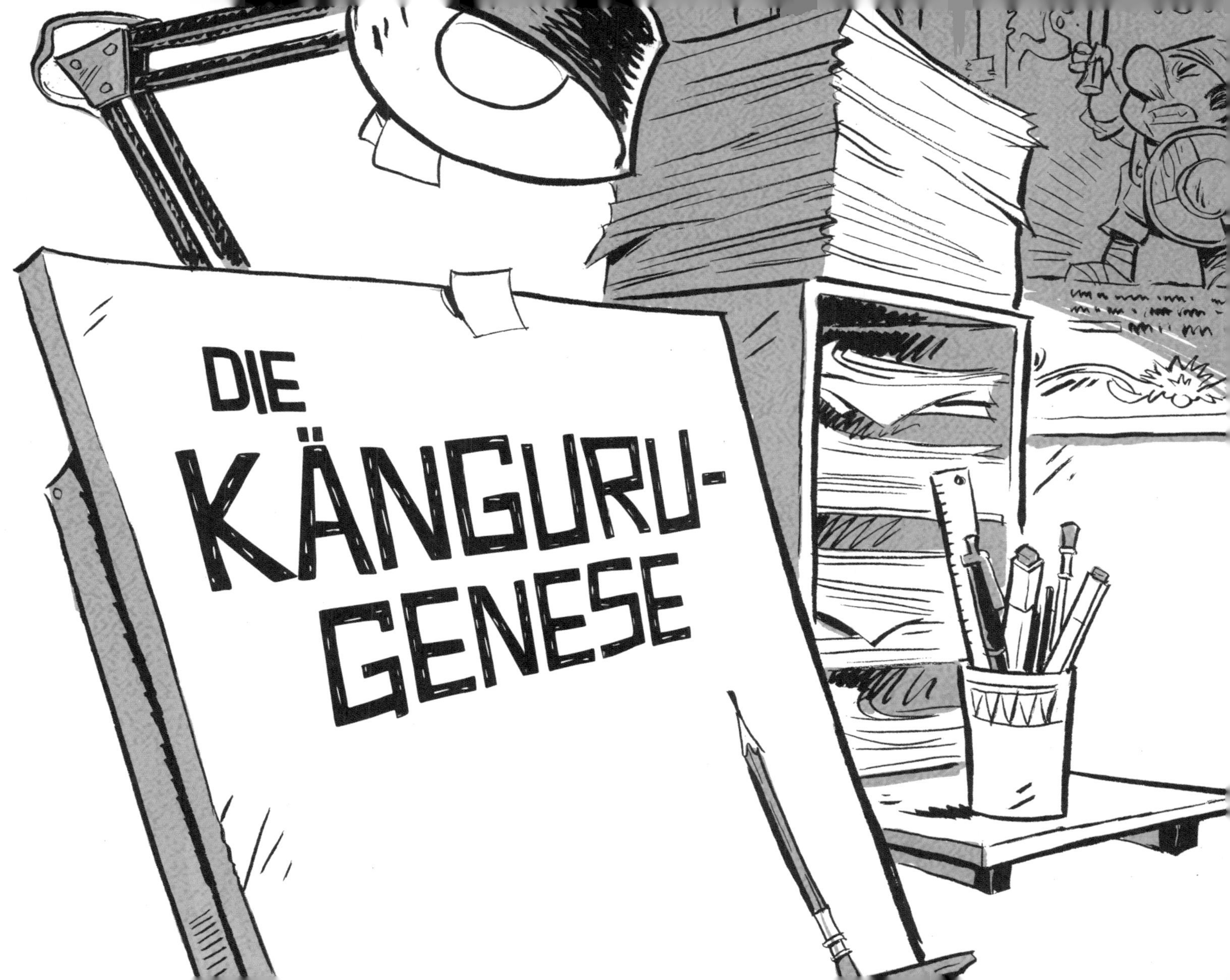
DIE
KÄNGURU-
GENESE

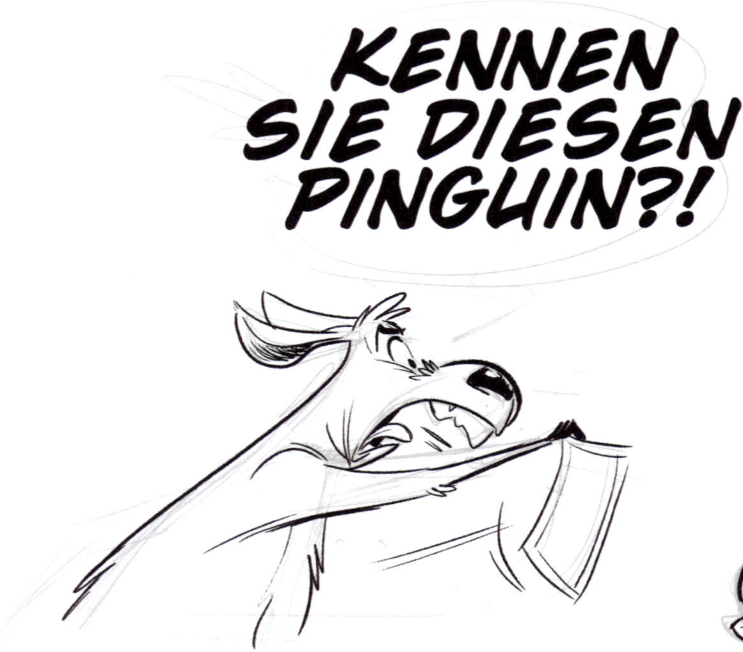

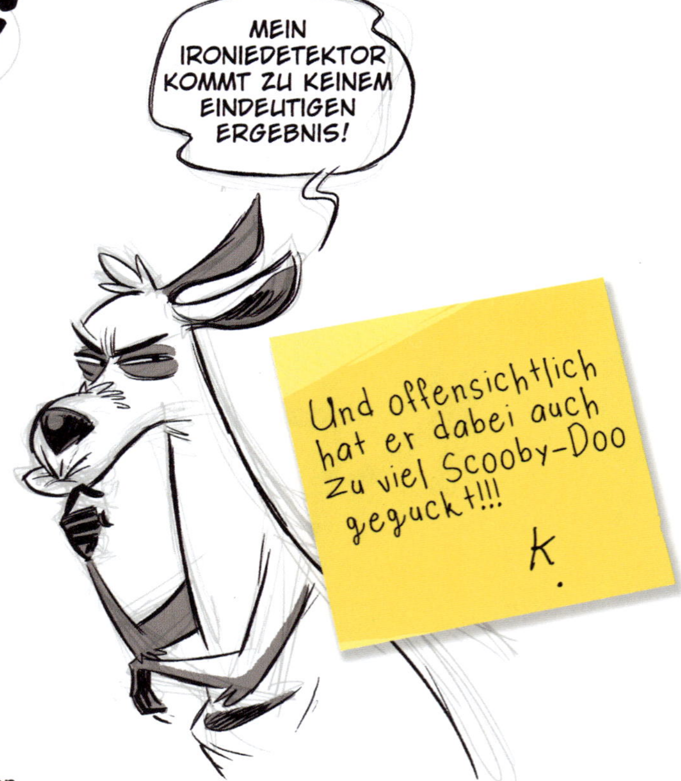

ERSTE SKIZZEN

Im Frühjahr 2020 tauchte so ein neues Virus auf und Marc-Uwe hatte plötzlich keine Auftritte mehr.
Also musste er sich etwas anderes suchen, um die Zeit totzuschlagen. Darum rief er Bernd an, der zog sich alle Känguru-Hörbücher (und zum Ausgleich auch einige Folgen Benjamin Blümchen) rein und schickte diese ersten Skizzen.

ERSTE SKIZZEN

Recht schnell schälte sich ein klassischer Cartoon-Stil heraus, der auch für die skurrile Action der Buchvorlage herhalten konnte.

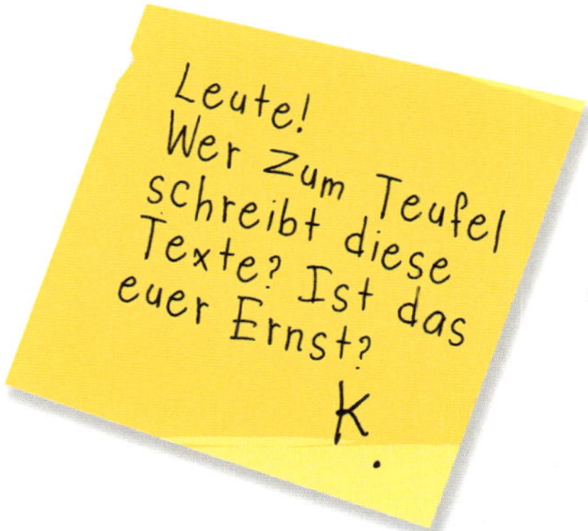

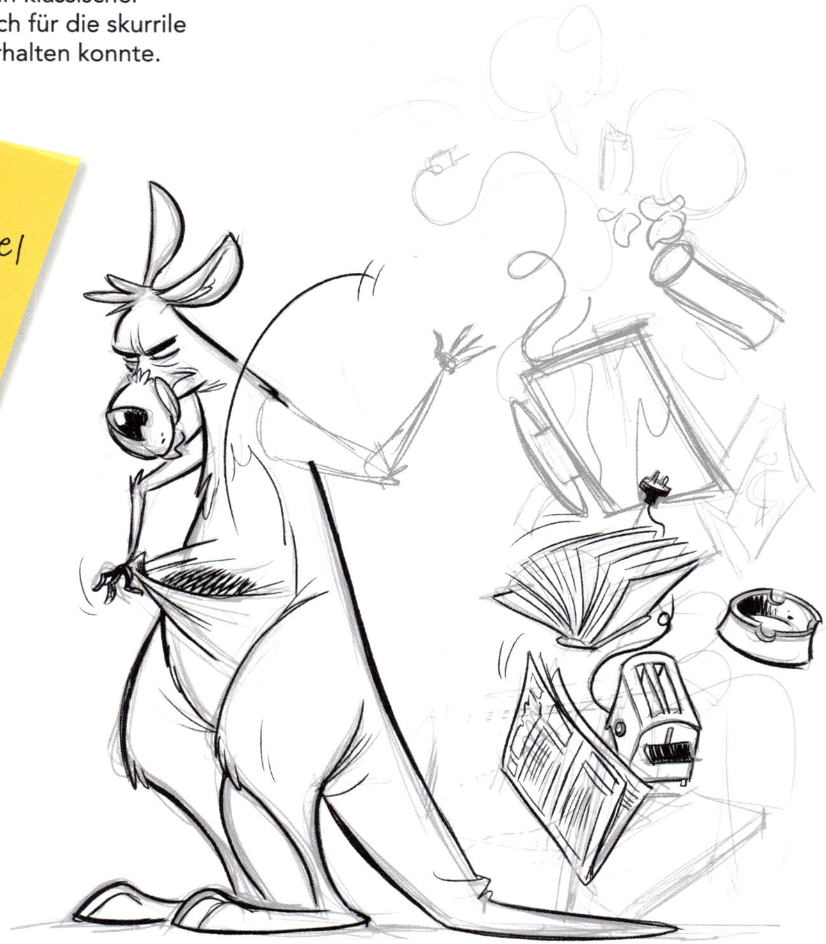

WEITERE ENTWÜRFE

Im nächsten Schritt bekamen die Figuren eine klarere Kontur.
Zudem entstand die erste Zeichnung von Marc-Uwe.

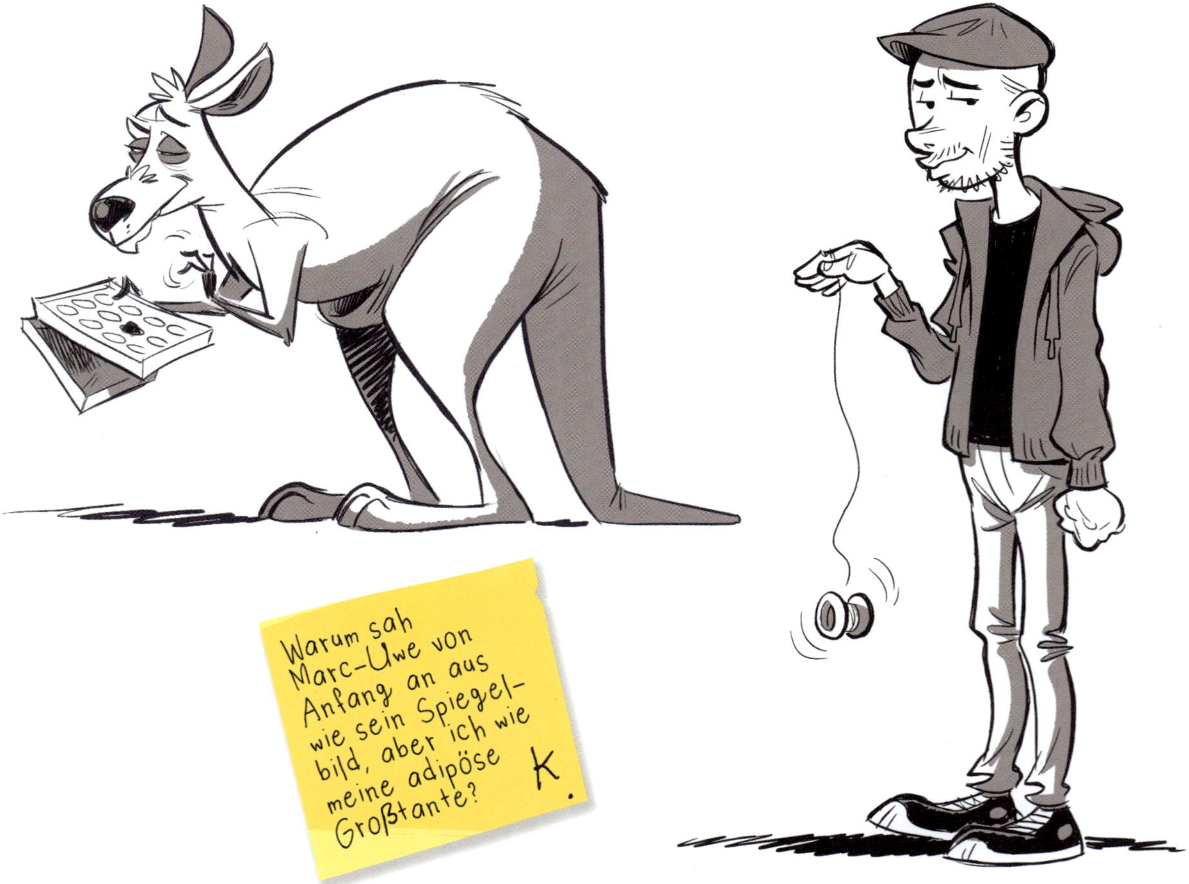

HINTERGRÜNDE

Aussehen und Detailgrad der Hintergründe waren die nächsten großen Fragen. Hier der erste Versuch, der das Känguru beim Schnapspralinen-shoppen zeigt.

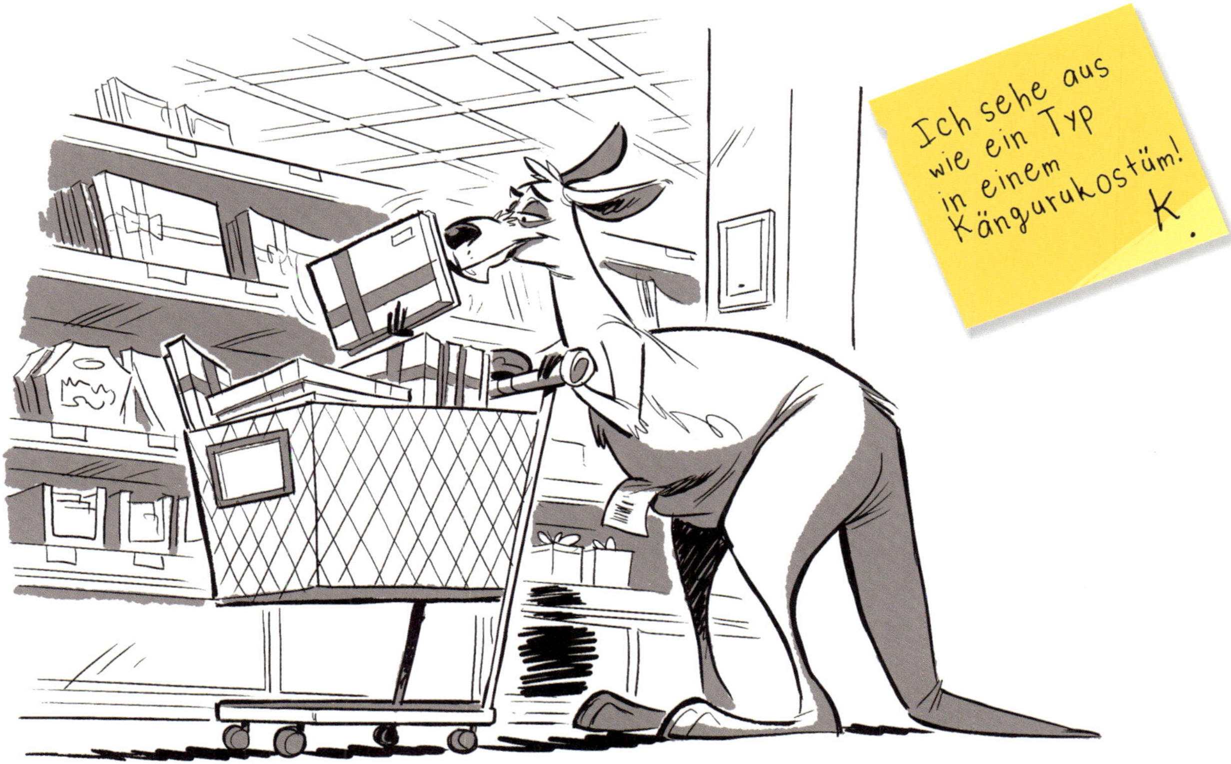

DER TEST

Als Fingerübung skizzierte Bernd das Kapitel *Aufklärung* aus der *Känguru-Offenbarung*. Hier zwei Panels aus dieser Testfolge.

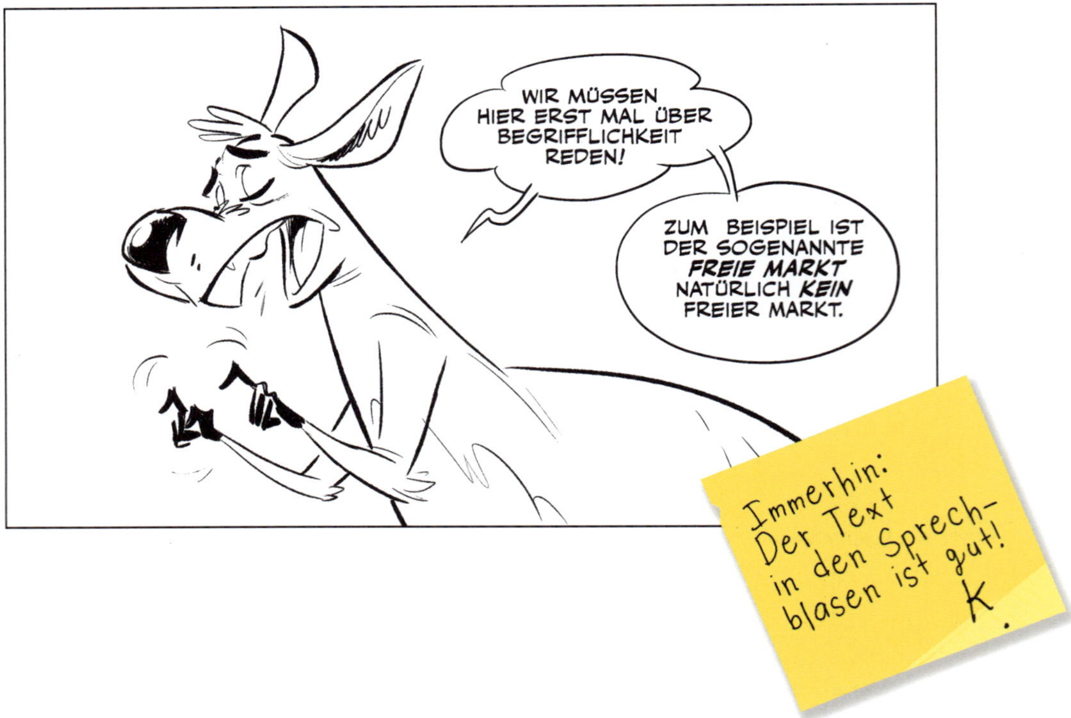

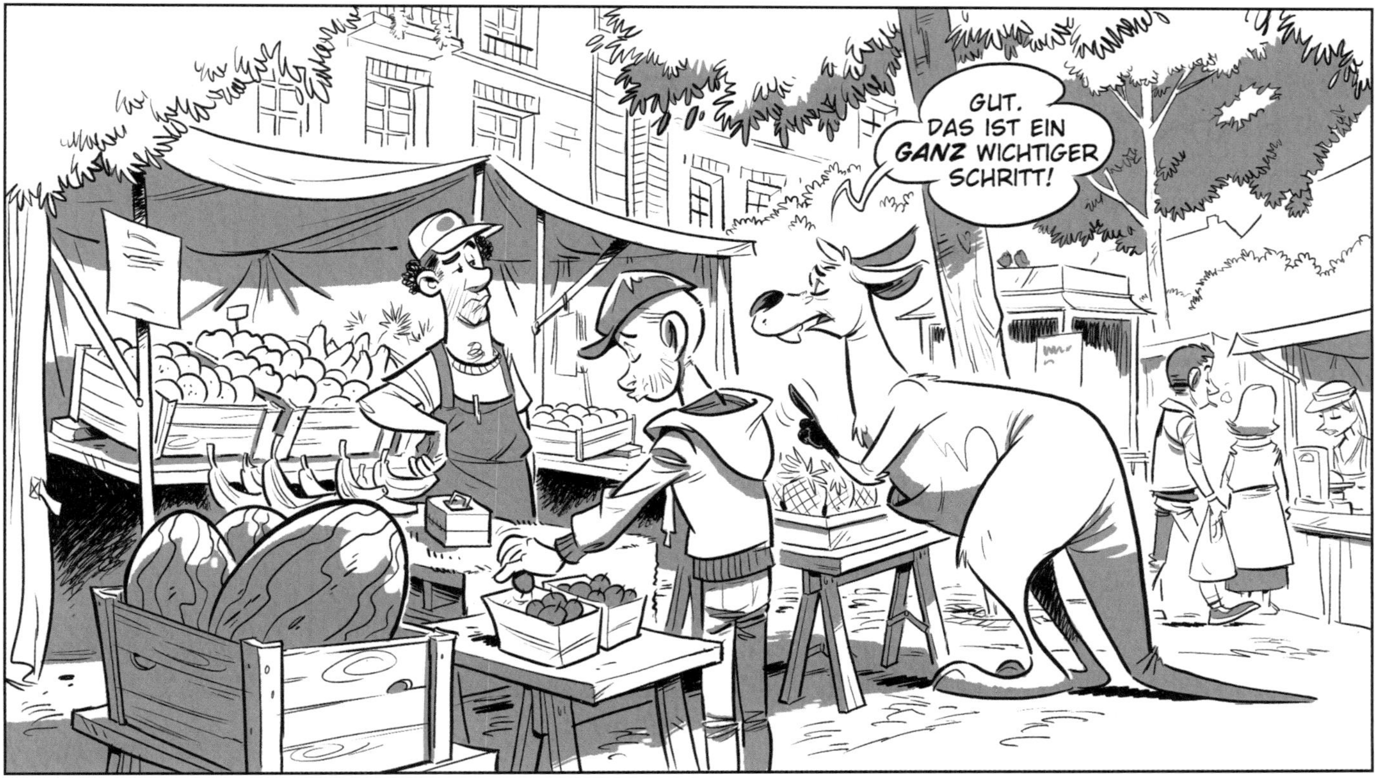
GUT.
DAS IST EIN GANZ WICHTIGER SCHRITT!

EVOLUTION

Schnell beschlossen Marc-Uwe und Bernd, nicht die alten Geschichten zu bebildern, sondern lieber einen klassischen Comicstrip mit neuen Abenteuern zu machen. Das Känguru machte dabei noch einige Metamorphosen durch.

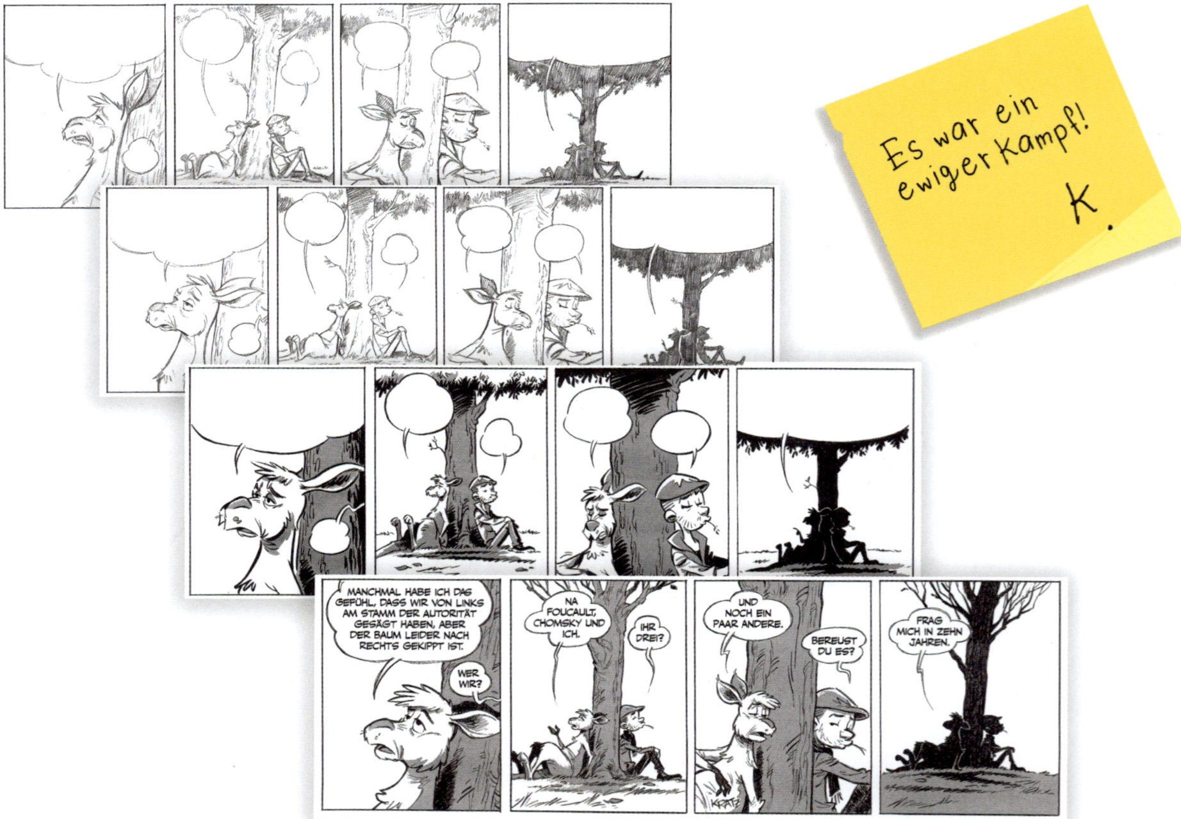

DIE TEASER FOLGE

Am 3.11. 2020 erschien pünktlich vor der US-Präsidentschaftswahl dieser erste Teaser auf ZEIT ONLINE.

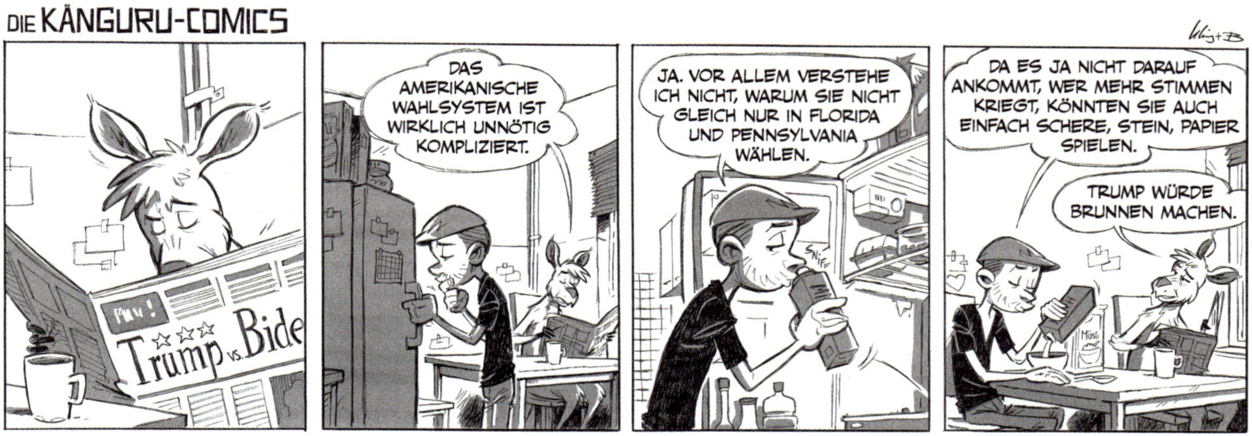

ZEIT OFFLINE

Am 24.12.2021 hatte das Känguru die Titelleiste von ZEIT ONLINE gekapert.

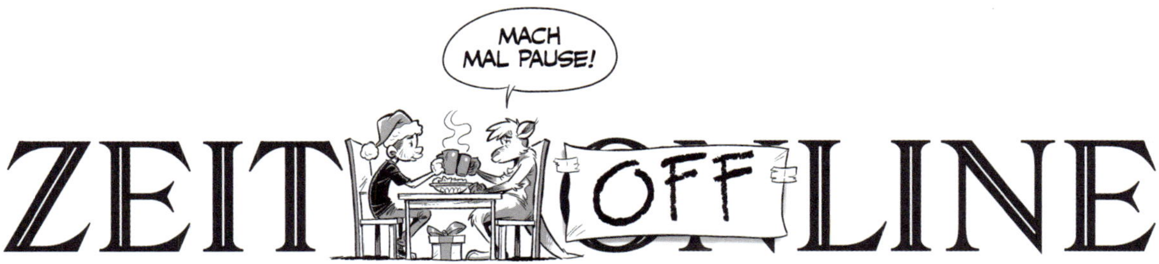

EIN COMIC (FAST) JEDEN TAG ...

Tagtäglich läuft das so: Marc-Uwe schreibt ein Skript und schickt es zu Bernd, und der macht sich dann sogleich ans Werk. Bei neuen Figuren gibt es natürlich erst mal Entwürfe.

GLUBSCHI - TEIL 1

1

Bernd an seinem Zeichentisch. Auf dem Blatt vor sich das Känguru. Das Telefon klingelt.

2

Marc-Uwe am Telefon. (Altes Telefon mit Wählscheibe.)

MARC-UWE
Hey Bernd, also ich weiß nicht, wie ich es sagen soll, aber das Känguru ist nicht ganz glücklich damit, wie es aussieht.

3

Das Känguru steht hinter Marc-Uwe und quatscht ihm rein.

MARC-UWE
Ein bisschen jünger, fände es gut. Die Ohren nicht so lang.

KÄNGURU
Und die Augenringe. Sag ihm, die Augenringe sollen weg.

4

Ein zuckersüßes Glubschi-Känguru mit riesigen Manga-Augen schaut direkt auf die Betrachter. Sternchen drum rum, etc.

KÄNGURU
Sehr witzig.

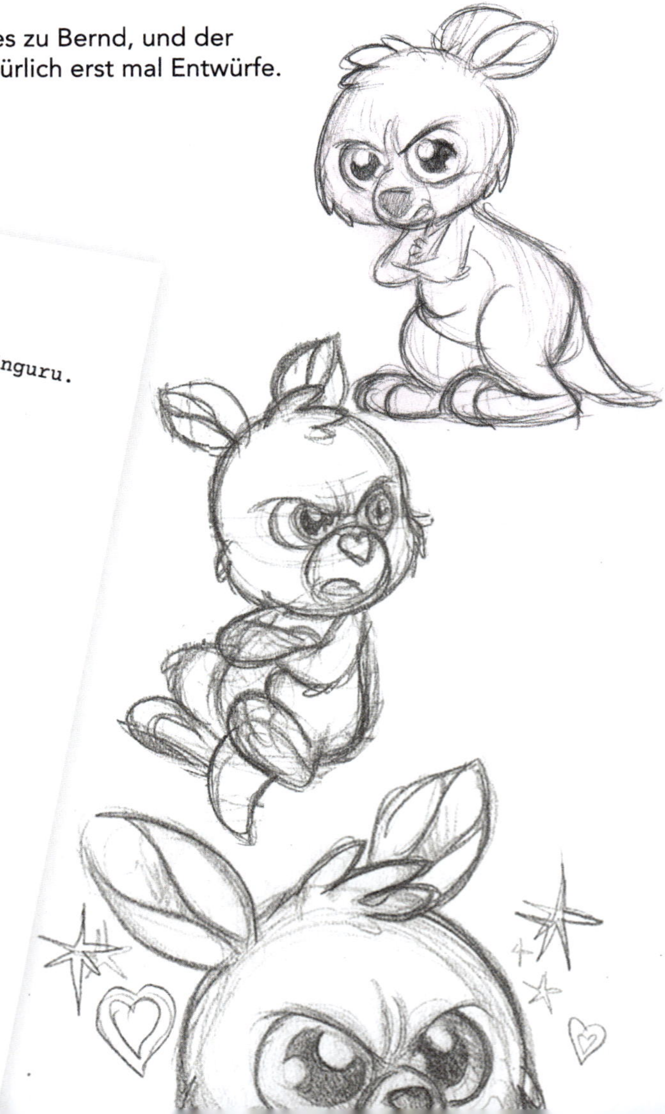

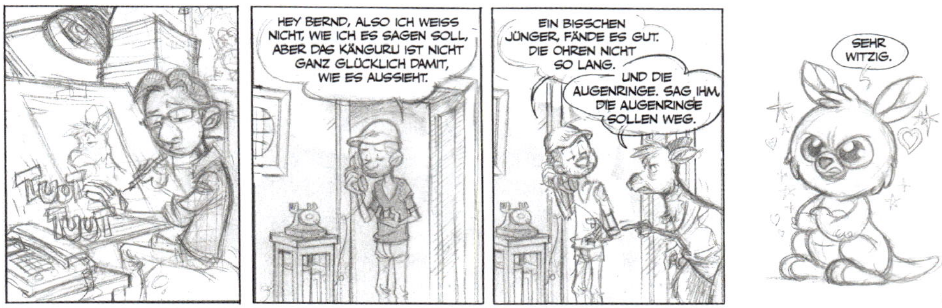

3

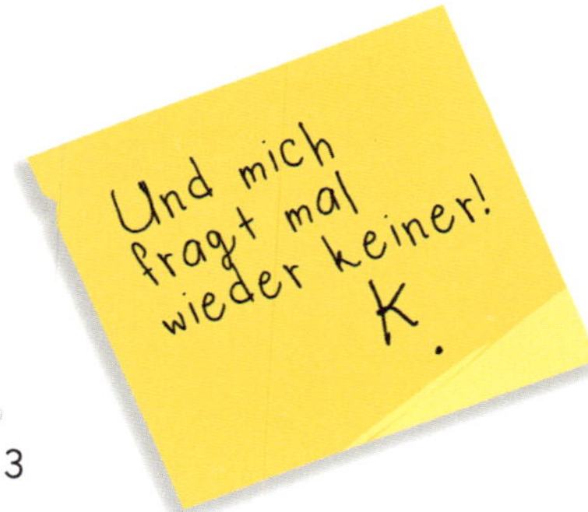

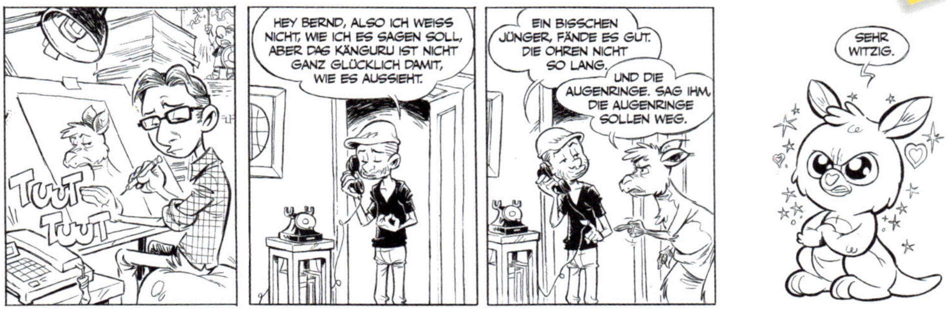

4

- Dann wird die Episode skizziert, analog getuscht und schließlich digital mit Grautönen versehen. Fertig.

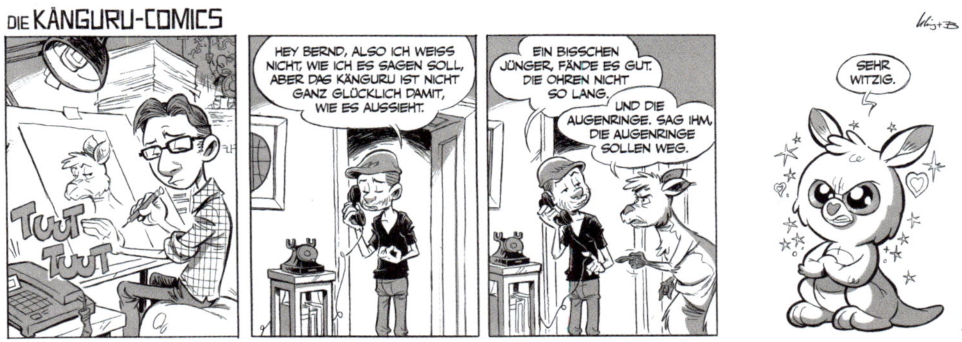

5

SKIZZEN & IDEEN

Hier noch witziger Kram, den Bernd so nebenbei zeichnet. Manchmal werden aus diesen Skizzen dann wieder Skripts.

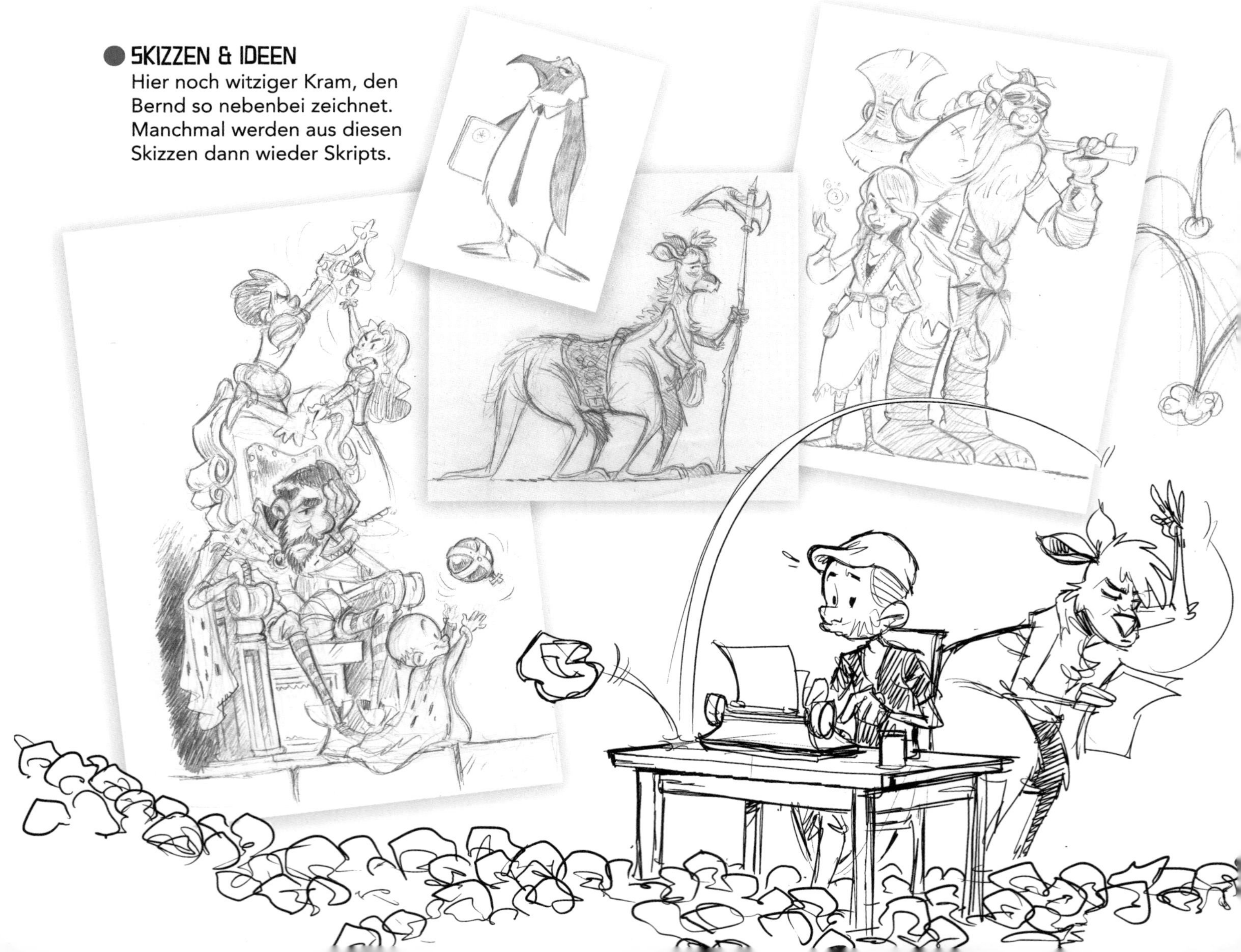

COVER-VARIANTEN

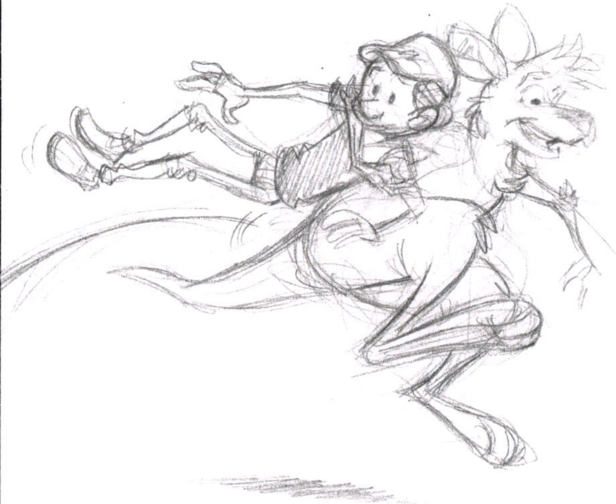

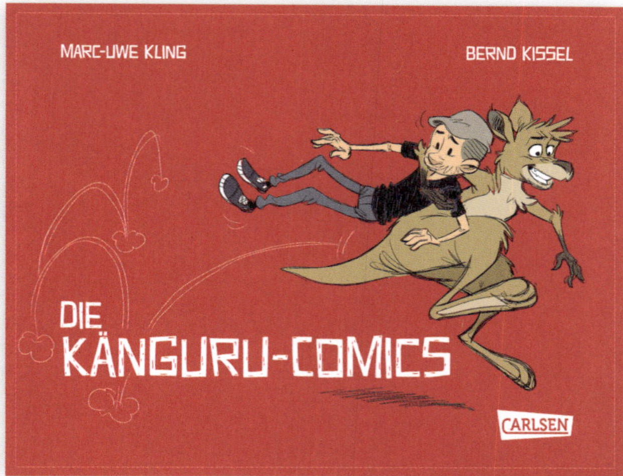

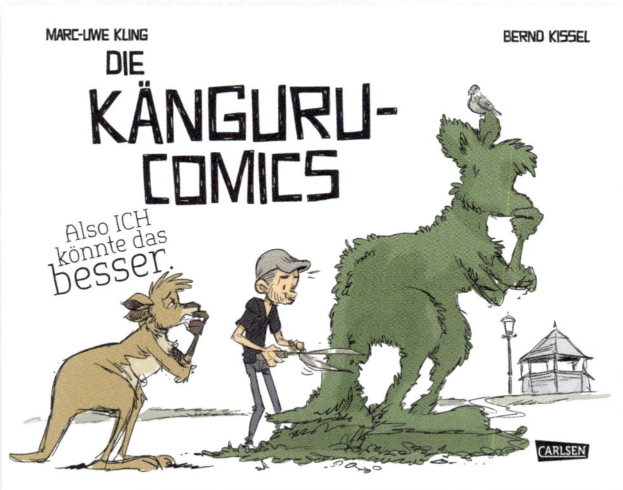

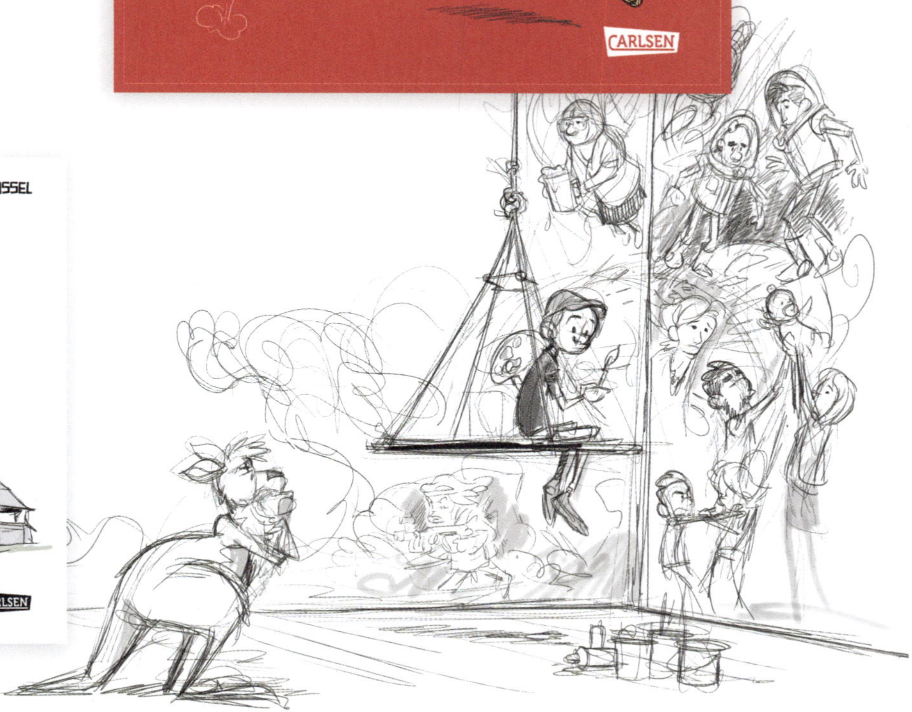

INHALT

INHALT

Herzlichen Dank an:

Maria, Chrystèle, Nina, Annette, Cindy, Leif, Katrin, Maja, Flix & maczeug.

Jochen, Sebastian, Rose, Tobias, Andreas, Alexander, Carly, Caro, Dorothea, Eva, Felix, Jakob, Jeanette, Juan, Julia, Karin, Kerstin, Lea, Leonie, Lisa, Matthias, Nina, Norbert, Prisca, Reinhold, Sabine, Sybille, von ZEIT online.

Jasmin, Julia, Björn und alle anderen Carlsens.

Ein spezieller Dank an Klaus Schikowski dafür, dass er Autor, Zeichner und Känguru zusammengebracht hat.

Besuchen Sie uns im Internet:
www.ullstein.de

Ungekürzte Lizenzausgabe im Ullstein Taschenbuch
1. Auflage Oktober 2022
4. Auflage 2026

Bei Fragen zur Produktsicherheit wenden Sie sich bitte an
produktsicherheit@ullstein.de
Umschlaggestaltung: zero-media.net, München
Umschlagmotiv: Bernd Kissel
Redaktion: Klaus Schikowski & Jasmin Männel
Herstellung: Blörn Liebchen & Julia Herschberger
Druck und Bindearbeiten: Livonia Print, Riga
ISBN: 978-3-548-06737-7